Geschäftsmodelle zwischen Tradition und Innovation

Anne Mallach

Geschäftsmodelle zwischen Tradition und Innovation

Eine Fallstudie in der Systemgastronomie

Springer Gabler

Anne Mallach
Frankfurt am Main, Deutschland

Dissertation für die Verleihung des Grades Dr. rer. pol.
Kolloquium am 15. Mai 2025 in der Universität Bremen.
Gutachter/innen: Prof. Dr. Georg Müller-Christ (Universität Bremen), Dr. Carolin Decker-Lange (Brunel University of London). Prüfer/innen: Prof. Dr. Ruth Schilling (Universität Bremen), Prof. Dr. Franz Jürgen Marx (Universität Bremen)

ISBN 978-3-658-51168-5 ISBN 978-3-658-51169-2 (eBook)
https://doi.org/10.1007/978-3-658-51169-2

Die Deutsche Nationalbibliothek verzeichnet diese Publikation in der Deutschen Nationalbibliografie; detaillierte bibliografische Daten sind im Internet über https://portal.dnb.de abrufbar.

Planung/Lektorat: Karina Kowatsch
Springer Gabler ist ein Imprint der eingetragenen Gesellschaft Springer Fachmedien Wiesbaden GmbH und ist ein Teil von Springer Nature.
Die Anschrift der Gesellschaft ist: Abraham-Lincoln-Str. 46, 65189 Wiesbaden, Germany

Inhaltsverzeichnis

Abkürzungsverzeichnis

Abb.	Abbildung
AMR	Academy of Management Review
Art.	Artikel
ASC	Aquaculture Stewardship Council
Aufl.	Auflage
AWI	Alfred-Wegener-Institut Helmholtz-Zentrum für Polar- und Meeresforschung
BdS	Bundesverband der Systemgastronomie
BMEL	Bundesministerium für Ernährung und Landwirtschaft
BMI	Business Model Innovation
BRT	Bruttoregistertonnen
BSE	Bovine Spongiforme Enzepahalopathie (Rinderwahnsinn)
bspw.	beispielsweise
CEO	Chief Executive Officer
CMO	Chief Marketing Officer
CO_2	Kohlenstoffdioxid
COO	Chief Operations Officer
CSRD	Corporate Sustainablility Reporting Directive
d. h.	das heißt
DSGVO	Datenschutz-Grundverordnung
DSM	Deutsches Schifffahrtsmuseum/ Leibnitz Institut für maritime Geschichte
EFRE	Europäischer Fond für regionale Entwicklung
ESF	Eel Stewardship Fund

ESRS	European Sustainability Reporting Standards
et al.	et alii
etc.	et cetera
EU	Europäische Union
f.	folgende Seite
FF	Forschungsfrage
ff.	fortfolgende Seite
I	Interview
i. e.	it est
IPO	Initial Public Offering
LEH	Lebensmitteleinzelhandel
Mio.	Millionen
MSC	Marine Stewardship Council
MSY	Maximum Sustainable Yield
NGO	Non-Governmental Organisation
Nr.	Nummer
org.	organisational
PETA	People for the Ethical Treatment of Animals
PoS	Point of Sale
Pos.	Position
PZ	politisches Ziel
QWERTY	englisches Tastaturlayout (erste fünf Buchstaben der obersten Zeile)
RAMESES	Realist And Meta-narrative Evidence Syntheses: Evolving Standards
RBV	Resource Based View
S.	Seite
SB	Selbstbedienung
SBMI	Sustainable Business Model Innovation
Tab.	Tabelle
TCE	Transaction Cost Economics
u. a.	unter anderem
u.v.m.	und vieles mehr
UK	United Kingdom
US	United States
USP	Unique Selling Proposition

Vgl.	Vergleiche
vs.	versus
VUCA	volatile, uncertain, complex, ambiguous
WTP	Willingness To Pay
WTS	Willingness To Sell
z. B.	zum Beispiel

Abbildungsverzeichnis

Tabellenverzeichnis

Einleitung 1

„*The more things change, the more things stay the same.*“ Karr (1888), S. 278.

1.1 Problemstellung und Relevanz des Themas

Wie zentral das Geschäftsmodell und dessen Wandel für die Überlebensfähigkeit von Organisationen ist, hat zuletzt die Coronapandemie verdeutlicht. Während die Wettbewerbsposition von durchschnittlich 42 % der Organisationen geschwächt wurde, hat sich die Wettbewerbsfähigkeit von durchschnittlich 28 % der Organisationen sogar verbessert. Organisationen, die sich rapide gewandelt haben, weisen Resilienz im Sinne eines „bounce forward“[1] auf.[2] Investitionen während einer Krise führen im Vergleich zur Konkurrenz zu besseren Ergebnissen während der Erholung, was die Schere zwischen den erfolgreichsten und den leistungsschwächsten Organisationen weiter vergrößert. Das zentrale Unterscheidungsmerkmal für diese Unterschiede in der Wettbewerbsfähigkeit der Organisationen, ist der Wandel des Geschäftsmodells.[3]

---

[1] Gemäß Roth (2020) bezeichnet bounce forward, dass Unternehmen durch kontinuierliche Anpassungen unter sich verändernden Umweltbedingungen aus einer Krise leistungsfähiger und langlebiger hervorgehen. Bei einem bounce back hingegen erfolgt die Rückkehr in den Systemzustand vor dem Schockereignis.

[2] Vgl. Diedrich et al. (2021) S. 1 ff.; Hynes et al. (2020), S. 180

[3] Vgl. Diedrich et al. (2021) S. 2 f. und S. 7; Siehe Lüdecke-Freund et al. (2024), S. 12 f. zur Wechselwirkung von Geschäftsmodellwandel und dem Wettbewerbsfaktor Nachhaltigkeit.

A. Mallach, *Geschäftsmodelle zwischen Tradition und Innovation*,
https://doi.org/10.1007/978-3-658-51169-2_1

Das Geschäftsmodell ist nicht erst seit der Coronapandemie ein populäres Konzept. Seit Mitte der 1990er Jahre erlangte es im Gleichklang mit der Entstehung des Internets zunehmend an Bekanntheit.[4] Im Zuge von dessen Nutzung erwies es sich als relevante Determinante finanziellen Erfolges.[5] Das heutige digitale Zeitalter rückt das Geschäftsmodell als zentrales Konzept für die Wertschaffung und -aneignung in den Fokus von Theorie und Praxis, indem technologische Veränderungen es Unternehmen ermöglichen, die Art und Weise, wie sie ihr Geschäft betreiben, grundlegend zu verändern.[6] Demnach sind Geschäftsmodelle und deren Wandel relevant, da sie neue Wege eröffnen, Marktchancen auszunutzen, die über Produkt- oder Leistungsinnovationen hinausgehen. Sie stellen eine Quelle von unternehmerischen Chancen dar und haben Konsequenzen für den Unternehmenserfolg. Als Konzeptualisierung und Implementierung neuartiger Führung von Geschäften adressieren sie unzureichend befriedigte Bedürfnisse der Kundschaft und werden zur Quelle von Innovation und Wertschaffung.[7]

In den letzten Jahrzehnten gab es einen Paradigmenwechsel, welcher durch vermehrte Innovationen in Computer- und Informationstechnologie getrieben ist. Dieser fundamentale Wandel vollzieht sich von der alten industriellen Welt mit schlanken Wertketten und klaren Grenzen hin zu einer vernetzten Welt mit offeneren Grenzen und Netzwerkstrukturen.[8]

[4] Vgl. Amit/ Zott (2001); Zott et al. (2011), S. 1022.

[5] Performanceimplikationen ergaben sich beispielsweise durch die Monetarisierung von Geschäftsmodellinnovationen durch hoch bewertete IPOs.

[6] Amazon, Ebay, Google oder Yahoo stellen bekannte Beispiele dar.

[7] Vgl. Amit/ Zott (2001); Snihur et al. (2021), S. 22; Teece (2018); Zott/ Amit (2007).

[8] Vgl. Amit/ Zott (2015), S. 331.

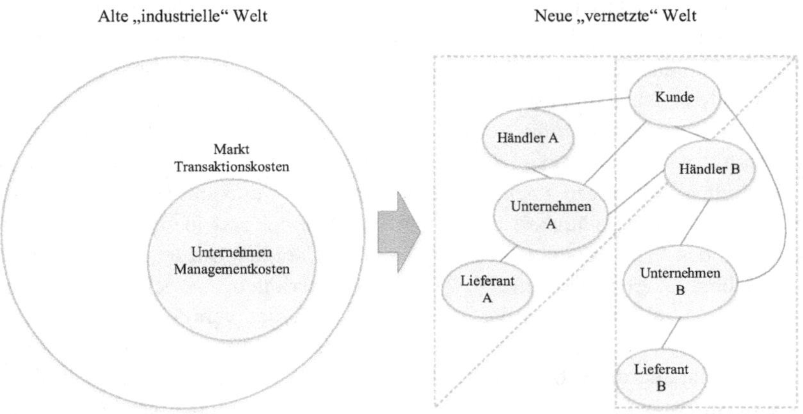

Abbildung 1.1 Auswirkungen des digitalen Wandels auf das Geschäftsmodell. (Quelle: Eigene Darstellung in Anlehnung an Zott und Amit (2021))

Abbildung 1.1 verdeutlicht, dass nicht mehr die Optimierung individueller Transaktionen im Fokus steht, sondern es nunmehr darum geht, ein komplexes Aktivitätssystem zu entwickeln.[9] Diese neue Art der Kombination von Verbindungen erhöht einerseits die Komplexität und schafft andererseits neue Möglichkeiten. Das Erkennen und/oder Schaffen neuer Möglichkeiten, deren Entwicklung und Nutzung ermöglichen den Wandel von Geschäftsmodellen. Der digitale Wandel schafft diese Gelegenheiten durch die Ermöglichung neuer Interaktionen,[10] Transaktionskostenreduzierung, die Umverteilung von Verhandlungsmacht zugunsten von Endkundinnen[11] und -kunden und wesentlich durch neue Technologien[12]. Im Zuge dessen entstehen neue innovative Geschäftsmodelle als System

[9] Vgl. Johnson/ Suskewicz (2009).

[10] Bspw. Cloud Computing, Reverse Auctions, Virales Marketing, Software as a Service oder Crowdfunding.

[11] Diese Arbeit ist in gendergerechter Sprache verfasst. Im Analysebericht (Kapitel 5) wurden Kategorienbezeichnungen (Eigentümer, Kundenbedürfnisse, Wettbewerber) und Gruppenbezeichnungen (Experten, Lieferanten, Wettbewerber) aus Gründen methodischer Prägnanz sowie Praktikabilität innerhalb der QDA-Software nicht gegendert und Zitate wurden im Original präsentiert, um die historische Authentizität zu wahren.

[12] Bspw. Blockchain AI, 5G, IoT, Cloud Computing und Big Data.

interdependenter Aktivitäten, die zur Disruption ganzer Branchen beitragen können.[13] Dementsprechend bildet das Geschäftsmodell einen wichtigen Ansatzpunkt für die ökonomische Fitness einer Organisation.

Ein anderer Megatrend und eine Notwendigkeit, welche das Unternehmensumfeld fundamental beeinflusst, ist Nachhaltigkeit.[14] Diese erfordert die Transformation des Geschäftsmodells.[15] Die Ergebnisse der neuen Bertelsmann-Studie diesbezüglich lauten: „Je stärker Unternehmen sich wandeln, desto nachhaltiger werden sie."[16] Nachhaltigkeit ist Treiber von Wandel und je stärker die Transformation des Geschäftsmodelles ausfällt, desto stärker erfolgt die Integration von Nachhaltigkeit in strategische Ziele und Aktivitäten.[17] Doch eine nachhaltige Entwicklung, in welcher der Verbrauch der Ressourcen deren Regeneration nicht übersteigt, verkompliziert initial Prozesse und Entscheidungssituationen durch Dilemmata, da Neben- und Rückwirkungen aktueller Aktivitäten in ihnen Berücksichtigung finden müssen. Entsprechend geht nachhaltiger Wandel mit Komplexität einher.[18]

Das Geschäftsmodell ist ein zentrales strategisches Thema, weil es neue Arten der Wertschaffung im digitalen Zeitalter ganzheitlich erklären kann.[19] Etablierte Theorien fokussierten sich auf bestimmte Analyseeinheiten, um Wertschaffung zu erklären,[20] was für die alte industrielle Welt[21] durchaus geeignet war. Bezüglich des digitalen Zeitalters vermag jede von ihnen derart jedoch nur bestimmte Aspekte der Wertschöpfung zu erklären. Das Geschäftsmodell als systemischer, holistischer und integrativer Ansatz hingegen erfasst die Quelle von Wettbewerbsvorteilen, indem es dem Fakt Rechnung trägt, dass sich der Lokus der

---

[13] Amazon, RBnB und Uber sind dafür beispielhaft.

[14] Vgl. Bozyazi (2022), S. 37.

[15] Vgl. Schaltegger (2024).

[16] BertelsmannStiftung (2024).

[17] Vgl. Lüdeke-Freund et al. (2024), S. 107.

[18] Vgl. Giesenbauer (2021), S. 31 f.; Müller-Christ (2020), S. 194–197.

[19] Z. B. neue Phänomene in der Wirtschaftswelt, wie Uber, RBnB, Netflix, Amazon, etc.

[20] TCE: Transaktionen, RBV: Ressourcen, strat. Netzwerktheorie: Netzwerke, Wertkettenanalyse: Aktivitäten und Entrepreneure (Schumpetersche Innovation).

[21] In der alten industriellen Welt konnten vornehmlich linear verbundene Aktivitäten klar voneinander getrennt werden. Sie bezogen sich auf die Verarbeitung materieller Güter von wenigen Akteuren und Akteuerinnen innerhalb klar abgesteckter organisatorischer Grenzen.

Wertschaffung über die Firmengrenzen hinwegbewegt hat, die fokale Unternehmung dennoch selbstwirksam Aktivitäten konstruiert und verknüpft, durch welche sie in ihre vernetzte Umwelt eingebettet ist.[22]

Geschäftsmodelle wie die der Blue Economy[23], welche die Ansichten über Ozeane und Meere als Gebiete für unternehmerisches Wachstum und wirtschaftliche Entwicklung einerseits und als empfindliche Räume, die geschützt werden müssen, andererseits verbindet, gehen über die reine ökonomische Wertschaffung und -aneignung hinaus.[24] Eine wachsende Zahl kreativer neuer Geschäftsmodelle vebinden das Gewinnmotiv erfolgreich mit sozialen und ökologischen Zwecken und werden so zu Quellen von Wettbewerbsvorteilen. Das Geschäftsmodell ist mithin eine strategische Ressource, die zur Wettbewerbsfähigkeit und Produktivität einer Organisation beiträgt.[25]

Wichtige Nachhaltigkeitsziele können oftmals nur durch den Wandel von Geschäftsmodellen erreicht werden, da innovative Technologien nicht ohne Weiteres durch bestehende Geschäftsmodelle innerhalb eines Sektors eingeführt werden können, sondern der Änderung von Geschäftsmodellen bedürfen, um wirtschaftlich realisierbar zu sein.[26] Darüber hinaus wird die Innovation nachhaltiger Geschäftsmodelle zunehmend als Hebel für einen Systemwandel im Sinne der Nachhaltigkeit in Unternehmen und Branchen angesehen.[27] Organisationen wie Grameenphone, SunEdison, Switcher und Patagonia oder die Grameen Bank, für deren Geschäftsmodell der Friedensnobelpreis verliehen wurde, zeigen, dass den großen Problemen unserer Zeit, wie Klimawandel oder Armut, mit nachhaltigen Geschäftsmodellen begegnet werden kann.[28] Der systemische

---

[22] Vgl. Snihur/ Eisenhardt (2022), S. 758; Zott/ Amit (2009), S. 272; Laut Zott und Amit (2009), S. 260, bildet das Geschäftsmodell eine neue Perspektive auf die Wertschaffung, da es sich nicht lediglich auf das Unternehmen oder die Branche konzentriert und Konzepte wie Fairness, Sinn, Akzeptanz Kohärenz oder Viabilität einbezieht.

[23] Gemäß World Bank (2017) beschreibt die Blue Economy die nachhaltige Nutzung der Meeresressourcen für wirtschaftliches Wachstum, bessere Existenzgrundlagen und Arbeitsplätze bei gleichzeitiger Erhaltung der Gesundheit des Ökosystems.

[24] Vgl. Dijkstra et al. (2022); Rini et al. (2021); Santos (2023); Wenhai et al. (2019).

[25] Vgl. Amit/ Schoemaker (1993), S. 37 ff.

[26] Vgl. Christensen et al. (2012), S. 499.

[27] Vgl. Yip/ Bocken (2018), S. 150.

[28] Vgl. Chouinard (2006); FAZ (2006); Osterwalder/ Pigneur (2011), S. 61; Yunus/ Lehmann-Ortega (2010); Gemäß Sydow et al. (2020b), S. 6, werden Nachhaltigkeitsthemen (z. B. Klimawandel, Flüchtlingskrisen, Mobilität, Autoritarismus oder Hunger) in Bezug auf Pfadabhängigkeit vermehrt auf der Makroebene analysiert.

Charakter des Geschäftsmodells schafft einen fruchtbaren Zugang zu derartigen Herausforderungen, welche sich ihrerseits in komplexen Systemen entfalten.[29]

Wenn das Geschäftsmodell aufgrund seines systemischen Charakters prädestiniert dafür ist, komplexe Probleme anzugehen, warum sind so viele Unternehmen dennoch außerstande, ihr Geschäftsmodell in Anbetracht von Umweltveränderungen zu wandeln? Warum produzieren Systeme unintendierte Konsequenzen?[30] Eine Antwort scheint, wie diese Arbeit zeigen wird, in der Interdependenz innerhalb des Systems zu liegen. Wenn Interdependenz den Wandel von Geschäftsmodellen beschränken kann, der Wandel von Geschäftsmodellen durch die steigende Komplexität der Umwelt jedoch immer erfolgskritischer wird, ist die Untersuchung dieses Zusammenhangs essenziell.

1.2 Gegenstand der Forschung und Forschungslücken

Das Geschäftsmodell eines Unternehmens wird als ein System von interdependenten Aktivitäten konzeptualisiert, die über das Unternehmen hinausgehen und seine Grenzen überspannen. Das Aktivitätssystem ermöglicht es dem Unternehmen, in Zusammenarbeit mit seinen Partnerinnen und Partnern Wert zu schaffen und sich einen Anteil von diesem Wert anzueignen.[31]

Beim Design von Aktivitätssystemen müssen zwei Gruppen von Parametern berücksichtigt werden: die Design Elemente Inhalt, Struktur und Steuerung, welche die Architektur eines Aktivitätssystems beschreiben, und die Design Themen Neuheit (Novelty), Lock-In, Komplementarität (Complementarities) und Effizienz (Efficiency), welche die Quellen der Wertschöpfung des Aktivitätssystems beschreiben.[32] Ein Aktivitätssystem ist entsprechend eine Reihe von interdependenten Aktivitäten, die sich auf eine fokale Unternehmung konzentrieren, einschließlich derer, die von dieser, ihren Partnerinnen und Partnern, Händlerinnen und Händlern sowie Kundinnen und Kunden ausgeführt werden.

Die Schwerpunkte der Geschäftsmodellforschung bilden die Konzepte elektronische Geschäftsmodell-Archetypen, Geschäftsmodelle als Aktivitätssystem und

---

[29] Grodal/ O'Mahony (2017), S. 1801; Sannino/ Engeström (2018), S. 46.

[30] Peter Senge (2014), S. 412 beschreibt dies anhand der Familie als komplexes System, die verletzte Gefühle, Taumata etc. als Folge der Komplexität der Interaktionen der Familienmitglieder hervorbringen kann, ohne dass dies deren Absicht gewesen ist.

[31] Vgl. Zott/ Amit (2010), S. 216.

[32] Vgl. Zott/ Amit (2010), S. 220 ff.

Geschäftsmodelle als Kosten-/Erlös-Architektur, welche sich der Erklärung folgender Phänomene widmen: e-business, Nutzung von Informationstechnologie in Organisationen, strategische Themen, wie bspw. Wertschaffung, Wettbewerbsvorteile und Unternehmenserfolg sowie Innovation und Technologiemanagement.[33]

Obgleich in der wissenschaftlichen Literatur keine Einigung über die Definition des Geschäftsmodells existiert, gibt es diese bezüglich wichtiger gemeinsamer Themen, die für das Geschäftsmodell charakteristisch sind. Diese betreffen die Darstellung einer neuen Analyseeinheit, das Umfassen grenzübergreifender Aktivitäten, die Fokussierung auf Wertschaffung und -aneignung und die systemische Perspektive auf die Art und Weise der Geschäftsführung.

Die Forschung zu Geschäftsmodellen stellt einen vergleichsweise jungen Forschungszweig mit durchaus fragmentierter Literatur dar, welcher mehr Klarheit über die theoretischen Bestandteile des Geschäftsmodells, seine Vorbedingungen und Folgen sowie seine Funktionsmechanismen erfordert.[34] An dieser Leerstelle setzt diese Forschungsarbeit an.

Neben den eingangs erwähnten Krisen wurden weitere exogene Faktoren identifiziert, die den Wandel von Geschäftsmodellen auslösen können,[35] doch Umweltfaktoren allein erklären den Wandel (oder die Rigidität) von Geschäftsmodellen nicht systematisch. Auch bez. der Coronapandemie wurden die altbekannten Klassiker der Wandelbarrieren wie Trägheit und aktive Widerstände als Erklärung für die hohe Zahl an wettbewerbsgeschwächten Unternehmen angeführt.[36] *Pfadabhängigkeit* stellt eine weitere mögliche Wandelbarriere dar, die von der Geschäftsmodellforschung bislang nicht eingehend untersucht wurde.[37] Interessant ist, dass diese Leerstelle der Geschäftsmodellforschung genau auf dem zentralen Charakteristikum des Geschäftsmodells fußt – der *Interdependenz der Aktivitäten.*[38]

---

[33] Vgl. Zott et al. (2011), S. 1020 und S. 1036.

[34] Vgl. Zott et al. (2011), S. 1038. Für mehr Informationen zur Geschäftsmodellforschung siehe Kapitel 2: Literaturueberblick.

[35] Vgl. Diedrich et al. (2021); Sosna et al. (2010). Gemäß Markides (2006) sind z. B. veränderte Bedürfnisse der Kundschaft und gemäß Teece (2018) der technologische Wandel exogene Faktoren.

[36] Siehe z. B. Bouchikhi und Kimberly (2003), Chesbrough (2010) und Hannan und Freeman (1984) zu Hindernissen für Geschäftsmodellinnovationen.

[37] Vgl. Sydow et al. (2020b).

[38] Gemäß Zott und Amit (2010), S. 218 gilt: „Interdependencies among activities are central to the concept of an activity system". Sie gehen jedoch nicht näher auf Ursachen, Funktionsmechanismen und unintendierte Folgen von Interdependenzen für das Aktivitätssystem ein.

Für das Geschäftsmodell als komplexes System gilt, dass dessen essentielle Eigenschaften als Ganzes sich aus den Interaktionen seiner Teile ableiten.[39] Die Bedeutung dieser grundlegenden Erkenntnis ist alarmierend, da durch den digitalen und nachhaltigen Wandel die Komplexität von Geschäftsmodellen durch die erhöhte Anzahl und Intensität der Aktivitätsbeziehungen steigt,[40] aus welcher Anpassungs- und Performanceunterschiede von Organisationen abgeleitet werden können.[41]

Dieser zentrale Aspekt der Architektur von Geschäftsmodellen,[42] die Interdependenz der Aktivitäten, wurde in der Geschäftsmodellliteratur bisher wenig hinterfragt und einseitig im Hinblick auf ihre positiven Implikationen untersucht.[43] Unintendierte Folgen und negative Implikationen durch Pfadabhängigkeit[44] bilden demnach einen blinden Fleck in der Geschäftsmodellforschung,[45] was auch in der Anwendung statischer Ansätze zur Erklärung von Geschäftsmodellen mitbegründet sein kann, denn diese können die Dynamik des Geschäftsmodellwandels nicht erfassen.[46]

Die Ausrichtung des Geschäftsmodells auf Werttreiber[47] und Selbstverstärkung[48] zum Zweck der Wertschöpfung birgt die Gefahr eines Lock-in.[49] Das heißt, dass der Samen eines „Success-breeds -Failure"-Paradoxons[50] bereits mittels der Interdependenz der Aktivitäten, die durch die Werttreiber angeheizt wird, im Geschäftsmodell ausgesät wurde. Die Werttreiber folgen, einfach ausgedrückt, einer „Je-mehr-desto-besser"-Logik, die eine starke Dynamik entfalten

---

[39] Vgl. Ackoff (2005), S. 221.

[40] Siehe Abb. 1.1.

[41] Vgl. Ethiraj/ Levinthal (2008), S. 953; Simon (1962).

[42] Vgl. Zott/ Amit (2010), S. 218.

[43] Vgl. Casadesus-Masanell/ Ricart (2010), S. 198 ff; Ethiraj/ Levinthal (2008), S. 953; Porter (1996), S. 49.

[44] Beispiele für unintendierte Folgen und negative Implikationen durch Pfadabhängigkeit sind zu finden in Blagoev/ Schreyögg (2019) bez. extremen Arbeitszeiten, Miller (1993) bez. Architecture of Simplicity, in McGregor (1969) bez. Theory X oder Koch (2008) bez. Pfadabhängigkeit in der Zeitungsbranche.

[45] Vgl. Zott/ Amit (2013), S. 409.

[46] Vgl. Demil/ Lecocq (2010), S. 228.

[47] Vgl. Amit/ Zott (2001), S. 503–512.

[48] Vgl. Casadesus-Masanell/ Ricart (2011), S. 4.

[49] Vgl. Sydow et al. (2009).

[50] Gemäß Schreyögg (2013), S. 25 beschreibt das Success-breeds-Failure-Paradoxon pfadartige Verfestigungen, die auf der Basis erfolgreicher Praktiken herausgebildet und verstärkt werden.

und dadurch den Handlungsspielraum einer Organisation zunehmend einschränken kann. Pfadabhängigkeit als Wandelbarriere kann mithin der systemischen Natur des Geschäftsmodells entspringen.

1.3 Zielsetzung und Beitrag der Arbeit

Die Forschungslücke von Pfadabhängigkeit in Geschäftsmodellen wird in dieser Studie mittels der folgenden Forschungsfragen adressiert:

(1) Wie vollzieht sich der Wandel von Geschäftsmodellen im Zeitablauf?
(2) Welche Aktivitäten, Prozesse und Mechanimsmen beeinflussen den Wandel von Geschäftsmodellen im Zeitablauf? Wie hängen sie zusammen?
(3) Wie beeinflussen diese den Organisationserfolg?

Diese Arbeit ist darauf ausgerichtet, das gegenwärtige Verständnis von Geschäftsmodellwandel zu erweitern, indem die Interdependenz der Aktivitäten eines Geschäftsmodells und deren Folgen für den Erfolg und das Überleben einer Unternehmung betrachtet werden.

Zu diesem Zweck verbindet die theorieerweiternde Arbeit die Pfadtheorie[51] und das Geschäftsmodellkonzept von Amit und Zott (2010) durch ein umfassendes Verständnis von Interdependenz. Sowohl die Pfadtheorie als auch der Ansatz von Amit und Zott (2010) profitieren von dieser innovativen Verbindung: Die Pfadtheorie wird auf das Geschäftsmodell als Analyseebene angewendet, und der Geschäftsmodellansatz wird durch eine Phasenbetrachtung dynamisiert und auf eine neue Ebene gehoben.[52] Dazu wird ein Modell der Theorieintegration entwickelt, welches durch die empirischen Befunde aus der historischen Einzelfallstudie eines Geschäftsmodells zwischen Tradition und Innovation erweitert wird.

Die Forschungsfragen umfassen den von Zott et al. (2011) skizzierten Forschungsbedarf bezüglich der theoretischen Komponenten, Funktionsmechanismen sowie Vorbedingungen und Folgen von Geschäftsmodellen.[53] Im Speziellen soll die Bearbeitung der forschungsleitenden Fragen *(1) einen theoretischen, (2) einen methodischen und (3) einen praktischen Beitrag* leisten:

[51] Vgl. Sydow et al. (2009).
[52] Siehe Abschnitt 3.3.6.
[53] Vgl. Zott et al. (2011), S. 1038.

(1) Der theoretische Beitrag dieser Arbeit besteht in einer Theorieerweiterung durch die Entwicklung eines innovativen Modells auf Grundlage der theoretischen Integration der Pfadtheorie und des Geschäftsmodellansatzes von Zott und Amit (2010). Ein ganzheitliches Verständnis der Interdependenz der Aktivitäten innerhalb des Geschäftsmodells erlaubt es, dieses durch eine Mesoebene zu vervollständigen und durch die Integration der Phasen der Pfadkonstitution[54] zu dynamisieren.[55] So kann der Wandel von Geschäftsmodellen im Zeitablauf erfasst und ein grundlegendes Verständnis davon geschaffen werden, wie genau sich dieser Wandel vollzieht, inklusive der Entstehung von Wandelbarrieren und entsprechenden Hebelpunkten.
(2) Die Überprüfung der Tragfähigkeit der theoretischen Modellannahmen erfolgt in der qualitativ-empirischen Untersuchung, deren Befunde das Modell erweitern. Die Theorieintegration erlaubt einen neuen Blick auf den gewählten Kontext der Systemgastronomie. Darüber hinaus zeigen die Daten eine Kontextualisierung, denn in dem besonderen, sich im Zeitablauf wandelnden Kontext[56] gab es für die Poseidon GmbH[57] als traditionsreiches Unternehmen in der deutschen Systemgastronomie immer wieder extern oder intern induzierte unternehmerische Gelegenheiten, die aufgegriffen oder nicht aufgegriffen wurden. Die Integration von Kontextvariablen aus der Empirie kontextualisiert die theoretische Integration und ermöglicht eine Theorieerweiterung. Der Kontext spielt gerade wegen der zunehmenden Diversität in Kontexten und Perspektiven sowie der aus diesen kontextuellen Unterschieden resultierenden Gefahr sich widersprechender Ergebnisse eine wichtige, aber oftmals unterschätzte Rolle.[58] Die Integration von Elementen der historischen Forschung in diese Managementstudie ermöglicht die Erforschung entscheidender Konstrukte der Geschäftsmodellentwicklung und stärkt neben der Transparenz des methodischen Vorgehens die Güte der Studie. Die Längsschnittbetrachtung zeigt die besondere Eignung des ausgewählten Fallbeispiels sowohl in theoretischer als auch in methodischer Hinsicht, denn die Pfadtheorie erlaubt es, nicht nur die Vor-, sondern auch die Nachteile der Selbstverstärkung innerhalb des Geschäftsmodells zu erfassen, welche sich

[54] Vgl. Sydow et al. (2009), S. 692.

[55] U. a. Chesbrough (2010), Demil und Lecocq (2010) und Sosna et al. (2010) betonen die Nützlichkeit einer dynamischen Perspektive für die Geschäftsmodellforschung.

[56] Das können z. B. politische und gesellschaftliche Entwicklungen, Konsumtrends, Knappheiten etc. sein.

[57] Der Unternehmensname und weitere Firmen- und Markennamen erhielten Speaking Names, Interviewquellen wurden ebenfalls gem. Art. 4 Nr. 5 DSGVO pseudonymisiert.

[58] Vgl. Sydow et al. (2012), S. 173.

beide in der über 100-jährigen Firmengeschichte der Poseidon GmbH zeigen lassen. Auch der evolutionäre Charakter der Pfadtheorie erlaubt es, in der Forschung historiographisch vorzugehen. Dementsprechend ermöglicht diese dynamische Perspektive die empirische Demonstration, warum Organisationen sich im Zeitablauf in bestimmter Weise entwickeln, was die Geschäftsmodellforschung fördert. Letztendlich kann das Geschäftsmodell somit aus funktionaler Sicht als Erklärungsgrundlage für die Erfolgsunterschiede von Unternehmen dienen.[59]

(3) Ein Blick in die Managementpraxis zeigt, dass das Top Management in Unternehmen in unterschiedlichen Industrien aktiv nach Anleitungen sucht, Geschäftsmodelle zu wandeln, um Wert zu generieren und anzueignen.[60] Die Implikationen für Pfadbruch bzw. Ansatzpunkte für Geschäftsmodellwandel, welche diese Studie bereithält, sind nicht nur gefragt, sondern auch neu und höchst relevant, denn nicht jede Unternehmung befindet sich bez. ihres Geschäftsmodells in der gleichen Situation und dies aus denselben Gründen.[61] Mediziner:innen würden Erkrankte, welche gleiche Symptome zeigen, auch nicht mit demselben Medikament behandeln, wenn die Ursache unterschiedlicher Natur ist (z. B. Asthma und Tuberkulose). Pfadabhängigkeit bedarf, ebenso wie Trägheit oder aktive oder kognitive Widerstände, einer individuell ursachenabhängigen „Therapie".

1.4 Aufbau der Arbeit

Die Arbeit ist, wie Abbildung 1.2 zeigt, in sechs Kapitel gegliedert.

[59] Vgl. Zott/ Amit (2008), S. 2.

[60] Vgl. De Jong/ van Dijk (2015); IBM Corporation (2008), S. 19 ff; Pohle/ Chapman (2006), S. 4; Yates (2014), 279.

[61] Die Situation kann wandelfähig oder nicht wandelbar sein. Gründe können Trägheit, kognitive Hemmnisse, aktive Widerstände oder Pfadabhängigkeit sein.

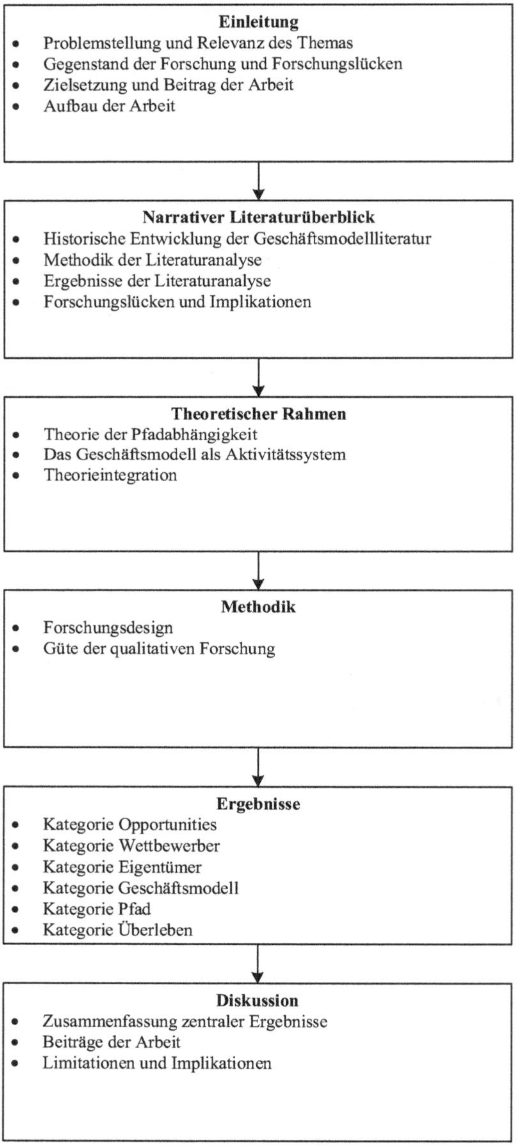

Abbildung 1.2 Aufbau der Arbeit. (Quelle: Eigene Darstellung)

Kapitel 2 markiert mit einem umfassenden und facettenreichen Überblick über die vorhandene Literatur zu Geschäftsmodellen den Beginn der Forschungsarbeit. Die Ergebnisse des narrativen Literaturüberblicks[62] werden in Theorien, Methoden und Befunde der analysierten Literatur gegliedert. Letztere werden abschließend grafisch dargestellt.[63]

Aus den identifizierten Forschungslücken werden in *Kapitel 3* die Forschungsfragen abgeleitet. Die Theorie der Pfadabhängigkeit und der Geschäftsmodellansatz von Zott und Amit (2010) werden vorgestellt. Anschließend nutzt die vorliegende Arbeit das Potential von deren theoretischer Integration, um die Funktionsmechanismen der Selbstverstärkung in Geschäftsmodellen, ihre Folgen und Implikationen zu untersuchen. Für diesen Zweck wurde ein Modell der Theorieintegration entwickelt.

Kapitel 4 gibt einen Überblick über das Forschungsdesign. Die Daten, ihre Erhebung und Analysemethode werden dargestellt. Den Ausgangspunkt der Datensammlung bildet das Deutsche Schifffahrtsmuseum, sowohl für die Gewinnung von Interviewpartnern als auch für die Erhebung historischer Daten im Archiv. Die Poseidon GmbH ist die fokale Unternehmung eines Geschäftsmodells zwischen Tradition und Innovation, welches als besonders geeigneter Fall für die historische Einzelfallstudie gewählt wurde, da anhand seiner über 125-jährigen Geschichte sowohl Vor- als auch Nachteile von Selbstverstärkung im Geschäftsmodell untersucht werden können. Das Vorgehen der gewählten Forschungsmethode der inhaltlich strukturierenden qualitativen Inhaltsanalyse wird transparent dargelegt und die Güte der Arbeit kritisch reflektiert.

In *Kapitel 5* wird die Tragfähigkeit der Annahmen des entwickelten Modells anhand des Falls des Geschäftsmodells der Poseidon GmbH empirisch mittels einer inhaltlich strukturierenden qualitativen Inhaltsanalyse überprüft. Darüber hinaus erfolgt eine Exploration der Daten bezüglich Konstrukten, welche ebenfalls im Modell Berücksichtigung finden müssen. Die Ergebnisse werden entlang der Hauptkategorien präsentiert.

Kapitel 6 fasst die zentralen Ergebnisse zusammen, gefolgt von einer Diskussion derselben im Hinblick auf ihren theoretischen, methodischen und praktischen Beitrag. Limitationen und Implikationen der Studie bilden den Abschluss dieser Arbeit.

---

[62] Vgl. Snyder (2019).

[63] Siehe Abbildung 2.3.

Narrativer Literaturüberblick 2

Ziel der Literaturübersicht in Kapitel 2 ist es, erstens einen Überblick über die historische Entwicklung der Geschäftsmodellforschung zu geben und den Zusammenhang des historischen Kontextes mit für die Geschäftsmodellforschung relevanten Forschungsthemen zu verdeutlichen, und zweitens den Wissensstand zum Thema Geschäftsmodell festzuhalten, um relevante Forschungslücken aufzudecken, an welche diese Arbeit anknüpft.

Die Struktur des Literaturüberblicks orientiert sich an den RAMESES Publikationsstandards,[1] indem auf diesen kurzen Abriss eine Einleitung, die Darstellung der verwendeten Methoden sowie eine Ergebnisdarstellung folgt, welche neben den zentralen Befunden auch theoretische Ansätze und die Methodologie der untersuchten Artikel sowie deren Forschungslücken umfasst. Die anschließende Diskussion der Ergebnisse im Hinblick auf die vorliegende Arbeit bildet den Kulminationspunkt des Literaturüberblicks.

Der narrative Literaturüberblick wurde aufgrund des oben beschriebenen Zwecks, der Stichprobeneigenschaften und des angestrebten Beitrages als Forschungsmethode für diese Literaturübersicht gewählt.[2] In der Einleitung, in welcher die Entwicklung der Geschäftsmodellforschung im Laufe der Zeit dargestellt wird, kam eine bibliometrische Untersuchung unter Verwendung der Scopus-Datenbank[3] zum Einsatz. Dazu wurde anhand eines thematischen Coupling die

[1] Vgl. Wong et al. (2013), S. 4 ff. RAMESES steht für Realist And Meta-narrative Evidence Syntheses: Evolving Standards.

[2] Vgl. Snyder (2019), S. 334.

[3] Gemäß ELSEVIER (2023) existiert Scopus, die größte Zusammenfassungs- und Zitationsdatenbank rezensierter Literatur, seit dem Jahr 2004 und ist eine von Fachleuten kuratierte Datenbank mit angereicherten Daten und verlinkter wissenschaftlicher Fachliteratur

A. Mallach, *Geschäftsmodelle zwischen Tradition und Innovation*,
https://doi.org/10.1007/978-3-658-51169-2_2

Entwicklung seit und im Kontrast zu der Periode Jan. 1975 bis Dez. 2009 dargestellt, die im Meilensteinartikel von Zott et al. (2011) untersucht wurde. Auch für den Hauptteil des Literaturüberblicks wurde die Scopus-Datenbank verwendet. Für die Literatursuche und -auswahl wurde ein systematischer Zugang gewählt, welcher sich an Snyder (2019) orientiert.[4] Die Daten wurden inhaltsanalytisch ausgewertet,[5] um Muster in der Form von Themen im Text zu identifizieren.

Die Ergebnisse wurden im Ergebnisteil dargestellt. Sie zeigen das exponentielle Wachstum der Literatur zum Thema Geschäftsmodell, die Entwicklung der behandelten Themen, die verwendeten Theorien und Methoden und die sich daraus ergebenden Forschungslücken.

Die Limitationen des Literaturüberblicks ergeben sich aus der Verortung der Literatur in Strategie und Organisation sowie der gewählten Vorgehensweise bei Literatursuche und -auswahl.

Die Forschungslücken, welche sich aus der Darstellung des aktuellen Wissensstandes der Geschäftsmodellliteratur ergeben, markieren zukünftigen Forschungsbedarf. Die sich daraus ergebenden Implikationen bestehen aus der durch externe Dynamik getriebenen Notwendigkeit von Forschung zu Geschäftsmodellwandel im Hinblick auf die Entstehung und Überwindung von untererforschten Wandelbarrieren wie Pfadabhängigkeit im Geschäftsmodell.

2.1 Historische Entwicklung der Geschäftsmodellliteratur

Im Folgenden wird die historische Entwicklung der Geschäftsmodellliteratur dargestellt. Dazu werden der Begriff und die Bedeutung des Geschäftsmodells erläutert, auf Grundlagenliteratur hingewiesen, charakteristische Phasen der Geschäftsmodellliteratur sowie Veröffentlichungen im Zeitverlauf beschrieben und behandelte Themen vorgestellt.

---

aus einer Vielzahl von Disziplinen. Sie führt mehr als 90,6 Mio. Titel, darunter mehr als 26.000 peer-review-begutachtete Zeitschriften. Die Datenbank wird täglich aktualisiert.

[4] Vgl. Snyder (2019), S. 337.

[5] Vgl. Braun/ Clarke (2006).

2.1.1 Begriff und Bedeutung

Seit dem Internetboom der 1990er Jahre passen Unternehmen ihre Geschäftstätigkeit an die neuen Gegebenheiten an, denn die kontinuierliche Entwicklung des Geschäftsumfelds aufgrund des Fortschritts neuer Technologien, veränderten Verhaltens der Kundschaft, globaler Märkte und einer stärker vernetzten Welt hat ein neues Szenario für die Unternehmen geschaffen, in dem das Geschäftsmodell eine wichtige Rolle für die Wettbewerbsfähigkeit spielt.[6] Dieser Trend hat sich in der wissenschaftlichen Literatur anhand einer Verzweigung bezüglich der Interpretation der Bedeutung und Funktion von Geschäftsmodellen niedergeschlagen.[7] Die Terminologie hat mit den neuen Formen der Geschäftstätigkeit und der Beschreibung von Geschäftsmodellen nicht Schritt gehalten, so dass sich das Feld in verschiedene Lager teilte. Das Geschäftsmodell wurde vor dem Hintergrund seines sich wandelnden Kontextes in Form von Digitalisierung oder Kunden-Markt-Verflechtungen aus unterschiedlichsten Perspektiven untersucht, um das Feld zu definieren, zu kategorisieren und zu klassifizieren. Es besteht jedoch kein Konsens bez. der Konzeptualisierung des Geschäftsmodells, was eine Vielzahl von Definitionen und einen Mangel an theoretischen Grundlagen zur Folge hat.[8] Das heißt, trotz des wachsenden Interesses an Geschäftsmodellen[9] ist das Verständnis für deren Nutzung, Entwicklung und Struktur vage geblieben und die Forschung in dem Feld entwickelte sich heterogener, breiter gefächert und vollzog sich in Silos.[10]

Obwohl das Geschäftsmodellkonzept nicht kritiklos übernommen wurde,[11] besteht Konsens über seine herausragende Bedeutung für Wissenschaft und Praxis,[12] bspw. als Quelle von Wettbewerbsvorteilen,[13] in Form praktischer

---

[6] Vgl. Mitchell/ Coles (2003).

[7] Gemäß Massa et al. (2017), S. 73 bezieht sich diese Interpretation der Bedeutung und Funktion von Geschäftsmodellen auf (1) Geschäftsmodelle als Eigenschaften realer Unternehmen, (2) Geschäftsmodelle als kognitive/sprachliche Schemata und (3) Geschäftsmodelle als formale konzeptionelle Darstellungen der Funktionsweise eines Unternehmens.

[8] Vgl. Budler et al. (2021); Fielt (2013); Klang et al. (2014); Massa et al. (2017); Teece (2010); Wirtz et al. (2016); Zott et al. (2011):

[9] Vgl. Cuc (2019); Wirtz et al. (2016).

[10] Vgl. Budler et al. (2021), S. 2f; Zott et al. (2011).

[11] Vgl. Doganova/ Eyquem-Renault (2009); Porter (2001), S. 73; Shafer et al. (2005).

[12] Vgl. Demil et al. (2015); Klang et al. (2014); Wirtz et al. (2016).

[13] Vgl. Chesbrough (2007a, 2007b); Ireland et al. (2001); Johnson et al. (2008); Pohle/ Chapman (2006).

Erfolgsgeschichten,[14] als Innovationsquelle,[15] als Reaktionsmöglichkeit auf wettbewerbsintensivierende Umweltveränderungen, in Form von Innovation oder Rekonfiguration[16] sowie der Verknüpfung von ökonomischer mit ökologischer und sozialer Wertschöpfung.[17] Entsprechend ist das Geschäftsmodell in den letzten Jahrzehnten zu einem immer wichtigeren Konzept geworden, zumal jedes Unternehmen explizit oder implizit einem Geschäftsmodell folgt, welches darstellt, wie Wert geschaffen, freigesetzt und angeeignet wird.[18] Insbesondere in den Bereichen Technologie- und Informationsmanagement, Strategie und jüngst soziales Unternehmertum und ökologische Nachhaltigkeit hat es zunehmend an Bedeutung gewonnen.[19] Die Diversität der Anwendungsbereiche spiegelt sich in den unterschiedlichen Geschäftsmodelldefinitionen wider, welche z. B. auf Geschichten, die erklären, wie Unternehmen funktionieren, Wertversprechen für die Kundschaft oder Aktivitätssysteme fokussieren.

Das diverse Verständnis des Geschäftsmodellbegriffes erschwert die Kumulation von Wissen in diesem Bereich und die Entwicklung der Geschäftsmodellforschung wird durch das unklare Geschäftsmodellkonstrukt beeinträchtigt.[20] Dabei würde ein besseres Verständnis des Geschäftsmodells auch zu einem besseren Verständnis der Rolle des Konzepts in Bereichen wie Entrepreneurship, Innovation und Unternehmenserfolg führen.[21]

2.1.2 Grundlagenliteratur

Die mit dem steigenden Interesse am Geschäftsmodellkonstrukt einhergehende explosionsartige Zunahme von Artikeln über Geschäftsmodelle in Fachzeitschriften wurde im Grundlagenartikel von Zott et al. (2011) beschrieben. Dieser Trend hat sich fortgesetzt.[22] Zott et al. (2011) beschreiben in ihrem wegweisenden

---

[14] Wie die von Google gemäß Afuah (2014) oder Netflix gemäß Ahuja/ Novelli (2016).

[15] Vgl. Amit/ Zott (2021), S. 85f; Casadesus-Masanell/ Zhu (2013); Massa/ Tucci (2014).

[16] Vgl. Kim & Min (2015); Massa/ Tucci (2014); Osiyevskyy/ Dewald (2015).

[17] Vgl. Dohrmann et al. (2015); Jenkins et al. (2011); Lüdeke-Freund (2020); Michelini/ Fiorentino (2012).

[18] Vgl. Osterwalder/ Pigneur (2010); Teece (2010), S. 172; Teece (2018).

[19] Vgl. Casadesus-Masanell/ Zhu (2013); London/ Hart (2004); Massa/ Tucci (2014); Seelos/ Mair (2007); Teece (2010); Tripsas/ Gavetti (2000); Schaltegger et al. (2012).

[20] Vgl. Foss/ Saebi (2017), S. 203; Massa et al. (2017), S. 75.

[21] Vgl. Teece (2010).

[22] Siehe Abbildung 2.1.

Artikel die Entstehung und Verbreitung des Geschäftsmodellkonstrukts. Die Literatur hat sich weitgehend in Silos anhand der Forschungslinien der Autoren, wie E-Business, strategische Fragen oder Innovations- und Technologiemanagement, entwickelt, so dass unterschiedliche Interpretationen des Konstrukts je nach Interesse und Perspektive des jeweiligen Forschenden existieren.[23] Obwohl dementsprechend keine Einigkeit bez. der Definition von Geschäftsmodellen besteht, entdeckten sie eine gemeinsame Basis dieser verschiedenen Konzeptionen, die zu einer Vereinheitlichung der Forschung beitragen könnte. Dazu gehört, dass sich das Geschäftsmodell zu einer neuen Analyseeinheit entwickelt, einen ganzheitlichen Ansatz auf Systemebene betont, welcher grenzübergreifende[24] Aktivitäten umfasst und sowohl Wertschaffung als auch -aneignung erklärt.[25]

2.1.3 Charakteristische Phasen der Geschäftsmodellforschung

Die Etablierung der Geschäftsmodellforschung als neuer Forschungsbereich begann in den 1990er Jahren zunächst sporadisch im E-Business und breitete sich anschließend auf andere Bereiche aus. Theoretische Grundlagen fußten vor allem auf der technologischen Innovation und dem strategischen Management. Bis zum Erscheinen des Artikels von Zott et al. (2011) gewann die Entwicklung der Geschäftsmodellforschung mehr Dynamik. In den folgenden Jahren wurden Diskussionen über die Konzeptualisierung und den tatsächlichen Wert des Geschäftsmodellkonzepts geführt. Das Konzept wird weiterentwickelt und die wichtigsten Dimensionen und Elemente von Geschäftsmodellen werden erörtert. Seit 2016 entstehen mehrere neue Forschungsrichtungen im Bereich der Geschäftsmodelle und das Interesse an der Evaluation von Geschäftsmodellen steigt.[26]

---

[23] Gemäß Zott et al. (2011), S. 1038 ist daher eine Verwendung präziserer Konzepte sinnvoll, wie E-Business-Modell-Archetypen, Aktivitätssystem oder Kosten-/Ertrags-Architektur, die ein übergreifendes Verständnis ermöglichen.

[24] Der grenzübergreifende Charakter bezieht sich in erster Linie auf die Grenzen der Organisation, welche sich in diesem Zuge auch geografisch und industriell ausweiten können.

[25] Vgl. Zott et al. (2011), S. 1038.

[26] Vgl. Budler et al. (2021), S. 9 ff.

2.1.4 Veröffentlichungen im Zeitverlauf

Die Geschäftsmodellforschung verzeichnete in den letzten Jahren ein exponentielles Wachstum. Die ersten Erwähnungen des Themas in akademischen Artikeln stammen aus den Jahren 1957 und 1960.[27] Drei Jahrzehnte später erfuhr das Thema enormes Interesse durch das Aufkommen des Internets in der Geschäftswelt, den Aufstieg von Hochtechnologieunternehmen und den „Dotcom"-Boom.[28] Die Längsschnittbetrachtung in Abbildung 2.1 visualisiert die jährliche kumulierte Publikationsentwicklung der 500 meistzitierten Artikel in Scopus zum Thema Geschäftsmodell zwischen 1975 bis 2022.

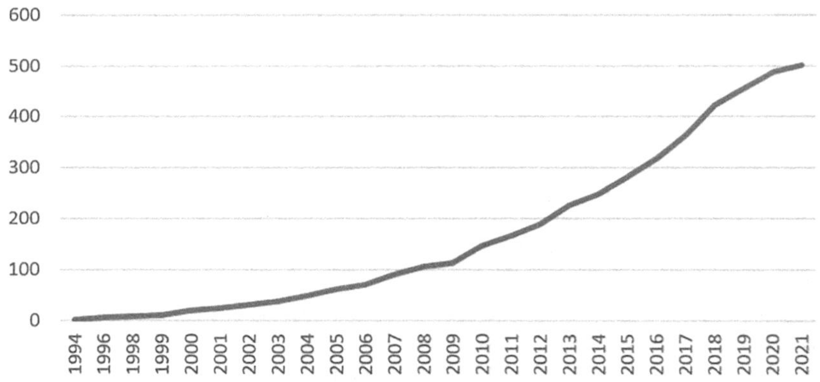

Abbildung 2.1 Publikationen pro Jahr (kumulativ). (Quelle: Eigene Darstellung)

Die Zunahme an Publikationen spiegelt das gestiegene wissenschaftliche Interesse zum Thema Geschäftsmodell wider. Während in den 1990er Jahren die Publikationsrate mit bis zu fünf Artikeln pro Jahr eher gering ausfiel, stieg sie in den Folgejahren stark an.[29] Ein Meilenstein in der Publikationsgeschichte zu Geschäftsmodellen stellt die Sonderausgabe der Zeitschrift Long Range Planning im Jahr 2010 dar,[30] da sie das Interesse an dem Thema trieb und Forschung anregte, was sich in der im Anschluss stark gestiegenen Veröffentlichungszahl

[27] Vgl. Bellman et al. (1957); Cuc (2019), S. 5; Jones (1960).

[28] Vgl. Osterwalder et al. (2005).

[29] Vgl. Cuc (2019), S. 5.

[30] Führende Autoren veröffentlichten in dieser LRP-Sonderausgabe Artikel in den Kategorien: Definitionen und Ansätze als Grundlagen des Geschäftsmodells, Entstehung von

niederschlug. Sie umfasst die momentan meistzitierten Autoren und die populärsten Artikel in diesem Forschungsbereich. Die Zahl der Veröffentlichungen ist seitdem mit einer durchschnittlichen Wachstumsrate von 13,5 % jährlich gestiegen. Die Gesamtzahl der Veröffentlichungen lag 2011 bei 164, 2016 bei 315 und 2022 bei 500. Von 2016 bis 2022 ist die Publikationszahl um 59 % gestiegen, was einen Wachstumstrend darstellt. Dieses zunehmende Interesse am Geschäftsmodell führte zur Aufnahme des Themas in Ausgaben weiterer anerkannter Fachzeitschriften, wie dem Strategic Management Journal, dem Harvard Business Review oder dem Journal of Cleaner Production.[31] Die bedeutendsten Autoren der Geschäftsmodellforschung sind bezüglich der Anzahl ihrer Veröffentlichungen und deren Zitationshäufigkeit Zott und Amit, Chesbrough, Casadesus-Masanell und Ricard sowie Christensen. Die USA sind das Land, welches neben der bedeutendsten auch die größte Masse der Geschäftsmodellforschung produziert, gefolgt von England und Deutschland. Kritische Publikationen bez. der berühmten Aufsätze von Zott und Amit wurden bspw. in UK von Baden-Fuller und Kollegschaft publiziert.

2.1.5 Themen

Die ersten Beobachtungen der Geschäftsmodellforschung gingen vorwiegend aus strukturierten Literaturübersichten hervor, die sich auf die Ursprünge, die Übernahme und den Wert des Konzepts konzentrieren. Mittlerweile befassen sich Übersichten auch mit spezifischen Themen wie Innovation, Geschäftsmodelle in KMU und digitalen Geschäftsmodellen.[32] Auch Geschäftsmodelldesign und -entwicklung erfahren zunehmend mehr Aufmerksamkeit in der Forschung.[33]

Die Themen Innovation, Erfolg, Strategie, Management, Perspektive und Wertschöpfung gehören zu den Top-Themen der Geschäftsmodellforschung. Auch Wettbewerbsvorteil, Technologie und Entrepreneurship sind Themen, die einen großen Einfluss auf andere Themen in diesem Forschungsbereich haben. Interessant ist, dass hauptsächlich die Theorien des Ressourcenbasierten Ansatzes

---

Geschäftsmodellen, Konstruktion neuer Geschäftsmodelle für neue Märkte und Soziale Anwendungen, Erfolgsfaktoren bei der Implementierung von Geschäftsmodellen;

[31] Diese zählen nach Long Range Planning anhand der Anzahl ihrer Veröffentlichungen zum Thema Geschäftsmodell und deren Zitationshäufigkeit zu den produktivsten Zeitschriften im betreffenden Forschungsfeld.

[32] Siehe Caputo et al (2021); Climent/ Haftor (2021); Miller et al. (2020).

[33] Vgl. Wirtz et al. (2016).

und Dynamic Capabilities mit dem Geschäftsmodell verbunden sind. Die Entwicklung der Geschäftsmodellforschung war mit Erfolgs- und Innovationsthemen verbunden und hat sich in Richtung Entrepreneurship, Technologie, Strategie und Wertschöpfung weiterentwickelt und auf Nachhaltigkeit, Informationssysteme, erneuerbare Energien, soziales Unternehmertum und Technologie konzentriert. Dabei gehören nachhaltige Geschäftsmodelle, Kreislaufwirtschaft und das Internet der Dinge zu den aktuellsten Themen der Geschäftsmodellforschung. Die Hauptforschungstrends in Bezug auf das Thema Geschäftsmodell bestehen aus Geschäftsmodellinnovation und Nachhaltigkeit, neue digitale Technologien, Industrie 4.0, soziales Unternehmertum und Theorieentwicklung.[34] Der Themenbereich der theoretischen Fundierung wurde im Vergleich zu anderen Themen nicht wesentlich weitererforscht und -entwickelt, obgleich die Geschäftsmodellforschung theoretischer Weiterentwicklung bedarf. Aus der wissenschaftlichen Literatur gingen Vorschläge für diverse Theorien hervor, die zum Verständnis des Geschäftsmodellkonstrukts und dessen Entwicklung beitragen könnten.[35] Neben der theoretischen Fundierung bedarf auch die Anwendung des Konzepts weiterer Forschung für seine Verbesserung und Entwicklung.[36]

Budler et al. (2021) beschreiben die Geschäftsmodellforschung als ein sich selbst perpetuierendes Feld, wobei die bekanntesten Einflüsse auf die neuere Geschäftsmodellforschung aus dem Feld selbst stammen. Neuerdings dreht sich die Geschäftsmodellforschung um aktuelle Themen wie Nachhaltigkeit oder Netzwerke und erfuhr eine Koevolution mit netzwerkbasierten und kundenzentrierten Grenzen.[37] Wirtz et al. (2016) identifizierten Forschungslücken hinsichtlich der Anwendbarkeit und der theoretischen Fundierung des Geschäftsmodellkonzepts und markierten Innovation, Design und Change als zukünftige Forschungsrichtungen.

2.1.6 Fazit und Ausblick

Dieser erste Überblick über die historische Entwicklung der Geschäftsmodellliteratur verdeutlicht den starken Einfluss des Kontextes auf die Entwicklung realer Geschäftsmodelle und der entsprechenden Forschung und Literatur. Das Feld verzeichnete eine rasante Entwicklung, mit der die Terminologie nicht in

[34] Vgl. Cuc (2019), S. 8-11.

[35] Vgl. Cuc (2019), S. 13f.; Amit/ Zott (2001).

[36] Vgl. Teece (2010); Wirtz et al. (2016); Zott et al. (2011).

[37] Vgl. Budler et al. (2021), S. 2.

gleichem Maße schritthalten konnte, so dass eine Vielzahl von Definitionen des Geschäftsmodells existiert. Die Forschung entwickelte sich in Silos, heterogen und interdisziplinär, so dass inzwischen eine umfangreiche, wenn auch fragmentierte Literatur über Geschäftsmodelle existiert.[38] Publikationen von Zott et al. (2011) und die Sonderausgabe des Long Range Planning (2010) prägten das Feld und seine Entwicklung in besonderem Maße. Insbesondere die Anwendbarkeit und theoretische Fundierung des Geschäftsmodells wurden als Forschungslücken markiert. Auch zukünftige Forschungsrichtungen stehen in engem Zusammenhang mit dem Kontext. Zusammenfassend kann festgehalten werden, dass das Feld der Geschäftsmodellforschung weiterhin viele Forschungslücken aufweist und zahlreiche Möglichkeiten für die zukünftige Forschung bereithält.[39]

2.2 Methodik der Literaturanalyse

2.2.1 Narrativer Literaturüberblick

Wissensproduktion zu Geschäftsmodellen nimmt stetig zu und bleibt gleichzeitig fragmentiert und interdisziplinär.[40] Dies macht es schwierig, mit dem State of the Art Schritt zu halten und die kollektiven Erkenntnisse der Geschäftsmodellforschung anhand eines systematischen Literaturüberblicks zu beurteilen.[41] Die narrative Literaturübersicht als Forschungsmethode ist für diese Studie nicht nur aufgrund des interdisziplinär und divers behandelten Themas, sondern auch hinsichtlich ihres Ziels, der Analyseart und ihres Beitrags prädestiniert.[42] Zum einen verfolgt der Literaturüberblick das Ziel, den Zusammenhang des historischen Kontextes mit für die Geschäftsmodellforschung relevanten Forschungsthemen zu verdeutlichen und einen Überblick über die diese Forschung und ihre Entwicklung im Zeitablauf zu geben, um den Rezipienten und Rezipientinnen eine solide Informations- und Interpretationsgrundlage für die folgende Analayse zu bieten. Zum anderen stellt die Literaturübersicht den Wissensstand zum Thema

[38] Vgl. Massa et al. (2017), S. 75.

[39] Wirtz et al. (2016), S. 16.

[40] Vgl. Massa et al. (2017), S. 75.

[41] Vgl. Wong et al. (2013); Laut Snyder (2019), S. 335 muss eine andere Strategie entwickelt werden, wenn es nicht möglich ist, jeden einzelnen Artikel zu überprüfen, der für das Thema relevant sein könnte.

[42] Vgl. Snyder (2019). S. 335; Für eine detaillierte Abgrenzung von narrativen zu systematischen und integrativen Literaturüberblicken siehe z. B. Snyder (2019), S. 334.

Geschäftsmodell durch die Bildung von Narrativen dar,[43] um relevante Forschungslücken aufzudecken. Dies schafft einerseits ein Verständnis für komplexe Zusammenhänge und erfordert andererseits Transparenz und Klarheit in Design und Kommunikation des Forschungsprozesses, welche wiederum eine inhaltliche und methodische Evaluation des Forschungsprozesses ermöglichen. Zur Identifizierung, Analyse und Darstellung von Mustern in Form von Themen innerhalb der untersuchten Artikel wird die dafür geeignete thematische Analyse gewählt.[44] Der Beitrag dieser semi-systematischen Überprüfung liegt in der Zusammenfassung des Wissensstandes der Geschäftsmodellforschung und der Ableitung von Implikationen für die Forschung, welche in dieser Arbeit aufgegriffen werden sollen.[45]

2.2.2 Prozess der Literatursuche und -auswahl

Die Sichtung der Literatur für diesen Literaturüberblick fußt auf einer eingehenden Auseinandersetzung mit der wichtigsten Geschäftsmodellliteratur und wurde durch unterschiedliche Reviews zu dem Forschungsbereich ergänzt,[46] um ein umfassendes Verständnis als Grundlage für die Erstellung dieses Literaturüberblicks zu generieren.

Zur Suche und Auswahl der Literatur wurde ein systematisches Vorgehen nach Snyder (2019) angewendet und mit der Scopus-Datenbank durchgeführt. Scopus, die größte Zusammenfassungs- und Zitationsdatenbank rezensierter Literatur, hat einen größeren Erfassungsbereich als andere wissenschaftliche Datenbanken und eignet sich daher bestens für die Überprüfung von Forschungszwecken in Managementbereichen.[47] Veröffentlichungen zum Thema Geschäftsmodell umfassen in der Datenbank sowohl akademische Zeitschriften als auch führende praxisorientierte Wirtschaftszeitschriften. Abbildung 2.2 zeigt den Prozess der Literatursuche und -auswahl.

---

[43] Narrative beziehen sich auf aus der thematischen Analyse abgeleitete Themen. Gemäß Braun und Clarke (2006), S. 83 f. trägt dies zu einer detailierten Analyse spezifischer Aspekte der Daten, wie in diesem Fall Theorie, Methoden und Befunde, bei.

[44] Vgl. Braun/ Clarke (2006), S. 79.

[45] Vgl. Ward et al. (2009).

[46] Z. B. Budler et al. (2021); Caputo et al. (2021); Cuc (2019); Hajiheydari et al. (2019); Ho (2020); Massa et al. (2017); Maucuer and Renaud (2019); Wirtz et al. (2016).

[47] Vgl. Donthu et al. (2021); Falagas et al. (2008); Zhang et al. (2018); Zhang et al. (2024). S. 4.

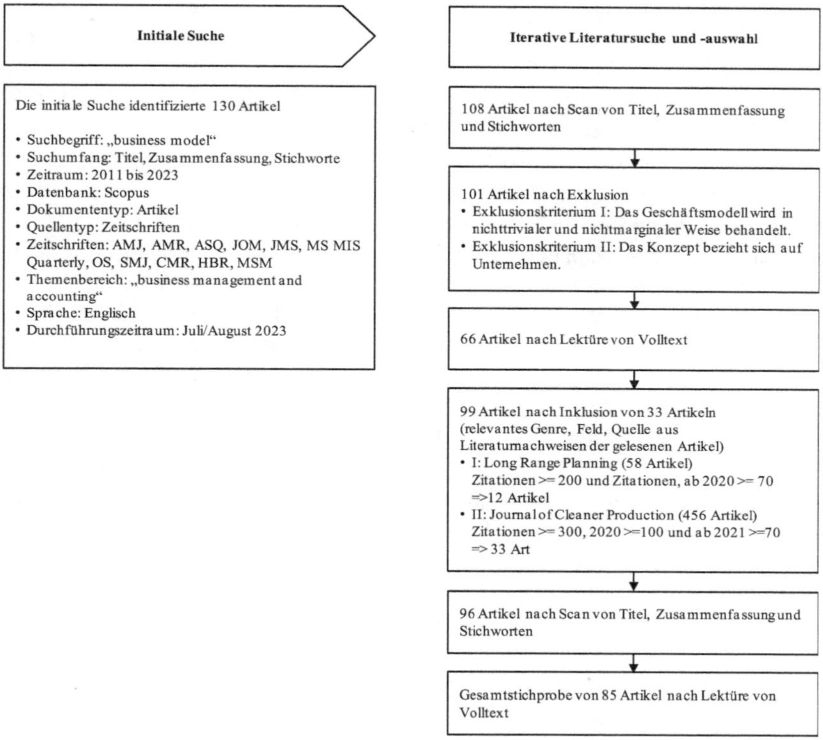

Abbildung 2.2 Flussdiagramm der Literatursuche und –auswahl. (Quelle: Eigene Darstellung)

Die Suche wurde zwischen Juli und August 2023 nach den folgenden Kriterien durchgeführt: Bei Scopus wurde initial nach Artikeln gesucht, welche den Begriff „Business Model“ im Titel, in der Zusammenfassung oder in den Schlüsselwörtern enthalten. Entsprechend wurden englischsprachige Artikel gesucht. Die Verwendung von Anführungszeichen diente dazu, irrelevante Erwähnungen aufgrund von grammatikalischen Zufällen zu vermeiden. Das Jahr 2011 wurde als Grenzwert für den Anfangszeitraum der Untersuchung gewählt, da zu diesem

Zeitpunkt die erste umfassende Übersichtsarbeit[48] über Literatur zu Geschäftsmodellen erschien.[49] Dementsprechend wurden die Daten für den Zeitraum Januar 2011 bis Juli 2023 erhoben. Die Quellen wurden zwecks Vergleichbarkeit an die Arbeit von Zott et al. (2011) angelehnt. Sie bestehen aus führenden akademischen Zeitschriften, welche im Ranking des VHB Jourqual3[50] ein A + oder A erhalten haben, und den praxisorientierten Zeitschriften MIT Sloan Management Review, Harvard Business Review und California Management Review.[51] Die Suche wurde durch weitere Limitierungen verfeinert: Der Themenbereich fokussiert auf „Business Management and Accounting", Artikel sind der gewählte Dokumententyp und die Quellen dieser Suche waren Zeitschriften. Diese erste Stichprobe identifizierte 130 Ergebnisse. Davon wurden 81 Artikel in akademischen und 49 in praxisorientierten Zeitschriften veröffentlicht. Die Anzahl von Artikeln, die in akademischen Zeitschriften veröffentlicht wurden, stieg demnach für den untersuchten Zeitraum ab 2011 auf 62 %, während diese für den von Zott et al. (2011) untersuchten Zeitraum, 1975 bis 2011, lediglich bei 14 % lag.[52]

Obgleich für die Literatursuche und -auswahl ein systematischer Zugang gewählt wurde, ist dies kein technischer Prozess, d. h. die Einhaltung eines bestimmten Protokolls garantiert nicht, dass eine Überprüfung robust sein wird. Vielmehr erfordert sie eine Reihe von Beurteilungen über die Relevanz und Belastbarkeit bestimmter Daten für die Darstellung des Wissensstandes der Geschäftsmodellliteratur und über die sich daraus ergebenden Implikationen.[53] Die Kriterien, auf welchen die Beurteilung bzw. die iterative Suche und Auswahl beruht, werden im Folgenden klar und transparent dargelegt, um eine solide Grundlage für Wissenserweiterung und für eine Erleichterung der Theorieentwicklung zu schaffen.[54]

---

[48] Dies ist der Literaturüberblick von Zott et al. (2011).

[49] Vgl. Budler et al. (2021), S. 8.

[50] Das VHB-Jourqual ist ein Zeitschriftenranking des Verbands der Hochschullehrer für Betriebswirtschaft e. V., der Dachorganisation deutscher Universitätsprofessoren im Bereich Betriebswirtschaftslehre.

[51] Zu diesen Zeitschriften zählten das Academy of Management Journal (AMJ), Academy of Management Review (AMR), Administrative Science Quarterly (ASQ), Journal of Management (JOM), Journal of Management Studies (JMS), Management Science (MS), MIS Quarterly, Organization Science (OS), und das Strategic Management Journal (SMJ), California Management Review (CMR), Harvard Business Review (HBR) und MIT Sloan Management Review (MSM).

[52] Gemäß Zott et al. (2011), S, 1021, waren es damals 10 von 70 Artikeln.

[53] Vgl. Wong et al. (2013), S. 8f.

[54] Vgl. Snyder (2019). S. 333; Webster/ Watson (2002); Wong et al. (2013), S. 9.

Die weitere Suche und Auswahl der Literatur konzentriert sich vornehmlich auf die Relevanz der Artikel als Inklusions- bzw. Exklusionskriterium. Durch eine erste Begutachtung von Titeln, Quellen und Zusammenfassungen der 130 Artikel konnten 22 Artikel ausgeschlossen werden, welche für den Review unbrauchbar waren, da es sich bspw. um Zusammenfassungen oder Studien handelte, in denen das Geschäftsmodell lediglich eine periphere Rolle in der Analyse innehatte.

Zur Identifikation relevanter Artikel wurden in Anlehnung an Zott et al. (2011) weitere Kriterien angewandt. (1) Das Geschäftsmodell wird in nichttrivialer und nichtmarginaler Weise behandelt. (2) Das Konzept bezieht sich auf Unternehmen.[55] Die Anwendung dieser Kriterien führte zum Ausschluss weiterer sieben Artikel.

Die eingehende Lektüre des Volltextes und die Sichtung der Literaturnachweise der 101 Artikel führte zur Exklusion von 35 Artikeln. Es folgte die Aufnahme weiterer, relevant erscheinender Literatur, die hohe Zitationswerte aufwies, jedoch aus schlechterbewerteten Zeitschriften stammte und/oder einem anderen Genre oder Literaturstrang zugeordnet war. Dies betrifft bspw. Artikel aus der Zeitschrift Long Range Planning und dem Journal of Cleaner Production, die zu den produktivsten Zeitschriften der Geschäftsmodellliteratur der 500 meistzitierten Artikel zählen.[56] Die Inklusion dieser Literatur verspricht ein umfassenderes, facettenreicheres und zukunftsgewandtes Bild des Geschäftsmodells. Auch die sorgfältige Lektüre dieser Literatur führte auf Grundlage der oben beschriebenen Kriterien zum Ausschluss von Artikeln und zu einer Gesamtstichprobe von 85 Veröffentlichungen.

2.2.3 Datenextraktion

Für eine umfassende Darstellung des Wissensstands der Geschäftsmodellforschung wurden wichtige Informationen aus den Artikeln extrahiert. Die gewonnenen Daten bestehen aus den angewendeten Theorien, Methoden und Befunden der Artikel, anhand derer auch die Ergebnisdarstellung des Literaturüberblicks systematisch gegliedert ist. Diese Wahl der Daten unterstützt die Analyse und Synthese, da sie auf die Beantwortung der Frage nach dem Wissensstand und sich daraus ergebenden Forschungslücken und -implikationen ausgerichtet ist.

---

[55] Vgl. Zott et al. (2011), S. 1021.

[56] Gemäß Cuc (2019), S. 6 führt Long Range Planning die Liste mit 4321 Zitationen an, und das Journal of Cleaner Production steht mit 1174 Zitationen auf Platz vier.

Narrative Literaturübersichten beschäftigen sich etabliertermaßen mit Fragestellungen bezüglich angewendeter theoretischer Ansätze, Methoden und empirischer Befunde sowie der Erkenntnisse, welche aus der Kombination und dem Vergleich verschiedener Traditionen gewonnen werden können.[57] Doch der Nutzen der Datenwahl ergibt sich ebenso aus dem Zusammenhang der gewonnenen Datenkategorien, da bspw. bestimmte Methoden zur Theoriebildung angewendet werden, wenn es an dieser vorher mangelte.[58] Somit können nicht nur Antworten innerhalb dieser Kategorien gewonnen, sondern auch Zusammenhänge zwischen diesen erschlossen werden.

2.2.4 Analyseprozess

Die erste Phase der Analyse, das Vertrautmachen mit den Daten, fand bereits während des Such- und Auswahlprozesses statt.[59] Die Analyse ist auf das Geschäftsmodellkonstrukt und dessen Wandel ausgerichtet. Im Speziellen werden die in den Studien diesbezüglich verwendeten Theorien, Methoden und Befunde als Analysethemen untersucht, indem interessante Aspekte in den Daten den jeweiligen Themen zugeordnet wurden,[60] welche wiederum anhand ihrer Zuordnungen ausdifferenziert wurden. Die Ergebnisse wurden mit Bezug zum Ziel des Literaturüberblicks narrativ zusammengefasst.

2.3 Ergebnisse der Literaturanalyse

Neben dem Konstrukt selbst konzentrieren sich Artikel über das Geschäftsmodell und dessen Wandel auf drei wesentliche Aspekte: Ursprünge, Moderatoren und Ergebnisse. Ursprünge des Geschäftsmodellwandels können interner und externer Natur sein. Zu ihnen zählen Änderungen in Strategie, Dynamic Capabilities und Eigenschaften des Unternehmens, Änderungen im Wettbewerb, in Technologie und in Stakeholder:innen-Anforderungen. Die Moderatoren können

[57] Wong et al. (2013).

[58] Vgl. Amti/ Zott (2001), S. 500; Eisenhardt (1989).

[59] Vgl. Braun/ Clarke (2006), S. 87.

[60] Dies erfolgte zwecks Eigenleistung nicht durch ein Team, welches z. B. durch Ergebnisvergleich der individuellen Datenauswahl und anschließender Konsensfindung zur Qualitätssicherung hätte beitragen können, was einer Limitation dieses Literaturüberblicks entspricht.

einer Makro-, Meso- oder Mikroebene zugeordnet werden. Sie umfassen formelle und informelle Institutionen, das organisationale Design und die Kultur des Unternehmens, die Art der Führung sowie Eigenschaften und Zusammensetzung des Top-Management-Teams, Kognition, Einstellung und Mindset der Manager:innen. Ergebnisse wiederum beziehen sich meist auf den Unternehmenserfolg[61], aber auch auf den der Unternehmensumwelt (z. B. die Branche), den Person-Unternehmen-Fit, Legitimität und Innovativität des Geschäftsmodells und die Strategie des Unternehmens.

Die angewendeten Theorien und in der Geschäftsmodellforschung gängigen Methoden unterscheiden sich im Zeitverlauf anhand des Analyseobjekts (bspw. Geschäftsmodelltypen oder Geschäftsmodellwandel) und des Forschungsfokus (bspw. Ursprünge oder Ergebnisse).

2.3.1 Verwendete Theorien

Studien greifen vermehrt auf den Ressourcenbasierten Ansatz zurück, was naheliegend ist, da das Geschäftsmodellkonstrukt u. a. in diesem verankert ist.[62] Dynamic Capabilities wurden als theoretische Perspektive vor allem in der zweiten Hälfte des Untersuchungszeitraumes vermehrt herangezogen.[63] Diese Entwicklung stimmt mit dem steigenden Forschungsinteresse am Wandel von Geschäftsmodellen aufgrund sich verändernder Umwelten überein, denn Dynamic Capabilities repräsentieren die Fähigkeiten eines Unternehmens, interne und externe Kompetenzen zu integrieren, zu bilden und zu rekonfigurieren, um sich rapide wandelnden Umwelten zu begegnen.[64] Schoemaker et al. (2018) kombinieren die Dynamic Capabilities Perspektive mit der Leadership Theory, um zu untersuchen, wie Geschäftsmodellwandel, Dynamic Capabilities und strategische Führung ineinandergreifen, um in VUCA[65]-Umwelten erfolgreich zu operieren. Dynamic Capabilities präsentieren sich als ergiebige theoretische Perspektive, die zur Erforschung des Geschäftsmodellwandels, dessen Ursprüngen

[61] Dieser kann sich z. B. auf Gewinn- und Umsatzsteigerung, Kostenreduktion und Wettbewerbsfähigkeit beziehen.

[62] Siehe Bock et al. (2012); Burgelman et al. (2022); Teece (2018).

[63] Siehe Bocken/ Geradts (2020); Bogers et al. (2019); Schoemaker et al. (2018); Teece (2018).

[64] Vgl, Teece et al. (1997), S. 516.

[65] Volatile, uncertain, complex, ambiguous.

und Moderatoren herangezogen wurde. Der Prozess des Geschäftsmodellwandels kann als dynamische Fähigkeit konzeptualisiert werden, Chancen zu nutzen und unter Anpassung der Unternehmenskompetenzen und -ressourcen wertvolle Geschäftsmodelle zu entwickeln. Dynamic Capabilities ermöglichen es, Umweltveränderungen zu erkennen und entsprechende Anpassungen am Geschäftsmodell vorzunehmen.[66] Dynamische Fähigkeiten des Managements sind Moderatoren dieser Effekte.[67]

Die Theoriewahl wurde von dem gewählten Analysefokus geleitet. Entsprechend verwendeten bspw. Halme et al. (2012) einen Base-of-the-Pyramid-Ansatz bei der Untersuchung von Inclusive Businesses, Casadesus-Masanell et al. (2013) Schumpetersche Innovation und Spieltheorie bei der Erstellung eines Frameworks für Geschäftsmodellwandel und kompetitiver Imitation und Peprah et al. (2022) die Institutionentheorie für die Untersuchung des Geschäftsmodellwandels in einem spezifischen institutionellen Umfeld.

Da der Wandel von Geschäftsmodellen seit der zweiten Hälfte des Untersuchungszeitraums von immer größerem Interesse ist, ist eine weitere Zunahme der Anwendung von Prozesstheorien zu erwarten. Insbesondere bezüglich des Wandels von Geschäftsmodellen bedarf die Geschäftsmodellforschung weiterer theoretischer Entwicklung.[68]

2.3.2 Gängige Methoden

Die verwendeten Methoden unterscheiden sich hinsichtlich des Analysefokus der untersuchten Artikel. Ergebnisse werden einerseits auf den Prozess des Geschäftsmodellwandels selbst oder aber auf unterschiedliche Geschäftsmodelldesigns zurückgeführt. Entsprechend wird eine dynamische Perspektive eingenommen, um zu untersuchen, ob Geschäftsmodellwandel den Unternehmenserfolg erhöht, und eine statische Perspektive, um den Einfluss unterschiedlicher Geschäftsmodelltypen auf den Unternehmenserfolg zu untersuchen, was eine entsprechende Methodenwahl impliziert. Der Einfluss von Geschäftsmodellwandel auf den Unternehmenserfolg wird hauptsächlich anhand von Umfragedaten untersucht. Wird der Wandel des Geschäftsmodells selbst als Ergebnis untersucht, geschieht dies vornehmlich anhand von Fallstudien, während die Untersuchung von

[66] Vgl. Teece (2007), S. 1342.

[67] Vgl. Basile/ Faraci (2015).

[68] Vgl. Cuc (2019), S. 13.

Geschäftsmodellwandel als Prozess neben Fallstudien auch inhaltsanalytisch[69] und konzeptionell anhand von Fallbeispielen durchgeführt wird. Konzeptionelle Untersuchungen anhand von Fallbeispielen dienen ebenfalls der Klassifizierungs- und Konzeptualisierungsanalyse von Geschäftsmodellwandel.[70] Da der Wandel solcher Konstrukte sich meist langsam vollzieht und die Auswirkungen auf den Erfolg nicht zeitgleich in Erscheinung treten, ist die Anwendung von longitudinalen Methoden in Bezug auf die Erforschung von Wandel und seinen Konsequenzen überlegen.[71]

Artikel, die sich mit Ursprüngen von Geschäftsmodellwandel und entsprechend mit Geschäftsmodellwandel als Ergebnis beschäftigen, unterscheiden sich methodisch von solchen, die den Prozess des Wandels erforschen dahingehend, dass sie vermehrt einen deskriptiven Charakter bezüglich der Eigenschaften aufweisen, die das gewandelte Geschäftsmodell ausmachen. Diese unterschiedliche Sichtweise auf Geschäftsmodellwandel zieht entsprechend eine unterschiedliche methodische Herangehensweise nach sich, einmal deskriptiv und quantitativ bei der Untersuchung von Wandel als Ergebnis[72] und einmal qualitativ bei der Analyse von Wandel als Prozess[73].

2.3.3 Befunde der analysierten Literatur

2.3.3.1 Ursprünge

Der digitale Wandel, Wettbewerbsdruck, die Strategie, Fähigkeiten und der Erfolg von Unternehmen werden als Ursprünge des Geschäftsmodellwandels ergänzt durch das institutionelle Umfeld, neuen Druck seitens Stakeholder:innen[74] und

[69] Siehe bspw. Bohnsack et al. (2014).

[70] Vgl. Foss/ Saebi (2017), S. 206.

[71] Vgl. Foss/ Saebi (2017), S. 212.

[72] Siehe bspw. Teece (2018).

[73] Siehe bspw. Achtenhagen et al. (2013); Aspara (2013); Bohnsack et al. (2014).

[74] Zu diesen gehören Regulatoren wie Regierungsbehörden, Konsumenten, Angestellte, Medien und Aktivisten und NGOs, Organisationen in der Lieferkette und Finanzmarktakteure wie Investoren.

Nachhaltigkeitsanforderungen. Sowohl der Klimawandel als auch die Covidpandemie haben als Umweltveränderungen großen Einfluss auf den Geschäftsmodellwandel.[75] Diese treibenden Kräfte stehen in Beziehung zueinander[76] und variieren in der Bedeutung ihres Einflusses auf den Geschäftsmodellwandel im Zeitablauf.

Auf Grundlage der ausgewählten Literatur konnten zwei Gruppen von Ursprüngen für Geschäftsmodellwandel identifiziert werden: Strategie, Fähigkeiten und Organisationserfolg als *interne Ursprünge* sowie *externe Ursprünge* wie Veränderungen des Wettbewerbs, institutionelles Umfeld, digitaler Wandel/ neue Technologien, Stakeholder:innen-Anforderungen und Umweltprobleme.

Die Tatsache, dass gewandelte Geschäftsmodelle kontextualisiert sind, zeigt sich an der Beschreibung neuer Geschäftsmodelle innerhalb bestimmter Branchen[77] und unterstreicht die Bedeutung von Umweltfaktoren als Ursprünge von Geschäftsmodellwandel. Der Effekt der Ursprünge auf den Wandel von Geschäftsmodellen wurde allerdings oftmals nicht eingehend empirisch untersucht, sondern vielmehr als verursachend beschrieben.[78]

Als externe Ursprünge werden Umweltveränderungen ausgemacht. Die Umwelt wandelt sich und ist nicht nur risikobehafteter, sondern auch volatiler, unsicherer, komplexer und mehrdeutig.[79] Burgelman et al. (2022) beschreiben die Umwelt als „evolving ecosystem“[80]. Die in der Literatur am stärksten auftretende Umweltveränderung ist der digitale Wandel bzw. neue Technologien.[81] Dieser wird meist als Bedrohung skizziert, doch der digitale Wandel stellt ebenso eine Chance dar, da er Unternehmen erlaubt, durch Netzwerkeffekte und lokale Konnektivität zu skalieren und zu wachsen. Des Weiteren reduzieren digitale Technologien sowohl das Risiko bei der Erprobung neuer Geschäftsmodelle

---

[75] Kriseninduzierte Veränderungen von durch Outsourcing gekennzeichneten effizienten Lieferantennetzwerken konnte bspw. im Zuge der Pandemie beobachtet werden.

[76] Siehe bspw. Burgelman et al. (2022), S. 2123 zur Beziehung von Umwelt und Strategie zum Geschäftsmodell und zueinander.

[77] Z. B. Zeitungen, Elektromobilität oder Luftfahrt.

[78] Vgl. Foss/ Saebi (2017), S. 212.

[79] Vgl. Schoemaker et al. (2018), S. 15.

[80] Burgelman et al. (2022), S. 2112.

[81] Siehe Garud et al. (2022), S. 448: Digitale Technologien; Lee et al. (2020), S. 2121: Technologische Innovation; Baden-Fuller/ Haefliger (2013), S. 419: Technologische Entwicklung; Volberda et al. (2021), S. 1: Digitale Technologien; Correani et al. (2020), S. 37: Wachstum digitaler Technologien und die riesige Datenmenge die dadurch gesammelt und genutzt werden kann; Sjödin et al. (2022), S. 49: Digitaler Wandel.

als auch deren Skalierungskosten.[82] Saebi et al. (2017) kommen dennoch zu dem Ergebnis, dass Unternehmen ihr Geschäftsmodell eher unter Bedingungen anpassen, die als Bedrohung denn als Chancen empfunden werden.[83]

Casadesus-Masanel und Zhu (2013) ergänzen zum technologischen Fortschritt neue Kundenpräferenzen und Deregulierung und Zhao et al. (2020) Wettbewerbsposition und Wettbewerbsdruck.[84] Neben disruptiven Technologien identifizieren Cozzolino et al. (2018) disruptive Geschäftsmodelle und Abolfathi et al. (2022) Branchenveränderungen wie Kundenfriktion als externe Ursprünge des Geschäftsmodellwandels. Casadesus-Masanel und Ricart (2011) nennen zusammenfassend die Konvergenz von Informations- und Kommunikationstechnologien in den 1990er Jahren, Deregulierung, technologischen Wandel, Globalisierung und Nachhaltigkeit, Druck, in Bottom-of-the-Pyramid-Märkte in Entwicklungsländern einzudringen, und den Aufstieg von Unternehmen mit neuen Technologien und Niedrigkostenwettbewerbern als Ursprünge von Geschäftsmodellwandel.[85]

In neueren Publikationen wird auch auf aktuelle Phänomene eingegangen und es werden für die Geschäftsmodellforschung unkonventionelle Perspektiven eingenommen. Peprah et al. (2022) befassen sich mit Unsicherheit und einem schwachen institutionellen Umfeld als Ursprung von Geschäftsmodellwandel, während Agrawal et al. (2021) ökonomische und Umweltprobleme und Frishammar und Parida (2021) die Dringlichkeit der Klimakrise als Ursprünge von Geschäftsmodellwandel identifizieren.[86] Die Notwendigkeit von Nachhaltigkeit ist aktuell ein wichtiger Ursprung von Geschäftsmodellwandel. Durch den Aufstieg der Sharing Economy, sozialen Geschäftsmodellen und der Erschließung von Niedriglohnsektoren wurde der Wandel von Geschäftsmodellen getrieben. Der Fokus der Literatur bezüglich Nachhaltigkeit liegt eher auf deren Notwendigkeit und der Beschreibung nachhaltiger Geschäftsmodelle denn auf dem Wandelprozess selbst.

Strategie ist ein zentraler interner Ursprung für den Geschäftsmodellwandel, da eine Änderung der Strategie oftmals eine Änderung des Geschäftsmodells erfordert. Dies wird in Artikeln zu Open Innovation bspw. dadurch verdeutlicht, dass bestimmte Arten von Open Innovation entsprechende Geschäftsmodelltypen voraussetzen.[87] Farjoun und Fiss (2001) gehen detailliert darauf ein, wie

[82] Vgl. Snihur/ Markman (2023), S. 11; Volberda et al. (2021).

[83] Vgl. Saebi et al. (2017), S. 567.

[84] Vgl. Casadesus-Masanel/ Zhu (2013), S. 463; Zhao et al. (2020), S. 1.

[85] Vgl. Casadesus-Masanel/ Ricart (2011), S. 101; Cozzolino et al. (2018), S. 1181.

[86] Vgl. Agrawal et al. (2021), S. 6782; Frishammar/ Parida (2021), S. 68.

[87] Vgl. Saebi/ Foss (2015).

durch einen Prozess von disziplinierter Inkohärenz in der Strategieerneuerung Geschäftsmodellwandel ermöglicht werden kann.[88] Laut Saebi et al. (2017) ist eine auf die Marktentwicklung ausgerichtete strategische Orientierung der Anpassung des Geschäftsmodells eher förderlich als eine Strategie, die auf die Verteidigung einer bestehenden Marktposition ausgerichtet ist.[89]

Dynamic Capabilities hängen als interne Ursprünge sowohl mit Umweltveränderungen als auch mit der Strategie zusammen. Bogers et al. (2019) verbinden bspw. Dynamic Capabilities mit Open Innovation, da diese die Fähigkeit eines Unternehmens beschreiben, interne und externe Fähigkeiten zu integrieren, zu bilden und zu rekonfigurieren, um den sich rapide wandelnden Umwelten zu begegnen. Entsprechend bildet zumindest das Sensing von Gelegenheiten einen Ursprung für Geschäftsmodellwandel. Open Strategy wiederum führt zur Entwicklung von Dynamic Capabilities und somit der Innovationsfähigkeit.[90] Bocken und Geradts (2020) stellen darüber hinaus fest, dass auch die SBMI-Literatur bestätigt, dass Unternehmen Dynamic Capabilities benötigen, um ihr Geschäftsmodell nachhaltig zu innovieren.[91] Teece (2018) kommt in seiner Forschung zu dem klaren Ergebnis: „Strong dynamic capabilities enable the creation and implementation of effective business models."[92]

2.3.3.2 Moderatoren

Sowohl die Stärke des Zusammenhangs von Geschäftsmodellwandel und seinen Ursprüngen als auch des Geschäftsmodellwandels und seinen Ergebnissen kann positiv oder negativ beeinflusst werden. Dieser Einfluss kann von unterschiedlichen Ebenen, Makro-, Meso- und Mikroebene ausgehen. Diesbezüglich wird vermehrt auf organisationale Kompetenzen und Fähigkeiten, Lernen, Experimentieren und Führung eingegangen.

Schoemaker et al. (2018) betonen sechs Führungsdisziplinen[93], welche Dynamic Capabilities bedingen, die wiederum für erfolgreichen Geschäftsmodellwandel benötigt werden. Auch Loon et al. (2020) beschäftigen sich mit Schlüsselfähigkeiten[94], die durch HR-Microfoundations hervorgebracht werden und dadurch

[88] Vgl. Farjoun/ Fiss (2001), S. 340.

[89] Vgl. Saebi et al. (2017), S. 567.

[90] Vgl. Bogers et al. (2019), S. 84 f.

[91] Vgl. Bocken und Geradts (2020), S. 1.

[92] Teece (2018), S. 48.

[93] Anticipation, Challenge, Interpretation, Deciding, Alignment, Learning.

[94] Analogical Reasoning, Sensemaking, Dyn. Capabilities, Organisational Ambidexterity, Organisational Learning.

Geschäftsmodellwandel erleichtern. Sogar der Einfluss des CEOs auf den Wandel des Geschäftsmodells und dessen diesbezüglich relevante Aufgaben[95] werden von Govindarajan und Trimble (2011) beleuchtet. In diesem Zusammenhang wird auch auf die Wahrnehmung der Akteure und Akteurinnen eingegangen und darauf, wie diese sich auswirkt und was diese beeinflusst.[96] In diesem Sinne argumentieren auch Narayan et al. (2021), dass kognitive und ideologische Diversität in Top-Management-Teams einen positiven Einfluss auf Geschäftsmodellwandel hat. Der Einfluss von Kultur und Werten auf den Geschäftsmodellwandel spielt laut den Autoren ebenso eine große Rolle. Volberda et al. (2021) sprechen vom Einfluss des richtigen Mindsets für Wandel, womit sie auf den kognitiven Rahmen der Akteure und Akteurinnen eingehen, welcher mit entsprechenden Routinen und strukturellen Veränderungen im organisationalen Design zusammenhängt. Khoury et al. (2019) beleuchten darüber hinaus, wie spezifische Erfahrungen und die damit einhergehenden experimentellen Lernvorteile die Transaktionskostenhöhe und die Stärke der Verhandlungsmacht bei der Gestaltung von Lizensierungsgeschäftsmodellen beeinflussen. Baumann et al. (2019) erkennen die begrenzte Rationalität von Managern und Managerinnen als Herausforderung bei der Entwicklung neuer Geschäftsmodelle. Sie vergleichen die Notwendigkeit, eine effiziente Kombination interdependenter Entscheidungen zu finden, mit dem Identifizieren eines Höhepunkts in einer ungleichmäßigen Erfolgslandschaft, welche Manager:innen mittels sequentieller Suche erkunden müssen. Dabei sind sechs Themen relevant: Lernmodi, Problemzerlegung, kognitive Repräsentationen, zeitliche Dynamik, verteilte Suche und Suche unter Wettbewerb. Laut Ali et al. (2022) wird der Wandel linearer Geschäftsmodelle zur Circular Economy von den Vorstellungen von Bankmanagern und -managerinnen bez. der Umwelt moderiert.

Bocken und Geradts (2020) unterteilen die Moderatoren auf der Unternehmensebene in Treiber und Hindernisse, die gleichermaßen institutioneller, strategischer oder operationaler Natur sein können. Auf institutioneller Ebene steht der Shareholder Value und der Umgang mit Unsicherheit im Mittelpunkt, auf strategischer Ebene ist der strategische Fokus (Exploitation vs. nachhaltige BMI) entscheidend und auf operationaler Ebene ist bspw. der Fokus des Anreizsystems (kurzfristig vs. nachhaltig) bedeutend. So zeigen sie, dass dynamische Fähigkeiten, welche für Geschäftsmodellwandel benötigt werden, durch das organisationale Design unterstützt werden.

---

[95] Manage the present, selectively forget the past, create the future.

[96] Z. B. wurde das Alter und die Erfahrung als Einfluss genannt, welcher auf die Wahrnehmung aktuell und zukünftig relevanter Geschäftsmodellbestandteile wirkt.

Der Einfluss auf Makroebene in Form von Institutionen wie Gesetzen, Regeln, Normen, Glauben etc. wurde vornehmlich in Artikeln aus dem Journal of Cleaner Production untersucht. Die Rolle der US-Politik auf die Verbesserung zirkulärer Geschäftsmodelle gegen Lebensmittelverschwendung wurde von Ryen und Babbitt (2022) untersucht. Politik sollte über alle Bundesstaaten hinweg standardisiert und Zielverfolgung nicht freiwillig sein, sondern mit Durchsetzungsmechanismen forciert werden. Giorgi et al. (2022) kommen bezüglich des Einflusses europäischer Politik ebenfalls zu dem Schluss, dass es für die Circular Economy einer effektiveren und koordinierteren Politik seitens der Europäischen Kommission bedarf. Auch im chinesischen Kontext wurde von Cui et al. (2022) der politische Einfluss auf die Entwicklung von Geschäftsmodellen in der Recyclingindustrie untersucht. Wasserbaur et al. (2022) konstatieren, dass der am häufigsten untersuchte Einfluss der von Regulationen zur Steuerung und Kontrolle und weniger der von softeren Moderatoren wie Supportmechanismen ist.

Die Studie von Aversa et al. (2021), zu Impressionmanagement und Priming von Stakeholdern und Stakeholderinnen, wie Regulatoren und Regulatorinnen oder Presse, beleuchtet einen interessanten Aspekt der Moderation der Beziehung von Geschäftsmodellwandel und Unternehmenserfolg. Der Einfluss des Framings des Wertversprechens eines neuen Geschäftsmodells auf die Reaktion von Regulatoren und Regulatorinnen und das Fortbestehen des Ersteindrucks wird anhand von Uber und BlaBlaCar dargestellt. Während Ubers Wertversprechen (eine verbesserte Kosteneffizienz gegenüber Taxis) regulatorische Repressalien nach sich zog, entging BlaBlaCar dieser institutionellen Gegenreaktion aufgrund des Framings des Geschäftsmodells als gemeinschaftlich und sozial durch das nachhaltige Teilen von Transportkosten und eines kleineren CO_2-Fußabdrucks. Auch Garud et al. (2022) untersuchten die institutionellen Herausforderungen, denen Uber mit der Strategie, kognitive und soziopolitische Legitimität zu erzeugen, begegnete. Gerade Ergebnisse des Geschäftsmodellwandels wie Legitimität oder Nachhaltigkeit, die in der Geschäftsmodellforschung relativ neu sind, werden verstärkt mit Institutionen als Moderator in Verbindung gebracht. Obwhol wie beschrieben der Zusammenhang von Geschäftsmodellen wie Uber oder Airbnb auf deren Unternehemserfolg von der Politik und Gesetzgebung moderiert wird, tritt dieser Effekt bei Nachhaltigkeitsthemen besonders deutlich in Erscheinung. Der aktuelle politische Einfluss durch bspw. ESRS, CSRD und staatliche Investitionen im Rahmen des US Inflation Reduction Act oder des EU Green Deals führen möglicherweise dazu, dass das Nachhaltigkeitsthema inklusive Institutionen als Moderator für den Zusammenhang von Ursprüngen, Geschäftsmodell und Ergebnissen mehr in den Fokus der (Mainstream-) Geschäftsmodellforschung rückt.

2.3.3.3 Ergebnisse

Zentraler Befund der untersuchten Literatur ist die Rolle des Geschäftsmodells für den Unternehmenserfolg. Als positive Auswirkungen wurden bspw. Prozessoptimierung, Kostenreduktion, Eintritt in neue Märkte oder Innovationen beschrieben, welche den finanziellen Erfolg erhöhen, oder Innovativität, Profitabilität und Wettbewerbsvorteile genannt. Inwiefern der Erfolg tatsächlich auf das Geschäftsmodell und wenn ja, auf welche Elemente zurückzuführen ist, ist in der Literatur nicht klar dargestellt. Dies kann auf die dem Geschäftsmodellkonstrukt innewohnende Komplexität und Interdependenz zurückgeführt werden, da sich Ergebnisse aufgrund dieser Eigenschaften nicht eindeutig bestimmten Ursachen nicht eindeutig zuordnen lassen. Zudem vollzieht sich Geschäftsmodellwandel meist langsam und die Auswirkungen auf den Erfolg treten nicht zeitgleich in Erscheinung.

Unternehmenserfolg wird von einigen Studien auf bestimmte Geschäftsmodelltypen zurückgeführt. Entsprechend werden manche Geschäftsmodelltypen als überlegen dargestellt und als Erfolgsbeispiele imitiert.[97] Ergebnisse werden demnach einerseits auf einen bestimmten Typ von Geschäftsmodell oder andererseits auf den Prozess des Geschäftsmodellwandels selbst zurückgehführt.[98] Tidhar und Eisenhardt (2020) führen den Erfolg von Geschäftsmodellen auf deren Konfiguration des Ertragsmodells (Wertaneignung) und des Aktivitätssystems (Wertschaffung) zurück. Björkdahl (2020) beschreibt, wie die Entwicklung neuer Praktiken, Fähigkeiten und Strategien die Schaffung und Aneignung des durch Digitalisierung geschaffenen Wertes erlaubt.[99] Geissdoerfer et al. (2018) hingegen beschreiben den positiven Einfluss zirkulärer Geschäftsmodelle und Lieferketten auf nachhaltige Entwicklung. Sie unterteilen die zirkulären Geschäftsmodelle anhand der Komplexität der Lieferkette und des Wertversprechens. Auch Urbinati et al. (2017) beschreiben nicht nur den positiven Einfluss des zirkulären Geschäftsmodells auf die nachhaltige Entwicklung, sondern gliedern diese Geschäftsmodelle anhand ihres Zirkularitätsgrades. Jiang et al. (2021) entdecken Performanceunterschiede zwischen Sharing-Plattformen, welche sie auf sechs unterschiedliche Geschäftsmodelldesigns zurückführen. Neben Nachhaltigkeit als aufstrebendem Thema in der Geschäftsmodellforschung stellt auch

---

[97] Vgl. Foss/ Saebi (2017) S. 202; Z. B. (Multi-Sided) -Plattform, Feemium, offene Geschäftsmodelle etc.

[98] Entsprechend wird eine dynamische Perspektive eingenommen, um zu untersuchen, ob Geschäftsmodellwandel den Unternehmenserfolg erhöht, und eine statische Perspektive, um den Einfluss unterschiedlicher Geschäftsmodelltypen auf den Unternehmenserfolg zu untersuchen.

[99] Björkdahl (2020), S. 17.

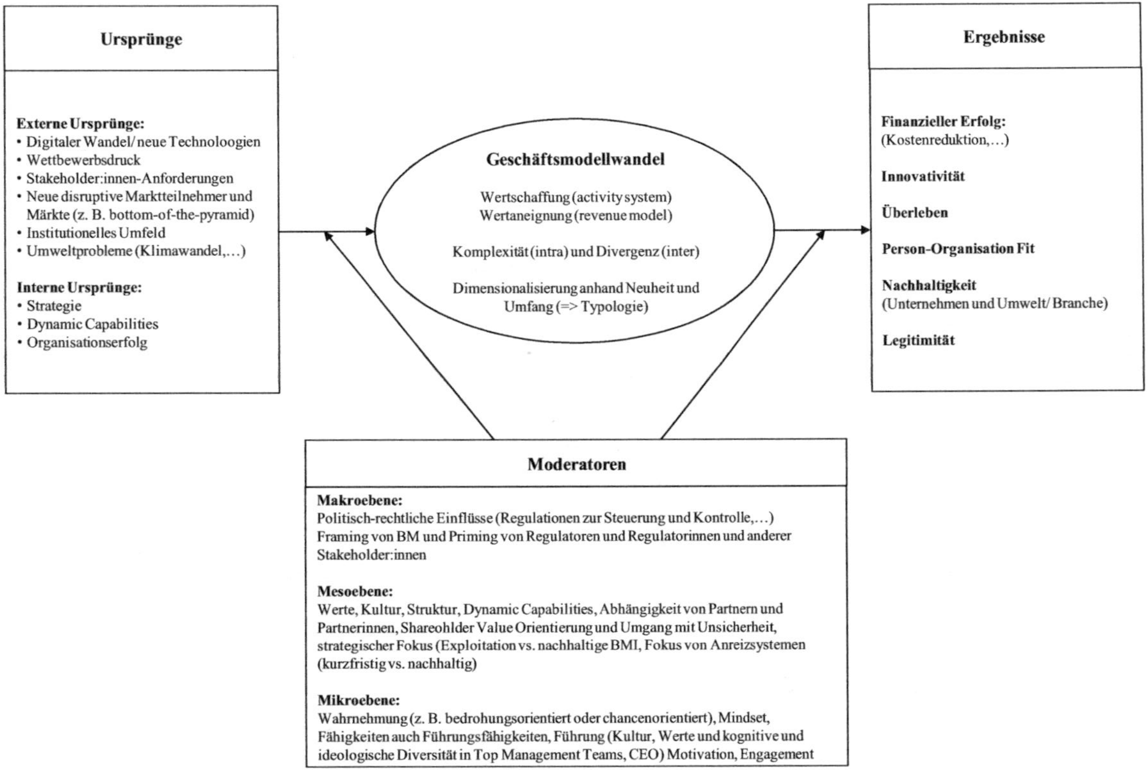

Abbildung 2.3 Übersicht der Befunde der untersuchten Literatur. (Quelle: Eigene Darstellung)

die Legitimität[100] des Geschäftsmodells ein neu auftretendes Ergebnis in der Forschung dar.

2.3.3.4 Zusammenfassung der Befunde der untersuchten Literatur

Anhand der Analyse der ausgewählten Literatur zu Geschäftsmodellen und deren Wandel verfolgt dieser narrative Literaturüberblick das Ziel, das aktuelle Wissen zu diesem Thema zusammenzutragen. Der thematische Wissensstand wird in Abbildung 2.3 anhand der Befundgruppen Ursprünge, Moderatoren und Ergebnisse zusammenfassend dargestellt.

Die Übersicht stellt einerseits den Stand der untersuchten Geschäftsmodellforschung dar, andererseits offenbart sie Forschungslücken, welche fortfolgend adressiert werden.

2.4 Forschungslücken und Implikationen

Übereinstimmend mit dem Überblick von Zott et al. (2011) weist die untersuchte Literatur Uneindeutigkeit in Bezug auf das Konzept des Geschäftsmodells und seines Wandels auf. Diese *definitorische Unklarheit des Konzepts* und die Konzentration auf vornehmlich einen der in Abbildung 2.3 dargestellten Aspekte trägt zur Entwicklung relativ unzusammenhängender Forschungsfelder bei, was die kumulative Geschäftsmodellforschung erschwert.[101] Dies ist bei einem relativ jungen, sich entwickelnden Forschungsfeld üblich. Entsprechend bestätigen Casadesus-Masanell and Zhu (2013), Geschäftsmodellwandel ist "a slippery construct to study."[102] Foss und Saebi (2017) beobachten, dass die mangelnde Klarheit des Konstrukts Operationalisierung und Messung erschwert und dass die Literatur zu Geschäftsmodellen keine klar artikulierten Forschungsmodelle besitzt, welche die zugrundeliegenden kausalen Beziehungen der in Abbildung 2.3 dargestellten Variablen darlegt.[103] Das zugrundeliegende Konstruktverständnis beeinflusst überdies die Variablen und deren Bewertung. Geschäftsmodellwandel bspw. wurde als Prozess oder Ergebnis betrachtet.

---

[100] Siehe Garud et al. (2022).

[101] Dies wird von Foss und Saebi (2017) anhand geringer Querverweise zwischen den Literatursträngen belegt.

[102] Casadesus-Masanell/ Zhu (2013), S. 480.

[103] Vgl. Foss/ Saebi (2017), S. 203.

Unabhängig von der Betrachtungsweise wurde Pfadabhängigkeit als *Wandelbarriere* nicht untersucht.[104] Es wurde eher auf Faktoren fokussiert, die den Prozess erleichtern, denn behindern.[105] Der Fokus in der Literatur vermittelt den Eindruck, dass Geschäftsmodelle gemäß Anleitung schlicht neu und gewinnbringend zusammengesetzt werden können, wie beim Business Model Canvas oder Business Model Patterns.[106] Diese Ansicht ist jedoch trügerisch, da Geschäftsmodelle nicht wie Baukästen funktionieren. Vielmehr wirken *systemische Kräfte*, die untersucht werden müssen, um das Konstrukt zu verstehen und wandeln zu können. So ist der Beitrag der untersuchten Literatur, dass Unternehmen ihre Geschäftsmodelle in Design und Architektur verändern können, zwar grundlegend wichtig, aber nicht hinreichend, um *Anpassungsprobleme ganzheitlich erklären* zu können.

2.4.1 Ursprünge, Moderatoren und Ergebnisse

Bezüglich der externen Ursprünge wäre eine Betrachtung von deren Verbindung zu den unterschiedlichen Typen von Wandel im Hinblick auf dessen Neuheitsgehalt[107] und dessen Umfang[108] interessant, da sie für unterschiedliche Typen unterschiedliche Relevanz besitzen könnten. Neben der Strategie als internem Ursprung wäre es gewinnbringend, auch Aktivitäten, die Wandel ermöglichen und/oder initiieren, im Zusammenspiel mit orchestrierenden Mechanismen zu beleuchten. Dazu ist die Einnahme einer adäquaten theoretischen Perspektive erforderlich. Die theoretische Perspektive beeinflusst ferner, was als Ursprung betrachtet wird, da diese bspw. auch als von Akteuren konstruiert angesehen werden können.[109]

Die Antwort auf sich verändernde Umweltbedingungen heißt immer öfter Geschäftsmodellportfoliobildung, da dies ein Mittel zur Risikoreduktion, zur

[104] Eine Ausnahme sind Bohnsack et al. (2014), die ein weites Verständnis von Pfadabhängigkeit zugrundelegn, bei dem allen untersuchten etablierten Unternehmen pfadabhängige Verhaltensweisen zugeordnet werden.

[105] Lediglich Bock et al. (2012) finden, dass die Abhängigkeit von Kooperationspartnerinnen und -partnern die strategische Flexibilität während BMI reduziert. Bocken und Geradts (2020) weisen darauf hin, dass Treiber und Hemmnisse verbunden sind.

[106] Vgl. Gassmann et al., 2014; Osterwalder/ Pigneur (2009); Remane et al. (2017), S. 2:

[107] Neu für das Unternehmen vs. neu für die Branche.

[108] Systemkomponente(n) betreffend vs. die komplette Systemarchitektur betreffend.

[109] Vgl. Garud et al. (2010), S. 769.

Begegnung marktlicher Veränderungen und zur Verbesserung der Wettbewerbsposition darstellt.[110] Aversa et al. (2017) beschreiben, wie Unternehmen sich auf diese Art anderweitig nicht zugängliche Ressourcen und Fähigkeiten sichern und durch Komplementaritäten zwischen Geschäftsmodellen des Portfolios Synergien realisieren können.[111] Abgesehen von der lediglich positiven Betrachtung des Fit dieser Diversifikationsstrategie wird diese einseitig aus der Perspektive des Eigentümerunternehmens untersucht und bewertet. *Eigentümer* sind ein interessanter Moderator für den Geschäftsmodellwandel des Portfolio-Unternehmens. Ist mehr Inter-Geschäftsmodellkomplementarität tatsächlich immer besser?[112] Oder birgt sie Gefahren wie Pfadabhängigkeit? Wie wirkt sich der Geschäftsmodellfit und die Zusammenarbeit mit dem Eigentümer auf die Wandelfähigkeit des Portfoliounternehmens aus? Dies stellt in Anbetracht der wachsenden Zahl von Multi-Geschäftsmodellunternehmen aufgrund veränderter Umweltbedingungen eine relevante Überlegung dar.

Die spezifischen Eigenschaften von Unternehmen könnten wertvolle Erkenntnisse bezüglich der Beziehung von Geschäftsmodellwandel und dessen Ursprüngen und Ergebnissen bereithalten, denn diversifizierte und nicht-diversifizierte, hochtechnologische und normale, Startups oder Traditionsunternehmen unterscheiden sich vermutlich hinsichtlich der Ursprünge und Ergebnisse von Geschäftsmodellwandel sowie des Wandelprozesses selbst.

Die Tatsache, dass die *Verbindung von Geschäftsmodellwandel und Unternehmenserfolg in der Literatur aufgrund der charakteristischen Geschäftsmodelleigenschafen Komplexität und Interdependenz nicht klar dargestellt* werden konnte,[113] zeigt, dass diese Eigenschaften genauerer Untersuchung bedürfen, um die Geschäftsmodellforschung weiterzuentwickeln. Der Literaturüberblick offenbart, dass dazu ein longitudinales methodisches Vorgehen und eine theoretische Perspektive, die geeignet ist, Komplexität und Interdependenz zu untersuchen, erforderlich sind. Darüber hinaus wird Interdependenz des Geschäftsmodells mit der Umwelt, der Strategie und der Organisation – wenn überhaupt – nur bilateral untersucht, obwohl eine ganzheitlichere Betrachtung von Fit für die Geschäftsmodellforschung gewinnbringend wäre.

Was in der Forschung zu Ergebnissen von Geschäftsmodellwandel unterrepräsentiert ist, sind die *Trade-Offs bzw. die dunkle Seite von Werttreibern.*[114] Denn

---

[110] Vgl. Snihur et al. (2023), S. 158.

[111] Vgl. Aversa et al. (2017), S. 49.

[112] Vgl. Snihur et al. (2023), S. 161.

[113] Foss/ Saebi (2017), S. 212.

[114] Zu Implikationen hoher vs. niedriger Interdependenz siehe z. B. Rivkin (2000).

diese können aufgrund von Interdependenz nicht nur zu Imitationsschutz und Wettbewerbsvorteilen führen, sondern auch Pfadabhängigkeit und strategische Ineffizienz bedingen. Wenn der Grad der Interdependenz durch das Geschäftsmodelldesign niedrig gehalten wird, wäre das Ergebnis dessen einerseits eine hohe Flexibilität, andererseits könnte das Geschäftsmodell leicht imitiert werden.

2.4.2 Methoden

Geschäftsmodellwandel ist sehr komplex, insbesondere dessen Beziehung zum Unternehmenserfolg, da die Entwicklung von Beziehungen aufgrund von Interdependenz schwer vorhersagbar ist, der Effekt von Geschäftsmodellwandel auf den Unternehmenserfolg ggf. sehr zeitverzögert auftreten kann, der Geschäftsmodellwandel u. a. aufgrund von Hindernissen wie Trägheit, Wiederstände oder Pfadabhängigkeit langwierig oder gar unmöglich sein kann und die Verbindungen von BMI und Unternehmenserfolg zahlreich und vielschichtig sind. Dies stellt die Forschung zu Geschäftsmodellwandel vor methodische Herausforderungen.[115] Zudem ist die Theorieentwicklung bez. Geschäftsmodellwandel in diesem verhältnismäßig jungen Forschungsfeld noch nicht weit fortgeschritten. Fehlendes Theoretisieren über ein Thema als Basis für eine Theorieentwicklung markiert den Fallstudienansatz als geeignete Methodik.[116]

Wandel sollte *longitudinal* untersucht werden. Entsprechend wird auch in vielen Studien vorgegangen,[117] allerdings werden bereits Studien mit einem Untersuchungszeitraum von weniger als 10 Jahren als historisch bezeichnet.[118] Bei historischen Untersuchungen kommt es neben einem ausgedehnten Untersuchungszeitraum auf die Kontextualisierung des Untersuchungsobjektes und die interpretative Perspektive des Forschers an.[119] Angesichts der Komplexität von BMI und der beschriebenen Implikationen für die methodische Vorgehensweise ist ein historisches longitudinales Design zu präferieren, wobei die Untersuchung eines möglichst großen Zeitraums angesichts der beschriebenen Besonderheiten präferiert werden sollte.

---

[115] Vgl. Foss/ Saebi (2017), S. 203.

[116] Vgl. Amit/ Zott (2001), S. 500; Eisenhardt (1989).

[117] Siehe bspw. Cozzolino et al. (2018); Jiang et al. (2021); Menter et al. (2022); Narayan et al. (2021); Snihur et al. (2018); Villani et al. (2017); Zeng et al. (2023).

[118] Siehe z. B. Burgelman (2022), S. 2114.

[119] Vgl. Yates (2014), S. 267.

2.4.3 Theorien

Die Tatsache, dass sich die Geschäftsmodellliteratur vermehrt auf die Untersuchung unterschiedlicher Geschäftsmodelltypen[120] konzentriert, verdeutlicht, dass sie das Geschäftsmodellkonstrukt als Klassifizierungsinstrument verwendet und oftmals nicht das *Ziel der Theorieentwicklung* bez. Geschäftsmodellwandel verfolgt.[121] Die vermehrt deskriptiv konzeptionellen statt theoretisch erklärenden Befunde der untersuchten Literatur verdeutlichen diese Forschungslücke. Da das Geschäftsmodell selbst eine neue Dimension von Innovation bzw. Wandel darstellt, erfordert dies gleichermaßen eine Erweiterung der theoretischen Perspektive.[122]

In der Literatur wurden vornehmlich etablierte Theorien der Entrepreneurship- und Managementliteratur, wie der RBA, in denen das Geschäftsmodell verwurzelt ist, angewandt.[123] Die Untersuchung des *institutionellen Einflusses* auf die Beziehung von Geschäftsmodellwandel und seinen Ursprüngen und Ergebnissen legt jedoch eine institutionenökonomische Perspektive[124] nahe. Aus dieser Perspektive ließe sich erforschen, wie sich neue Institutionen unterschiedlicher Art in die bestehende institutionelle Matrix einfügen und ob sich bestimmte Geschäftsmodelltypen in bestimmten Branchen, Ländern oder Zeiträumen besser oder schlechter an einen institutionellen Wandel anpassen. An diese Perspektive anknüpfend ließe sich auch der Einfluss von Machtasymmetrien untersuchen.[125]

Baumann et al. (2019) haben mit der Verbindung von Geschäftsmodellwandel und Wahrnehmung von Managenden mit der Perspektive der *Literatur zu Modularität*[126] und *Komplexitätstheorie*[127] einen interessanten Pfad eingeschlagen, der die Betrachtung von Geschäftsmodellen als statische Repräsentationen hinter sich lässt und erlaubt, über Interdependenzen als charakteristische Eigenschaft des

---

[120] Siehe bspw. Aversa et al. (2021); Cozzolino et al. (2018); Jiang et al. (2021); Snihur et al. (2018); Zeng et al. (2023) zu Plattformgeschäftsmodellen; Snihur et al. (2018) zu Software-as-a-Service-Geschäftsmodellen.

[121] Vgl. Foss/ Saebi (2017), S. 201.

[122] Dies wird von Amit/ Zott (2001), S. 511 durch die Zuordnung von Analyseobjekten zu unterschiedlichen Theorien beschrieben.

[123] Vgl. Amit/ Zott (2001), S. 495ff.

[124] Vgl. North (1992), S. 98ff.

[125] Vgl. Pierson (2000), S. 252ff.

[126] Vgl. Ethiraj/ Levinthal (2004); Garud et al. (2009); Simon (1962).

[127] Vgl. Levinthal (1997), Rivkin (2000).

Geschäftsmodells zu theoretisieren. Beispielsweise unterscheidet sich der angewendete Suchprozess von Managenden je nach Interdependenz der Geschäftsmodellelemente.[128] Entsprechend wird das Management eine Vorstellung von der Ausprägung der Interdependenz entwickeln, um effiziente Geschäftsmodelloptionen zu erkennen. Je nachdem wie Managende das Geschäftsmodell und ihre Umwelt wahrnehmen, kreieren sie ein passendes Geschäftsmodell, welches dann ihre Wahrnehmung über Wertversprechen, Wertschaffung und -aneignung widerspiegelt.[129]

Die *Konzeptualisierung des Geschäftsmodells als komplexes System* und *eine Netzwerkperspektive* können dazu beitragen, Geschäftsmodellwandel und Open Innovation genauer zu untersuchen, indem auf die Beziehungen der Netzwerkpartner:innen bzw. Stakeholder:innen innerhalb des Systems eingegangen werden kann. Auch können Veränderungen in den Beziehungen Geschäftsmodellwandel induzieren, wie bspw. während der Coronakrise, als Partnerschaften (und damit Ressourcen) wegbrachen oder obsolet wurden und und versucht wurde Geschäftsmodelle statt mit einem Effizienzfokus mit einem Resilienzfokus zu entwickeln. Während die Literatur auf Kundinnen, Kunden und Lieferantinnen und Lieferanten oder das Top-Management-Team als Netzwerkakteure fokussiert, verspricht die Untersuchung des *Einflusses von Eigentümerinnen* und Eigentümern neue Erkenntnisse in der Geschäftsmodellforschung.

Das in der Literatur zu strategischem Management und zu Innovation und Entrepreneurship verwurzelte Geschäftsmodell[130] hat einzigartige Eigenschaften.[131] Entsprechend weist die *Geschäftsmodellforschung charakteristische Eigenschaften* auf, *die sie von traditionellen Perspektiven des strategischen Managements unterscheidet.*[132] Die Geschäftsmodellperspektive stellt die Annahmen der traditionellen Theorien der Wertschöpfung und -erfassung in Frage, indem sie (1) Wertschöpfung sowohl auf der Nachfrageseite als auch auf der Angebotsseite betrachtet, anstatt sich lediglich auf die Wertschöpfung auf der Angebotsseite zu konzentrieren, (2) Netzwerkeffekte berücksichtigt, was gerade bei der zunehmenden Nachhaltigkeitsforschung einen nicht zu vernachlässigenden Faktor darstellt, wohingegen traditionelle Theorien wie der RBV keine Externalitäten vorsehen,

---

[128] Bei hoher Interdependenz müsste die gesamte Architektur des Systems angepasst werden, ist die Interdependenz niedrig, genügt eine Veränderung des jeweiligen Elements.

[129] Vgl. Teece (2010), S. 172.

[130] Vgl. Maucer/ Renaud (2019).

[131] Siehe Abschnitt 3.3.5.1 zur Interdependenz in Geschäftsmodellen.

[132] Vgl. Massa et al. (2017), S. 75.

(3) kognitive Limitationen der Akteure berücksichtigt und (4) anerkennt, dass Akteure keine vollständigen Informationen besitzen.[133]

Die *Interdependenz* als charakteristische Eigenschaft des Geschäftsmodells besitzt besondere Relevanz für die Geschäftsmodellforschung, da sie den Geschäftsmodellwandel, der in der Literatur von immer größerem Interesse ist, beeinflusst und damit auch für Unterschiede im Unternehmenserfolg verantwortlich ist. Allerdings stellt die Interdependenz von Aktivitäten ein charakteristisches Merkmal des Geschäftsmodellkonstrukts dar, dessen Entwicklung und dessen unintendierte Folgen nicht hinreichend erforscht wurden. Dazu bedarf es einer *Systemperspektive* und einer *Prozesstheorie*, welche die Entstehung und die Implikationen solch unintendierter Folgen erklären kann. Allerdings kamen bereits Amit und Zott (2001) bei ihrer Untersuchung von Wertschaffung in E-Business zu dem Schluss, dass diese nicht singulär durch eine Theorie erklärt werden kann. Vielmehr wird eine *integrative Perspektive* benötigt.[134]

Während traditionelle Theorien von den charakteristischen Eigenschaften der Geschäftsmodellforschung infrage gestellt werden, vermag die *Theorie der Pfadabhängigkeit* das zentrale Charakteristikum des Geschäftsmodells, die Interdependenz, zu untersuchen und deren Ursprünge, Prozess und Folgen zu erklären, da die Selbstverstärkung und die Historizität das Herzstück dieser Theorie darstellen. Als interdisziplinäre bzw. infradisziplinäre Theorie hat die Theorie der Pfadabhängigkeit einen umfassenderen Zugang zum Analyseobjekt Geschäftsmodellwandel als andere Theorien und ist deshalb in der Lage, die adressierten theoretischen Forschungslücken zu schließen. Ihre Wurzeln liegen im evolutionären Denken, in der Komplexitäts- und Chaostheorie, im sozialen Konstruktivismus, der Wirtschaftstheorie und -geschichte, der Systemtheorie und Techniksoziologie.[135] Sie eignet sich ebenfalls zur Untersuchung des institutionellen Wandels und des institutionellen Umfeldes, da Pfadabhängigkeit als Schlüsselkonzept zum Verständnis langfristigen wirtschaftlichen Wandels angesehen wird.[136] Mithin ist eine Verbindung der Theorie der Pfadabhängigkeit mit der Geschäftsmodellforschung anzustreben, um die bisher vernachlässigte *Theorieentwicklung* zu erzielen.

[133] Vgl. Massa et al. (2017), S. 73 und 92 f.

[134] Vgl. Amit/ Zott (2001), S. 494 und 516.

[135] Vgl. Sydow et al. (2020b), S. 3.

[136] Vgl. North (1992), S. 133.

3 Theoretischer Bezugsrahmen

Ob Geschäftsmodelle an veränderte Marktbedingungen oder neue Technologien angepasst werden können oder nicht, ist insbesondere im Angesicht von VUCA-Umwelten ein reales und theoretisches Problem. Einst erfolgreiche Unternehmen wie bspw. Nokia, Karstadt oder Kodak wurden mit kompetenzzerstörenden Umweltveränderungen konfrontiert.[1] Unter solchen Umständen werden neue Fähigkeiten für die Wertgenerierung benötigt, doch Unternehmen, die zu starr geworden sind, können ihre Fähigkeiten nicht mehr erneuern. Folglich können pfadabhängige Fähigkeiten auch verhängnisvolle Folgen für den Erfolg und das Überleben von Organisationen haben.[2] Geschäftsmodellforscher bestätigen, dass Unternehmen in der heutigen dynamischen, digitalen Welt neue, wertstiftende Geschäftsmodelle entwickeln müssen, um wettbewerbsfähig zu bleiben.[3] Sie stellen jedoch fest, dass es schwieriger wird, das Geschäftsmodell zu ändern, sobald die Ressourcen wertsteigernd entwickelt worden sind.[4] Ansätze der Geschäftsmodellforschung, wie der von Zott und Amit (2010), können zwar die positive Seite von Erfolgspfaden erklären, die dunkle Seite dieser Erfolgslogik bleibt diesen Ansätzen allerdings verborgen, da sie die Historizität von Geschäftsmodellen nicht erfassen.

[1] Vgl. Anderson/ Tushman (1990), S. 605 ff.

[2] Vgl. Sydow et al. (2020b), S. 720.

[3] Vgl. Zott/ Amit (2017), S. 19.

[4] Vgl. Amit/ Zott (2001), S. 513; Zott/ Amit (2010), S. 217.

A. Mallach, *Geschäftsmodelle zwischen Tradition und Innovation*,
https://doi.org/10.1007/978-3-658-51169-2_3

Die Integration der Theorie der Pfadabhängigkeit kann zur Erklärung und Behandlung dieses theoretisch relevanten Problems beitragen, da sie auf dem Grundargument von „History matters“ beruht und die Umwelt einbezieht. Selbstverstärkende Mechanismen können als konstitutive Elemente dieser Prozesstheorie erklären, wie sich Pfade bilden und verfestigen, so dass sie trotz Umweltveränderungen in ihrer Logik verhaftet bleiben und zum Scheitern von Geschäftsmodellen führen können. Entsprechend ermöglicht die Integration der Theorie der Pfadabhängigkeit und des Geschäftsmodells als Aktivitätssystem nach Amit und Zott (2010), die für das theoretische Problem von Pfadabhängigkeit in Geschäftsmodellen relevanten Aspekte zu erforschen. Die theoretischen Ansätze werden dazu im Folgenden dargestellt.

3.1 Theorie der Pfadabhängigkeit

Das ungebrochene Interesse an der Theorie der Pfadabhängigkeit ist in unterschiedliche Disziplinen, Themen und Industrien diffundiert, was u. a. die Verleihung des AMR Decade Award[5] für den 2009 von Sydow, Schreyögg und Koch verfassten Beitrag „Organizational Path Dependence: Opening the Black Box“ demonstriert.[6] Auf den ersten Blick irritiert dieses beachtliche Interesse an Persistenz in Form von Pfadabhängigkeit, welche im Kontrast zu der omnipräsenten Popularität von Flexibilität und Wandelbarkeit steht.[7] Bei genauerer Betrachtung jedoch erschließt sich die Verbundenheit der Konzepte, denn Versuche, Wandel herbeizuführen, werden oft mit Problemen hartnäckiger Muster und ggf. Pfadabhängigkeit konfrontiert.[8] Unternehmen der Photographiebranche und Printmedien, welche sich im Zuge der Digitalisierung nicht erfolgreich repositionieren konnten, sind illustrative Beispiele für die Auswirkungen der Historizität von Entscheidungsprozessen.[9] „History matters“[10], d. h. dass vergangene Ereignisse für gegenwärtige und zukünftige Handlungen relevant sind,[11] ist zwar ein

[5] Der AMR Decade Award ehrt den in der weltweit führenden Theoriezeitschrift, Academy of Management Review, veröffentlichten Aufsatz, der in den letzten 10 Jahren (2009-2019) am häufigsten von Anderen zitiert wurde.

[6] Vgl. Academy of Management (2024).

[7] Vgl. Schreyögg/ Sydow (2010); Sydow et al. (2020a), S. 2; Sydow et al. (2020b), S. 717.

[8] Vgl. Sydow et al. (2020a), S. 2.

[9] Vgl. Koch (2011); Tripsas (2009).

[10] North (1990), S. VII.

[11] Vgl. Sydow et al. (2020b), S. 718.

zentraler Ausgangspunkt des Verständnisses von Pfadabhängigkeit; würde jedoch deren Erklärung nur auf das „History-matters"-Argument gestützt, würde der Begriff konzeptionell verwässert.[12] Alle menschlichen Aktivitäten sind in gewisser Weise durch ihre Geschichte geprägt, so dass nur diesem Argument folgend alle organisatorischen Entscheidungen und Handlungen als pfadabhängig gelten würden.[13] Die Theorie der Pfadabhängigkeit zielt auf ein besseres Verständnis solcher Prozesse und bietet eine Erklärung dafür, wie und warum Geschichte wichtig ist,[14] indem sie die Analyse ermöglicht, wie Organisationen ihre Flexibilität verlieren können und träge werden oder sogar in ein Lock-in geraten.[15] Solch ein theoretisches Rahmenwerk ist essenziell, um den Begriff der Pfadabhängigkeit klar spezifizieren zu können, welcher in der Forschung meist inflationär für jedwede Auswirkungen von Imprintingeffekten der Vergangenheit auf gegenwärtiges Verhalten und damit nur metaphorisch statt theoretisch verwendet wird.[16] Wenn Pfadabhängigkeit also mehr als ein Synonym für Persistenz sein soll, bedarf es eines theoretischen Rahmens, der zum einen den Begriff definiert und zum anderen ermöglicht, die Bedingungen und die Dynamik zu verstehen, unter denen Pfadabhängigkeit entsteht.[17]

Die Pfadtheorie geht auf die Kritik von David (1985) und Arthur (1989) an der neo-klassischen Annahme langfristig effizienter Marktgleichgewichte zurück, welche demonstriert, wie Ökonomien Standards unterlegener Qualität folgen können.[18] Mit dem Standard der QWERTY[19]-Tastatur und dessen jahrhundertlanger Vorherrschaft präsentiert David (1985) das prominenteste Beispiel technologischer Pfadabhängigkeit. Trotz effizienterer Alternativen wurde dieser Standard nie wirklich infrage gestellt. Dieser ineffiziente Zustand ist laut David (1985) die Folge eines pfadabhängigen Prozesses, der durch initiale Ereignisse angestoßen und hauptsächlich durch externe Netzeffekte vorangetrieben wurde, was zu einem

[12] Vgl. David (2007), S. 92.

[13] Vgl. Sydow et al. (2009), S. 690.

[14] Vgl. Sydow et al. (2020b), S. 718.

[15] Vgl. Sydow et al. (2009), S. 689.

[16] Vgl. Pierson (2000), S. 252; Sydow et al. (2009), S. 689. Der Pfadbegriff wird oft als Synonym für andere Konzepte wie Trajektorien oder Routen verwendet oder mit unterschiedlichen Formen sich herausbildender Muster gleichgesetzt, wie bei Garud und Karnøe (2001), oder vollständig anders verwendet, wie bei Goh/ Pentland (2019), die Handlungen und Patterning konzeptuell verbinden.

[17] Vgl. Sydow et al. (2009), S. 689.

[18] Vgl. Arthur (1989); David (1985).

[19] QWERTY bezeichnet das englische Tastaturlayout. Es setzt sich aus den ersten fünf Buchstaben der obersten Zeile direkt unter der Ziffernreihe zusammen.

frühen technologischen Lock-in führte.[20] Arthur (1989, 1994) entwickelte eine formale Theorie der Pfadabhängigkeit, bei der er Increasing Returns[21] als Haupttreiber des Prozesses herausstellte.[22] Die Idee der Pfadabhängigkeit ist seit den ursprünglichen Aufsätzen von David (1985) und Arthur (1989), die eine ökonomische Perspektive einnehmen, vielfältig modifiziert und erweitert worden.[23] North (1990) übertrug sie bspw. auf Institutionen und Sydow et al. (2009) auf Organisationen. Pfadabhängigkeit stellt nunmehr einen systemischen Erklärungsansatz von Persistenzen dar, welcher im Folgenden anhand eines Phasenmodells erläutert wird.

Pfade sind ein erstarrtes, potenziell ineffizientes Handlungsmuster, das sich aus den unbeabsichtigten Folgen früherer Entscheidungen und positiven Rückkopplungsprozessen ergibt.[24] Daher impliziert der Pfadbegriff immer eine Abhängigkeit, die auf Selbstverstärkung und nicht nur auf Rekursivität beruht, um systematisch erklären zu können, wie bestimmte persistente Muster entstehen.[25] *Pfadabhängigkeit* ist in erster Linie ein Prozess mit charakteristischen Eigenschaften.[26] Im Gegensatz zum reinen „History-matters"-Argument liefert die Theorie der Pfadabhängigkeit eine theoretische Erklärung von Pfadabhängigkeit, indem deren Vorläufer, Mechanismen und Ergebnisse wie in Abbildung 3.1 in einem Drei-Phasen-Prozessmodell dargestellt werden, wobei jede Phase von einem unterschiedlichen Regime gesteuert wird.

---

[20] Vgl. David (1985), S. 333 ff.

[21] Arthur (1996): „Increasing returns are the tendency for that which is ahead to go farther ahead, for that which loses advantage, to lose farther advantage."

[22] Vgl. Arthur (1989), S. 128.

[23] Siehe Arrow (2004); North (1990); Mahoney (2000); Schreyögg et al. (2003).

[24] Sydow et al. (2009), S. 696.

[25] Vgl. Sydow et al. (2020b), S. 719.

[26] Vgl. Sydow et al. (2009), S. 690.

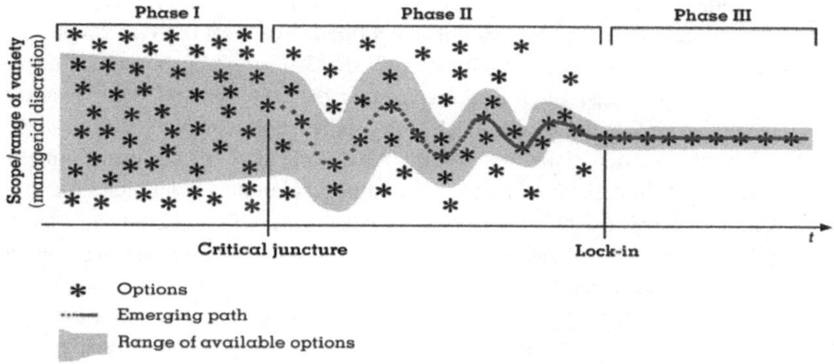

Abbildung 3.1 Konstitution eines organisationalen Pfades. (Quelle: Sydow et al. (2009), S. 692)

Das Phasenmodell zeigt die drei Entwicklungsphasen der Pfadabhängigkeit, beginnend mit (1) singulären historischen Ereignissen, (2) die sich unter bestimmten Bedingungen zu einer sich selbst verstärkenden Dynamik entwickeln und (3) möglicherweise in einem Lock-in enden.[27]

3.1.1 Präformationsphase

Phase I, Präformation, beschreibt einen weitgehend unbeschränkten Handlungsspielraum, in dem getroffene Entscheidungen nicht durch vorherige Ereignisse oder Determinanten vorhergesagt werden können.[28] Da Entscheidungen räumlich und zeitlich eingebettet sind, sollte diese Phase nicht als ein Regime völlig uneingeschränkter Wahlmöglichkeiten betrachtet werden, wie es ursprünglich bei Studien zu technologischer Pfadabhängigkeit praktiziert wurde.[29] Bereits initiale Aktivitäten sind in Praktiken und Routinen eingebettet, welche die dahinterliegenden Institutionen, die David (1994) sogar als „Träger der Geschichte"[30] bezeichnet, widerspiegeln.[31] Eine Konzeptualisierung der Aktivitäten in Phase

[27] Vgl. Sydow et al. (2009), S. 690.

[28] Vgl. Mahoney (2000), S. 511.

[29] Vgl. Arthur (1994); Sydow et al. (2009), S. 692; Sydow et al. (2020b), S. 718.

[30] David (1994), S. 205.

[31] Vgl. Child (1997); March (1994); Tolbert/ Zucker (1996).

I kann demnach nicht bei null beginnen. Sie muss institutionellen Prägungen Rechnung tragen, was im Umkehrschluss nicht bedeutet, dass die Geschichte mit Schicksal gleichzusetzen wäre. Vielmehr fußt die Präformationsphase auf historisch gerahmter oder geprägter Kontingenz und daher weder auf der Annahme der Determiniertheit noch auf der einer völlig unbeschränkten Wahl.

Der Schatten in der ersten Phase der Abbildung soll dieses institutionelle Erbe darstellen.[32] In diesem skizzierten Handlungsspielraum kann sich eine einzelne Wahl als „Small Event"[33] erweisen, welches weitere Entwicklungen auslöst. Aus der Perspektive der Pfadabhängigkeit gewinnt diese eher unschuldige, sogar zufällige Entscheidung dann, und nur dann, an Bedeutung, wenn sie selbstverstärkende Prozesse in Gang setzt. Zu diesem Zeitpunkt ist nicht vorhersagbar, ob diese anfängliche Handlung oder dieses Ereignis in einer Pfadabhängigkeit enden wird, da Pfadabhängigkeit einer nonlinearen Logik folgt, bei der initiale Ereignisse nicht in Kausalität zu Folgeereignissen stehen.[34]

3.1.2 Formationsphase

Phase II, Formation, beschreibt das allmähliche Entstehen eines Pfades. Der Übergang von Phase I zu Phase II wird durch das Critical Juncture eingeleitet, d. h. eine in Phase I getroffene Entscheidung ist ein Auslöser für die weitere Entwicklung des Systems, bei der ein neues Regime die Macht übernimmt: die Dynamik der selbstverstärkenden Prozesse.[35] Die durch die anfängliche Wahl ausgelöste Dynamik schränkt den Handlungsspielraum ein. Ein dominantes Handlungsmuster entsteht, durch welches der gesamte Prozess zunehmend irreversibel wird, wobei Entscheidungsprozesse in dieser Phase weiterhin kontingent und nicht-ergodisch sind.[36] Die Schattierung in Phase II bildet die noch immer vorherrschende Situation der Kontingenz, also das weitere Vorhandensein von Wahlmöglichkeiten, ab.

---

[32] Vgl. Sydow et al. (2009), S. 693.

[33] Arthur (1989), S. 117; Arthur (1994), S. 14.; Sydow et al. (2009), S. 693 erweitern das Begriffsverständnis für die Anwendung auf soziale Systeme, bei denen Ereignisse, die als Impuls pfadabhängige Handlungen triggern können, eher nicht so „unschuldig, zufällig oder klein" sind. Siehe auch Bassanini/ Dosi (2001). Entsprechend kann Pfadabhängigkeit in sozialen Systemen auch durch „Bigger Events" oder Strategien ausgelöst werden.

[34] Vgl. Deeg (2001), S. 8 ff.; Sydow et al. (2009), S. 693; Sydow et al. (2020b), S.718.

[35] Vgl. Deeg (2001), S. 8 ff.; Sydow et al. (2009), S. 693.

[36] Vgl. David (1985), S. 332.

Bereits die Studien zu technologischer Pfadabhängigkeit betonen die zentrale Rolle selbstverstärkender Mechanismen für die Pfadbildung, welche Arthur (1989, 1994) als Increasing Returns beschreibt.[37] Zugrundeliegende Annahmen von individuellen Nutzenkalkülen und rationaler Wahl der klassischen Pfadtheorie lassen sich jedoch nicht eins zu eins auf soziale Systeme übertragen.[38] In den ursprünglichen Studien zu technologischer Pfadabhängigkeit unterliegen Increasing Returns und damit die Entscheidung zur Reproduktion eines Handlungsmusters einem Nutzenkalkül, was Erkenntnisse aus der Organisationsforschung nicht berücksichtigt, wonach Muster in sozialen Systemen auch aus anderen Faktoren resultieren können.[39] Deswegen erfolgte für die Erforschung sozialer Systeme die Integration unterschiedlicher Formen positiver Rückkopplungseffekte, die auf sozialen und nicht ausschließlich technologischen oder marktlichen Kräften basieren. Der institutionelle Rahmen, der in sozialen Systemen die Grundlage für die Entwicklung positiver Rückkopplungsprozesse darstellt, stellt ebenfalls eine Erweiterung des Fokus auf individuelle Entscheidungsfindung früherer Studien dar, denn der soziale Kontext, der die Entscheidungsträger des Systems in Form von Kultur, impliziten Annahmen und institutionalisieren Praktiken informiert, bildet indirekt und nicht intendiert die Grundlage der Selbstverstärkung, die in der Formationsphase zum Tragen kommt.[40]

Selbstverstärkende Mechanismen bilden das Herzstück der Pfadabhängigkeitstheorie.[41] Arthur (1994) schloss ursprünglich konstante oder abnehmende Renditen als erklärende Kräfte aus, doch der Begriff der Increasing Returns erfuhr folgend eine generelle Ausweitung auf positive Rückkopplungen, welche auch unter konstanten und sinkenden Erträgen auftreten können.[42] Positive Rückkopplungen bilden das Grundverständnis des Wirkprinzips, dass die Zunahme einer bestimmten Variable durch die Spiralwirkung einer zirkulär-verstärkenden Verknüpfung zu ihrem weiteren Anstieg führt.[43] Increasing Returns bzw. positive

[37] Vgl. Arthur (1989, 1994); David (1985, 1986); Cowan (1990); Katz und Shapiro (1985); North (1990).

[38] Vgl. Crouch/ Farrell (2004); Eden (2004); Ortmann (1995); Schreyögg et al. (2003), S. 266.

[39] Gemäß Sydow et al. (2020b), S. 718 können dies emotionale Reaktionen (Ungewissheit Unsicherheitsvermeidung, Rache zwischen Gruppen usw.) kognitive Verzerrungen (selektive Wahrnehmung, blinde Flecken, implizite Theorien usw.) und sogar politische Prozesse (Machterwerb und -erhalt, reziprokes Verhandeln) sein.

[40] Vgl. Schreyögg et al. (2003), S. 269; Sydow et al. (2009), S. 694.

[41] Vgl. Pierson (2000); Sydow et al. (2009), S. 698; Vergne/Durand (2010).

[42] Vgl. Page (2006), S. 89 ff.

[43] Vgl. Arthur (1989, 1994).

Rückkopplungen beschreiben selbstverstärkende Prozesse, bei denen der Nutzen wächst, wenn ein bestimmtes Handlungsmuster wiederholt wird, was letztendlich zu einem Lock-in führt.[44]

In der volkswirtschaftlichen Diskussion wird in Bezug auf Technologien eine nachfragegesteuerte Erklärung angeführt, bei welcher die Nachfrage und Verwendung einer Technologie ihre Attraktivität erhöht. David (1985) führte Increasing Returns in seinem QWERTY Beispiel auf Netzexternalitäten zurück.[45] Auch aktuellere Beispiele wie Facebook oder eBay demonstrieren, wie die Höhe idirekter Netzexternalitäten durch die Anzahl der Nachfrager:innen bestimmt wird. Neben technologisch geprägten Formen von Selbstverstärkungsmechanismen wurden unterschiedliche institutionelle Formen identifiziert. Insgesamt besteht ein großes Spektrum von Arten selbstverstärkender Dynamiken, welche gemeinsam auftreten und sich überschneiden können.[46] Dazu gehören *Koordinationseffekte, Komplementaritätseffekte, Lerneffekte* und *adaptive Erwartungen*, welche im Folgenden näher beschrieben werden.[47]

Die bekannteste Erklärung für Pfadabhängigkeit in sozialen Systemen ist der aus der Institutionenökonomie hervorgebrachte Koordinationseffekt.[48] Er bezieht sich auf den funktionalen Kern sozialer Systeme und besagt, dass die Interaktion umso effizienter wird, je mehr Akteure eine bestimmte Institution, bspw. ein Gesetz, eine Norm oder eine Routine, annehmen und anwenden. Die Effizienzsteigerung resultiert aus der Regelgeleitetheit des Verhaltens der Akteure, aufgrund derer die Antizipation des Verhaltens und entsprechende Reaktionen abgeleitet werden können. Infolgedessen können Koordinationskosten reduziert werden und es wird immer attraktiver, die Institutionen zu übernehmen, je mehr Akteure dies ebenfalls tun. Die Entscheidung für Rechtsverkehr versus Linksverkehr ist das bekannteste Beispiel des Koordinationseffekts, dessen Befolgung offensichtliche Vorteile birgt. Die Vermeidung von Misfit-Kosten verdeutlicht den Gegensatz zu technologieorientierten Erklärungen, die sich auf die Nachfrage einer Technologie beziehen und nicht, wie der Koordinationseffekt, auf die Kostenvorteile der Interagierenden, aufgrund derer Lösungen im Einklang mit einer bestimmten Institution priorisiert werden.[49] Koordinationseffekte ergeben sich

[44] Vgl. Schreyögg et al. (2003), S. 262.

[45] Vgl. David (1985), S. 335.

[46] Vgl. Ackermann (2001), S. 98 f.; David (1994); Dobusch/Schüßler (2013); Kiwit (1996); Mahoney (2000); Schmidt/Spindler (2002).

[47] Vgl. Sydow et al. (2009), S. 698 ff.

[48] Vgl. North (1990).

[49] Vgl. Schreyögg et al. (2003), S. 262.

demnach aus den Vorteilen der Befolgung von Regeln, denen andere bereit sind sich anzupassen und durch deren kontinuierliche Wiederholung ein bestimmtes Verhaltensmuster verfestigt wird.[50]

Economies of Scope stellen eine bekannte Beschreibung von Komplementaritäten dar, die entstehen, wenn die Kosten für die Produktion und den Verkauf von zwei oder mehr Waren oder Dienstleistungen zusammen niedriger ausfallen als die Kosten für deren getrennte Herstellung und Verkauf.[51] Komplementaritätseffekte können als Synergie verstanden werden, welche sich aus der wiederholten Interaktion zusammenhängender Ressourcen, Handlungen oder Regeln ergeben. Bei der Kombination zusammenhängender Aktivitäten summiert sich der Nutzen nicht auf, sondern es entsteht ein Zusatznutzen, $K_{(x+y)} > K_{(x)} + K_{(y)}$, wie bei Dell durch das Direct Model, mit dem Zusammenspiel von Produktion und Vertrieb.[52] David bezeichnet solche Kombinationen als institutionelle Cluster, die auftreten können, wenn Routinen oder Handlungen in einer Art und Weise verbunden sind, die es immer attraktiver macht, die sich ergebenden Synergien auszuschöpfen bzw. Misfit-Kosten clusterabweichender Lösungen zu vermeiden.[53] Diese Dynamik führt zur Dominanz dieser Sets von Aktivitätsmustern, welche durch tiefe Einbettung in die Systemstrukturen immer irreversibler werden.[54]

Bekannte Begriffe wie Lernkurve, Erfahrungskurve, Prozesskurve oder auch Learning by Doing beziehen sich auf das Phänomen sinkender Durchschnittskosten pro Ausbringungsmenge mit abflachender Rate, verursacht durch die wiederholte Ausführung einer Tätigkeit, welche durch die Wiederholung immer effizienter durchgeführt wird.[55] Da die Wiederholung einer Tätigkeit mehr Effizienz erzeugt, wird der Wechsel zu neuen Tätigkeiten, bezüglich derer weder Fähigkeiten akkumuliert noch Kosten gesenkt wurden, unattraktiver. Bekannte Lerneffekte beschreiben die Konzentration auf exploitatives Lernen auf Kosten des explorativen Lernens, sowie die „Architecture of Simplicity“.[56] Sie können auf mehreren Systemebenen auftreten sowie durch sinkende Koordinationskosten und Komplementaritäten erweitert und verstärkt werden.[57]

---

[50] Vgl. Sydow et al. (2009), S. 699.

[51] Vgl. Panzar/Willig (1981).

[52] Vgl. Pierson (2000); Stieglitz/Heine (2007).

[53] Vgl. David (1994), S. 214.

[54] Vgl. Leonard-Barton (1995); Sydow et al. (2009), S. 699.

[55] Vgl. Argote (2012), S. 1.

[56] Vgl. March (1991, 2006); Miller (1993), S. 116.

[57] Vgl. Sydow et al. (2009), S. 700.

Wären individuelle Präferenzen, wie in der Neoklassik angenommen, starr, wäre es bspw. während der Covid-Pandemie wahrscheinlich nicht zu Hamsterkäufen gekommen, als Kunden Unmengen an Toilettenpapier kauften – in der Annahme, andere Käufer:innen würden eine Knappheit des Gutes fürchten und ihnen zuvorkommen. Da individuelle Präferenzen aber interaktiv, d. h. in Erwiderung zu anderen Präferenzen gebildet werden, können diese adaptiven Erwartungen zu selbsterfüllenden Prophezeiungen führen.[58] Die Verbreitung organisationaler Best Practices folgt bspw. dieser Logik, indem Akteure und Akteurinnen aufgrund ihrer Erwartungen, dass andere die Praktiken adaptieren, es diesen gleichtun.[59]

3.1.3 Lock-in-Phase

Durch die Selbstverstärkung in Phase II gerät der Pfad in Phase III in ein Lock-in, wenn der Prozessverlauf deterministische Züge annimmt.[60] Lock-in ist jedoch nicht mit Stillstand gleichzusetzen, sondern beschreibt eher einen Prozess kontinuierlicher Reproduktion.[61] Das vorherrschende Muster ist irreversibel und im Fall von technologischen Entwicklungen sind keinerlei alternative Lösungen verfügbar. Prozesse sozialer Systeme hingegen sind charakteristischer Weise komplexer und mehrdeutig, so dass Pfadabhängigkeit in sozialen Systemen als ein Korridor mit stark eingegrenzten Handlungsmöglichkeiten verstanden werden kann, was in der Abbildung durch den Schatten visualisiert wird.[62] Das strategische Problem verlorener Flexibilität im Lock-in ist offensichtlich. Aus dieser verlorenen Anpassungsfähigkeit an bessere Alternativen und veränderte Umstände ergibt sich das Risiko der Ineffizienz. In dieser Phase zeigt sich final: „Success breeds failure“[63], denn wenn sich die Umstände ändern, wird das Muster, welches durch selbstverstärkende Mechanismen gefördert wurde, anfällig für Ineffizienz, da das System seine Reversibilität verloren hat. Diese nachteilige

[58] Vgl. Sydow et al. (2009), S. 700.

[59] Vgl. McGregor (1960); Schreyögg et al. (2003), S. 269; Szulanski (1996).

[60] Vgl. Schreyögg (2013), S. 25.

[61] Vgl. Sydow et al. (2020b), S. 730.

[62] Vgl. Pierson (2000); Schreyögg (2013), S. 24; Sydow et al. (2009), S. 694 f.; Für Beispiele siehe: Bruggeman (2002); Eden (2004); Hollingsworth (2006).

[63] Sydow et al. (2020a), S. 4.

Veränderung der Umstände wird auch als „rationality shift"[64] bezeichnet und markiert die Dysfunktionalität des Systems.[65]

3.1.4 Abgrenzung zu verwandten Erklärungsansätzen der Persistenz

Das charakteristische Merkmal der Pfadabhängigkeit sind die selbstverstärkenden Mechanismen, welche mithin die Abgrenzung zu anderen Konzepten von Rigiditäten sozialer Systeme ermöglichen.[66] Sie beziehen sich auf die *zugrundeliegende Logik* der Theorie der Pfadabhängigkeit, welche neben deren *Reichweite* zu den zentralen Unterscheidungsmerkmalen der Theorie gegenüber anderen Theorien der Persistenz zählt.[67] Andere Ansätze[68] gehen zwar ebenfalls davon aus, dass „History matters", d. h. die Vergangenheit die Entwicklung sozialer Systeme beeinflusst, die Theorie der Pfadabhängigkeit jedoch fokussiert dabei auf die Erklärung rätselhafter Persistenzen, wie das Verharren in alten Lösungsstrukturen trotz effizienterer Alternativen oder das Auftreten irreversibler Entscheidungsmuster, die es in der idealisierten Welt der Rationalentscheidung gar nicht gibt.[69] Die im Folgenden vorgestellten Ansätze zu Prägung sowie kognitiver und struktureller Trägheit unterscheiden sich in ihrer Reichweite dahingehend, dass sie mit der Annahme, spezifische Umweltbedingungen bei Entstehung eines Systems würden dessen zukünftiges Verhalten prägen, praktisch von einer allgemeinen Tendenz zur Stabilität ausgehen, während die Theorie der Pfadabhängigkeit nicht universell alle Prozesse als pfadabhängig ansieht, sondern nur solche, die einer selbstverstärkenden Dynamik unterliegen.

Das Imprinting-Konzept bspw. besagt, dass entweder Umweltbedingungen oder Gründereigenschaften organisationale Prozesse prägen, was zur Reproduktion eines Musters führt.[70] Die zugrundeliegende Logik unterscheidet sich von der der Pfadabhängigkeitstheorie dahingehend, dass das replizierte Verhaltensmuster

[64] Sydow et al. (2009), S. 695.

[65] Vgl. Leonard-Barton (1995); Schreyögg/ Kliesch-Eberl (2007), S. 916 ff.; Sydow et al. (2020b), S. 219.

[66] Vgl. Sydow et al. (2009), S. 696.

[67] Vgl. Sydow et al. (2020b), S. 721.

[68] Dies sind: Strukturelle Trägheit: Hannan/ Freeman (1984), Organisationale Prägung: Marquis/ Tilcsik (2013); Stinchcombe (1965), Escalating Commitment: Staw (1976, 1981) und kognitive Trägheit: Kiesler/ Sproull (1982); Porac et al. (1995).

[69] Vgl. Schreyögg (2013), S. 22.

[70] Vgl. Beckman/ Burton (2008); Boeker (1989); Johnson (2007); Stinchcombe (1965).

seit Anbeginn besteht, während die Präformationsphase der Theorie der Pfadabhängigkeit von Kontingenz und Non-Ergodizität geprägt ist. Auch die Reichweite des Konzepts ist eine andere, da jedes soziale System in einem bestimmten Kontext entsteht, weswegen davon ausgegangen werden kann, dass Imprinting mithin eine Rolle in vielen Systemen spielt, während Pfade im Vergleich eher eine Randerscheinung bilden. Dennoch kann Imprinting aufgrund seiner hohen Reichweite die Restriktionen, welche in Abbildung 3.1 durch den Schatten dargestellt werden, in Phase I erklären.[71]

Escalating Commitment veranlasst Akteure und Akteurinnen dazu, an inferioren Lösungen festzuhalten.[72] Resultat dessen ist bspw. das Phänomen, gutes Geld schlechtem hinterherzuwerfen.[73] Die zugrundeliegende Logik folgt im Gegensatz zur Theorie der Pfadabhängigkeit pathologischem Entscheidungsverhalten, resultierend aus Rechtfertigung und Befürchtung, den Glauben an die Sache zu verlieren – und dies von Anbeginn an und nicht in einer spezifischen Phase des Prozesses.[74]

Das Verständnis, dass Ressourcencommitment Flexiblilität einschränkt, findet sich auch im Sunk Costs Argument, dass anfängliche Investitionen den zukünftigen Handlungsspielraum einschränken.[75] Das aus den Investitionen resultierende Commitment ist, unter Annahme eines effizienten Kapitalmarkts und rationaler Wahl, lediglich psychologisch bedingt und Sunk Costs aus mikroökonomischer Perspektive irrelevant.[76] Dementsprechend können sie auch nicht mit Pfadabhängigkeit gleichgesetzt werden, da sonst jedwede Investition Pfadabhängigkeit verursachen würde.[77]

Strukturelle Trägheit beschreibt die Persistenz organisationaler Strukturen im Hinblick auf veränderte Umweltbedingungen.[78] Da das Bilden von Strukturen eine Voraussetzung organisationalen Handelns darstellt, ist die Reichweite eine ganz andere als die der Theorie der Pfadabhängigkeit, welche sich auf spezielle Fälle bezieht, denen darüber hinaus eine andere Logik zugrunde liegt – während Trägheit keinerlei strukturelle Dynamik zugrunde liegt.[79]

---

[71] Vgl. Sydow et al. (2009), S. 696.

[72] Vgl. Staw (1976); Ross/ Staw (1993).

[73] Vgl. Guler (2007).

[74] Vgl. Sydow et al. (2009), S. 696.

[75] Vgl. Ghemawat, (1991).

[76] Vgl. Pindyck/ Rubinfeld (2009), S. 300 f.

[77] Vgl. Arrow (2004), S. 28 ff.

[78] Vgl. Hannan/ Freeman (1984).

[79] Vgl. Sydow et al. (2009), S. 697.

Laut Mahoney (2000) können effiziente oder ineffiziente Trajektorien, die durch reaktive Sequenzen entstehen, Pfade bilden. Reaktive Sequenzen sind Ketten zeitlich geordneter und kausal zusammenhängender Ereignisse.[80] Diese Sequenzen werden als reaktiv bezeichnet, da jedes Ereignis der Sequenz eine Reaktion auf vorhergegangene Ereignisse darstellt. Gleichzeitig sind sie auch Ursache folgender Ereignisse, so dass eine Sequenz in der Form A>B>C>D>E >F dargestellt werden kann. Es wird also erwartet, dass sich das ursprüngliche Ereignis A auf B auswirkt, aber es löst unbeabsichtigt eine mehrstufige Entwicklung aus. Mahoney betont selbst den zentralen Unterschied zur Theorie der Pfadabhängigkeit: „Reactive sequence arguments follow a different logic from that of self-reinforcing sequences. Whereas self-reinforcing sequences are characterized by processes of reproduction that reinforce early events, reactive sequences are marked by backlash processes that transform and perhaps reverse early events.“[81]

Institutionalisierung scheint, mit ihrer Beschreibung tief eingebetteter und als selbstverständlich angesehener Organisationsstrukturen, Pfadabhängigkeit auf den ersten Blick zu ähneln.[82] Das Konzept beschreibt die Bedeutung symbolisch-normativer Umwelt für den formellen und informellen organisationalen Aufbau im Zeitablauf. Genau wie die bereits angeführten verwandten Konzepte und Theorien der Persistenz folgt auch dieses einer anderen Logik als die Theorie der Pfadabhängigkeit,[83] weswegen sich der theoretische Fokus ebenfalls unterscheidet.[84]

Wie das Phasenmodell in Abbildung 3.1 veranschaulicht, ist Pfadabhängigkeit das Ergebnis eines durch Selbstverstärkung getriebenen Prozesses statt eines dauerhaften Systemzustands. Während diverse Ansätze zu Persistenz diese als eine dauerhafte Charaktereigenschaft eines Systems behandeln, verweist die Theorie der Pfadabhängigkeit anhand der unterschiedlichen Prozessphasen auf eine Eskalationsdynamik und behandelt die mangelnde Anpassungsfähigkeit im Lock-in lediglich als eine Phase dieses Prozesses. Dementsprechend stellt Pfadabhängigkeit keine Eigenschaft dar, sondern verweist vielmehr auf ein Entwicklungsstadium eines Systems.[85]

---

[80] Vgl. Abbott (1983).

[81] Mahoney (2000), S. 526.

[82] Vgl. Powell/ DiMaggio (1991); Scott (2001); Tolbert/ Zucker (1996).

[83] Vgl. Eden (2004); Holm (1995).

[84] Vgl. Sydow et al. (2009), S. 698.

[85] Vgl. Sydow et al. (2020b), S. 721 f.

Die Abgrenzung von Pfadabhängigkeit zu verwandten Erklärungsansätzen der Persistenz verdeutlicht, dass sie aufgrund ihrer zugrundeliegenden Funktionslogik und ihrer Reichweite im Vergleich prädesteniert ist für die Analyse von pfadabhängigen Entwicklungen in Geschäftsmodellen.

3.1.5 Kritik an der Theorie der Pfadabhängigkeit

Die Theorie organisatorischer Pfadabhängigkeit hat einige Kontroversen ausgelöst.[86] Liebowitz und Margolis (1995) stellten sogar ihre allgemeine Bedeutung in Frage.[87] Andere Forschende störten sich an dem angeblich deterministischen Unterton und vermissen die agentische Sichtweise.[88] Das Phasenmodell der Pfadabhängigkeitstheorie gibt dieser eine klare Struktur mit charakteristischen Elementen und mithin einem selektiven Erklärungsgehalt. Diese konzeptionelle Klarheit wurde teilweise als zu einfach und nicht ausreichend differenziert empfunden und brachte Widerspruch hervor. Ein zentraler Kritikpunkt an der Theorie der Pfadabhängigkeit ist das weitgehende Ignorieren von Agency,[89] obwohl diese bereits in der Konzeptualisierung durch David (1985) und Arthur (1994) eine Rolle spielte. Entsprechend ist Agency in allen drei Phasen des Modells von Bedeutung, wenn auch mit abnehmendem Grad.[90] Die Pfadtheorie wurde als eine positivistische Theorie kritisiert, da sie historische Entwicklungen als Fakten behandeln und einem deterministischen Fatalismus zuschreiben würde.[91] Diese Kritik wurde von Sydow et al. (2009) mit der Aussage zurückgewiesen, dass diese definitiv sozial-konstruktivistischer Natur ist. Historische Entwicklungen werden hier nicht auf offene, sondern auf theoriegeleitete, analytische Weise erfasst.[92] Die Theorie der Pfadabhängigkeit wurde aufgrund der Art und Weise, wie sie Zeit und Temporalität einbezieht, als lineare Prozesstheorie kritisiert.[93] Die auf der Komplexitäts- und Chaostheorie aufbauende Kernlogik ist jedoch eindeutig nichtlinear. Alle drei Phasen unterliegen unterschiedlichen Prozesslogiken,

[86] Vgl. Sydow et al. (2020b), S. 718.
[87] Vgl. Liebowitz/ Margolis (1995).
[88] Vgl. Garud/ Karnøe (2001); Suddaby/ Foster (2017).
[89] Vgl. Garud/ Karnøe (2001); Suddaby/ Foster (2017).
[90] Vgl. Sydow et al. (2020b), S. 722.
[91] Vgl. Suddaby/ Foster (2017), S. 23.
[92] Vgl. Sydow et al. (2020b), S. 722 f.
[93] Vgl. Cloutier/ Langley (2020); Suddaby/ Foster (2017).

daher lässt sich die Theorie als solche nicht ohne weiteres in die bestehenden Kategorisierungen von Prozesstheorien einordnen.[94]

3.2 Das Geschäftsmodell als Aktivitätssystem

Die Konzeptualisierung des Geschäftsmodells als komplexes System[95] interdependenter Aktivitäten, ein sogenanntes *activity system,* ermöglicht eine Annäherung an die Erklärung von Erfolg und Misserfolg von Organisationen bei der Anpassung an sich verändernde Umweltbedingungen.[96] Entscheidungen bez. der Ausgestaltung der Elemente eines Aktivitätssystems und der Konsistenz mit der gewählten Wertschöpfungsquelle sind interdependent und beeinflussen die Wettbewerbsfähigkeit und die Fähigkeit eines Systems, sich kontinuierlich zu erneuern.[97] Die Literatur zu Geschäftsmodellen brachte unterschiedliche Konzeptualisierungen von Aktivitätssystemen hervor und unterstützt sowohl explizit als auch implizit eine Aktivitätssystem-Perspektive.[98] Mit dem Geschäftsmodell in Zusammenhang stehende Konzepte wie bspw. die Strategie sind von diesem abzugrenzen.[99]

Zott und Amit (2010) konzeptualisieren das Geschäftsmodell als "system of interdependent activities that transcends the focal firm and spans its boundaries"[100] und beschreiben dessen Funktion: "A business model depicts the content, structure, and governance of transactions designed so as to create value through the exploitation of business opportunities."[101] Das übergeordnete Ziel besteht darin, durch das Ausnutzen unternehmerischer Gelegenheiten Wert für alle Stakeholder:innen zu generieren. Stakeholder:innen sind die Kundinnen und Kunden, für die ein Mehrwert geschaffen wird, sowie die fokale Unternehmung, ihre Partner:innen und Lieferantinnen und Lieferanten, für die

[94] Vgl. Sydow et al. (2020b), S. 723 f.

[95] Vgl. Simon (1962).

[96] Vgl. Burgelman (1983); Ginsberg/ Venkatraman (1992).

[97] Vgl. Thompson (2017).

[98] Vgl. Afuah/ Tucci (2003), S. 6; Chesbrough (2007), S. 22; Chesbrough/ Rosenbloom (2002), S. 532.

[99] Siehe Kapitel 2: Die Strategie wurde von der Literatur z. B. als Ursprung von Geschäftsmodellwandel identifiziert. Sie kann sich auch, wie in Kapitel 5 veranschaulicht wird, in Raktion auf und im Zusammenspiel mit dem Geschäftsmodell ändern.

[100] Zott/ Amit (2010), S. 216.

[101] Amit/ Zott (2001), S. 511.

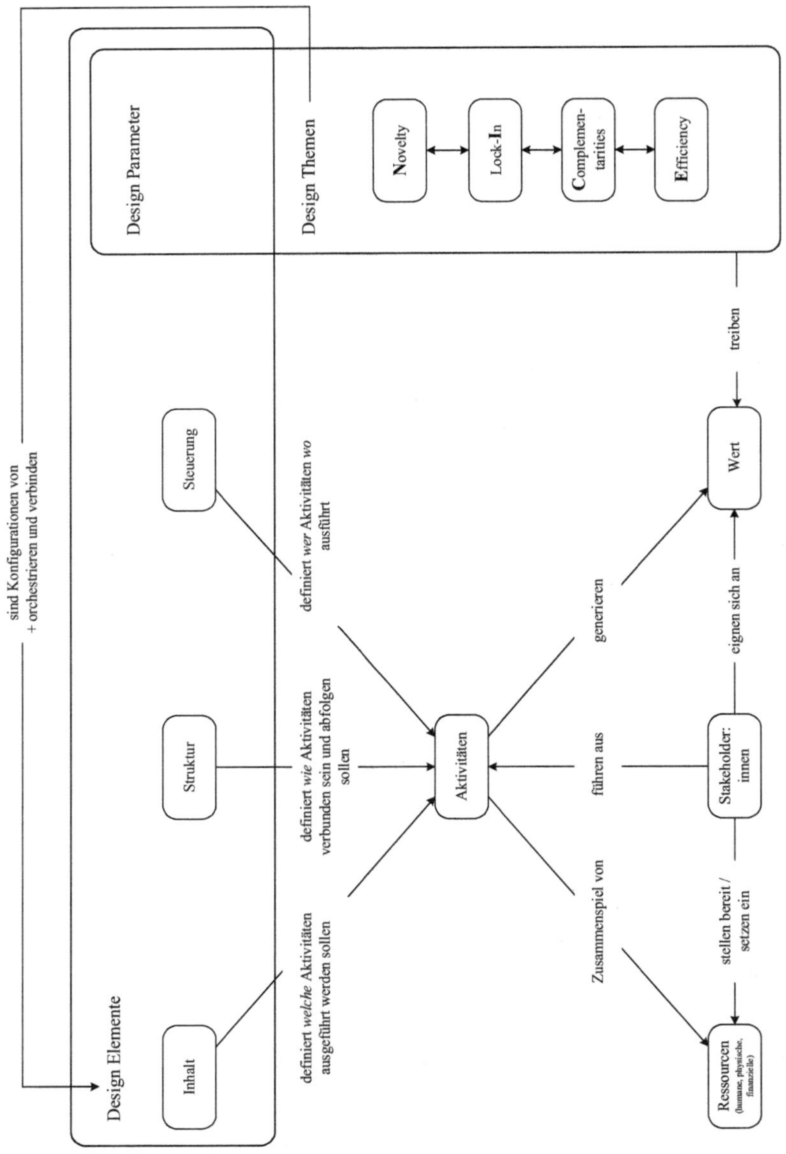

Abbildung 3.2 Das Geschäftsmodell als Aktivitätssystem. (Quelle: Eigene Darstellung)

Profite generiert werden, deren Aneignung anhand der individuellen Verhandlungsmacht erfolgt. Das Geschäftsmodell ist auf die Gesamtwertschöpfung aller Parteien ausgelegt und gibt somit das maximale Wertaneignungspotential vor.[102] Die Essenz des Geschäftsmodells wird vom Aktivitätssystem der Unternehmung erfasst, welches folglich entscheidend für das Verständnis des Geschäftsmodells ist. Abbildung 3.2 zeigt das Geschäftsmodell als Aktivitätssystem auf Basis der theoretischen Konzeptualisierung von Zott und Amit (2010).

Im Mittelpunkt eines Aktivitätssystems stehen die *Aktivitäten*, welche Gavetti und Rivkin (2007) bspw. als Kernelemente begreifen, auf die organisationales Suchverhalten ausgerichtet ist, da sie die eigentliche Wertschöpfung herbeiführen.[103] Porter (1985) lieferte mit seiner Definition eine wichtige Grundlage des Verständnisses von Aktivitäten, indem er sie als diskrete ökonomische Prozesse innerhalb des Unternehmens beschreibt, die auf unterschiedliche Weise konfiguriert werden können.[104]

Die interdependenten Aktivitäten, aus welchen Aktivitätssysteme bestehen, beschreiben Zott und Amit (2010) als Zusammenspiel menschlicher, physischer und/oder finanzieller Ressourcen der Stakeholder:innen, um einem bestimmten Zweck zu dienen und damit ein übergeordnetes Ziel zu erreichen. Folglich ist das Aktivitätssystem eine Zusammenstellung interdependenter Aktivitäten, die von der fokalen Unternehmung und anderen Stakeholder:innen ausgeführt werden. Trotz der Ausführung von Aktivitäten auch durch andere Stakeholder:innen ist das Aktivitätssystem unternehmenszentriert, um neben der Generierung von Wert auch dessen Aneignung zu gewährleisten.[105] Aktivitäten können ein breites Spektrum der Aggregation aufweisen von einem sehr feingliedrigen, wie der Abhaltung von Meetings, bis zu einem hohen Grad, der sich auf ganze Unternehmensfunktionen wie Personalwesen oder Qualitätsmanagement bezieht.[106]

Interdependenz bezeichnet die Beziehungen zwischen Elementen eines Systems, die bei der Gestaltung von Inhalt, Struktur und Steuerung eines Geschäftsmodells entstehen.[107] Sie existiert, wenn der Gesamteffekt von Aktivitäten größer ist als die Summe der Effekte der einzelnen Aktivitäten.[108] Wenn Aktivitäten

---

[102] Vgl. Zott/ Amit (2010), S. 217 f.

[103] Vgl. Gavetti/ Rivkin (2007), S. 424; Porter (1985).

[104] Vgl. Porter (1985) zitiert in Porter/ Siggelkow (2008), S. 34.

[105] Vgl. Zott/ Amit (2010), S. 217 f.

[106] Vgl. Davenport (2005); Porter (1985); Stigler (1951).

[107] Vgl. Zott/ Amit (2015), S. 4.

[108] Vgl. Siggelkow (2001, 2002).

interdependent sind, wird eine Aktivität von der anderen Aktivität entweder eingeschränkt und/oder durch die andere Aktivität beeinflusst.[109] Die Interdependenz zwischen den Aktivitäten ist bei der Konzeptualisierung von Geschäftsmodellen als Aktivitätssystem von zentraler Bedeutung, denn diese bietet Einblicke in die Prozesse, die die Entwicklung des Aktivitätssystems eines fokalen Unternehmens im Laufe der Zeit ermöglichen, wenn sich sein Wettbewerbsumfeld ändert.[110] Es bestehen sowohl unterschiedlichste Definitionen von Interdependenz von Aktivitäten als auch Auffassungen darüber, ob Interdependenz strategischen Wandel ermöglicht oder verhindert.[111]

3.2.1 Design Parameter von Aktivitätssystemen

Durch die Auswahl und Gestaltung von Aktivitäten sowie ihrer Verbindungen, welche diese zu einem System zusammenführen, werden Geschäftsmodelle von Unternehmerinnen und Unternehmern oder Managerinnen und Managern geschaffen. Eine solche zielgerichtete Gestaltung ist laut Zott und Amit (2009) die Essenz eines Geschäftsmodels. Die resultierende Architektur des Aktivitätssystems erfasst, wie das fokale Unternehmen in sein Umfeld aus Partnern und Partnerinnen, Zulieferinnen und Zulieferern, Kundinnen und Kunden sowie Wettbewerber:innen eingebettet ist. Dementsprechend ist die Gestaltung des Geschäftsmodells eine Kernentscheidung für Entrepreneure und sicherlich eine heikle Aufgabe für Manager:innen, die ihr etabliertes Geschäftsmodel überdenken müssen, um ihr Unternehmen fit für die Zukunft zu machen. Denn wenn die Vorlage erst einmal steht, die Aktivitäten vorhanden sind und die Ressourcen entwickelt und verfeinert wurden, ist Wandel zumeist schwer möglich.[112] Abbildung 3.2 stellt die diesbezüglich relevanten Design Elemente Inhalt, Struktur und Steuerung sowie die Design Themen Novelty (Neuheit), Lock-In, Complementarities (Komplementaritiäten) und Efficiency (Effizienz) dar, welche von Zott und Amit (2010) durch das Akronym NICE[113] zusammengefasst wurden.

---

[109] Vgl. Pfeffer/ Salancik (1978); Thompson (2017).

[110] Vgl. Levinthal (1997); Siggelkow (2001, 2002); Simon (1962).

[111] Vgl. Hannan/ Freeman (1984); Levinthal (1997); Weick (1976).

[112] Vgl. Zott/ Amit (2009), S. 260; Zott/ Amit (2010), S. 217.

[113] **N**ovelty, Lock-**In**, **C**omplementarities, **E**fficiency.

3.2.1.1 Design Elemente

Die Design Elemente Inhalt, Struktur und Steuerung beschreiben die Architektur eines Aktivitätssystems.[114] Die Architektur wird durch die Wahl von Aktivitäten, deren Abfolge und Ausführung geformt und erfasst, wie eine Organisation in ihre Umwelt aus Netzwerken, Lieferantinnen und Lieferanten, Partnerinnn und Partnern sowie Kundinnen und Kunden eingebettet ist. In diesem Kontext gestalten Unternehmen mittels zielgerichtetm Netzwerken ihr Schicksal, indem sie aktiv Aktivitäten gestalten, welche das Geschäftsmodell verkörpern. Dementsprechend ist die fokale Unternehmung mehr als ein passiver Teilnehmer in einem System – es gestaltet zielgerichtet sein Schicksal in Kooperation und Interdependenz mit anderen Unternehmen und Teilnehmenden seines wirtschaftlichen netzwerkbasierten Ökosystems. Diese Struktur wird vom Geschäftsmodell der Unternehmung erfasst.[115]

Die Auswahl an Aktivitäten, welche tatsächlich ausgeführt werden, beschreibt den Inhalt des Aktivitätssystems.[116] Nimmt bspw. ein Kaffeeröster neben seinen typischen Aktivitäten auch solche auf, die auf den Verkauf von Kleidung zugeschnitten sind, betrifft dies den Inhalt seines Aktivitätssystems. Um diese neuen, auf das erweiterte Sortiment zugeschnittenen Aktivitäten ausführen zu können, muss der Kaffeeröster sein Management schulen, neue Mitarbeitende einstellen und ausbilden, neue Fähigkeiten entwickeln und die neuen Aktivitäten mit seinem bestehenden System verbinden.

Die Struktur des Aktivitätssystems beschreibt, wie und in welcher Abfolge Aktivitäten miteinander verknüpft sind. Die Struktur des Aktivitätssystems erfasst ebenfalls die Bedeutung der Aktivitäten für das Geschäftsmodell, z. B. im Hinblick auf ihren zentralen, unterstützenden oder peripheren Charakter.[117] Eine neue Struktur des zuvor sehr erfolgreichen IBM-Geschäftsmodells wurde bspw. durch eine schwere Finanzkrise Anfang der 1990er Jahre ausgelöst. In deren Verlauf wechselte der Konzern seine Kern- und Randaktivitäten, indem er seinen Schwerpunkt vom Hardware-Lieferanten zum Dienstleistungsanbieter verlagerte. Auf Grundlage des bestehnden Know-hows wurde ein neues Dienstleistungsgeschäft eingeführt, welches einige neue, an den IT-Bedürfnissen der Kundschaft orientierte Aktivitäten in den Bereichen Beratung, IT-Wartung und andere Dienstleistungen bot. Ca. 15 Jahre später stammte mehr als die Hälfte des

---

[114] Vgl. Zott/ Amit (2010), S. 217.

[115] Vgl. Zott/ Amit (2009), S. 260.

[116] Vgl. Zott/ Amit (2010), S. 220.

[117] Vgl. Zott/ Amit (2010), S. 220.

90-Milliarden-Dollar-Umsatzes von IBM aus diesen Aktivitäten, die zuvor kaum existierten.[118]

Die Steuerung des Aktivitätssystems bezieht sich darauf, wer die Aktivitäten wo ausführt. Franchising stellt einen bekannten Ansatz bezüglich der Steuerung dar.[119] Ein Beispiel für eine innovative Steuerungsstruktur ist das Unternehmen Next Issue Media, welches von auf dem Printmarkt konkurrierenden Magazinherausgebern gegründet wurde, um das jeweilige Geschäftsmodell zu digitalisieren, indem eine App als neuer Kontext für die Magazine entwickelt wurde.[120]

Oft fallen die Entscheidungen bezüglich dieser Parameter zusammen und werden gleichzeitig getroffen. Um das Konzept der Parameter klar zu beschreiben, wurden sie getrennt voneinander aufgeführt, in der Realität jedoch zeichnen sie sich meist durch ein hohes Maß an Interdependenz aus. Dementsprechend beschreibt das Aktivitätssystemdesign, wie Organisationen unternehmerisch tätig sind, und erfasst das Wesen des Geschäftsmodells. Die Gestaltung von Geschäftsmodellen kann daher als Gestaltung von Aktivitätssystemen betrachtet werden.[121]

3.2.1.2 Design Themen

Die miteinander verwobenen Design Themen, Neuheit (Novelty), Lock-In, Komplementaritäten (Complementarities) und Effizienz (Efficiency) beschreiben die Quellen der Wertgenerierung des Aktivitätssystems und werden von Zott und Amit (2010) auch als Werttreiber bezeichnet.[122] Design Themen sind Konfigurationen von Design Elementen, welche sie orchestrieren und verbinden. Geschäftsmodelle lassen sich durch ihre Design Themen charakterisieren, die den roten Faden bilden und die Transaktionen des Unternehmens mit externen Parteien orchestrieren. Die Design Themen beschreiben die ganzheitliche Gestalt des Geschäftsmodells.

Neuheit verkörpert den Grad an Geschäftsmodellinnovation, der tatsächlich im Aktivitätssystem enthalten ist.[123] Der Kern der neuheitsorientierten Gestaltung von Aktivitätssystemen sind die Übernahme neuer Aktivitäten (Inhalt) und/ oder neue Wege der Verknüpfung von Aktivitäten (Struktur) und/oder eine neue

---

[118] Vgl. Chesbrough (2007), S. 16.

[119] Vgl. Zott/ Amit (2010), S. 222.

[120] Vgl. Zott/ Amit (2021), S. 16.

[121] Vgl. Zott/ Amit (2010), S. 220 f.

[122] Vgl. Amit/ Zott (2001), S. 503; Zott/ Amit (2010), S. 217.

[123] Vgl. Zott/ Amit (2017), S. 21.

Art der Steuerung der Aktivitäten (Steuerung). Ein bekanntes Beispiel ist Apple, das sich früher auf die Produktion von innovativer Hardware wie Personalcomputern konzentrierte. Durch die Entwicklung des iPod und des damit verbundenen Musik-Download-Geschäfts iTunes war Apple das erste Elektronikunternehmen, welches den Musikvertrieb als Aktivität einbezog (inhaltliche Neuheit) und ihn mit der Entwicklung der iPod-Hardware und -Software (strukturelle Neuheit) verknüpfte, sie digitalisierte und dadurch viele Teilaktivitäten des legalen Musik-Downloads an seine Kundinnen und Kunden weitergab (Steuerungs-Neuheit). Das heißt, Apple hat den Schauplatz seiner Innovation vom Produkt auf sein Geschäftsmodell ausgedehnt.[124]

Aktivitätssysteme können auch so gestaltet sein, dass sie Stakeholder an das Geschäftsmodell binden. Dieses Lock-In kann sich als Wechselkosten oder als Netzwerkexternalitäten, die sich aus der Struktur, dem Inhalt und/oder der Steuerung des Systems ergeben.[125] D. h. das Thema bezieht sich auf jene Elemente des Geschäftsmodells, welche Wechselkosten verursachen oder Anreize für die Stakeholder:innen darstellen, innerhalb des Systems zu verharren und nur dort den Austausch zu forcieren.[126] So sehr man es als Datenschützer:in bedauern mag, der Nutzen, sich über Facebook oder WhatsApp auszutauschen, welcher sich durch die hohe Anzahl vorhandener User ergibt, ist unverkennbar. Ebenso verständlich ist das Schicksal der Apple User, die durch Zusatzleistungen wie iCloud, iTunes und nicht zuletzt das Apple-Ladekabel vom Wechsel zu Android abgehalten werden.

Komplementaritäten beziehen sich auf wertsteigernde Wechselwirkungen der einzelnen Design Elemente eines Aktivitätssystems, die entstehen, wenn die Bündelung von Aktivitäten mehr Wert generiert, als die Aktivitäten getrennt voneinander durchzuführen.[127] Die Bündelung der etablierten Aktivitäten von eBay mit den neu erworbenen Aktivitäten von PayPal, ermöglicht Transaktionen, welche ansonsten nicht möglich gewesen wären, weshalb das Zahlungsunternehmen einen wertsteigernden Effekt für das eBay-Aktivitätssystem besitzt.[128]

---

[124] Vgl. Zott/ Amit (2010), S. 221. Gemäß Zott/ Amit (2017), S. 21 sind Nintendo mit Pokemon Go oder Airbnb weitere Beispiele innovativer Geschäftsmodelle.

[125] Vgl. Zott/ Amit (2010), S. 221.

[126] Vgl. Zott/ Amit (2017), S. 21.

[127] Vgl. Milgrom/ Roberts (1990), S. 514; Porter/ Siggelkow (2008), S. 35.

[128] Vgl. Zott/ Amit (2017), S. 21 ff.

Effizienzorientiertes Design zielt auf eine Effizienzerhöhung durch die Reduktion von Transaktionskosten, welche durch die Wechselwirkungen innerhalb des Aktivitätssystems generiert wird. Dies kann bez. des Elements Steuerung bspw. durch vertikale Integration oder Outsourcing mittels Schnittstellenstandardisierung erreicht werden. Die Design Elemente Struktur und Inhalt können mittels Veränderungen in der Durchführung und Verbindung von Aktivitäten sowie durch das Wegfallen oder Hinzuziehen von Aktivitäten zur Effizienzsteigerung beitragen. Manche Fluggesellschaften bieten bspw. kein Catering oder keine Sitzplatzreservierungen an und lassen Passagiere ihre Tickets online buchen;[129] Walmart führte die Aktivität des Cross-Docking in seine Logistikfunktion ein, um seine Effizienz zu steigern.[130] Das Walmart-Beispiel zeigt, dass die Design Elemente Inhalt, Struktur und Steuerung oft stark miteinander verwoben sind und auch auf die Ziele der Organisation abgestimmt sein müssen. Das Cross-Docking ist ein Element im Aktivitätssystem von Walmart, das gesamthaft darauf ausgerichtet ist, dessen Niedrigkostenstrategie zu unterstützen. Wert wird hier durch Effizienzsteigerungen generiert, was veranschaulicht, wie Geschäftsmodellgestaltung generell durch ein übergeordnetes Design Thema geformt wird.[131]

Tabelle 3.1 zeigt eine Synopse der Werttreiber des Geschäftsmodells.

[129] Vgl. Zott/ Amit (2010), S. 221 f.

[130] Vgl. Zott/ Amit (2017), S. 23.

[131] Vgl. Zott/ Amit (2010), S. 222.

Tabelle 3.1 Werttreiber des Geschäftsmodells. (Quelle: Eigene Darstellung)

Werttreiber	Theoretischer Hintergrund	Logik der Wertstiftung	Quelle	Interdependenzen
Effizienz	Transaktionskostentheorie (Wertkettenanalyse und Netzwerktheorie besitzen mittleren Erklärungsgehalt)	Höhere Effizienz durch Reduktion der Transaktionskosten	• Reduzierung von Informationsasymmetrien • Reduzierung der Verhandlungs- und Suchkosten von Stakeholdern und Stakeholderinnen • Ermöglichung schneller und informierterer Entscheidungsfindung • Simplifizierung von Transaktionen • Skaleneffekte, …	• Effizienzerhöhungen fördern Synergien durch Komplementaritäten (durch niedrige Transaktionskosten und entsprechend gesunkene Gefahr von Opportunismus) • Effizienz fördert Lock-In: Effizienzeigenschaften ziehen neue Kundschaft an und halten diese. Je höher der Nutzen, desto höher der Anreiz zum Eintritt oder Verbleib im Netzwerk. Netzwerkeffekte verstärken den versprochenen Nutzen und setzen positive Rückkopplung in Gang
Komplementaritäten	Ressourcenbasierter Ansatz (Wertkettenanalyse und Netzwerktheorie besitzen mittleren Erklärungsgehalt)	Mehrwert durch Bündelung komplementärer Aktivitäten	• Komplementaritäten zwischen: • strategischen Assets • Stakeholdern und Stakeholderinnen • Produkten und Dienstleistungen • Online- und Offline-Leistungen • Aktivitäten (z. B. Wertkettenintegration)	• Komplementaritäten können die Effizienz erhöhen (für Kundinnen und Kunden durch reduzierte Suchkosten und verbesserte Entscheidungsfindung) • Komplementäre Produkt und Service Angebote ziehen neue Kundschaft an und halten diese. Je höher der Nutzen, desto höher der Anreiz zum Eintritt oder Verbleib im Netzwerk. Netzwerkeffekte verstärken den versprochenen Nutzen und setzen positive Rückkopplung in Gang • Komplementarität von Geschäftsmodellelementen kann Neuheit unterstützen.

(Fortsetzung)

Tabelle 3.1 (Fortsetzung)

Werttreiber	Theoretischer Hintergrund	Logik der Wertstiftung	Quelle	Interdependenzen
Lock-In	Theorie strategischer Netzwerke (RBA und TCE besitzen mittleren Erklärungsgehalt)	Bindung von Stakeholdern und Stakeholderinnen durch Wechselkosten und/oder Netzwerkexternalitäten	• Wechselkosten (durch Standards, Loyalitätsprogramme, Customization & Personalisierung, Vertrauen, …) • positive Netzwerkexternalitäten (direkte und indirekte)	• Lock-In fördert Effizienz und Komplementaritäten. • Wechselkosten (Vertrauen) binden und mindern opportunistisches Verhalten und erhöhen somit die Transaktionseffizienz. • Ein hohes Lock-In-Potential ist Anreiz für Partner:innen, komplementäre Produkte und Leistungen anzubieten, da dies hohes Transaktionsvolumen verspricht. • Lock-In unterstützt Neuheit bei Kundschaftsakquise und -retention durch starke Marken.
Neuheit	Schumpetersche Innovation (Wertkettenanalyse, RBA und TCE besitzen mittleren Erklärungsgehalt)	Innovation durch Konzipierung und Einführung neuer Wege des wirtschaftlichen Austauschs	• Inhalt: Übernahme neuer Aktivitäten (z. B. innovative Transaktionsmethoden) • Struktur: neue Wege der Verknüpfung von Aktivitäten (ehemals nicht verbundene Teilnehmende verbinden und/oder Teilnehmende/Aktivitäten auf eine neue Art und Weise verbinden) • Steuerung: neue Art der Steuerung der Aktivitäten (z. B. Digitalisierung und Übertragung von Aktivitäten an andere Stakeholder:innen)	• Neuheit unterstützt Lock-In, da First Mover prädestiniert dafür sind, positive Rückkopplungen in Gang zu setzen, die von Netzwerkexternalitäten herrühren. • Neue Assets führen zu Effizienzeigenschaften wie der Reduktion von Informationsasymmetrien und Informationsproblemen, wodurch Marktversagen verhindert werden kann.

Die Tabelle stellt die Werttreiber zwecks konzeptioneller Klarheit vergleichend nebeneinander, diese schließen sich in der Realität jedoch nicht gegenseitig aus; im Gegenteil, in jedem Geschäftsmodell können mehrere Design Themen vorhanden sein.[132]

3.2.2 Theoretische Fundierung der Wertgenerierung in Aktivitätssystemen

Theorien, die in den Bereichen des strategischen Managements oder des Entrepreneurship für die Betrachtung und Erklärung der Wertschöpfung verwendet werden, betonen unterschiedliche Quellen der Wertschöpfung. Mithin ist keine der Theorien für sich genommen in der Lage, die Wertschöpfung eines Aktivitätssystems zu erklären. Vielmehr bietet jede Theorie Erkenntnisse hauptsächlich eines Aspektes der Wertgenerierung. Dementsprechend kann das Konstrukt des Geschäftsmodells als integrierende Analyseeinheit, die die Wertschöpfung aus verschiedenen Quellen erfasst, betrachtet werden.[133] Diese vermag im Gegensatz zu bestehenden Theorien, das Phänomen der Wertschöpfung umfassend zu erklären,[134] indem sie auch die Interdependenz[135] der Werttreiber erfasst, wohingegen andere Theorien spezifischere Analyseeinheiten untersuchen, welche der Quelle der Wertschöpfung entsprechen. Bei Schumpeter ist es das Unternehmen, bei Porters Wertkettenanalyse sind es organisationale Aktivitäten, beim TCE die Transaktion und beim RBV sind es Ressourcen und Fähigkeiten. Entsprechend würde eine Betrachtung mit ausschließlich einer dieser theoretischen Perspektiven dazu führen, dass zentrale Aspekte der Wertschöpfung eines Aktivitätssystems vernachlässigt oder gar ignoriert würden.[136] Das Geschäftsmodellkonstrukt baut auf der *Wertkettenanalyse, Schumpeterschen Innovation, dem RBV, dem TCE und der strategischen Netzwerktheorie* auf.

Die Geschäftsmodellperspektive berücksichtigt die Art und Weise, in der Ressourcen wertvoll sein können, und steht im Einklang mit Barneys (1991) Resource Based View und dem VRIO-Framework von Barney (1997). Danach sind Geschäftsmodelle wertvoller, je schwieriger das Bündel von Ressourcen

---

[132] Vgl. Zott/ Amit (2008), S. 4.

[133] Vgl. Amit/ Zott (2001), S. 494.

[134] Vgl. Shane/ Venkatraman (2000), S. 217.

[135] Gemäß Amit/ Zott (2001), S. 509, bezeichnet Interdependenz der Werttreiber, dass die Anwesenheit jedes Werttreibers die Effektivität jedes anderen Werttreibers erhöhen kann.

[136] Vgl. Amit/ Zott (2001), S. 511.

und Fähigkeiten, das es umfasst, zu imitieren ist, je weniger übertragbar, substituierbar, komplementär es ist und je produktiver es durch seine Nutzung wird.

Das Geschäftsmodellkonstrukt steht im Einklang mit Schumpeters (1942) Idee kreativer Zerstörung und Wertschöpfung durch Innovation mittels neuer Produkte oder Produktionsmethoden, der Schaffung neuer Märkte, neuer Beschaffungsquellen und der Reorganisation von Industrien. Dies sind jedoch nicht die einzigen Wertschöpfungsquellen; bezüglich des Geschäftsmodells beziehen sich Innovationen ebenso auf Austauschmechanismen und Transaktionsarchitekturen, die das Potential für kreative Zerstörung in sich tragen.[137]

Das Geschäftsmodellkonstrukt baut auch auf Argumenten aus Porters (1985) Wertkettenanalyse auf, die auf der Bedeutung von Aktivitätsketten als Prozessen sowie Differenzierung und Kostenführerschaft als Wertschöpfungsquellen beruhen. Das Geschäftsmodell hingegen besitzt einen grenzübergreifenden Charakter und betrachtet die Produktströme weniger linear, sondern beschreibt die Schritte, die unternommen werden, um Transaktionen durchzuführen.[138]

Die Perspektive strategischer Netzwerke[139] besitzt Relevanz für die Erfassung von Wertgenerierung.[140] Die Geschäftsmodellperspektive übernimmt die Idee der Verbindung von Netzwerkkonfiguration und Wertgenerierung, indem sie sich auf die Netzwerktheorie stützt. Dabei wird auf der Erkenntnis aufgebaut, dass einzigartige Kombinationen von Kooperationsformen zwischen Unternehmen, wie strategische Allianzen und Joint Ventures, Wert schaffen können.[141] Entsprechend kann das Geschäftsmodell als eine Erweiterung eines strategischen Netzwerks verstanden werden.[142]

Das Geschäftsmodellkonstrukt baut mit dem Werttreiber Effizienz klar auf Williamsons (1975) *Transaktionskostenökonomie* auf, umfasst darüber hinaus die Werttreiber Komplementaritäten, Lock-In und Neuheit. Neben Effizienz als

---

[137] Vgl. Amit/ Zott (2001), S. 513.

[138] Vgl. Amit/ Zott (2001), S. 513.

[139] Vgl. Dyer/ Singh (1998).

[140] Gemäß Gulati et al. (2000) ermöglichen Netzwerke Zugriff auf Informationen, Märkte und Technologien; gemäß Katz/Shapiro (1985) Potential zur Risikoverteilung und die Generierung von Economies of Scale und Economies of Scope; gemäß Anand/ Khanna (2000); Dyer/ Nobeoka (2000); Dyer/ Sing (1998) Wissensteilung und vereinfachtes Lernen; gemäß Kogut (2000) verkürzte Markteintrittszeit; gemäß Gulati et al. (2000) Transaktionseffizienzsteigerung, Reduktion von Informationsasymmetrien und verbesserte Koordination zwischen den Netzwerkteilnehmern.

[141] Vgl. Doz/ Hamel (1998); Dyer/ Singh (1998).

[142] Vgl. Amit/ Zott (2001), S. 513.

Wertschöpfungsquelle legt der TCE einen Fokus auf individuelle Kostenminimierung, wodurch die Möglichkeiten gemeinsamer Wertschöpfungsmaximierung vernachlässigt wird, die sich aus der Interdependenz unterschiedlicher Beteiligter ergibt. Auch der Fokus auf Hierarchien und Märkten als Steuerungsformen vernachlässigt die Geschäftsmodellperspektive. Diese ist zwar unternehmenszentriert, erstreckt sich jedoch über die Unternehmensgrenzen hinweg und inkludiert verschiedene Fähigkeiten und Ressourcen unterschiedlicher Unternehmen. Diese erweiterte Perspektive ermöglicht die Untersuchung, wie Stakeholder Transaktionen ermöglichen und dabei Wert generieren.[143]

Letztendlich ermöglicht die Verankerung der theoretischen Fundierung des Geschäftsmodellkonstrukts die Definition des geschaffenen Gesamtwertes, welcher durch das Geschäftsmodell generiert wird als die Summe der Werte, die sich alle Teilnehmenden eines Geschäftsmodells über alle Transaktionen hinweg, die das Geschäftsmodell ermöglicht, aneignen.[144]

Eine Aktivitätssystem-Perspektive fördert eine Synthese unterschiedlicher theoretischer Perspektiven. Die Konzeptualisierung von Geschäftsmodellgestaltung als Aktivitätssystemdesign ermöglicht weitere theoretische Entwicklungen und Verbesserungen, um Vorgänge im und um das Geschäftsmodell eingehender zu erforschen und besser zu verstehen.[145]

3.3 Theorieintegration

Die *Theorie der Pfadabhängigkeit*[146] *und das Geschäftsmodell als Aktivitätssystem* nach Amit und Zott (2010) dienen der Analyse als theoretischer Rahmen. Ziel ist die Theorieintegration. Die theoretischen Ansätze wurden dazu im Einzelnen dargestellt. Die theoretische Wahl wird mit Referenz auf die Forschungsfragen sowie dem Mehrwert bez. ihrer Integration begründet. Neben dem reinen Neuheitsgehalt dieser theoretischen Kombination und der Möglichkeit, das System durch den Einbezug der Umwelt zu öffnen, bildet die Hauptgrundlage dieses Mehrwertes die theoretische Chance, *Wandel von Geschäftsmodellen erklären* zu können. Das Geschäftsmodell als Aktivitätssystem nach Amit und Zott (2010) repräsentiert ein statisches System, welches das sowohl praktisch als auch theoretisch relevante Problem nicht zu erklären vermag, warum und wie sich Geschäftsmodelle

143 Vgl. Amit/ Zott (2001), S. 499 und 514.

144 Vgl. Amit/ Zott (2001), S. 515.

145 Vgl. Zott/ Amit (2010), S. 224.

146 Vgl. Sydow et al. (2009).

einiger Organisationen wandeln, während andere von Persistenz geprägt sind. Die Theorie der Pfadabhängigkeit eröffnet mit ihrem evolutionären Charakter eine dynamische Perspektive auf dieses Phänomen und ermöglicht eine *Weiterentwicklung des Geschäftsmodellansatzes* als Aktivitätssystem von Zott und Amit (2010). Die Autoren selbst betonen die Wichtigkeit und die Notwendigkeit dieses Vorgehens für die zukünftige Forschung: „Examining the dynamics of business model evolution (how they emerge and how they are shaped and adapted by entrepreneurial actors over time) (…) reflects an important cross-disciplinary research program that will substantially solidify the business model as a pivotal level and unit of analysis in our understanding of value creation and capture.“[147]

3.3.1 Eignung des Geschäftsmodellansatzes nach Zott und Amit (2010)

In diesem Kapitel werden die Theorie der Pfadabhängigkeit und das Geschäftsmodell als Aktivitätssystem nach Zott und Amit (2010) integriert. Bevor auf die Sinnhaftigkeit dieser theoretischen Zusammenführung eingegangen wird, soll die Wahl des Geschäftsmodellansatzes von Zott und Amit (2010) begründet werden.

Die Forschung zu Geschäftsmodellen brachte im Wesentlichen drei unterschiedliche Geschäftsmodellkonzepte hervor: Archetypen, Aktivitätssystem und Kosten-/Erlös-Architektur. Die Verwendung des Geschäftsmodellkonzepts hängt vom Hauptanalysefokus der Forschenden ab, bezüglich dessen der Geschäftsmodellbegriff verwendet wird, um unterschiedliche Phänomene zu erklären.[148] Der Fokus der vorliegenden Arbeit liegt auf der Erklärung des Wandels von Geschäftsmodellen,[149] weswegen sich der Aktivitätssystemansatz im Vergleich zu anderen Konzepten sehr gut eignet. Während es hier um die Erklärung eines Phänomens geht, bezieht sich das Konzept der Archetypen auf eine Bewertung mittels Typologien und Taxonomien.[150] Dort erfolgt entsprechend eine „simple“ Zuordnung von Geschäftsmodellen zu Archetypen, was weder zum Forschungsziel (Erklärung eines Phänomens) noch zur gewählten Methodik der historischen Einzelfallstudie passt. Baden-Fuller, ein Hauptvertreter des Archetypen-Konzepts, betrachtet Geschaeftsmodelle als kognitive Konfigurationen von Mitarbeitenden

---

[147] Zott/ Amit (2013), S. 409.

[148] Vgl. Zott et al. (2011), S. 1035 f.

[149] Insbesondere dessen Verlauf (FF1), Funktionsmechanismen (FF2) und Implikationen (FF3).

[150] Vgl. Baden-Fuller/ Morgan (2010), S. 161.

und beschreibt sie als Kochrezepte.[151] Diese Betrachtungsweise wäre in Kombination mit der Theorie der Pfadabhängigkeit unpassend, denn letztere hebt hervor, dass vieles hinter dem Rücken der Akteure und Akteurinnen geschieht, wofür es kein „Patentrezept“ geben kann.

Viele Vorteile der Aktivitätssystem-Perspektive auf Geschäftsmodelle von Zott und Amit (2010) resultieren aus der Tatsache, dass sie einen *Systemansatz* darstellt. Die Vorteile des Systemansatzes Interdisziplinarität, Systematik und Integriertheit fördern das von Zott und Amit (2010) betonte Systemdenken[152] und somit die kontinuierliche Weiterentwicklung des Geschäftsmodellkonstrukts, was der Intention der vorliegenden Arbeit entspricht.

3.3.2 Nutzen der theoretischen Integration

David (1985) liefert mit seiner Aussage, dass die Analyse zugrundeliegender verursachender Mechanismen und der inhärenten Dynamik eines Phänomens meist erst ein Verständnis desselben erlaubt,[153] das zentrale Argument für die Integration der Theorie der Pfadabhängigkeit und der Perspektive von Geschäftsmodellen als Aktivitätssystem. Denn somit ist es möglich, bez. des Wandels von Geschäftsmodellen Erfolgsgeheimnisse und Persistenzphänomene unter Umweltveränderungen zu entschlüsseln.

Obwohl Pfadabhängigkeit, wie in vielen anderen Fällen auch, in der Geschäftsmodellliteratur durchaus im allgemeinen Sinne erwähnt wird, besitzt eine ernsthafte Kombination der Perspektiven einen *Neuheitsgehalt*, zumal die Theorie der Pfadabhängigkeit generell nur gelegentlich mit anderen theoretischen Perspektiven kombiniert wird. Meist handelt es sich dabei um evolutionstheoretische Ansätze, die zu den theoretischen Grundlagen der Pfadtheorie gehören, sowie ressourcenbasierte Perspektiven, welche die Gefahr der Persistenz nicht berücksichtigen, die bei der Entwicklung pfadabhängiger Fähigkeiten entsteht.[154] Dementsprechend kann die Theorie der Pfadabhängigkeit durch ihre *theoretische Verankerung* und die zentrale Dynamik der Selbstverstärkung dem Ruf nach einer *dynamischen Perspektive auf Geschäftsmodelle* nachkommen und den Geschäftsmodellansatz von Zott und Amit (2010) befruchten:[155] „For the most part a firm's

[151] Vgl. Baden-Fuller/ Mangematin (2013), S. 418; Baden-Fuller/ Morgan (2010), S. 166 ff.

[152] Vgl. Zott/ Amit (2017), S. 23.

[153] Vgl. David (1985), S. 332.

[154] Vgl. Sydow et al. (2020b), S. 3 und 6.

[155] Vgl. Chesbrough (2010); Demil/ Lecocq (2010); Sosna et al. (2010).

business model has been depicted mainly as a static concept, undergirded by largely ‚static' theories, including the resource-based view of the firm (Amit and Schoemaker, 1993), transaction cost economics (Williamson, 1985), or strategic networks (Gulati, 1998).“[156]

Eine Konzeptualisierung des Geschäftsmodells als Aktivitätssystem interdependenter Aktivitäten impliziert bereits eine gewisse Dynamik.[157] Hierauf richten Zott und Amit (2010) die Aufmerksamkeit durch die Einnahme einer Design-Perspektive auf Genese, Anpassung und Veränderung von Geschäftsmodellen, während Casadesus-Masanell und Ricart (2010) sie durch Virtuous Cycles beschreiben, die durch Entscheidungen innerhalb des Geschäftsmodells hervorgerufen werden können.[158] Diese Selbstverstärkung bezeichnen die Autoren zusammen mit Robustheit und der Passung mit den Unternehmenszielen als Charakteristikum eines guten Geschäftsmodells, was das Risiko eines Lock-in außer Acht lässt.[159]

3.3.3 Dynamisierung des Aktivitätssystems

Da statische Systeme nur eine Momentaufnahme eines Geschäftsmodells wiedergeben können, sind sie nicht in der Lage, die Interaktionen zwischen seinen Teilen im Zeitablauf zu betrachten.[160] Dementsprechend sind *statische Ansätze ungeeignet, den Wandel von Geschäftsmodellen zu erforschen.*[161] Zott und Amit (2013) betonen jedoch die Bedeutung und die Notwendigkeit der Erforschung der Dynamik von Geschäftsmodellevolution für die Geschäftsmodellforschung, denn es ist von zentraler Bedeutung für Wissenschaft und Praxis, das Phänomen erklären zu können, warum einige Unternehmen den Wandel ihres Geschäftsmodells vollziehen können, während andere nicht dazu in der Lage sind, obwohl Umweltveränderungen dies nahelegen würden.[162] Die Theorie der Pfadabhängigkeit kann

[156] Amit/ Zott (2011), S. 5.

[157] Vgl. Afuah/ Tucci (2001), S. 4.

[158] Vgl. Casadesus-Masanell/ Ricart (2010), S. 199; Zott/ Amit (2010).

[159] Vgl. Casadesus-Masanell/ Ricart (2011), S. 4.

[160] Vgl. Demil/ Lecocq (2010), S. 228; Winter/ Szulanski (2001), S. 731. Zur vereinfachten Vorstellung können statische Systeme mit einer Fotografie und dynamische Systeme mit einem Film verglichen werden: Statische Systeme können nur Momentaufnahmen liefern, während dynamische Systeme Einblicke in die Vorgänge zwischen Momentaufnahmen gewähren.

[161] Vgl. Demil/ Lecocq (2010), S. 228.

[162] Vgl. Zott/ Amit (2013), S. 409.

als Prozesstheorie durch eine dynamische Perspektive und die Integration ihrer zentralen Konzepte, wie selbstverstärkende Mechanismen, Antworten auf diese Fragen liefern.

North (1990) bezeichnet es als die zwei wesentlichen Fragen wirtschaftlichen Wandels,

(1) was die unterschiedlichen Entwicklungsmuster von Institutionen über die Zeit bestimmt und
(2) wie der Fortbestand von Institutionen inferiorer Performance über längere Zeiträume hinweg erklärt werden kann.[163]

Er kommt zu dem Schluss: „*Path dependence means that history matters. We cannot understand today's choices (and define them in the modeling of economic performance) without tracing the incremental evolution of institutions.*"[164]

Die Theorie der Pfadabhängigkeit geht über das bloße „History matters"-Argument hinaus und ist mehr als die Summe ihrer *multiplen theoretischen Wurzeln*, die unter anderem Evolutions- und Chaostheorie umfassen.[165] Damit ist die Theorie der Pfadabhängigkeit prädestiniert für die Erklärung des Wandels von Geschäftsmodellen durch die Dynamisierung des Geschäftsmodellansatzes von Zott und Amit (2010).

Ihr u. a. evolutionärer Charakter erlaubt es, in der Forschung historiographisch[166] vorzugehen. D. h. die dynamische Perspektive der Theorie der Pfadabhängigkeit kann (in dieser Studie empirisch) demonstrieren, warum Organisationen sich im Zeitablauf in bestimmter Weise entwickelten, und dadurch die Geschäftsmodellforschung fördern. Letztendlich kann das Geschäftsmodell somit aus funktionaler Sicht als Erklärungsgrundlage für die Performanceunterschiede von Unternehmen dienen.[167] Die für das Verständnis von Geschäftsmodellen essenzielle Dynamik ist durch zeitliches Verhalten eines Systems gekennzeichnet. Dementsprechend bezieht ein dynamisches System zeitliche Auswirkungen mit ein.[168] „Ein dynamisches System liegt dann vor, wenn die momentane Ausgangsgröße y(t) von dem Verlauf der Eingangsgröße u(t) in der Vergangenheit abhängt. Ein dynamisches System speichert damit gewissermaßen Informationen

---

[163] Vgl. North (1990), S. 92.
[164] North (1990), S. 100.
[165] Vgl. Sydow et al. (2020b), S. 3.
[166] I. e. historische Vorgänge darstellend.
[167] Vgl. Zott/ Amit (2008), S. 2.
[168] Vgl. Baetge (2013). S. 50 ff.

aus der Vergangenheit."[169] Daher werden dynamische Systeme auch als speicherfähige Systeme oder als Systeme mit Gedächtnis bezeichnet.[170] Unternehmen, auf welche sich wiederum das Geschäftsmodell zentriert, stellen als soziale Systeme dynamische Systeme dar, die laut Luhmann (1987) eine Geschichte akkumulieren.[171] Die Forschung zu komplexen Systemen, als welches auch das Geschäftsmodell konzeptualisiert werden kann,[172] berücksichtigt neben der strukturellen Komplexität auch die zeitliche Komplexität als „evolutionary dynamics"[173] komplexer Systeme und betont dementsprechend: „'good' designs (…) are a product of evolution rather than foresight"[174]. Aufgrund von Komplexität sind die Ergebnisse eines Aktivitätssystems zwar das Resultat menschlicher Aktivitäten, aber nicht unbedingt menschlicher Absichten.[175] Der Geschäftsmodellansatz von Zott und Amit (2010) lässt jedoch diese Emergenz und Historizität außer Acht und beschreibt hingegen das zielgerichtete Design als Essenz des Geschäftsmodells.[176] Die Autoren scheinen sich dieser Unzulänglichkeiten bewusst zu sein und markieren zukünftigen Forschungsbedarf hinsichtlich der Emergenz vs. Planung des Design-Prozesses und der Implikationen der betreffenden Prozesse für das resultierende Geschäftsmodelldesign.[177] Durch ihre Wurzeln in der Chaostheorie, die besagt, dass Ergebnisse komplexer Systeme nicht vorhersagbar, aber auch nicht zufällig sind,[178] kann die Theorie der Pfadabhängigkeit diesen Unzulänglichkeiten begegnen, indem sie zeigt, dass sich Vieles hinter dem Rücken der Akteure vollzieht.

Viele Prozesse in dynamischen Systemen lassen sich anhand des Ursache-Wirkung-Prinzips beschreiben. Abbildung 3.3 zeigt das Geschäftsmodell als dynamisches System.

---

[169] Bohn/ Unbehauen (2016), S. 1.

[170] Vgl. Bohn/ Unbehauen (2016), S. 1.

[171] Vgl. Luhmann (1987), S. 26 f.

[172] Vgl. Albert et al. (2015), S. 213.

[173] Ethiraj/ Levinthal (2004), S. 160.

[174] Ethiraj/ Levinthal (2004), S. 160.

[175] Gemäß Menger (1883), S. 141., der dies bereits im 19. Jh. reflektierte, können soziale Institutionen „nicht als das Ergebnis einer auf den obigen Zweck gerichteten Absicht [sondern als] ‚natürliche' Producte (sic!), als unreflectirte (sic!) Ergebnisse geschichtlicher Entwicklung" konzeptualisiert werden.

[176] Vgl. Zott/Amit (2010), S. 218.

[177] Vgl. Zott/Amit (2013), S. 407.

[178] Vgl. Sydow et al. (2020a), S. 727.

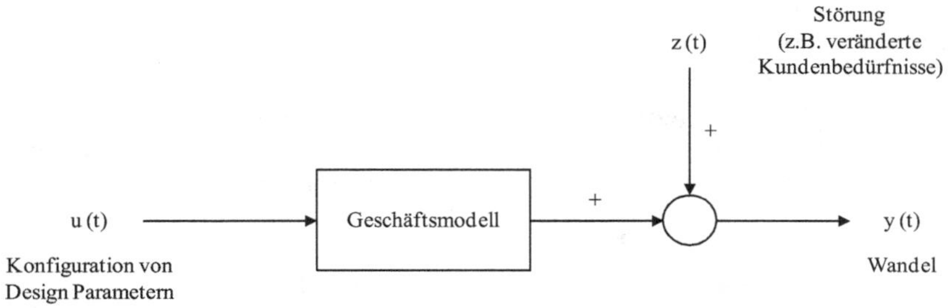

Abbildung 3.3 Das Geschäftsmodell als dynamisches System. (Quelle: Eigene Darstellung)

Wird das Geschäftsmodell eines Unternehmens als dynamisches System betrachtet, kann die Konfiguration der Design Parameter als zeitabhängige Eingangsgröße u(t), und der Wandel des Modells als zeitabhängige Ausgangsgröße y(t) dargestellt werden. Abbildung 3.3 veranschaulicht das Ursache-Wirkung-Prinzip, bei dem die Konfiguration der Design Parameter den Wandel des Geschäftsmodells beeinflusst. Auch Störgrößen z(t), wie bspw. Regulierungen oder veränderte Bedürfnisse der Kundschaft wirken auf den Wandel von Geschäftsmodellen ein. Störgrößen aus der *Umwelt* stellen einen bedeutenden Aspekt dar, der von dem Geschäftsmodellansatz von Zott und Amit (2010) nicht berücksichtigt wird. Bei der Betrachtung des Langzeitverhaltens[179] eines dynamischen Systems müssen, um z. B. die Stabilität eines Systems erfassen zu können, Reaktionen des Geschäftsmodells auf der Makroebene im stationären Zustand auf Störgrößen von außen betrachtet werden können, d. h. die Umwelt muss dazu in der Betrachtung berücksichtigt werden.[180]

Die Möglichkeit, anhand der theoretischen Integration des Geschäftsmodellansatzes von Zott und Amit (2010) und der Theorie der Pfadabhängigkeit *Dynamik* zu erforschen, eröffnet weitergehende Perspektiven. So kann sich die Dynamik auf unterschiedlichen Ebenen eines Aktivitätssystems unterscheiden. Es kann

[179] Das Langzeitverhalten dynamischer Systeme betrifft Stabilität, Chaos, Ergodizität und Periodizität.

[180] Vgl. Argyris et al. (2017), S. 39 ff.

bekanntlich nicht einfach von Eigenschaften der Elemente auf die des Gesamtsystems geschlossen werden.[181] Auch können dadurch neue Systemebenen erkannt werden.[182]

Die *„dunkle Seite"* pfadabhängig gebildeter Ressourcen zu beleuchten,[183] die durch die Perspektive statischer Theorien ausschließlich als wertvoll angesehen wird,[184] ist ein zentraler Beitrag dieser theoretischen Integration.

3.3.4 Pfadabhängigkeit im Geschäftsmodell als gemeinsame Forschungslücke

Die Aktivitätssystem-Perspektive auf Geschäftsmodelle von Zott und Amit (2010) bezieht die *Geschäftsmodellumwelt*[185]nicht explizit mit ein. Es wird lediglich darauf verwiesen, dass durch das Design klargestellt wird, wie ein Unternehmen durch seine Stakeholder:innen in seine ökonomische Umwelt eingebettet ist.[186] Die Rolle der Umwelt sowie sozialer Prozesse, welche Geschäftsmodelle formen, identifizieren die Autoren explizit als zukünftigen Forschungsbedarf.[187] Die Theorie der Pfadabhängigkeit vermag dieses Defizit, durch die Umwelteinbindung mittels der Berücksichtigung von Rationality Shifts und alternativen Wahlmöglichkeiten aus der Umwelt als Referenzrahmen, auszugleichen. Dies besitzt u. a. wichtige Implikationen für extern herbeigeführte Pfadbrüche und damit für einen Ausweg aus einem rigiden Geschäftsmodell.[188]

Die Theorie der Pfadabhängigkeit nach Sydow et al. (2009) ist ein organisationales Konzept, das bereits erfolgreich auf andere Organisationsformen angewendet wurde, wie bspw. Innovationsnetzwerke, strategische Allianzen und Netzwerke sowie Expertennetzwerke und das somit dem grenzübergreifenden

---

[181] Vgl. Simon (1962), S. 468.

[182] Siehe Abschnitt 3.3.5.3.

[183] Vgl. Sydow et al. (2020a), S. 720.

[184] Vgl. Amit/ Zott (2001), S. 513. Gemäß Amit/ Zott (2011), S. 5 sind bspw. RBA und TCE statische Theorien.

[185] Die Unterscheidung von und die Wechselwirkung zwischen System und Umwelt ist wichtig, da die Umwelt das Geschäftsmodell maßgeblich beeinflusst. Siehe bspw. Demil/ Lecocq (2010). S. 228 ff.

[186] Vgl. Zott/ Amit (2010), S. 218.

[187] Vgl. Zott/ Amit (2013), S. 407.

[188] Vgl. Sydow et al. (2009), S. 692 ff. Bez. der Dynamisierung des Geschäftsmodellansatzes spielt die in Abschnitt 3.3.3 beschriebene Umwelt als Störgröße, welche auf den Wandel von Geschäftsmodellen einwirkt, eine Rolle.

Charakter von Geschäftsmodellen Rechnung tragen kann.[189] Die pfadtheoretische Betrachtung von *Geschäftsmodellen als Analyseeinheit* ist jedoch, wenn überhaupt, eine Randerscheinung.[190]

Interessant ist die Kombination der beiden theoretischen Perspektive ebenfalls im Hinblick auf *Eigenschaften der fokalen Unternehmung* des Geschäftsmodells, denn die Untersuchung von Unternehmen in Bezug auf das Pfadabhängigkeitsphänomen eignet sich in der Anwendung für etablierte Unternehmen statt für Business Model Designs von Startups, welche selten, wenn überhaupt, als persistent oder gar pfadabhängig angesehen werden. Bei etablierten Unternehmen ist Wandel oft schwer herbeizuführen – dementsprechend spielt Pfadabhängigkeit gerade dort anscheinend eine große Rolle und sollte auch in Anbetracht zunehmender Bedeutung von BMI gegenüber Produkt- und Prozessinnovation Berücksichtigung finden.[191] Überdies hat die Pfadforschung das Thema *Entrepreneurship* erschlossen, was die Sinnhaftigkeit der Zusammenführung der theoretischen Perspektiven unterstreicht.[192] Neben Entrepreneurship zeigt Abbildung 3.4 weitere Themen, bezüglich derer Pfadabhängigkeit nicht unbedingt als relevant erachtet würde, wie Innovation und Knowledge.[193]

---

[189] Vgl. Cahoon et al. (2013); Dobusch/ Quack (2011); Schmidt/ Braun (2015).

[190] Vgl. Sydow et al. (2020b); S. 5; Bohnsack et al. (2014).

[191] Vgl. Sydow et al. (2020b); S. 4; Zott et al. (2011), S. 1032.

[192] Vgl. Hallen et al. (2020); Renko et al. (2022); Samuelsson et al. (2021); Wood et al. (2021).

[193] Vgl. Sydow et al. (2020b), S. 6.

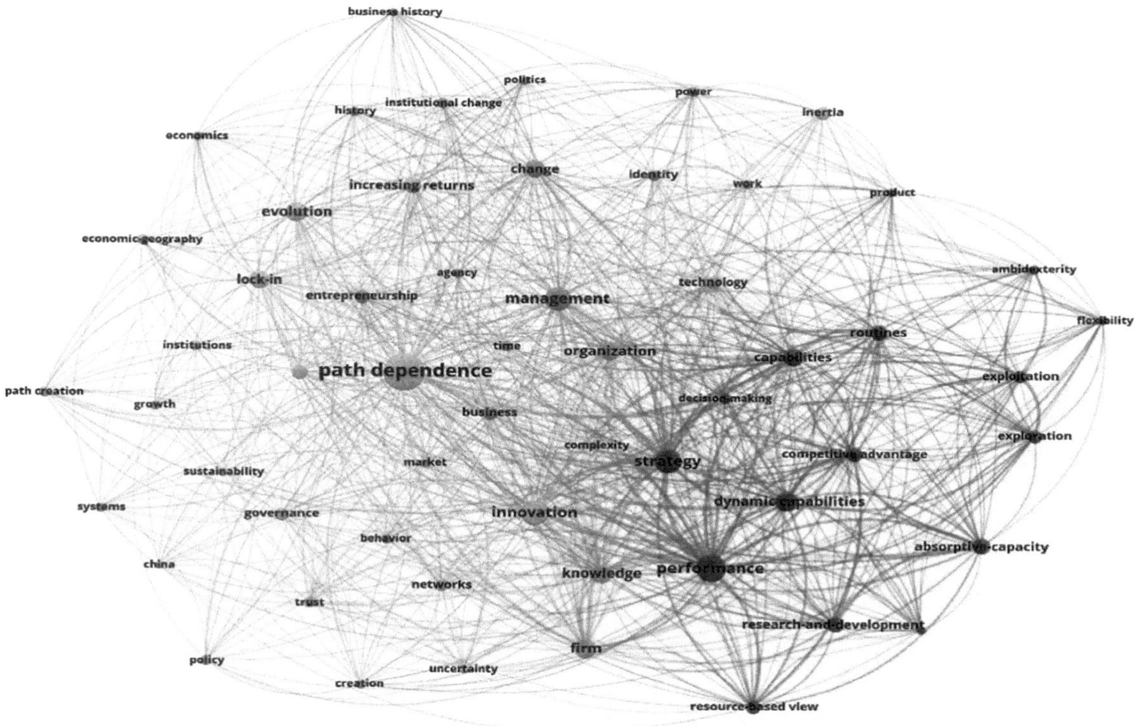

Abbildung 3.4 Behandelte Themen in der Zitationslandschaft des Grundlagenartikels. (Quelle: Sydow et al. (2020b), S. 4)

Die Abbildung[194] der Zitationslandschaft des Grundlagenartikels von Sydow et al. (2009) zeigt drei Hauptbereiche, in deren Kontext Pfadabhängigkeit behandelt wird:

(1) **Innovation** (grün)
Zu den mit Pfadabhängigkeit am engsten verwandten Themen gehört Innovation, einschließlich Evolution und Lock-in. Dieser Bereich bezieht sich auf Bedingungen des Entrepreneurships und Hindernisse, die Unternehmern begegnen.
(2) **Change Management** (blau)
Pfadabhängigkeit erweist sich als eng verbunden mit organisationalen Themen, insbesondere mit Themen des Change Managements.
(3) **Strategie** (rot)
Pfadabhängigkeit steht in Verbindung zu strategischen Organisationskonzepten, wie Fähigkeiten, Routinen und Performance, aber auch dynamischen Fähigkeiten und Wettbewerbsvorteilen.

Diese Verknüpfungen spiegeln die Spannung zwischen erfolgreichen Praktiken, die durch sich selbst verstärkende Prozesse gefördert werden, und der Gefahr, später einen Rationality Shift zu erleben wider in dem Sinne, dass Erfolg paradoxerweise Misserfolg herbeiführen kann.[195]

Interessant ist ebenfalls, welche Themen die Zitationslandschaft nicht zeigt: das Geschäftsmodell. Dies verwundert insbesondere aufgrund der *großen Schnittmenge an Forschungsthemen.* Mithin ist das Geschäftsmodell kein klassisches Thema der Managementliteratur zu Pfadabhängigkeit, im Gegensatz zu organisationalem Wandel und Routinen, welchen überdurchschnittlich viel Beachtung geschenkt wurde.[196] Dabei erscheint eine pfadtheoretische Betrachtung von Geschäftsmodellentwicklung durchaus vielversprechend, wird doch die *Ausrichtung des Geschäftsmodells auf die Werttreiber*[197] *und die Selbstverstärkung*[198] *zum*

[194] Die Abbildung ist Resultat der Suche im Web of Science nach dem gleichzeitigen Auftreten von Schlüsselwörtern in Artikeln, welche Sydow et al. (2009) zitierten. Die Ergebnisse für ähnliche Schlüsselwörter wie „Organisation“ und „Organisationen“ wurden zusammengeführt. Die Verwandtschaft der Wörter basiert auf der Anzahl der Dokumente, in denen sie gemeinsam vorkommen.

[195] Vgl. Schreyögg (2013), S. 25; Sydow et al. (2020b), S. 3 f.

[196] Vgl. Hoekzema (2020); Kremser/ Schreyögg (2016); Pentland et al. (2012); Sydow (2021); Wenzel/ Koch (2018).

[197] Vgl. Amit/ Zott (2001).

[198] Vgl. Casadesus-Masanell/ Ricart (2011), S. 4.

Zweck der Wertschöpfung betont, welche laut Sydow et al. (2009) die *Gefahr eines Lock-in* bergen.

Zott und Amit (2010) konstatieren, dass die Aktivitätssystem-Perspektive Unternehmen bei der Gestaltung ihres Geschäftsmodells durch eine systemische und holistische Denkweise unterstützt, anstatt sich auf einzelne Entscheidungen zu konzentrieren: „The message to managers is clear: look at the forest, not the trees".[199] Doch ein genauer Blick auf Systemelemente lohnt sich gerade im Hinblick auf mögliche pfadabhängige Entwicklungen. Entsprechend kann eine multitheoretische Perspektive neue Zusammenhänge hervorbringen: Look at the trees to comprehend the forest. Wissenschaftler:innen, die im wahrsten Sinne des Wortes Bäume und Wälder erforschen, machten die Entdeckung von Produktivitätsbeziehungen in Wäldern. Diese Prokuktivitätseinheiten sind durch ihre komplementären Kronen- und Wurzelschichten besser mit Wasser, Licht und Bodennährstoffen versorgt, wodurch sie im Vergleich mit nicht-komplementären Einheiten 15 % produktiver sind.[200] Es existieren demnach nicht nur das Gesamtsystem Wald und die Bäume als einzelne Elemente, sondern Zusammenschlüsse von Elementen, die in Produktivitätsbeziehungen zueinanderstehen, in denen Komplementaritätseffekte wirken, welche die Entwicklung der Zusammenschlüsse beeinflussen. Das Design eines Systems und das Zusammenspiel seiner Elemente entscheidet also maßgeblich über dessen Erfolg.[201] Folglich ist es sinnvoll, solch komplexe Systeme mit einer Theorie zu untersuchen, welche in der Lage ist, dieses Zusammenspiel zu erklären.

3.3.5 Das Geschäftsmodell als komplexes System

Komplexe Systeme[202] bestehen laut Simon (1962) aus einer großen Anzahl von Teilen, die auf nichttriviale Weise zusammenwirken. In solchen Systemen ist es angesichts der Eigenschaften der Teile und der Gesetze ihrer Wechselwirkung nicht einfach, auf die Eigenschaften des Ganzen zu schließen.[203] Ethiraj und

---

199 Zott/ Amit (2010), S. 223.

200 Vgl. Jactel et al. (2018); S. 1; Jactel et al. (2018); S.3: „As water availability increases, competition for light or nutrients may increase, so any interactions that improve light or nutrient availability, uptake or use efficiency will become more evident and the complementarity effect will increase [Forrester (2014); Pretzsch et al. (2014)]."

201 Vgl. Ethiraj/ Levinthal (2008); Porter (1996), S. 45 ff; Simon (1962).

202 Gemäß Albert et al. (2015), S. 213 können Aktivitätssysteme als komplexe Systeme konzeptualisiert werden.

203 Vgl. Simon (1962), S. 468.

Levinthal (2004) teilen diese Ansicht: „The term 'complex system' is used to describe (...) the firm itself and its organization of interdependent activities."[204] Komplexität bestimmt sich demnach nicht nur durch die reine Anzahl der Elemente, sondern auch durch die Anzahl und die Art ihrer Beziehungen. Diese Architektur komplexer Systeme hat wichtige Implikationen für die Anpassungsfähigkeit von Unternehmen.[205] Porter (1996) sowie Ethiraj und Levinthal (2008) beschreiben die positive Seite dieser Komplexität, bei der die Beziehung zwischen Elementen als Imitationshemmnis für Konkurrenten wirkt, am Beispiel von Southwest Airlines und Casadesus-Masanell und Ricart (2010) am Beispiel von Ryanair.[206] Die Beispiele veranschaulichen, wie die Imitierbarkeit von Vorteilen dadurch eingeschränkt wurde, dass die Wettbewerbsvorteile generierenden Aktivitäten in Beziehung zueinander stehen. Ethiraj und Levinthal (2008) gehen darüber hinaus auf die Implikationen der Ausprägung der Beziehungen ein: Designs mit Beziehungen zwischen Elementen sind Designs ohne und mit willkürlich verteilten Elementen überlegen.[207] Folglich lassen sich *Anpassungs- und Performanceunterschiede von Geschäftsmodellen aus der Art und Anzahl der Aktivitätsbeziehungen ableiten.* Dieser zentrale Aspekt der Architektur von Geschäftsmodellen, die Interdependenz der Aktivitäten, wurde in der Geschäftsmodellliteratur bisher wenig hinterfragt, obwohl er Relevanz für das Verständnis von Geschäftsmodellen und deren Wandel hat.

3.3.5.1 Interdependenz der Aktivitäten

Zott und Amit (2010) betonen die Zentralität von Interdependenzen für das Konzept des Aktivitätssystems, die Einblicke in die Entwicklung eines Aktivitätssystems über die Zeit gewähren, während sich die Umwelt verändert.[208] Dieser zentrale Punkt jedoch kann mit ihrem statischen Ansatz gar nicht untersucht werden. Es könnten lediglich Momentaufnahmen eines Aktivitätssystems verglichen werden, die Dynamik, welche zum Wandel geführt hat, bliebe dieser Perspektive allerdings verborgen. Zudem wird die Umwelt von dem Ansatz weitgehend ausgeklammert. Die Interdependenzen werden laut Zott und Amit

---

204 Ethiraj/ Levinthal (2004), S. 161.

205 Vgl. Ethiraj/ Levinthal (2008), S. 953; Simon (1962).

206 Vgl. Casadesus-Masanell und Ricart (2010), S. 198 ff; Ethiraj/ Levinthal (2008), S. 953; Porter (1996), S. 49.

207 Vgl. Ethiraj und Levinthal (2008), S. 940.

208 Vgl. Zott/ Amit (2010), S. 218.

(2010) von Entrepreneuren oder Managerinnen und Managern durch „zielgerichtetes Design“ geschaffen.[209] Dies zeigt einen weiteren blinden Fleck, denn so werden pfadabhängige Prozesse, welche sich ungeplant und unintendiert entwickeln können, außer Acht gelassen. Statische Ansätze wie der von Zott und Amit (2010) können dynamische Prozesse wie den der Geschäftsmodellentwicklung nicht beschreiben, zumal dies, wie Demil und Lecocq (2010) bemerken, gar nicht das Ziel dieser Ansätze darstellt.[210] Dazu bedarf es einer weiteren Theorie, die die Dynamik der Interdependenzen von Aktivitäten einzufangen vermag. Die Theorie der Pfadabhängigkeit übertrifft diese Anforderungen sogar, indem sie darüber hinaus unintendierte Folgen und negative Konsequenzen darstellen kann.

Die für das Konzept des Aktivitätssystems so zentrale Interdependenz soll hier verstanden werden als Wert- oder Verhaltensunterschied einer Aktivität in Abhängigkeit von der Durchführung einer anderen Aktivität, als Resultat einer wiederkehrenden Ressourcen- und Informationsbeziehung.[211] Dieses Verständnis von Interdependenz geht über das Konzept der Komplementarität hinaus, das den Fokus auf ein bestimmtes Wertergebnis interdependenter Aktivitäten legt.[212]

Obwohl die Interdependenz von Aktivitäten einen so zentralen Aspekt des Aktivitätssystems darstellt,[213] wurde das Fundament der Interdependenz im Ansatz von Zott und Amit (2010) ausgeklammert. Was die Konsequenz der Interdependenz für das Geschäftsmodell bedeutet, wurde nicht vollständig hinterfragt. Was kann unter *interdependenten* Aktivitäten verstanden werden und was bedeutet dies für das Verständnis von Geschäftsmodellen?

3.3.5.2 Arbeitsteilung und Regeln als Fundament der Interdependenz von Aktivitäten

Blackler (1993) sagt zum Konzept der Aktivität: „Activity is a relatively durable system in which the division of labor separates different goal-oriented actions and combines them to serve a collective object.“[214] Abbildung 3.5 stellt diesen Zusammenhang dar.

---

[209] Vgl. Zott/ Amit (2010), S. 218.

[210] Vgl. Demil/ Lecocq (2010), S. 228.

[211] Vgl. Pfeffer/ Salancik (1978); Puranam et al. 2012, S. 421; Rousseau/ Cooke (1984).

[212] Vgl. Albert et al. (2015), S. 211.

[213] Vgl. Zott/ Amit (2010), S. 218.

[214] Sannino/ Engeström (2018), S. 45.

Abbildung 3.5
Allgemeines Model eines Aktivitätssystems. (Quelle: Engeström (1987), S. 78)

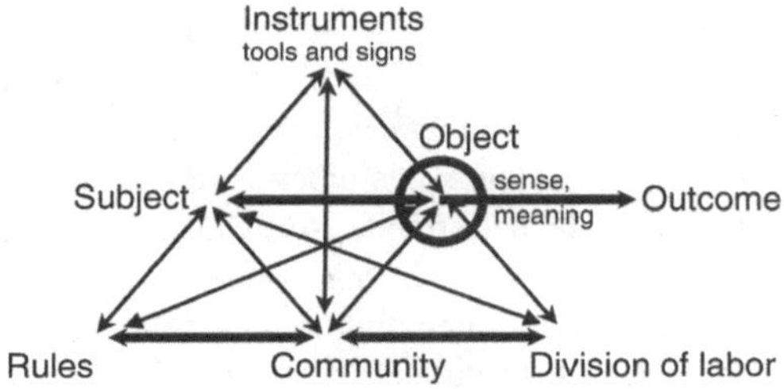

Wie Abbildung 3.5 zeigt, ist *Arbeitsteilung* ein zentraler Bestandteil eines Aktivitätssystems, in deren Zuge Interdependenz entsteht: „Because the results of the efforts so divided must be integrated back, the division of labor results in interdependence between the agents performing the tasks contributing to the overall goal".[215] Die Aktivitäten sind regelgeleitet: „Rules refer to the explicit and implicit regulations, norms, conventions and standards that constrain actions within the activity system."[216] *Regeln* stellen dabei eine Möglichkeit der Komplexitätsbewältigung in komplexen Systemen dar,[217] bei der die diskreten Einheiten durch sie (standardisierte Schnittstellen und Spezifikationen) kommunizieren.[218] Laut Baldwin und Clark (2009) schaffen Design Regeln die grundlegende Architektur des Systems und steuern die Interaktionen der Module untereinander sowie mit dem Gesamtsystem.[219] Die Design Regeln sollen kommuniziert und verbreitet werden. Sie bestehen aus der Architektur (spezifiziert, welche Module Teil des Systems sind und welche Funktionen ihnen zukommen), Schnittstellen (beschreiben im Detail, wie die Module interagieren, einschließlich Fit und Kommunikation) und Standards (testen die Konformität des Moduls bez. der Design Regeln und messen die Leistung des Moduls im Vergleich zu anderen Modulen).[220]

---

[215] Puranam/ Raveendran (2013), S. 193.

[216] Sannino/ Engeström (2018), S. 45

[217] Gemäß North (1990), S. 46, vollzog sich die Entwicklung von Tabus, Sitten und Konventionen zu verschriftlichten Regeln gleichsam unidirektional wie der von weniger komplexen zu komplexeren Systemen und steht in deutlichem Zusammenhang mit zunehmender Spezialisierung und Arbeitsteilung, welche mit komplexeren Systemen assoziiert werden.

[218] Vgl. Ethiraj/ Levinthal (2004), S. 161.

[219] Vgl. Baldwin/ Clark (2009), S. 85.

[220] Vgl. Langlois (2002), S. 22 f.

Der regelgeleiteten Interaktion von Aktivitäten kommt dabei eine besondere Bedeutung zu, denn die durch Arbeitsteilung entstehende Komplexität systemischer Interaktionen muss von den Beteiligten eines Geschäftsmodells organisiert werden. Dabei kann das übergeordnete Ziel in Teile zerlegt werden, innerhalb derer für betreffende Aktivitäten eine Spezialisierung erfolgen kann,[221] deren *Spezialisierungsvorteile* sich die Organisation aneignen kann. Da die spezialisierten Aktivitäten auf dasselbe übergeordnete Ziel hinarbeiten, sind sie interdependent. Dadurch können die einzelnen Aktivitäten gewissermaßen autonom voneinander agieren, müssen sich aber dennoch minimal untereinander abstimmen: „Activity systems do not exist in isolation one from another; the outputs of one system provide the inputs to another.“[222] Um diese Koordination zu gewährleisten, müssen die Schnittstellen zwischen den Teilen entsprechend gestaltet werden. Das heißt, die Aktivitäten enthalten bspw. Spezifikationen für ihre Outputs z. B. im Hinblick auf Zeit, Kosten und Qualität, damit diese verlässlich erwartbar für die Akteure der anderen Aktivitäten sind.[223] So können diese trotz Interdependenz ihre Aktivitäten relativ autonom von den anderen Aktivitäten ausführen. Da so eine kontinuierliche Koordination zwischen allen Aktivitäten entfällt, müssen sich die Aktivitäten nicht damit befassen, wer was wann wie innerhalb der anderen Aktivitäten ausführt, solange das vereinbarte Teilergebnis stimmt.[224] Dies verringert die Komplexität innerhalb der Teile, spart Kosten und Zeit und erlaubt darüber hinaus eine parallele autonome Anpassung (local search).[225]

Wenn die Komplexität eines Elements einen bestimmten Grad überschreiten sollte, kann diese durch Entnahme isoliert werden und eine Schnittstelle zwischen den Aktivitäten gebildet werden. Die Schnittstellen indizieren, wie das Element mit dem größeren System interagiert.[226] Die Zerlegung eines Systems (Arbeitsteilung) geht mit dem fortwährenden Design von Schnittstellen (Regeln) einher.[227] Spezialisierung von Aktivitäten und die daraus folgende Effizienzsteigerung, lokale Suche und kontinuierliches Schnittstellendesign haben Auswirkungen auf das Aktivitätssystem und seine Teile: North (1990) entdeckte, dass Regeln, als die von Menschen erdachten Beschränkungen menschlicher

---

[221] Vgl. Simon (1962).

[222] Blackler (1993), S. 871.

[223] Simon (1973), S. 270.

[224] Vgl. Langlois (2002), S. 22.

[225] Vgl. Ethiraj/ Levinthal (2004), S. 164; Langlois (2002), S. 23.

[226] Vgl. Baldwin/ Clark (2009); S, 64; Langlois (2002), S. 23.

[227] Vgl. Ethiraj/ Levinthal (2004), S. 162.

Interaktion, welche formeller und informeller Natur sein können, die *Übertragung von Vergangenheitslösungen in die Gegenwart* fördern und so zu wichtigen *Quellen der Kontinuität im langfristigen systemischen Wandel* werden können.[228] Die langfristige Auswirkung der kulturellen Verarbeitung von Informationen liegt Regeln zugrunde und spielt eine wichtige Rolle bei der inkrementellen Art und Weise, in der sich Institutionen entwickeln. Entsprechend stellt sie eine *Quelle von Pfadabhängigkeit* dar.[229]

3.3.5.3 Konsequenzen der Interdependenz von Aktivitäten

Organisationen als komplexes System interdependenter Elemente zu begreifen, ist ebensowenig neu, wie die Idee des Fit, welcher positiv mit dem Organisationserfolg korrelieren soll.[230] Zu der Entwicklung interdependenter Elemente eines Systems jedoch besteht vergleichsweise wenig Forschung.[231] Die Theorie der Pfadabhängigkeit vermag sowohl die Entwicklung interdependenter Elemente als auch die Konsequenzen dieser Entwicklung zu erforschen.

Durch Arbeitsteilung entstehen zahleiche Aktivitäten, wodurch die interne Komplexität des Systems steigt. Entsprechend streben Organisationen danach, diese Komplexität zu reduzieren. Bezüglich der Komplexitätsbewältigung kann die *Gruppierung von Aktivitäten zu spezialisierten Subsystemen* beobachtet werden.[232] David (1994) spricht in diesem Zusammenhang von „‘institutional clusters‘ that are self-reinforcing“[233], North (1990) von „the interdependent web of an institutional matrix (that) produces massive increasing returns“[234], Siggelkow von „configurations of tightly reinforcing elements“[235], Porter (1996) von „nests of tightly linked activities“[236] oder „clusters of tightly linked activities“[237]

---

[228] Vgl. North (1990), S. 3 f. und 37.

[229] Vgl. North (1990), S. 44.

[230] Vgl. Drazin/ Van de Ven (1985); Grandori (2001); Khandwalla (1973); Lawrence and Lorsch (1967); Levinthal (1997); Miller (1981); Porter (1996), S. 46; Siggelkow (2001, 2002); Thompson (2017); Whittington et al. (1999).

[231] Vgl. Miller (1996); Siggelkow (2002), S. 125.

[232] Vgl. Ethiraj/ Levinthal (2004), S. 159.

[233] David (1994), S. 214.

[234] North (1990), S. 95.

[235] Siggelkow, (2002), S. 125.

[236] Porter (1996), S. 48.

[237] Porter (1996), S. 47.

und Milgrom und Roberts (1990) von „groups of activities“[238]. Diese Subsysteme bilden quasiautonome Verhaltenseinheiten, deren Ergebnisse wieder in das Gesamtsystem integriert werden müssen.

Subsysteme sollen hier als Einheiten verstanden werden, deren Aktivitäten bez. der Erreichung eines Subziels stark miteinander und relativ schwach mit Aktivitäten anderer Subsysteme verbunden sind.[239] Das Subsystem, welches aus komplementären Aktivitäten besteht, die jeweils einen Teil zur Erreichung eines Subziels beitragen, entfaltet dadurch eine ganz eigene Dynamik, die sich von der einer einzelnen Aktivität und der des Gesamtsystems unterscheidet. Die Unterscheidung von Interaktionen innerhalb und zwischen Aktivitäten ist zentral, denn das Ziel besteht darin, stark interagierende Aktivitäten zu gruppieren und schwach interagierende zu separieren.[240] Durch die Interdependenz zwischen Aktivitäten innerhalb eines Subsystems wirkt, wie durch die Zitate beschrieben, ein bestimmtes Regime innerhalb des Subsystems, da das verfolgte Ziel die Realisierung von Synergien durch die Gruppierung sich ergänzender Aktivitäten darstellt.[241] Das Regime der Komplementarität beeinflusst wiederum die Entwicklung des Subsystems. Jactel et al. (2018) beschreiben dies in ihrer eingangs erwähnten Studie zu Biodiversität anhand der Bildung von Profitabilitätsbeziehungen in Wäldern, die durch Komplementaritätseffekte getrieben werden. Solch eine Subsystembildung, die durch Selbstverstärkung getrieben wird, impliziert, dass sich neben der Mikroebene (Aktivitäten, welche losgelöst voneinander ohne direkte spontane Kommunikation, sondern durch Koordination mittels Schnittstellen agieren können)[242] und der Makroebene (Aktivitätssystem/ Geschäftsmodell) eine *Mesoebene* (Subsystem) bilden und sich die *Dynamik auf den unterschiedlichen Ebenen eines Aktivitätssystems unterscheiden kann.* Die Pfadtheorie ist prädestiniert dafür, diese Selbstverstärkung zu erfassen, da die Berücksichtigung der Selbstverstärkung ein zentrales Unterscheidungskriterium zu anderen Theorien darstellt, welche Historizität betonen.[243]

Komplementaritäten entstehen als Konsequenz aus Arbeitsteilung und Design Regeln. Durch ihre Logik entsteht mit der Zeit ein Subsystem, welches seine eigene Dynamik entwickelt. Zott und Amit (2010) erklären, dass ein Aktivitätssystemansatz Interdependenzen und die *Bedeutung von Fit* betont, da sich

---

[238] Vgl. Milgrom/ Roberts (1990), S. 514; Porter (1996), S. 48.

[239] Vgl. Baldwin/ Clark (2009), S, 63.

[240] Vgl. Ethiraj/ Levinthal (2004), S. 161.

[241] Vgl. Drazin/ Van de Ven (1985); Siggelkow (2002), S. 127 ff.

[242] Vgl. Ethiraj/ Levinthal (2004); Garud et al. (2009); Langlois (2002), S. 19; Simon (1962).

[243] Siehe Abschnitt 3.1.4.

diskrete Aktivitäten meist beeinflussen.[244] Laut Porter (1996) gibt es drei Arten von Fit: First-order Fit, Second-order Fit und Third-order Fit. Während sich der First-order Fit auf die Konsistenz von Aktivität und Strategie bezieht und der Third-order Fit auf einen systemweiten Fit, bei dem das Gesamtsystem der Aktivitäten optimiert wird, wird der *Second-order Fit durch die wechselseitige Verstärkung von Aktivitäten* erreicht.[245] Komplementäre Aktivitäten ergänzen sich im Sinne des „Fit", da sich der Wert einer Aktivität erhöht, wenn die andere Aktivität erhöht wird.[246] Zott und Amit (2010) betonen die Notwendigkeit eines besseren Verständnisses der Anwendung von Porters (1996) Fit-Typologie auf Geschäftsmodelle bez. der Bedeutung von Fit (/Misfit),[247] der Performance-Implikationen verschiedener Formen von Fit (/Misfit)[248] und dem Fundament von Fit (/Misfit).[249] Diese Aspekte werden in der vorliegenden Arbeit mit dem Ziel beleuchtet, den Geschäftsmodellansatz theoretisch weiterzuentwickeln.

Die Autoren betonen des Weiteren aus ihrer systemischen Perspektive die Nachhaltigkeit von Wettbewerbsvorteilen, die aus dem System-level-Fit resultieren. Wettbewerbsvorteile, die aus dem Fit zwischen den Aktivitäten entstehen (2nd Order), sind nachhaltig, d. h. schwerer zu imitieren, wenn sie sich auf ein Zusammenspiel bzw. ein System aus komplementären Aktivitäten beziehen. So kann ein Konkurrent nicht einfach eine Aktivität kopieren, er müsste das ganze System imitieren, um sich die Vorteile anzueignen. Entsprechend sind *Positionen, welche auf Systemen komplementärer Aktivitäten beruhen, nachhaltiger als solche, die auf einzelnen Aktivitäten fußen.*[250] Die Theorie der Pfadabhängigkeit ist in der Lage aufzuzeigen, wie sich diese nachhaltigen Wettbewerbsvorteile ins Gegenteil verkehren können.

Die Interdependenz von Aktivitäten impliziert die *Gefahr einer pfadabhängigen Dynamik*, denn mit der Zeit entsteht durch Arbeitsteilung und Regeln ein Subsystem, dessen Charakter sich durch Erfahrungen weiterentwickelt.[251] Dabei werden z. B. beim Wechsel von Eigentümerinnen oder Eigentümern, veränderten Bedürfnissen der Kundschaft oder der Einführung von Franchising neue Aktivitäten benötigt, die entsprechend integriert werden müssen.

---

[244] Vgl. Porter (1996), S. 46; Siggelkow (2002); Zott/ Amit (2013), S. 408.

[245] Vgl. Porter (1996), S. 46 f.

[246] Vgl. Milgrom/ Roberts (1990), S. 514; Milgrom/ Roberts (1995), S. 181.

[247] Vgl. Schreyögg (2014), S. 7 f.

[248] Brusoni/ Prencipe (2006), S. 179; Ethiraj/ Levinthal (2004), S. 159.

[249] Vgl. Porter (1996), S. 46; Zott/ Amit (2013), S. 408.

[250] Vgl. Porter (1996), S. 48 ff.

[251] Vgl. David (1994), S. 216.

Etablierte Beziehungen zwischen Aktivitäten eines Subsystems beeinflussen die Integration neuer Aktivitäten bezüglich deren Fit, d. h. sie müssen zu den bereits vorhandenen Aktivitäten des Subsystems passen, welche dem Regime der Komplementarität unterliegen als „(…) relation among groups of activities. The defining characteristic of these groups of complements is that if the levels of any subset of the activities are increased, then the marginal return to increases in any or all of the remaining activities rises. It then follows that if the marginal costs associated with some activities fall, it will be optimal to increase the level of all of the activities in the grouping.“[252] Die gegenseitige Erhöhung von Attraktivität und Rendite komplementärer Aktivitäten kann eine Eigendynamik des Subsystems bedingen, die eine pfadabhängige Entwicklung auslöst.[253] Je weiter die Entwicklung des Subsystems fortgeschritten ist, desto schwerer (d. h. risikoreicher und kostenintensiver) dürfte es sein, eine neue Aktivität in das der Komplementaritätslogik folgende Subsystem zu integrieren. Da innerhalb des Subsystems bereits Komplementaritäten realisiert wurden, wird eine Aktivität hinzugefügt, wenn sie einen Zusatznutzen schafft bzw. geringe Misfit-Kosten aufweist.[254] „Im Falle der Komplementarität führt die Vermeidung von Misfit-Kosten zur Priorisierung solcher Lösungen, die im Einklang mit dem vorhandenen Regelwerk einer Institution stehen.“[255] Neue Aktivitäten werden also nicht generell nach ihrer Sinnhaftigkeit bzw. ihrem ureigenen Nutzen beurteilt, sondern danach, wie gut sie zum Subsystem passen: *„Historical precedent […] can become important in the shaping of the whole institutional cluster, simply because each new component that is added must be adapted to interlock with elements of the pre-existing structure“*[256]

Die Dynamik eines Subsystems beschreibt das Regime von Komplementaritäten, auf deren Grundlage über Akzeptanz oder Ablehnung neuer Aktivitäten entschieden wird. Dies schränkt den Entwicklungsspielraum des Subsystems zunehmend ein und zeigt dessen *grundlegend historischen Charakter*,[257] für welchen das *Risiko der Pfadabhängigkeit* besteht. Während auf dieser Systemebene

---

[252] Milgrom/ Roberts (1990), S. 514

[253] Vgl. David (1994), S. 214.

[254] Gemäß Santos/ Eisenhardt (2005), S. 492 sollten dem Argument von Coase (1993) folgend Grenzen so gesetzt werden, dass sie die Kosten der Steuerung von Aktivitäten minimieren.

[255] Schreyögg et al. (2003), S. 262 f.

[256] David (1994), S. 215.

[257] Vgl. David (1985), S. 332.

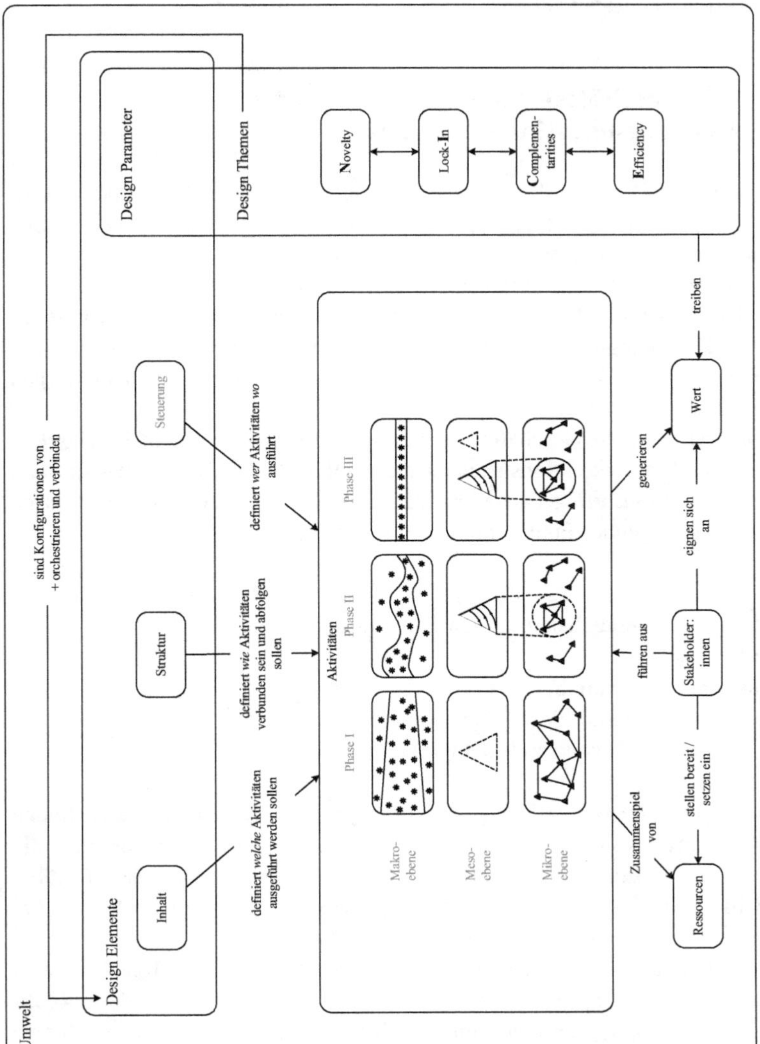

Abbildung 3.6 Modell der theoretischen Integration und Erweiterung. (Quelle: Eigene Darstellung)

also das „History-matters“-Argument gilt, wird für die Ebene diskreter Aktivitäten aufgrund fehlender Aufgabeninterdependenz von Handlungsfreiheit bei der Aufgabenerfüllung ausgegangen.[258]

3.3.6 Das Geschäftsmodell als dynamisches Mehrebenen-Aktivitätssystem

Die Integration der Theorie der Pfadabhängigkeit und des Geschäftsmodellansatzes als Aktivitätssystem nach Zott und Amit (2010) ermöglicht eine theoretische Weiterentwicklung dahingehend, den Wandel von Geschäftsmodellen erklären zu können. Sie steht im Einklang mit dem Forschungsparadigma und den theoretischen Zielen der Arbeit, da sie neue Konzepte und Zusammenhänge hervorbringt, welche zur Schließung der Forschungslücke von Pfadabhängigkeit in Geschäftsmodellen beitragen. Abbildung 3.6 zeigt das entwickelte Modell der theoretischen Integration und Erweiterung.

Das Modell kann die Geschäftsmodellentwicklung im Zeitablauf beschreiben (FF1), den Blick auf Funktionsmechanismen freigeben (FF2) und den Einfluss auf den Organisationserfolg darstellen (FF3). Dies wird im Wesentlichen durch die Einführung folgender Punkte in das Modell ermöglicht:

(1) Umwelt,
(2) erweiterte Konzeptualisierung von Steuerung als Regeln,
(3) Interdependenz,
(4) Mehrebenenbetrachtung,
(5) Entwicklungsdynamik durch Phasen und
(6) die „dunkle Seite“ von Pfadabhängigkeit.

Die *Umwelt* und ihre wechselseitige Beziehung[259] zum Geschäftsmodell finden Berücksichtigung, da sie als Störung Aktivitäten notwendig oder obsolet machen, was wiederum die Entwicklung des Aktivitäts(sub)systems beeinflusst. Darüber hinaus wird sie im Dreiphasenmodell von Sydow et al. (2009) durch Rationality Shifts und externe Shocks mitgedacht.

Das Konzept des Design Elements Steuerung wurde durch Regeln erweitert. Durch Arbeitsteilung getrennte *interdependente* Aktivitäten werden zwecks Komplexitätsbewältigung gruppiert und durch Regeln gesteuert. Diese durch eine

[258] Vgl. Baldwin/ Clark (2009), S. 86; Langlois (2002), S. 22; Parnas (1972), S. 1056.
[259] Vgl. North (1990), S. 5.

Selbstverstärkungslogik gesteuerten Gruppen interdependenter Aktivitäten bilden ein Subsystem und damit eine neue Ebene im Geschäftsmodell.

Die *Mehrebenenbetrachtung* erlaubt, den Ursprung und die Konsequenz der Interdependenz von Aktivitäten und die unterschiedliche Dynamik auf den jeweiligen Ebenen darzustellen. Diese differrenzierte Darstellung ermöglicht das Zusammenspiel der Ebenen nachzuvollziehen und ein klares Bild des Geschäftsmodells und seiner Eigenschaften zu entwickeln: „An activity system is more than a mechanical sum of its components. An activity weaves together its own dynamic context.“[260]

Das Modell zeigt die *Dynamik* anhand der drei Phasen nach Sydow et al. (2009), des Zusammenspiels der Funktionsmechanismen auf Mikro-, Meso- und Makroebene, der Design Parameter und der Umwelt sowie anhand der Darstellung der Trajektorie von Subsystemen im dreidimensionalen Raum. Die Darstellung ermöglicht eine Betrachtung der historischen Entwicklung von Geschäftsmodellen und der Konsequenzen für deren Wandelbarkeit. Sie betont die in der Geschäftsmodellliteratur vernachlässigte dunkle Seite der Selbstverstärkung durch die Lock-in-Phase sowie der Verbindung zum Wert des Geschäftsmodells.

Das Modell der theoretischen Integration und Erweiterung stellt bereits wichtige theoretische Beiträge dieser Studie dar, welche im empirischen Teil überprüft und ergänzt werden.

---

[260] Sannino/ Engeström (2018), S. 46.

Methodik

4

Die in Kapitel 3 beschriebene Theorieintegration leitet die Untersuchung dahingehend, dass Bestandteile der Theorie in das Forschungsdesign einfließen. Die Entwicklungsdynamik wird anhand einer longitudinalen Untersuchung betrachtet, die Interdependenz und Selbstverstärkung anhand einer Periodisierung erfasst sowie die pfadabhängige Entwicklung des Sonderfalls des Poseidon-Geschäftsmodells als Fallstudie untersucht.

4.1 Forschungsdesign: Das Geschäftsmodell der Poseidon GmbH als historische Einzelfallstudie

In dieser Dissertation werden die Wechselwirkungen von Aktivitäten und der Dynamik des Zusammenwirkens von Design Elementen und Design Themen des Aktivitätssystems untersucht. Ziel der Forschung ist es, deren Einfluss auf die Wandelbarkeit von Geschäftsmodellen und der Überlebensfähigkeit von Organisationen zu erklären. Dazu wurde die *holistische Einzelfallstudie* als Forschungsmethodik gewählt. Diese ist geeignet, die Entwicklung von Geschäftsmodellen im Zeitablauf zu betrachten. Sie erlaubt die notwendige tiefgreifende Beschreibung und Erklärung davon, warum Wechselwirkungen zwischen Aktivitäten, Elementen und Werttreibern von Aktivitätssystemen bestehen und wie sich diese auf die Entwicklung von Geschäftsmodellen auswirken.[1] Eine großzahlige Umfrage kommt als alternatives Forschungsdesign aufgrund der dafür erforderlichen großen Fallzahl sowie der geringen Anzahl der zu analysierenden

---

[1] Vgl. Yin (2009), S. 4 ff. Als Anwendungsbeispiele siehe bspw. Casadesus-Masanell/ Ricart (2010); Demil/ Lecocq (2010); Leblebici (2012); Lubinski/ Wadhwani (2020), S. 404; Sinha et al. (2020).

A. Mallach, *Geschäftsmodelle zwischen Tradition und Innovation*,
https://doi.org/10.1007/978-3-658-51169-2_4

Variablen pro Fall sowie der Ausrichtung der Forschungsfragen für diese Studie nicht in Frage.[2] Ein Experiment wird ebenfalls aufgrund der dabei geringen Anzahl zu analysierender Variablen pro Fall nicht gewählt. Darüber hinaus ist eine Kontext- und Verhaltenskontrolle von in der Vergangenheit liegenden Daten nicht möglich.[3]

Fallstudien sehen sich in Bezug auf Validität und Reliabilität Kritik ausgesetzt, da es auf die Interpretationsleistung des Forschenden im Umgang mit den Daten ankommt und es in den meisten Fällen schwierig sein würde, eine wiederholte Messung durchzuführen.[4] Daher ist es besonders wichtig, dass der Untersuchungsgegenstand klar aus der Forschungsfrage abgeleitet und definiert wird. Der Kritik bezüglich einer mangelnden statistischen Generalisierbarkeit muss damit begegnet werden, dass diese gerade nicht das Ziel einer Fallstudie darstellt, welche vielmehr den Anspruch der analytischen Generalisierbarkeit erfüllt.[5]

Die fokale Analyseeinheit der Studie ist die Entwicklung des Geschäftsmodells der Poseidon GmbH und die inhärente Dynamik des Aktivitätssystems. Die Untersuchung einer solchen Entwicklung erfordert einen langen Beobachtungszeitraum, weswegen ein *longitudinales Forschungsdesign* gewählt wurde.[6] Eine *retrospektive Längsschnittanalyse* ist besser geeignet, Prozesse und deren treibende Mechanismen im Zeitablauf zu untersuchen, als eine Querschnittsanalyse, welche sich auf einen Zeitpunkt bezieht. Darüber hinaus hat sich das Design in Studien bewährt, welche sich mit der Anpassungsfähigkeit und deren zugrundeliegenden Dynamik befassen und sich deshalb auf einen mehrjährigen Zeitraum beziehen. Die Betrachtung derart großer Zeiträume bedarf der Analyse historischer und retrospektiver Daten.[7] Da diese Studie sowohl historische Daten als auch historisch informierte Methoden verwendet, ist sie als historische Einzelfallstudie dem aufkommenden Trend der Zusammenführung von historischer Forschung und Managemntforschung zuzuordnen.[8]

---

[2] Pfadabhängigkeit stellt als Wandelbarriere nicht den Regelfall dar und ihr Nachweis ist nicht trivial. Es wäre mithin schwer, viele Fälle pfadabhängiger Organisationen zu identifizieren, deren Analyse im Hinblick auf die Forschungsfragen sehr detailliert erfolgen müsste.

[3] Vgl. Gerring (2007); Yin (2009), S. 8.

[4] Vgl. Gibbert und Ruigrok (2008), S. 1466 ff.

[5] Vgl. Holtmann (2008), S. 110.

[6] Vgl. Miller/ Friesen (1982); Vaara/ Lamberg (2015).

[7] Vgl. Kieser (1994); Pettigrew et al. (2001).

[8] Vgl. Argyres et al. (2020), S. 344 f.

Die umfang- und ereignisreiche Geschichte der Poseidon GmbH legt außerdem eine *Periodisierung* der Unternehmensgeschichte für deren sinnvolle Erschließung nahe.[9] Dazu werden die historischen Daten in Zeitabschnitte mit gemeinsamen Merkmalen eingeteilt. In Abhängigkeit von den Forschungsfragen werden Schlüsselereignisse festgelegt, die bestimmte zeitliche Abschnitte inhaltlich voneinander abgrenzen. In diesen Abschnitten kann dann gezielt nach kritischen Ereignissen und selbstverstärkenden Mechanismen gesucht werden. Die Periodisierung ist eine Interpretation des Forschenden, d. h. subjektiv, und kann demnach die Forschungsergebnisse beeinflussen, ist aber aus arbeitspraktischen Gründen angezeigt.[10] Sie wirkt Ahistorizismus und kontextueller Ungenauigkeit entgegen und stellt eine geeignete Strategie dar, um auf der Grundlage von Prozessdaten zu theoretisieren.[11]

Eine *Kontextualisierung* ist bezüglich historischer Analysen ebenso sinnvoll.[12] Rousseau und Fried (2001) schlagen eine Kontextualisierung des Forschungsprozesses vor, um die Validität und Reliabilität der Forschung zu verbessern.[13] Schneider (1985) plädiert für mehr Kontextualisierung, da sie zu robusteren Modellen und einer genaueren Ergebnisinterpretation führt. Die zunehmende Diversität in Kontexten und Perspektiven der Organisationsforschung und der daraus resultierenden Gefahr sich widersprechender Ergebnisse legt eine Kontextualisierung des Forschungsprozesses nahe. Kontextualisierung verbindet Betrachtungen mit relevanten Fakten, Ereignissen oder Meinungen, was eine ganzheitlichere Analyse erlaubt. Sie kann in vielen Phasen des Forschungsprozesses, von der Frageformulierung bis zur Ergebnisdarstellung, erfolgen. Gerade bei der geplanten Untersuchung von über 120 Jahren Unternehmensgeschichte ist es sinnvoll, den sich extrem wandelnden Kontext zu beschreiben, da dieser die Bedeutung, die Variation und die Beziehung zwischen Untersuchungsobjekten beeinflussen kann. Auch die Historie an sich, die Zeit der Datenentstehung und –erhebung, sowie Ereignisse, die deren Bedeutung beeinflussen, müssen berücksichtigt werden, da die Bedeutung von Konstrukten und die Faktoren, welche diese begründen, sich im Zeitverlauf ändern können. Das Mitdenken des relevanten Kontextes, in welchen Aktivitäten eingebettet sind, ist gerade bei der Betrachtung von Geschäftsmodellen aufgrund ihres grenzübergreifenden

[9] Siehe Wadhwani/ Jones (2014) als Anwendungsbeispiel.

[10] Vgl. Baur (2005), S. 82 f.; Suddaby et al. (2020), S. 533, 541.

[11] Vgl. Dobrev (2001), S, 423; Langley (1999), S. 703f.

[12] Vgl. Argyres et al. (2020), S. 347; Kipping/ Üsdiken (2014).

[13] Vgl. Gaudine/ Saks (2001); Rousseau/Fried (2001), S. 1.

Charakters sinnvoll.[14] Entsprechend wurde ein *eingebettetes Fallstudiendesign* gewählt.[15] Das hier angewendete Forschungsdesign ist demnach das einer *eingebetteten, historischen Einzelfallstudie.*

4.1.1 Fallauswahl und Analyseobjekt

Das Ziel der Forschung bestimmt den Forschungsprozess. Es wurde die *historische Einzelfallstudie* als Forschungsmethodik gewählt, da sie geeignet ist, soziale Phänomene im Zeitablauf zu betrachten und die notwendige tiefgreifende Beschreibung und Erklärung erlaubt, um wie- oder warum-Fragen zu beantworten.[16] Ziel ist eine durch das Forschungsdesign geförderte Theorieerweiterung mittels empirischer Anwendung der zentralen Annahmen der Geschäftsmodellperspektive von Zott und Amit (2010) in Verbindung mit der der Theorie der Pfadabhängigkeit.[17] Die fokale Analyseeinheit ist die Entwicklung des Geschäftsmodells der Poseidon GmbH. Dementsprechend wird eine retrospektive Längsschnittstudie durchgeführt.

Ausgehend von den forschungsleitenden Fragen, wie der Wandel von Geschäftsmodellen im Zeitablauf gestaltet wird, welche Prozesse und Mechanismen dafür erforderlich sind und wie und warum diese den Erfog und die Überlebensfähigkeit von Organisationen beeinflussen, wurde die Auswahl des Falls anhand des *Theoretical Samplings* nach Eisenhardt (1989) getroffen. Dabei geht es nicht wie beim Statistical Sampling darum, eine zufällige, möglichst repräsentative Auswahl, sondern eine nach theoretischen Gesichtspunkten passende Wahl zu treffen. Einzelfälle werden ausgewählt, wenn sie ungewöhnlich erhellende, extreme Exemplare oder Chancen für ungewöhnliche Forschungszugänge sind, was hier der Fall ist.[18] Die Poseidon GmbH überlebte extreme Umweltbedingungen wie Weltkriege und den Niedergang der Industrie in der sie operierte. Zahlreiche Wettbewerber sind im Verlauf der Poseidon-Historie ausgeschieden, während die Poseidon GmbH zu den Top Playern der Systemgastronomie zählt, in der sie das Alleinstellungsmerkmal „Fisch“ vertritt, wobei

[14] Vgl. Chesbrough (2006); Lee/ Cole (2003); von Hippel/ Katz (2002).

[15] Vgl. Yin (2009); Eisenhardt (2021), S. 153.

[16] Vgl. Yin (2009), S. 4 ff.

[17] Vgl. Stutz/ Sachs (2018); Suddaby et al. (2020), S. 541.

[18] Vgl. Eisenhardt (1989); Yates (2014), S. 268, 279; Yin (1994).

es in dieser Nische keine ernstzunehmende Konkurrenz mehr gibt.[19] Dieser Sonderfall erschien prädestiniert dafür, Aufschluss über Strategien, Konfigurationen und Mechanismen zu geben, die diesen Erfolgspfad treiben. Zusätzlich wurde der Datenzugang durch eine Kooperation mit dem DSM ermöglicht.[20]

Die detaillierten Daten wurden über mehrere Perioden, welche durch den Wechsel der Eigentümer getrennt wurden, hinweg verglichen. Da die Genauigkeit der Analyse von der Qualität der zeitlichen Zerlegung abhängt, ist die in der Abbildung dargestellte Periodisierung anhand der Eigentümerperioden nachvollziehbar gewählt. Der Einfluss der Eigentümer wurde durch unterschiedliche Datenquellen belegt. Die Eigentumerperioden, welche sich durch Diskontinuität an den Periodengrenzen auszeichnen, sind objektiv und genau voneinander abgrenzbar, was einem eventuellen Nachteil der Subjektivität bei der Periodisierung entgegensteht. Die Zerlegung der Daten in aufeinanderfolgende Perioden ermöglicht die Berücksichtigung von in der Theorie der Pfadabhängigkeit relevanten Rückkopplungsmechanismen anhand der Untersuchung, wie die Aktivitäten einer Periode zu Veränderungen ihres Kontextes führen, die sich auf die Aktivitätsausübung in nachfolgenden Perioden auswirken. Entsprechend fungiert die Periodisierung in dieser Studie als Werkzeug der Kontextualisierung.[21] Abbildung 4.1 zeigt die Periodisierung anhand der Eigentümer[22] Poseidons.[23]

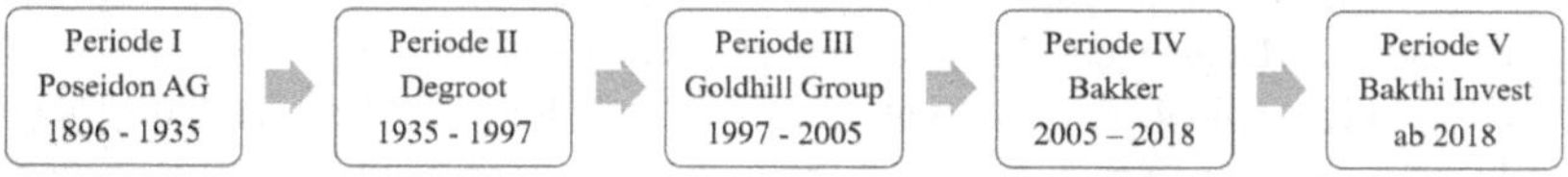

Abbildung 4.1 Eigentümerperioden in der Geschichte der Poseidon GmbH. (Quelle: Eigene Darstellung)

In *Periode I* wurde Am 23. April 1886 in Bremen die Deutsche Dampffischerei-Gesellschaft Poseidon von vier Bremer Reeder und Kaufläuten gegründet und folgend durch zahlreiche Fusionen und Übernahmen vergrößert.

[19] Vgl. BdS (2014); DEHOGA (2019), S. 7.

[20] Vgl. Eisenhardt (2021), S. 149; Simons (2009), S. 28; Yin (2009), S. 26.

[21] Vgl. Fear (2014); Langley (1999), S. 703; Wadhwani/ Bucheli (2014), S. 16.

[22] „Eigentümer" wurde als Kategorie in der Analyse verwendet. Kategorienbezeichnungen werden aus Gründen der Prägnanz sowie der Praktikabilität innerhalb der QDA-Software nicht gegendert.

[23] Es erfolgte eine Pseudonymisierung mittels Speaking Names.

Zunächst lag ihr Fokus auf Fischfang, doch schnell schufen sie neben dem Fischfang einen neuen Markt, indem frischer Seefisch auch im Binnenland angeboten wurde. Der Fokus erweiterte sich demnach von Fischfang auf -verarbeitung und -vertrieb. Es entwickelte sich, unterstützt durch innovative Marketingaktivitäten und gefördert durch das institutionelle Umfeld der Nachkriegszeit und des Dritten Reiches, eine professionelle Absatzorganisation, welche 1932 bereits 128 Geschäfte umfasste.

In den nächsten Jahrzehnten der *Periode II* vervielfältigte sich die Anzahl der Gescchäfte trotz Zerstörungen von Schiffen und Vergkaufsstellen im Zweiten Weltkrieg. Die Wettbewerbssituation Poseidons verbesserte sich durch das Ausscheiden kleinerer Konkurrenz. Neben dem Ausbau der Fischindustrie wurde 1939 die Fischgroßhandelsgesellschaft Unser Meer gegründet. Innovationen im Schiffbau in den 1960er Jahren ermöglichten die Aufnahme der Fernfischerei. Mit der Eröffnung des ersten Fisch-Schnellrestaurants 1965 stieg Poseidon in die in Deutschland bis dato nichtexistierende Quickservicegastronomie ein und forcierte seine vertikale Integration. Der Niedergang der deutschen Hochseefischerei durch Quotenregelungen und Seerechtsregulationen hatte jedoch 1986 die Ausgliederung der Foltte zur Folge. Diese Desintegration markierte die sukzessive Entwicklung hin zum Gastronomen. Die annähernd konkurrenzlose Alleinstellung Poseidons durch die zuvor direkte Anbindung an die Beschaffungsressourcen in diesem hochsensiblen Rohwarenbereich konnte jedoch aufgrund des mit dem Niedergang der Deutschen Hochseefischerei einhergehenden Scheitern der Konkurrenz, welche nicht vertikal integriert war, erhalten werden. Im Folgenden wurden die Sparten Restaurant und Einzelhandel zusammengefasst. Während Global Fish Sticks als internationales Entwicklungs-, Produktions- und Qualitätssicherungszentrum Degroots abgespalten wurde, kam es 1997 zum Verkauf von Poseidon, da es nicht in das Kerngeschäft Degroots passte, auf welches es sich fortan konzentrieren wollte.[24]

Der Finanzinvestor Goldhill Group strebte in *Periode III* durch die Skalierung der Filialen und den Verkauf der Großhandelsorganisation Unser Meer eine bestmögliche Verzinsung seines Kapitals an. Der geplante Ausstieg wurde erst vom Platzen der Dotcom-Blase (2001) und dann von Nine Eleven verhindert. Unter der Beratung von McKinsey erfolgte eine Erhöhung des Unternehmenswertes durch Kostensenkungen, bevor der bereits im Aufsichtsrat sitzende Herr Bakker durch seine Beteiligung an Poseidon den Ausstieg der Goldhill Group ermöglichte.

Unter Bakker als strategischem Investor erfolgten in *Periode IV* wieder Investitionen, Kooperationen mit Wissenschaft und Praxis wurden forciert, Delivery

[24] Vgl. Brandes (1998), S. 17; Bissinger (2005), S. 192 ff.

wurde in das Leistungsspektrum integriert und das zuvor nichterreichte Ziel der Teilfranchisierung im deutschen Markt wurde im Rahmen der strategischen Neuausrichtung „zwischen Tradition, Natürlichkeit und Innovation“[25] realisiert. Die Kooperationen mit einer Unternehmenstochter Bakkers ermöglichte den erfolgreichen Wiedereinstieg in den Lebensmitteleinzelhandel, dessen Fischsortiment durch viele kleine Anbieter geprägt war.[26]

Bakthi Invest forcierte in *Periode V* die Kooperationen weiter und verknüpfte diese noch stärker mit Nachhaltigkeitsmaßnahmen wie dem vom BMEL geförderten Forschungsprojekt, zur Herstellung nachhaltig produzierter, kompostierbarer und essbarer Verpackungen aus Algen.[27] Die Covid 19 Pandemie hat gezeigt, dass der elektronische Weg zum Kunden immer wichtiger wird und hat nach dem Ausbau von Home Delivery weitere Digitalisierungsmaßnahmen wie die Poseidon App un die digitale Bestellfunktion Click & Collect angestoßen.[28]

4.1.2 Datenerhebung

Bei der Datenerhebung wurden aus sechs möglichen Quellen Dokumente, Archivdaten, Interviews und physische Artefakte ausgewählt.[29] Teilnehmende und nicht-teilnehmende Beobachtungen waren für die vorliegende Untersuchung unter anderem deswegen ungeeignet, da der Analysezeitraum in der Vergangenheit liegt und sich somit der Datenerfassung aktueller Ereignisse entzieht. Die Kombination unterschiedlicher Erhebungsmethoden wurde mit dem Ziel angewendet, systematische Fehler durch den Ausgleich von Schwächen einer Methode durch Stärken der anderen zu vermeiden und somit die Validität zu erhöhen.[30] Dieser Ansatz wurde auch methodenintern mitgedacht, indem bei den Interviews, welche die Hauptdatenquelle dieser Forschung darstellen, bei der Auswahl der Interviewpartner (Experten aus Wissenschaft und Praxis, Poseidon-Interne, Poseidon-Töchter und -Lieferanten und direkte Wettbewerber der Poseidon GmbH) darauf geachtet wurde, unterschiedliche Sichtweisen auf das Phänomen zu integrieren. Tabelle 4.1 zeigt eine Übersicht der Intervies und Interviewpartner:innen.

---

[25] Poseidon (2024).

[26] Vgl. Lebensmittelzeitung (2015).

[27] Vgl. AWI (2024).

[28] Vgl. BdS (2021).

[29] Vgl. Yin (2009), S. 102.

[30] Vgl Flick (2011); Golder (2000); Huber/ Power (1985).

Tabelle 4.1 Liste der geführten Interviews. (Quelle: Eigene Darstellung)

Interviewpartner:innen-Gruppen[31]	Hintergrund	Interviews
Experten		
	Wissenschaft	1
	Verband	4
	Beratung	1
	Presse	2
	Gewerkschaft	2
	$\sum$	10
Poseidon GmbH		
	Top Management	4
	Produktbereich	3
	Qualitäts- und Nachhaltigkeitsmanagement	3
	Marketing/ Vertrieb	4
	Gesamtbetriebsratvorsitz	1
	$\sum$	15
Ehemalige Töchter/ Lieferanten	Tiefkühlfischproduktion, Fischmanufaktur	3
Direkte Wettbewerber	Systemgastronomie (Quick- und Fullservice)	6
Gesamt $\sum$		34

Interviews bilden die wichtigste Informationsquelle dieser Arbeit. Aus unterschiedlichen Interviewarten[32] wurde aufgrund des Forschungsgegenstandes, der eine Rekonstruktion wichtiger Unternehmensentwicklungen umfasst, das problemzentrierte Interview nach Witzel (2000) ausgewählt, welches sich durch eine teilstrukturierte Befragungstechnik mittels Interviewleitfaden auszeichnet. Vor dem Interview wurden mittels eines Kurzfragebogens Fakten zur Person und deren Tätigkeit ermittelt. Bis auf zwei wurden alle Interviews nach Einverständnis der Befragten aufgezeichnet und anschließend wörtlich nach den Transkriptionsregeln von Dresing und Pehl (2018) transkribiert. Verbreitete Probleme bei

[31] Ebenso wie die Kategorienbezeichnungen wurden die Gruppenbezeichnungen „Experten", „Lieferanten" und „Wettbewerber" aus Gründen der Prägnanz sowie der Praktikabilität innerhalb der QDA-Software nicht gegendert.

[32] Vgl. Hopf (1991), S. 177 ff.; Mey (2000), S. 135 ff.

der Interviewführung sind Verzerrungen, schlechtes Erinnerungsvermögen aber auch schlechte oder ungenaue Artikulation der Interviewpartner:innen.[33] Dementsprechend wurde auf eine angepasste Frageformulierung und Interviewführung geachtet. Die Interviewdaten werden mit den Informationen aus den anderen Datenquellen untermauert. Tabelle 4.2 zeigt eine Auflistung der entsprechenden Daten aus Dokumenten, Archivmaterialien und Artefakten.

Tabelle 4.2 Liste der erhobenen Dokumente, Archivmaterialien und Artefakte. (Quelle: Eigene Darstellung)

Datenquelle	Erhobene Daten
Dokumente	Interne Unterlagen (Organigramm, Kennzahlen, Richtlinien, Spezifikationsformulare des Qualitätsmanagements, aktuelle Marktstudie), Imagefilme, Pressemitteilungen, Internetauftritt (von Poseidon, dessen Lieferanten und Kooperationspartnern und -partnerinnen), Unternehmenspräsentationen, Jubiläumsschriften, (wissenschaftliche) Publikationen über die Industrie, Poseidon und Bakker, Informationsmaterial von Messebesuchen, Verbänden und Instituten
Archivdaten	Festschriften, Geschäftsberichte, Berichte an die Belegschaft/ Mitarbeitendenzeitschriften, Fotografien, von Mitarbeitenden verfasste Unternehmenschronologien, Akten, Denkschriften
Artefakte	Firmenwappen und -leitsatz (als Anstecker, am Bau der Firmenzentrale, ...), Firmenflagge, Firmenparkscheibe, Fotografien, Werbepostkarten und alte Kochbücher, die lehren, warum Fisch gesund ist und wie dieser verarbeitet und zubereitet werden kann, Schilder mit Leitsätzen und Verhaltensregeln, damaliges Logo, Briefe

Zu den Dokumenten zählen u. a. Pressemitteilungen, Jubiläumsschriften und Monographien über die Poseidon GmbH und die Fischindustrie, interne Firmenunterlagen, wie z. B. Lieferantenauskunftsformulare über Produkte und Waren oder Richtlinien und Organigramme, Vortragsunterlagen und Informationsmaterial von Messen und Homepages. Mit Dokumenten kann Vergangenes untersucht werden, was nun nicht mehr beobachtet und bei weit zurückliegenden Ereignissen nicht mehr durch Befragungen erhoben werden kann, da keine Erinnerung mehr abrufbar ist oder keine Befragten mehr verfügbar sind.[34]

Die erhobenen Archivdaten bestehen u. a. aus Geschäftsberichten und Berichten an die Belegschaft, organisationalen Unterlagen über die Anzahl der Mitarbeitenden, Umsatz, Schiffe im Einsatz etc., Arbeitspapiere von Abteilungsleitungen

---

[33] Vgl. Yin (2009), S. 108.

[34] Vgl. Mayring (2002).

und den Mitarbeitendenzeitungen, die über einen Zeitraum von 1935–1944 und von 1953 bis heute herausgegeben wurden. Beim Umgang mit diesen Daten war es wichtig, die Umstände und den Zweck ihrer Entstehung zu berücksichtigen.[35]

Zu den physischen Artefakten, die erhoben wurden, gehören z. B. Bilder und Fotografien, Briefe, Anstecker mit der Firmenflagge und dem Firmenleitsatz und Schilder mit Leitsätzen und Verhaltensregeln. Die Artefakte sind die kleinste Informationsquelle dieser Arbeit und dienen zur Untermauerung der Interviewdaten.

Den *Datenzugang* ermöglichte die Kooperation der Inhaberin des Lehrstuhls für Management und Organisation an der Universität Bremen[36] mit dem Deutschen Schifffahrtsmuseum in Bremerhaven. Abgesehen von der Nutzung der thematisch gut aufgestellten Bibliothek durften im Archiv des Schifffahrtsmuseums ohne Einschränkungen Daten zur Poseidon GmbH erhoben werden. Insgesamt wurden Daten aus vier Archiven, dem des DSM, dem Archiv in der Poseidon Hauptverwaltung in Bremerhaven, dem Archiv der ehem. Poseidon-Tochter Global Fish Sticks und dem Degroot Archiv in Hamburg, gesammelt. Aufgrund des Kontakts der Archivleitung mit einem ehemaligen Manager der Poseidon GmbH war es möglich, durch die Empfehlung dieses ersten Kontaktes im Schneeballverfahren Interviewpartner:innen zu gewinnen. Es wurden insgesamt 34 Interviews durchgeführt, davon 26 Interviews persönlich und acht Interviews telefonisch. Fast die Hälfte der Interviews wurde mit Mitgliedern von Poseidon, überwiegend aus der Geschäfts- und Abteilungsleitung, geführt. Die andere Hälfte setzt sich aus Experten (Gewerkschaft; Verband; Wissenschaft; Presse; Beratung) und aus von Poseidon selber als wichtigste Konkurrenz identifizierten Wettbewerbern zusammen. Vorbereitend wurden ein Interviewleitfaden erarbeitet und ein Kurzfragebogen erstellt, den alle Interviewpartner:innen ausfüllten. Um den vertraulichen Umgang mit den sensiblen Daten zu versichern, wurde auf Wunsch eine Vertraulichkeitserklärung ausgestellt und vor dem Interviewtermin vorgelegt. Die durchschnittliche Interviewdauer liegt bei 52:28 Minuten. 32 Interviews wurden mit einem Aufnahmegerät aufgezeichnet. 31 Interviews wurden vollständig wörtlich transkribiert.[37]

Unterstützend erfolgte der Besuch mehrerer Fachmessen, z. B. die Grüne Woche in Berlin, die Fish International in Bremen und das Franchise Forum

---

[35] Vgl. Yin (2009), S. 106.

[36] Es handelte sich um eine personengebundene Kooperation von 2014 bis 2017.

[37] War beispielsweise die Tonqualität der Interviews ungenügend, wurden diese Inhalte mittels Mitschriften dokumentiert.

in Berlin. Auf jeder Veranstaltung wurden Vorträge gehalten, die die Datensammlung ergänzten. Darüber hinaus wurde das online-Archiv der Wirtschaftsfachzeitschrift food-service und das Onlinearchiv des ehemaligen Hamburgischen Welt-Wirtschafts-Archivs (HWWA) genutzt, um relevante Artikel sowie weitere Geschäftsberichte (aus dem Bundesanzeiger) zu erheben.

Die gesammelten Daten wurden mit der Software MAXQDA analysiert. MAXQDA ist eine weltführende Software für qualitative und Mixed-Methods-Forschung, mit der Daten organisiert, analysiert, visualisiert und präsentiert werden können.[38] Die erprobte Software ermöglichte durch die intuitive Struktur und das Supportangebot ein zeiteffizientes Arbeiten und hat durch das Angebot durchdachter Funktionen die Qualität dieser Analyse erhöht.

4.1.3 Datenanalyse: Inhaltlich strukturierende qualitative Inhaltsanalyse

Die in MAXQDA organisierten Daten wurden im nächsten Schritt mittels einer inhaltlich strukturierenden qualitativen Inhaltsanalyse ausgewertet, da sie sich effektiv auf die vorliegenden Datenarten anwenden lässt und bei ihr, anders als bei einer evaluativen oder typenbildenden qualitativen Inhaltsanalyse, die Identifizierung von Themen und Subthemen sowie deren Systematisierung und Analyse der wechselseitigen Beziehung im Fokus steht.[39] Wie der Name vermuten lässt, geht es bei der typenbildenden Analyse um die Bildung von Typen, was nicht das Ziel der Arbeit ist. Gleiches trifft auf die evaluative Analyse zu, deren Zielsetzung eher quantitativ orientiert ist. Gemeinsam ist den Analysearten, dass sie ein regelgeleitetes Verfahren darstellen, welches der schrittweisen Verdichtung qualitativer Daten dient.[40]

Als qualitativ-verstehendes Verfahren besteht das Analyseziel der qualitativen Inhaltsanalyse in der Beschreibung ausgewählter Textbedeutungen. Das systematische Ablaufschema wirkt sich positiv auf die Reliabilität aus. Entsprechend soll dem Analyseprozess nach Kuckartz (2016) gefolgt werden, der ausgehend von den Forschungsfragen mit initiierender Textarbeit beginnt und mit der kategorienbasierten Auswertung und Ergebnisdarstellung endet.[41] Den Kern der Analyse bildet das Kategoriensystem, welches im Hinblick auf die Validität der Studie

[38] Vgl. MAXQDA (2024).

[39] Vgl. Flick (2007a), S. 268 ff.; Kuckartz (2016), S. 123.

[40] Vgl. Kuckartz (2016); Mayring (2015).

[41] Vgl. Kuckartz (2016), S. 78.

dem Forschungsgegenstand von Pfadabhängigkeit im Geschäftsmodell angemessen ist.[42] Ein Kategoriensystem bezeichnet die Gesamtheit aller Kategorien bzw. Codes, die in dieser Arbeit hierarchisch in Haupt- und Subkategorien organisiert sind. Eine Kategorie stellt das Ergebnis der Klassifizierung von Einheiten dar, die markierten Teilen des Materials zugeordnet werden. Sie sind das zentrale Analysewerkzeug. Es wird ein mehrstufiges Verfahren der Kategorienbildung und Codierung angewendet. Beim ersten Schritt wird anhand von zuvor gebildeten Hauptkategorien codiert, die aus dem Interviewleitfaden stammen und aus der betreffenden Theorie abgeleitet sind. Im zweiten Schritt werden die gebildeten Hauptkategorien am Material weiterentwickelt und ausdifferenziert. Es folgt ein zweiter Codierprozess, in dem alle Daten erneut codiert werden. Abschließend wird das Material kategorienbasiert ausgewertet und zwecks Ergebnisdarstellung aufbereitet.[43]

4.1.3.1 Initiierende Textarbeit

Wie die anderen Formen der qualitativen Inhaltsanalyse beginnt die inhaltlich strukturierende mit initiierender Textarbeit, dem Markieren wichtiger Textstellen und dem Schreiben von Memos, um in der nächsten Phase thematische Kategorien bestimmen zu können, die beim ersten Codierprozess herangezogen werden. Die hermeneutisch-interpretative Herangehensweise dient der Generierung eines Gesamtverständnisses des Materials auf Grundlage der forschungsleitenden Fragen. Die formale Betrachtung des Materials lieferte bereits viele Informationen, die für eine spätere Interpretation von Interesse waren, wie bspw. die Sprache/ Worte, die die Befragten verwenden. Formulierungen wie, ein Konzept zu „leben", „wir" für das Unternehmen, „liebe" als Emotion gegenüber der Tätigkeit und „nordisch" als Identität (obwohl die befragte Person nicht aus Norddeutschland stammt), gaben den Impuls, auf die Audiodateien als Rohdaten zurückzugreifen, um einen zusätzlichen Eindruck vom Material zu erhalten und den subjektiven Sinn des Textes noch umfassender erschließen zu können. Fallzusammenfassungen der Interviews wurden als ein rein faktenorientiertes Exzerpt für die Weiterarbeit erstellt, dienen aber nicht nur der Übersichtlichkeit über die Fälle, sondern besitzen einen Aspekt der Vergleichbarkeit und der analytischen Differenzierung, was sich besonders gut mittels der QDA Software umsetzen lässt, da bereits beim Datenimport Datensets wählbar sind, die bestimmten Themen oder auch Befragtengruppen, wie Mitarbeitende, Wettbewerber, Experten etc. zugeordnet werden konnten. Fallzusammenfassungen besitzen darüber hinaus

[42] Vgl. Flick (2007a), S. 276.

[43] Vgl. Kuckartz (2016), S. 38, 31, 97.

Bedeutung für die Kategorienbildung.[44] Die Textarbeit hatte für diese Analyse insofern Bedeutung für die Kategorienbildung, als sie Themen in den Vordergrund treten ließ, die vom Ansatz über die Forschungsfrage, bzw. den Leitfaden nicht antizipiert worden sind, wie die Zentralität der Rohware bzw. des Produkts Fisch und die Kultur, mitsamt des Führungsstils bestimmter Persönlichkeiten, welcher in den Interviews als „Kapitänsprinzip" bezeichnet wurde.[45] Dies unterstreicht die Relevanz der Textarbeit, da sie den analytischen Blick in Bezug auf die Differenzierung von zentralen und singulären Analysethemen schärft.

4.1.3.2 Entwicklung der thematischen Hauptkategorien

Die Bildung von Kategorien ist ein elementarer Bestandteil unseres Lebens. Bei unseren Kindern konnte beobachtet werden, wie sie sich mit Hilfe von Kategorien die Welt erschließen. Dabei wurden bspw. alle Dinge mit Rädern als „Auke" (Auto) klassifiziert und so die Welt etwas weniger komplex, wobei Auke als das Ergebnis der Klassifizierung von Einheiten wie PKW, Laster, Fahrrad, Buggy, etc. eine Kategorie darstellte. Auch der pragmatische Sinn der Inhaltsanalyse besteht in solch einem mittels Kategorien klassifizierenden und damit komplexitätsreduzierenden Vorgang, jedoch ist das Spektrum des Kategorieverständnisses in der Sozialforschung weit gefasst.[46] Dementsprechend ist es essentiell, Klarheit darüber zu schaffen, welche Art von Kategorien betrachtet werden, wie diese genau definiert werden und auf welche Art die Kategorien gebildet werden sollen. Dies hat nicht nur Implikationen für das Kategoriensystem, das Kategorienhandbuch und den – leitfaden, sondern legt das Fundament für die komplette Analyse und damit die Güte und den Wert der Forschung.

In der Methodenliteratur wird ein Verständnis des Kategorienbegriffs oftmals vorausgesetzt und es besteht ein weites Feld bezüglich des Kategorienverständnisses in der empirischen Forschung.[47] In der vorliegenden Arbeit sollen Kategorien[48] als das Ergebnis der Klassifizierung von Einheiten verstanden werden. Unter den Kategorien existieren, neben vielzähligen Weiteren, die vier Hauptformen Fakten-Kategorien, evaluative Kategorien, analytische Kategorien und thematische Kategorien. Faktenorientierte Kategorien fokussieren mit

---

[44] Vgl. Kuckartz (2016), S. 101, 56; Kuckartz/ Rädiker (2020), S. 20 ff.

[45] Vgl. Schreier (2014), S. 6.

[46] Vgl. Früh (2004), S. 42; Kuckartz (2016), S. 33.

[47] Vgl. Pürer (2003), S. 551.

[48] Da in der Software MAXQDA, mit der die Analyse durchgeführt wird „Code" als Synonym für Kategorie verwendet wird, orientiert sich die vorliegende Arbeit auch an diesem Sprachgebrauch.

objektiven Gegebenheiten, wie Ort, Ausbildung o. ä. nicht auf Inhalte, die im Mittelpunkt des Forschungsinteresses stehen. Gleichwohl wurden demographische Daten der Interviewten mittels eines Kurzfragebogens erhoben, die dazu verwendet werden können, Fälle (i. e. die Interviews/Interviewpartner:innen)[49] zu Sets zusammenzufügen und/oder miteinander zu vergleichen. Evaluative Kategorien sind komplexer und dienen dazu, Daten aufgrund von Ausprägungen einzuschätzen, wobei diesen Kategorien meist ein ordinales Skalenniveau zugrunde gelegt wird, was nicht auf die erfragten Konzepte dieser Arbeit, wie bspw. Design Parameter, anwendbar ist, da bei diesen auf ein entweder-oder und nicht auf ein mehr-oder-weniger abgezielt wird. Analytische Kategorien könnten im Verlauf der Analyse entwickelt werden, da die Inhaltsanalyse durchaus Iterations- und Feedbackschleifen ermöglicht. Diese Option zu zirkulären Abläufen unterscheidet u. a. die qualitative von der klassischen Inhaltsanalyse. Analytische Kategorien entstehen allerdings durch die Arbeit am Datenmaterial, wodurch bei einer deduktiven oder deduktiv-induktiven Kategorienbildung erst einmal nicht davon ausgegangen werden kann, dass es zur Bildung von analytischen bzw. theoretischen Kategorien kommt. *Thematische Kategorien* eignen sich für diese Analyse, weil sie Konstrukte, Themen, Argumente, etc. bezeichnen können, deren Rolle und Verständnis für die Beantwortung der Forschungsfragen benötigt wird. So würden bspw. Textstellen, die sich auf die Kategorie Geschäftsmodell beziehen markiert, wobei die korrekte, inhaltlich richtige Markierung ein Gütekriterium darstellt.[50]

Formale Kategorien beziehen sich auf Informationen über das einzelne Interview bez. bspw. Erhebungsdatum, personenbezogene Daten des Interviewers und die Interview- und Transkriptlänge. Zur Beantwortung der Forschungsfragen liefern diese Informationen allerdings keinen Mehrwert und sind darüber hinaus ohnehin in MAXQDA einsehbar. Auch für die interne Organisation spielen sie keine Rolle, da die Daten nicht von einem Forscherteam, sondern von einer Person erhoben wurden. Anders verhält es sich mit natürlichen Kategorien, die auch als In-vivo-Codes bekannt sind. Diese beziehen sich auf die Ausdrucksweise des Interviewpartners, also aussagekräftige, plakative Worte und Bezeichnungen, welche dessen Perspektive einfangen und von ihm im eigenen Sensemaking-Prozess

[49] Vgl. Kuckartz (2016), S. 49 und 59 ff.

[50] Vgl. Kuckartz (2016), S. 33 ff.

verwendet werden.[51] Hinsichtlich des Sensemaking besteht bei natürlichen Kategorien ein Anknüpfungspunkt zu den analytischen Kategorien. Im vorliegenden Datenmaterial beschreibt z. B. „Heuschrecke" als Bezeichnung für einen Eigentümer, sehr bildhaft dessen Geschäftsmodell und die diesbezügliche Sichtweise des Interviewten.

In der vorliegenden Analyse wurden, der forschungsleitenden Fragestellung angemessen, thematische, natürliche und in der fünften Phase des Analyseprozesses analytische Kategorien gebildet.

Im vorliegenden Forschungsprojekt wurde eine Mischform aus a priori Kategorienbildung und der Kategorienbildung am Material gewählt: die *deduktiv-induktive Kategorienbildung*. Wie die Bezeichnung ausdrückt, handelt es sich dabei weder um ein rein theorie- noch um ein rein empirieorientiertes Verfahren, sondern um einen mehrstufigen Prozess, der mit der a priori Kategorienbildung startet und folgend in die Bildung von Kategorien und Subkategorien am Material übergeht.[52] Das Vorgehen der deduktiv-induktiven Kategorienbildung wurde aufgrund der folgenden Überlegung für diese Studie angewendet.

Forschungsfragen, Forschungsziel und Kenntnisstand des Forschenden bez. des untersuchten Themengebietes sind wichtige Determinanten der Kategorienbildungsart. Entscheidungen bez. der Kategorienbildung stellen die Weichen für die spätere Analyse und beeinflussen somit das Forschungsergebnis. Die Forschungsfragen bieten dabei eine Orientierungshilfe, welche in diesem Fall selbst theoriegeleitet sind.[53] Diese Theorieorientierung und die entsprechend angemessenen Kenntnisse über das Forschungsthema ermöglichten eine a-priori Kategorienbildung. Auch folgt diese vom Datenmaterial unabhängige Kategorienbildung der Aufbaulogik dieser Arbeit, bei der bereits die Fallauswahl mittels theoretical sampling erfolgte und bei der Datenerhebung ein Interviewleitfaden als strukturierendes Mittel eingesetzt wurde.[54] Das Vorgehen, Kategorien bei Vorhandensein eines Interviewleitfadens aus diesem abzuleiten, entspricht darüber hinaus der gängigen Praxis. Genauso verhält es sich damit, diese deduktiv

[51] Vgl. Corbin/ Strauss (1996), S. 148. Gemäß Weick/ Sutcliffe/ Obstfeld (2005), S. 409, beschreibt Sensemaking einen Prozesss, bei dem Erfahrungen Bedeutung zugeschrieben wird.

[52] Vgl. Mayring/ Gläser-Zikuda (2005); Schreier (2014), S. 6.

[53] Vgl. Kuckartz (2016), S. 63, 69 f.

[54] Vgl Eisenhardt (1989, 2021), Yates (2014), S. 268.

gebildeten Kategorien in einer nächsten Phase direkt am Material weiterzuentwickeln und Subkategorien zu bilden. Die Textarbeit bestätigt dieses Vorgehen durch gesichtete Aspekte, die vorher nicht antizipiert wurden.[55]

Eine rein induktive Kategorienbildung nach Mayring (2015) wird für diese Arbeit als nicht sinnvoll erachtet, weil es sich dabei um einen aktiven Konstruktionsprozess des Forschenden handelt, für den somit keine Reliabilität reklamiert werden kann.[56] Mayring (2015) beschreibt die Psychologie der Textverarbeitung als einen Interaktionsprozess zwischen Text und Leser:in, der/die daraus aktiv Bedeutungsstrukturen konstruiert und dessen Vorwissen und Interessen dabei eine selektive und organisierende Funktion ausüben.[57] Dieses „kognitive Schema"[58] hat Einfluss auf die Güte der Forschung. Ebenso stellt sich die Kategorienbildung mittels der Psychologie der Textverarbeitung durch die Paraphrasierung, Selektion und Streichung sehr zeitaufwendig dar und birgt durch Mikro- und Makropropositionen in einer frühen Analysephase die Gefahr, dass wichtige und komplexe Informationen durch Verallgemeinerung verloren gehen und widersprüchliche Aussagen nicht entdeckt werden. Dementsprechend wird in dieser Arbeit kein Gebrauch von dieser Vorgehensweise gemacht.[59]

Auch andere Ansätze der Kategorienbildung, wie der der Grounded Theory[60], werden hier nicht verfolgt, da nicht das Ziel der Theoriegenerierung verfolgt wird, sondern theoriegeleitete Forschungsfragen beantwortet werden sollen, um einen theoretischen Beitrag zu bestehenden Theorien zu leisten.

Bei der deduktiv-induktiven Kategorienbildung können Hauptthemen aus der jeweiligen Bezugstheorie und den forschungsleitenden Fragen und damit auch aus dem Interviewleitfaden abgeleitet werden, welche bereits wegweisenden Charakter für die Datenerhebung besaßen. Diese Themen werden als Auswertungskategorien herangezogen, mittels derer eine inhaltliche Strukturierung der Daten generiert wird.[61]

Die Hauptkategorien, welche unabhängig vom empirischen Material a-priori aus Theorie, Forschungsfragen und Leitfaden abgeleitet wurden, werden dabei als Ausgangspunkt herangezogen, von dem ausgehend in der folgenden Analysephase die Daten gescannt und kategorisiert und im weiteren Verlauf aus diesem

---

[55] Vgl. Schreier (2014), S 6.

[56] Vgl. Kuckartz (2016), S. 72.

[57] Vgl. Mayring (2015), S. 44.

[58] Vgl. Schnotz/ Ballstaedt/ Mandl (1981), S. 113.

[59] Vgl. Krippendorff (2024).

[60] Vgl. Glaser/ Strauss (2017).

[61] Vgl. Kuckartz (2016), S. 101.

Datenmaterial Subkategorien zu den Hauptkategorien am Material gebildet und letztere präzisiert, differenziert und modifiziert werden.[62]

Somit ist es folgerichtig, „Geschäftsmodell“ als Hauptkategorie aufzunehmen, wenn in Interviews nach der Entwicklung des Geschäftsmodells gefragt wurde. Auch organisationale Einflussfaktoren und Kompetenzen bilden einen Leitfadenpunkt und finden sich als Mechanismen für den Wandel des Geschäftsmodelles und die Überlebensfähigkeit der Organisation in den Forschungsfragen wieder, sodass sie als gewichtiges Thema ebenso auf die Hauptkategorien der Analyse einzahlen.

Neben der späteren induktiven Präzisierung, Differenzierung und Modifizierung bietet sich aufgrund des theoretischen Vorwissens bereits in dieser Analysephase die Bildung bestimmter Subkategorien an. Diese sollen laut Schreier (2014) „im Sinne eines Explizit-Machens von Vorannahmen seitens der Forschenden, in das Kategoriensystem eingehen.“[63] Folglich wurden zur Hauptkategorie „Pfad“ die Subkategorien „kritisches Ereignis“, „Selbstverstärkung“ und „Lock-in“ gebildet; bei der Hauptkategorie „Geschäftsmodell“ zählen die jeweiligen Design Elemente und -Themen zu den Subkategorien. Aufgrund des methodischen Aufbaus der Arbeit mittels Periodisierung der Daten anhand der Eigentümerphasen wurden die jeweiligen Eigentümer als Subkategorie zur Hauptkategorie „Eigentümer“ gelistet.

Auf der Theoriegeleitetheit und dem engen Bezug zu den Forschungsfragen aufbauend, wurden im Kategorienbildungsprozess erste Hauptthemen gebildet und dann ähnliche Themen, wie bspw. Geschäftsmodell und Kernkompetenzen, zusammengefasst, um immer trennschärfere Kategorien zu erhalten. Anstatt mit spezifischen Kategorien, wie den einzelnen Design Elementen eines Geschäftsmodells als Hauptkategorien zu beginnen, wurden erst allgemeine Kategorien, wie „Geschäftsmodell“ gebildet, welche Konkretisierungen umfassen. Das Bilden solcher allgemeinen Kategorien trägt dazu bei, ein erschöpfendes Kategoriensystem zu kreieren, was ein wichtiges Qualitätskriterium dessen darstellt. Allerdings kann das Kriterium der Vollständigkeit im Spannungsverhältnis zum Kriterium der Trennschärfe stehen. Es könnte bspw. argumentiert werden, dass Informationen zum Kontext, welcher Einfluss auf die Geschäftsmodellentwicklung hatte, nicht auch unter die Kategorie „Pfad“ fallen (z. B. als small event), sondern eine eigene Kategorie „Kontext“ o. ä. darstellen könnte, was wiederum dazu führen könnte, dass für „Pfad“ relevante Textstellen unter „Kontext“ fallen könnten.

---

[62] Vgl. Schmidt (2010).

[63] Schreier (2014) S. 6.

Solch ein Für und Wider galt es im Prozess der Kategorienbildung abzuwägen. Die Auffangkategorie „Sonstiges“ gewährleistet, dass alles erfasst wird und wichtige Aspekte aufgefangen werden, aus denen bei hohem Aufkommen im Folgenden zusätzliche Kategorien gebildet werden können. Stellt sich im weiteren Verlauf der Analyse heraus, dass überaus viel Material mit „Sonstiges“ codiert wird oder die Kategorien nicht trennscharf definiert wurden und dementsprechend die Kategoriendefinitionen und das Kategoriensystem angepasst werden müssen, steht das nicht im Widerspruch zur Einhaltung der deduktiven Bildung der Hauptkategorien. Würde keine Kategorie „Sonstiges“ gebildet worden sein, würden vorher ggf. nicht erfasste Aspekte unberücksichtigt bleiben, bzw. das Datenmaterial nicht vollständig analysiert werden, wodurch die Qualität der Analyse leiden würde.

Aufgrund der primär deduktiven Bildung der Hauptkategorien und ihrer Definitionen, wurde deren Anwendbarkeit auf die vorliegenden Daten mittels eines Testdurchlaufs durch 11,7 % der Interviewdaten, was vier Interviews entspricht, überprüft und bestätigt.

Die Kategorienbildung dieser Analyse brachte initial acht thematische Hauptkategorien hervor. Die finale Anzahl nach Zusammenführung, Verwerfen und Hinzufügen thematischer Hauptkategorien im weiteren Analyseprozess beträgt sieben.

In der ersten deduktiven Bildung der Hauptkategorien stellt die Präzision der Definition der Kategorien in Form von Überschneidungsfreiheit die zentrale Herausforderung bei der deduktiv-induktiven Kategorienbildung dar.[64] Demzufolge ist die Kategoriendefinition zentrale Stellschraube bez. der Güte bei der Kategorienanwendung. In diesem Zusammenhang wurde bereits mit den Forschungsfragen im Hinterkopf die Gesamtgestalt des Kategoriensystems mitgedacht.

Das *Kategoriensystem* repräsentiert die Summe aller gebildeten Kategorien und kann als lineare Liste, Netzwerk oder, wie in dieser Arbeit sowie in den meisten Inhaltsanalysen, als Hierarchie organisiert werden. Während eine lineare Liste Kategorien auf einer Ebene darstellt, sind die Kategorien in einem Netzwerk als Knoten auf unterschiedlichste Weise miteinander verbunden. In der computergestützten Analyse mittels MAXQDA können die Kategorien in einer

[64] Vgl. Kuckartz (2016), S. 67.

hierarchischen Struktur abgebildet werden.[65] Das Kategoriensystem wird grafisch im Fenster „Liste der Codes"[66] dargestellt und ist als Baumstruktur immer sichtbar, was die Analysearbeit vereinfacht, da so die Funktionen des Systems unkompliziert und schnell genutzt werden können.[67] Der Vorteil dieser Arbeitsweise besteht nicht nur darin, dass jederzeit die Verbindung zwischen Kategorien und Originaltext besteht, sondern in der Effektivität der Fähigkeit, globale Modifikationen des Kategoriensystems vornehmen zu können.[68] Dies unterstreicht abermals die Nützlichkeit der Computerunterstützung bei der Analyse, stellt doch das Systematisieren und Organisieren des Kategoriensystems und das Arbeiten mit den codierten Segmenten die zentrale Arbeit im Analyseprozess dar.[69]

Mit den Kategorien steht und fällt die Analyse.[70] Daher wurde bei der Bildung des Kategoriensystems auf die Einhaltung von *Qualitätskriterien* geachtet. Das Kategoriensystem sollte disjunkt und erschöpfend, plausibel, gut präsentierbar und kommunizierbar sein und darüber hinaus durch seine Beschaffenheit das Qualitätskriterium der Codiererübereinstimmung[71] unterstützen.[72] Mittels deduktiv-induktiver Kategorienbildung konnten die Hauptthemen stark auf die Forschungsfragen bezogen werden, so dass das Projektziel dabei stets im Fokus blieb. Obwohl die Möglichkeiten der QDA-Software durchaus dazu verleiten können, viele spezifische Kategorien zu bilden, wurden allgemeine und in der Anzahl überschaubare acht Hauptkategorien gebildet, welche im weiteren Analyseprozess auf sieben reduziert wurden. Das Kategoriensystem enthält disjunkte und erschöpfende Kategorien. Bei der im Folgenden beschriebenen Kategoriendefinition wurde auf die trennscharfe Formulierung geachtet und diesbezüglich Feedback in Betreuungsgesprächen eingeholt. Mit dem Kriterium der Vollständigkeit wurde ebenso verfahren und zur Sicherheit die Auffangkategorie „Sonstiges" gebildet, was im Hinblick auf die Anzahl der Kategorien, die unter 20 liegen sollte, vertretbar ist.[73] Im Hinblick auf Plausibilität und Kohärenz wurde das

---

[65] Siehe Abbildung 4.2.

[66] In der „Sprache" der Software werden Kategorien als „Codes" und das Kategoriensystem als „Liste der Codes" bezeichnet. Ein Code ist ein Text mit bis zu 63 Zeichen. Das Zuweisen von Textabschnitten zu den Kategorien wird als „Codieren" und der zugewiesene Textabschnitt als „codiertes Segment" bezeichnet.

[67] Vgl. MAXQDA Manual (2020), S. 156.

[68] Kuckartz (1999), S. 93, 228.

[69] Vgl. MAXQDA Manual (2020), S. 157.

[70] Vgl Berelson (1952), S. 147.

[71] Diese umfasst die Intra- und Intercoderübereinstimmung.

[72] Vgl. Diekmann (2007), S. 589; Kuckartz (2016), S. 85, 70 f.

[73] Vgl. Kuckartz (2016), S. 97.

Kategoriensystem auch als Ganzes betrachtet, denn es ist ebenfalls Teil der Analyse, die sinnhafte Relation der Kategorien untereinander zu berücksichtigen und zu prüfen, inwiefern die Forschungsfragen darin Berücksichtigung finden, um eine enge Kopplung zu den Forschungsfragen und -zielen zu gewährleisten. Plausibilität und Kohärenz sind auch mit Blick auf den Forschungsbericht relevant, welcher den Rezipienten und Rezipientinnen die Forschungsfrage anhand eines roten Fadens beantworten soll, so dass Kategorien nicht beziehungslos nebeneinanderstehen, sondern als Strukturierungspunkte für diesen Ergebnisbericht fungieren.[74]

Gemeinsam mit dem Aufbau des Kategoriensystems wurden die Kategorien anhand des in Tabelle 4.3 dargestellten Schemas definiert.

Tabelle 4.3 Schema der Kategoriendefinition. (Quelle: Eigene Darstellung in Anlehnung an Sydow et al. (2012))

Name der Kategorie	Prägnante Bezeichnung
Definition	Beschreibung der Kategorie ggf. auch mittels einschlägiger Definitionen aus relevanter Literatur
Indikatoren	Listung der Aspekte bei denen die Kategorie codiert werden soll.
Illustratives Datenmaterial	Ein bis zwei prägnante Zitate mit Quellenangabe

Eine *Kategoriendefinition* ist eine verschriftlichte Zuordnungsregel, aus der Abgrenzungskriterien der Kategorien untereinander hervorgehen. Notwendige Bestandteile dieser Definition sind eine prägnante Bezeichnung und eine inhaltliche Umschreibung der Kategorie.[75] Tabelle 4.4 veranschaulicht das Schema für die Kategorie Eigentümer.

---

[74] Vgl. Kuckartz (2016), S. 95, 103.

[75] Vgl. Kuckartz (2016), S. 67.

Tabelle 4.4 Definition der Kategorie Eigentümer. (Quelle: Eigene Darstellung in Anlehnung an Sydow et al. (2012))

Name der Kategorie	Eigentümer
Definition	Eigentümer ist der Gesellschafter der Poseidon GmbH (durch Kapitaleinlage und Übernahme des unternehmerischen Risikos)
Indikatoren	Wird codiert, wenn auf die Eigentümer der Poseidon GmbH, den Wechsel der Eigentümer oder die Stimmung/Situation unter einem bestimmten Eigentümer der Poseidon GmbH Bezug genommen wird.
Illustratives Datenmaterial	„Und dann gehörte das ab '95 einer Heuschrecke namens [Goldhill Group]." [I-Nr. 25, Pos. 8, Bereichsleitung Unternehmenskommunikation, Unser Meer GmbH]

Die Definition und die Indikatoren für deren Messung offenbaren den Zusammenhang mit der Poseidon GmbH als Abgrenzungskriterium.[76] Würde bspw. über den Eigentümer der Cucina per tutti amici gesprochen, ginge es dabei zwar thematisch um einen Eigentümer, die Textstelle würde jedoch nicht mit der Kategorie Eigentümer codiert werden. Beispiele für Textsegmente, die mit Eigentümer codiert werden würden sind namentliche Nennungen (Herr Bakker) oder auch metaphorische Ausdrücke (die Heuschrecke). Illustrative Textbeispiele grenzen die Kategorien voneinander ab und helfen den Codierenden beim Umgang mit den Kategorien. Für die Kategorie „Eigentümer" lautet ein typisches Zitat: „Und dann gehörte das ab '95 einer Heuschrecke namens [Goldhill Group]." [I-Nr. 25, Pos. 8, Bereichsleitung Unternehmenskommunikation, Unser Meer GmbH]. Die Summe aller Kategorienbezeichnungen und -beschreibungen wird als *Kategorienhandbuch* bezeichnet.

Indikatoren für die Anwendung der jeweiligen Kategorie, Ankerbeispiele aus dem Datenmaterial und Abgrenzungsanleitungen zu anderen Kategorien bilden zusammen mit dem Kategorienhandbuch den *Kategorienleitfaden*, der ein regelgeleitetes Vorgehen beim Codieren gewährleisten soll. Der Kategoriendefinition kommt dabei eine zentrale Rolle für die Güte der Forschung zu, denn diese lässt sich nur mittels einer möglichst präzisen Definition bei der Anwendung der Kategorien erreichen, da die Qualität der Kategorienbeschreibung und beispielhaften Erklärung den Codiervorgang und somit die Intercoderübereinstimmung maßgeblich beeinflusst.[77] Das Kategorienhandbuch bildet damit das Herzstück der

[76] Vgl. Sydow et al. (2012), S. 157.

[77] Vgl. Kuckartz (2016), S. 67.

Analyse und die einzelnen Kategoriendefinitionen die Basis auf deren Grundlage eine angemessene Interpretation der Analyseergebnisse ermöglicht wird.[78]

4.1.3.3 Datencodierung mit den Hauptkategorien

Das Kategorienhandbuch und der -leitfaden ermöglichen die Zuordnung von Kategorien zu Codiereinheiten. Diese Zuordnung wird im Folgenden als „Codieren“ bezeichnet. Beim Codieren wird das gesamte Material sequenziell, d. h. bei Texten Zeile für Zeile, von Anfang bis Ende bearbeitet, indem Codiereinheiten den Kategorien zugewiesen werden.[79] Dies entspricht einer hermeneutischen Vorgehensweise, bei der das Verständnis des Gesamttextes durch das Verständnis seiner Teile generiert wird, was wiederum wie bei einer Spirale dazu beiträgt, dass auch das Einzelne aus dem Ganzen heraus verstanden wird.[80] Einem Segment können dabei mehrere Kategorien zugeordnet werden. Diese Mehrfachcodierung ist nicht zu verwechseln mit mangelnder Trennschäfte der Kategoriendefinitionen, da es durchaus möglich sein kann, dass innerhalb eines Segments mehrere Themen angesprochen werden, sofern sich diese nicht gegenseitig ausschließen.[81] Dementsprechend können Kategorienzuordnungen „sich beliebig überlappen oder ineinander verschachtelt sein.“[82]

Bevor das gesamte Material mit den gebildeten Kategorien codiert wurde, wurden die im Folgenden beschriebenen wichtigen Vorentscheidungen bez. des codierten Segments, der Codierregeln, der Codierenden und der Qualtitätssicherung des Codierprozesses getroffen.

Während dieser dritten Analysephase wird das Codieren als „ein Akt des Subsummierens“[83] unter deduktiv gebildete Kategorien verstanden, da dabei die Kategorien an das Datenmaterial herangetragen werden. Die Codiereinheiten wurden auf inhaltliche Weise bestimmt, da sie sich thematisch auf die Kategoriethemen beziehen.[84] Codiereinheiten werden in der qualitativen Inhaltsanalyse unterschiedlich bezeichnet und anhand unterschiedlicher Konzepte bestimmt.[85]

---

[78] Vgl. Schreier (2014), S. 3.

[79] Vgl. Kuckartz (2016), S. 102.

[80] Vgl. Hawthorne (1994), S. 119 f.; Klafki (2001), S. 145; Spörl (2004), S. 129 f.

[81] Dies unterscheidet u. a. die qualitative von der klassischen Inhaltsanalyse.

[82] Vgl. Kuckartz (2016), S. 102 f.; MAXQDA Manual (2020), S. 179; Schreier (2012), S. 133.

[83] Kuckartz (2016), S. 41.

[84] Vgl. Krippendorff (2004).

[85] Vgl. Mayring (2015), S. 92.

Schreier (2012) betont bspw. die Bedeutung der Datensegmentierung in Codiereinheiten, wobei die Zuordnung der Kategorien dahingehend reglementiert sei, dass sich Subkategorien gegenseitig ausschließen sollten.[86] Statt jedoch unreflektiert Vorlagen zu folgen, wurde deren Anwendung auf die vorliegenden Daten kritisch hinterfragt und ein dem Datenmaterial angemessenes Vorgehen gewählt. Gehman et al. (2018) geben diesbezüglich den Rat: "it is important to customize the method for your research context. Research situations are different and require the use of tools and techniques in different ways."[87] Dementsprechend ist die Korrektheit des Vorgehens nicht mit Uniformität gleichzusetzen. Kreativität in Form von *aktiver Kategorisierung*, die bereits bei der Formulierung der Forschungsfragen und der Datenerhebung relevant ist, ist erwünscht, um Innovation in der Managementforschung voranzutreiben.[88] Darüber hinaus muss diese auch sinnvoll sein und bez. der Gestalt des Kategoriensystems zur Bildung eines plausiblen Ganzen beitragen.[89] Folglich wurden die einzelnen Design Elemente und Design Themen als Subkategorien unter der Hauptkategorie „Geschäftsmodell" belassen, obwohl diese sich überlappen können. Diese Entscheidung ist theoretisch begründbar, da die Subkategorien konstitutive Elemente des Geschäftsmodellansatzes nach Zott und Amit (2010) sind. Auch in MAXQDA ist es möglich, eine Codiereinheit mehreren Subkategorien zuzuordnen. Die *Codiereinheit* ist das Element (z. B. eine Textstelle), welches eine Kategorie anspricht und so die Zuordnung zu dieser auslöst.[90] Das Ergebnis ist eine Beziehung von Segment und Kategorie, die als Verbindung zum Ausgangsmaterial während der kompletten Analyse bestehen bleibt.[91] Die Größe der Codiereinheiten wurde so gewählt, dass das codierte Segment auch außerhalb des Textes, d. h. für sich alleinstehend, verständlich ist.[92] Dementsprechend wurde in Sinneinheiten codiert.

Das Codieren von Sinneinheiten ist eine wesentliche *Codierregel*, nach der gearbeitet wurde. Dabei entspricht eine Sinneinheit mindestens einem Satz. Sofern mehrere Sätze erforderlich waren, um eine Sinneinheit zu bilden, wurden diese entsprechend mitcodiert. Auch vom Forschenden produziertes Material

---

[86] Vgl. Schreier (2012), S. 133.

[87] Gehman et al. (2018), S. 297.

[88] Vgl. Grodal et al. (2021).

[89] Vgl. Kuckartz (2016), S. 95.

[90] Vgl. Kuckartz (2016), S. 41.

[91] Vgl. Kuckartz (2016), S. 42.

[92] Vgl. Schreier (2012), S. 133.

in Form von Fragen oder Einwürfen im Interview durfte codiert werden,[93] wenn es zur Bildung einer Sinneinheit erforderlich war.[94]

Das Codieren des Materials, d. h. die Zuordnung von Kategorie und Textsegmenten (und anderem Material wie Bildern) wurde von mir als *Codiererin* vollständig durchgeführt. Um die Verlässlichkeit der Studie zu gewährleisten, wurde ein weiterer Codierer hinzugezogen. Schnell hat sich gezeigt, dass dieser nicht einfach ein wohlwollender Freund sein konnte, der nicht die erforderliche Interpretationskompetenz besitzt. Daraufhin wurde ein Codierer identifiziert, der durch eine Promotion und eine methodische Ausbildung in einem DFG-Graduiertenkolleg entsprechendes Vorwissen zu den theoretischen Konstrukten mitbringt. Nach der Unterzeichnung einer Vertraulichkeitserklärung wurde der zweite Codierer in der QDA-Software und bez. der Forschungsfragen, aller theoretischen Konstrukte und des Kategorienhandbuchs, in welchem diese geronnen sind, geschult.

Zur *Qualitätssicherung des Codierprozesses* wurde zu dessen Beginn ein prozedurales Vorgehen gewählt: das *konsensuelle Codieren.* Dabei handelt es sich um ein bewährtes Verfahren[95] bei dem, wie auch in vielen anderen qualitativen Ansätzen, wie bspw. der objektiven Hermeneutik mit Interpretationsgemeinschaften, das Material von zwei unabhängig voneinander arbeitenden Codierenden bearbeitet wird.[96] Im Anschluss an das Codieren mit demselben Codierleitfaden wurden die Codierungen der Codierenden in MAXQDA gleichzeitig visualisiert, auf Übereinstimmung geprüft und Differenzen (Unterschiede in den Codierungen) diskutiert. Der Austausch der Argumente führte meist zu einer konsensuellen Einigung unter der Zielsetzung, die Zuverlässigkeit der Codierungen zu optimieren. Kuckartz (2016) betont den Wert des Verfahrens für die Güte der Forschung: „Codieren mehrere Personen, so werden mehr oder weniger automatisch die Kategoriendefinitionen an Präzision gewinnen und damit die Zuordnung zuverlässiger.“[97] Die konsensuelle Codierung einer Teilmenge des Materials des zweiten Codierers führte zur Verbesserung der Kategoriendefinitionen.

---

[93] Diese sind nach den Transkriptionsregeln von Dresing und Pehl (2015) durch ein „I:“ und eine Textformatierung in fett gekennzeichnet, sodass das Material eindeutig dem Befragten (B) oder dem Interviewer (I) zugeordnet werden kann.

[94] Vgl. Kuckartz (2016), S. 104.

[95] Siehe Guest et al. (2012) zum „subjective assessment“.

[96] Vgl. Hopf/ Schmidt (1993), S. 61 ff.

[97] Kuckartz (2016), S. 105.

Im Rahmen dieses Vorgehens wurden zudem Kategorien gestrichen und neu gebildet. Die ursprünglich gebildeten Kategorien „Gelegenheiten" und „Bedrohungen" wurden gruppiert und zu einer abstrakteren Kategorie, „Opportunities", zusammengefasst. Bez. der ursprünglichen Kategorien fiel eine eindeutige Einordnung schwer. Eigentlich wären z. B. Krieg und Parasiten im Fisch eine Bedrohung für das Geschäftsmodell, da jedoch durch den Krieg eine attraktive Investitionslandschaft für einen Eigentümer geschaffen wurde, der in Poseidon investierte und die Geschäftsführung die Flotte entgegen der Parteilinie „nur" repariert hat, statt neue Schiffe zu kaufen, die eingezogen worden wären, war die eigentliche Bedrohung auch eine Gelegenheit. Der Nemathodenskandal ist auch nicht eindeutig zuzuordnen, da aufgrund der Erfahrung mit den Parasiten Jahre zuvor schnell eine Durchleuchtungstechnik eingeführt wurde. Valenzen als positive oder negative Wertung der Antworten in das System aufzunehmen, hätte demnach die Zuordnungsproblematik nicht gelöst, weswegen die beiden Kategorien zu der abstrakteren Kategorie, „Opportunity", zusammengefasst wurden. Die Entrepreneurshipliteratur beschreibt, dass diese Perspektive sowohl ein Risikomerkmal als auch interne und externe Ursachen und die Entdeckung und Bewertung der Opportunity berücksichtigt.[98] Die neue Kategorie fügt sich gut in das Kategoriensystem ein, indem untersucht werden kann, welche Gelegenheiten erkannt und ausgenutzt werden konnten und welche ggf. aufgrund von Pfadabhängigkeit nicht. In diesem Zuge konnte die ursprünglich gebildete Kategorie „Awareness" als Hauptkategorie gestrichen werden, da diese Kategorie einen im Vergleich zu den anderen Hauptkategorien geringen Erklärungsgehalt für die Forschungsfrage aufweist und in der Kategorie „Pfad" und der neuen Kategorie „Opportunities" mit abgebildet wird.

Um die Zuverlässigkeit der Analyse auch quantitativ bewerten zu können, wurde für eine Teilmenge des Materials die Intercoderübereinstimmung mittels der prozentualen Übereinstimmung und des Kappa-Koeffizienten berechnet. Die prozentuale Übereinstimmung beträgt 64,7 %. Der zufallsbereinigte Koeffizient ergab einen Wert von 0,63, was als guter Wert, bzw. als substanzielle Übereinstimmung bewertet wird.[99]

4.1.3.4 Induktives Bestimmen von Subkategorien und finaler Codierprozess

Nach abgeschlossener Grobcodierung, bei welcher die Daten durch das Codieren mit deduktiven Kategorien vorstrukturiert wurden, erfolgte die Feincodierung.

---

[98] Vgl. Kirzner (1997); Schumpeter (1934); Shane (2003), S. 161.

[99] Vgl. Kuckartz (2016), S. 210; Landis/ Koch (1977), S. 159 ff.

Diese umfasst die Phasen der Zusammenstellung aller mit der gleichen Hauptkategorie codierten Textstellen, der induktiven Bestimmung von Subkategorien am Material und die des Codierens des Materials mit dem ausdifferenzierten Kategoriensystem. Dabei wird entweder das gesamte Datenmaterial sequentiell betrachtet oder alle Segmente, die mit deduktiven Kategorien codiert wurden, um aus diesen induktive Subkategorien zu bestimmen. Das Ergebnis ist ein deduktiv-induktives Kategoriensystem. Kategorien, die nur geringfügig codiert wurden oder wenige Kategorien, die in sehr großer Zahl codiert wurden, würden auf ein mangelhaftes Kategoriensystem hinweisen. Das entwickelte Kategoriensystem weist weder das Extrem zu hoher Ausdifferenzierung noch das von zu geringer Ausdifferenzierung auf.

MAXQDA ermöglicht es, die Phasen der Feincodierung in einem Schritt durchzuführen, so dass das gesamte Material nicht abermals sequenziell durchgearbeitet wird. Die induktive Ausdifferenzierung der Kategorien wurde mittels der Funktion der Segment-Suche anhand von Text Retrievals[100] umgesetzt. Dies ermöglichte die induktive Bestimmung von Subkategorien für die bereits mit deduktiv gebildeten Kategorien codierten Segmente.

Während im ersten Codierprozess Segmente unter deduktiv gebildete Kategorien subsummiert wurden, wurden nun Kategorien induktiv am Material generiert, wobei das Material ausgehend von thematisch bedeutsamen Textabschnitten codiert wurde. Bei dieser induktiven Bestimmung von Subkategorien am Material wurde das Kriterium der Sparsamkeit und Überschaubarkeit verfolgt, sich am Umfang des Samples orientiert und pragmatisch vorgegangen, indem sich immer wieder auf die Forschungsfrage rückbezogen wurde, um das Wesentliche nicht aus den Augen zu verlieren.[101] Während zentrale Kategorien, wie Geschäftsmodell oder Pfad zuvor bereits angemessen ausdifferenziert wurden, galt es nun, weitere Kategorien, wie Opportunities, um es im Folgenden an einem Beispiel zu veranschaulichen, in sinnvolle Subkategorien auszudifferenzieren. Bereits die große Anzahl an Codierungen mit *Opportunities* war ein Indikator dafür, dass ein Ausdifferenzieren der Kategorie sinnvoll ist. Die thematische Ausdifferenzierung der Opportunities-Kategorie dient der Herstellung von Zusammenhängen zu anderen Kategorien (Geschäftsmodell, Pfad, Wettbewerber, Eigentümer). Die Bildung der Subkategorien ermöglicht es, durch Kontrastierung des Geschäftsmodells, Wissen über eben dieses zu generieren. So können für die Analyse wichtige Fragestellungen beleuchtet werden, die sich

[100] Gemäß Kuckartz (2016), S. 181 sind Text-Retrieval „die kategorienbezogene Zusammenstellung von zuvor codierten Textpassagen" mittels QDA-Software.

[101] Vgl. Kuckartz (2016), S. 41 und 108.

auf die Realisierung bestimmter Opportunities durch Anpassung des Geschäftsmodells von Poseidon im Vergleich zur Konkurrenz, sowie auf die Realisierung von Opportunities in unterschiedlichen Eigentümerperioden, beziehen. In diesem Prozess wurden die Subkategorien Regulierungen und Mindestlohn zur abstrakteren Opportunity, institutionelles Umfeld, zusammengefasst. Globalisierung, Europäisierung und Internationalisierung wurden zu Internationalisierung vereint. Opportunities, die weniger als dreimal codiert wurden, wurden der Subkategorie Sonstige Opportunities zugeordnet, um den Fokus auf die zentralen Themen zu legen. Digitalisierung, Nachhaltigkeit und Franchise wurden als thematische Cluster identifiziert und folglich als Subkategorie aufgenommen. Veränderte Kundenbedürfnisse und insebsondere Markt sind bedeutende thematische Subkategorien der Kategorie Opportunities.[102] Die induktiv gebildeten Subkategorien wurden definiert und in das Kategoriensystem eingefügt.[103]

Diverse Textsegmente wurden mit der Kategorie Sonstiges versehen, was zeigt, dass über die deduktiv von der Theorie ausgehend gebildeten Kategorien hinaus bedeutsam erscheinende Inhalte im Material entdeckt wurden. Diese wurden entweder bestehenden Kategorien zugeordnet, oder es wurden sinnvolle, dem Forschungsziel dienliche weitere Kategorien gebildet. Anders als bei der Kategorie Opportunities umfasst die Kategorie Sonstiges unterschiedliche unspezifizierte Themen und Konzepte, die es zu identifizieren galt. Genau für diese Nutzung ist die qualitative Inhaltsanalyse prädestiniert: offen für das Neue zu sein und so bei der Feincodierung induktive Kategorien zu Themen zu bilden, die im Material im Hinblick auf die Forschungsfragen interessant erscheinen. Dementsprechend wurde nach intensiver Lektüre der in der Liste der codierten Segmente zusammengestellten Textstellen, der Kategorie Sonstiges, in diesen offen codiert, bis Themen und Konzepte identifiziert, systematisiert und dimensioniert werden konnten. Initial codierte Konzepte waren u. a. Kultur, Mentalität, Geschäftsmodell, Big Smith, Geschäftsmodell Captain Chicken, Geschäftsmodell Cucina per tutti amici und Produkt Fisch.

Die (Sub)kategorien wurden im Entstehungsprozess fortwährend auf ihren Erklärungsgehalt bezüglich der Forschungsfragen hin überprüft und entsprechend angepasst oder verworfen.

Die Kategorie *Steuerung* wurde im Zuge der Identifizierung von Konzepten innerhalb der Kategorie Sonstiges einer Ausdifferenzierung unterzogen. Die

---

[102] Diese Kategorien wurden explizit nicht ebenfalls in die institutionelles Umfeld Kategorie aufgenommen, da sie, wie in der Einleitung beschrieben, die Entwicklung von Geschäftsmodellen entscheidend prägen.

[103] Vgl. Kuckartz (2016), S. 182.

Definition von Steuerung, „*wer wo* Aktivitäten ausführt“, profitiert von einer Erweiterung eines *Was* und *Wie*, denn ebenso bedeutsam wie die Akteurinnen und Akteure, die die Aktivitäten ausführen, sind im Hinblick auf die Steuerung auch die Regeln, die diese Ausführung betreffen, zumal zwischen ihnen eine Wechselwirkung besteht.[104] Diese „rules of the game“[105] können formeller und informeller Natur sein. Neben formellen Regeln, die bspw. in Franchiseverträgen geronnen sind, konnte in der Kategorie Sonstiges ein auffällig hohes Vorkommen an informellen Regeln in Form von Verhaltensregeln, -normen und Konventionen, wie bspw. das Kapitänsprinzip identifiziert werden.[106] Die Erweiterung der formalen Regeln ist sinnvoll, da formale Regeln selbst in dem am weitesten entwickelten System nur einen kleinen, wenn auch bedeutsamen, Teil der Summe der Zwänge ausmachen, die Entscheidungen prägen. Den informellen Zwängen liegen zwar formale Regeln zugrunde, doch diese sind selten die offensichtliche und unmittelbare Quelle für Entscheidungen in den täglichen Interaktionen. Dass informelle Regeln an sich wichtig und nicht nur das Anhängsel formaler Regeln sind, zeigt sich auch daran, dass dieselben formalen Regeln in verschiedenen Settings zu unterschiedlichen Ergebnissen führen – und damit die Persistenz, dass so viele Aspekte eines Systems trotz einer völligen Änderung der Regeln fortbestehen, was in den Daten besonders unter Eigentümerwechseln von Poseidon ersichtlich ist.[107] North (1995) betont: „I believe that the informal constraints of norms, conventions, and codes of conduct that have deep-seated cultural antecedents are particularly important as sources of path dependence.“[108] Das Einbeziehen von Norths theoretischer Differenzierung ermöglicht eine Erweiterung des Geschäftsmodellkonzepts von Zott und Amit (2010) und eröffnet theoretische Horizonte, indem eine Brücke von der Geschäftsmodellliteratur zur Theorie der Pfadabhängigkeit geschlagen wird.

Die von den Befragten in eigenen Worten formulierten Antworten sind ein wichtiges Merkmal der qualitativen Inhaltsanalyse. Eine entsprechend große Bedeutung wird diesen eigenen Worten in Form von Metaphern, Wahlsprüchen, Leitsätzen und anderen bezeichnenden Formulierungen beigemessen.[109]

---

[104] Vgl. North (1990), S. 5.

[105] North (1990), S. 3.

[106] Das Kapitänsprinzip bezieht sich darauf, dass es entscheidend dafür war, wer die Führungsrolle innehatte und wie diese, z. B. durch Vorleben, ausgefüllt wurde, ob die Mitarbeitenden sich damit identifizieren konnten und folgten oder nicht.

[107] Vgl. North (1990), S. 36 und 46 f.

[108] North (1995), S. 22. Insbesondere bei der Analyse des Geschäftsmodells eines Traditionsunternehmens sollte dieser Aspekt Berücksichtigung finden.

[109] Vgl. Kuckartz (2016), S. 179.

Die Kategorie Sonstiges war ein schier unerschöpflicher Quell *an narrativen Deutungsmustern* wie „Heuschrecke" [I-Nr. 25, Pos 8, Bereichsleitung Unternehmenskommunikation, Unser Meer GmbH] oder „Poseidon-Familie" [I-Nr. 10, Pos. 10, Bezirksleitung, Poseidon]. Die narrativen Deutungsmuster beziehen sich auf unterschiedliche Kategorien, denen sie nun zugewiesen wurden. „Wir sind Fisch." [I-Nr. 15, Pos. 50, Leitung Franchise, Poseidon] bspw. versinnbildlicht die Mentalität und den Stolz und die besondere Unternehmenskultur Poseidons und führt zur Normierung von Verhaltensweisen, weshalb das Segment der Subkategorie informelle Regeln des Elements Steuerung zugeordnet wurde.

Die Kategorie *Wettbewerber* wurde ebenfalls aus der Kategorie Sonstiges gebildet. Zweck der Bildung dieser Kategorie war, neben der Herstellung von Zusammenhängen mit der Kategorie Opportunitities, die Kontrastierung des Poseidon-Geschäftsmodells mit dem seiner direkten Konkurrenz, mit deren Vertretern und Vertreterinnen ebenfalls Interviews geführt wurden. Zu viele Kategorien können theoretische Perspektiven aufweichen, die Bildung der Kategorie Wettbewerber war jedoch nicht nur plausibel und der Gestalt des Kategoriensystems entsprechend, sondern darüber hinaus notwendig, um die Innenperspektive von Poseidon mit der Außenperspektive anreichern zu können, wenn bspw. das Management von Big Smith über das eigene Geschäftsmodell im Vergleich zu Poseidon reflektiert. Entsprechend wurde die neue Kategorie ausdifferenziert, indem ihre Subkategorien die einzelnen Geschäftsmodelle des jeweiligen Wettbewerbers bezeichnen, die jedoch nicht, wie die Kategorie Geschäftsmodell, weiter ausdifferenziert wurden.[110] Die Kategorie Wettbewerber ermöglicht die Analyse des Geschäftsmodells im Vergleich zu divergenten Modellen in Bezug auf die Reaktionen auf Opportunities, mittels der Integration der Außenperspektive und somit eine plausible Kommunikation der Entwicklung des Poseidon-Geschäftsmodells.

Abbildung 4.2 präsentiert das durch die Anpassungen entstandene Kategoriensystem.

---

[110] Die pseudonymisierten Wettbewerber:innen sind Big Smith, Captain Chicken, Cucina per tutti amici, Karls Imbiss, Brötchen Plantage und Global Fish Sticks GmbH.

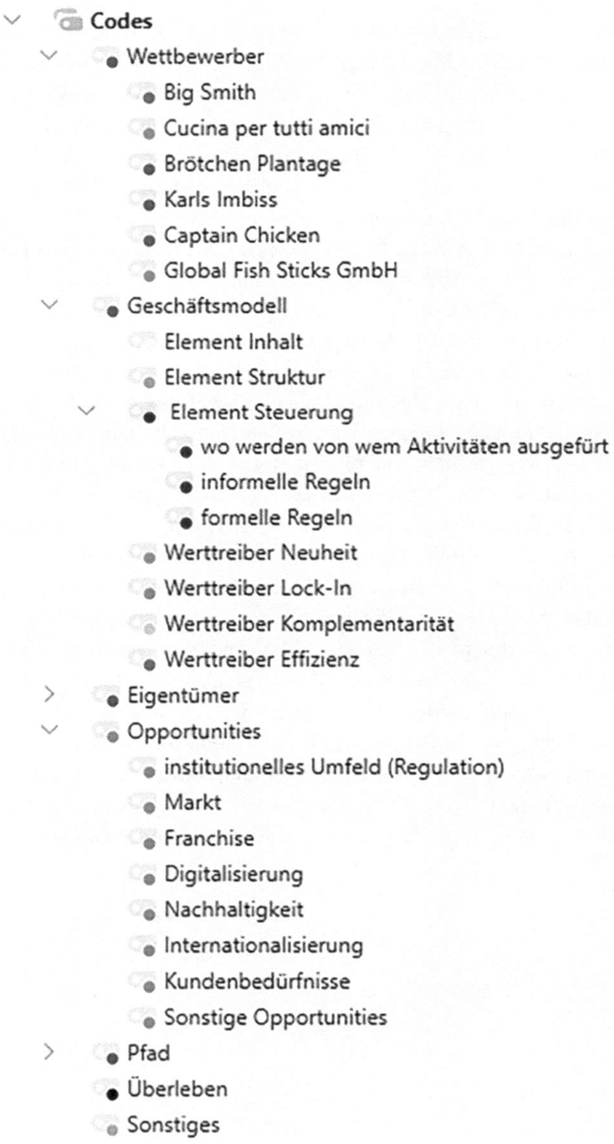

Abbildung 4.2 Angepasstes Kategoriensystem in MAXQDA. (Quelle: Eigene Darstellung)

Die Kategorie Opportunities vereint Bedrohungen und Gelegenheiten, die Kategorie Awareness wurde eleminiert und im finalen Codierprozess entstand die Kategorie Wettbewerber, welche ebneso wie die Opportunitieskategorie ausdifferenziert wurde. Aufgrund der entdeckten Konzepte innerhalb der Kategorie Sonstiges wurde ferner die Subkategorie Steuerung, neben wer wo Aktivitäten ausführt, in formelle und informelle Regeln ausdifferenziert. Das finale Kategoriensystem umfasst die sieben Hauptkategorien Wettbewerber, Geschäftsmodell, Eigentümer, Opportunities, Pfad, Überleben und Sonstiges.

4.1.3.5 Kategorienbasierte Datenanalyse

Die „eigentliche Analyse“ findet im Anschluss an den zweiten Codierprozess statt, bei der innerhalb dieser inhaltlich strukturierenden qualitativen Inhaltsanalyse die Themen im Mittelpunkt des Auswertungsprozesses stehen.[111] Entsprechend wurde eine kategorienbasierte Auswertung vorgenommen, bei der die Hauptkategorien, die Zusammenhänge der Subkategorien innerhalb der jeweiligen Hauptkategorien und zwischen Hauptkategorien sowie Zusammenhänge zwischen Hauptkategorien ausgewertet wurden. Im Zentrum dieser Betrachtung steht die Kategorie Geschäftsmodell und deren Zusammenhänge mit den Kategorien Pfad, Überleben, Opportunities und Wettbewerber.[112]

In einem ersten Schritt wurden die Ergebnisse für die jeweilige Hauptkategorie dargestellt, indem ein Bericht darüber verfasst wurde, welche Informationen zu diesem Thema in den Daten gefunden wurden bzw. welche nicht gefunden wurden oder nur an der Peripherie zu finden waren. Für diese Beschreibung wurden die Kategorien in eine für die Rezipienten und Rezipientinnen nachvollziehbare Chronologie überführt. Da nicht nur die Anzahl der Interviews, sondern auch die Anzahl der Codings innerhalb der (Sub)Kategorien groß ist, konnten die Kernaussagen nicht direkt aus der Liste der codierten Segmente erschlossen werden. Entsprechend musste mit dem Summary Grid gearbeitet werden, indem für jede (Sub)Kategorie die Aussagen pro Dokument prägnant und verständlich zusammengefasst und anschließend alle zusammengefassten Aussagen in einer Summary-Tabelle dargestellt wurden. Innerhalb der Hauptkategorien, welche Subkategorien enthalten, wurden diese ebenfalls inhaltlich dargestellt und wenn es einen analytischen Mehrwert bot, mittels deskriptiver

[111] Vgl. Kuckartz (2016), S. 117.

[112] Die Kategorie Sonstiges, welche weniger als zehn codierte Segmente umfasst, wird im Ergebnisbericht nicht gesondert dargestellt, da sie kein zentrales Thema der Analyse darstellt.

Statistik ergänzt.[113] Auf diese Weise wird bspw. anhand des Vergleichs der Codinghäufigkeiten von Subkategorien direkt ersichtlich, welche Design Themen im Poseidon-Geschäftsmodell dominieren. Bei diesen Statistiken für Subcodes wurden die Dokumente als Analyseeinheit gewählt, um die Ergebnisse nicht durch einzelne Interviewte, die ein Thema besonders häufig ansprechen, zu verzerren.[114] Es wurde darauf geachtet, die Aussagekraft von Quantifizierungen zu reflektieren. Ebenso wichtig ist die qualitative Prüfung dessen, welche Themen in welcher Form in welchen Worten angesprochen werden, d. h. ob bezüglich der Opportunities bspw. allgemein von Digitalisierung gesprochen, oder konkret auf Unternehmensprozesse eingegangen wird.[115] Diesbezüglich verwendete Worte und Metaphern wurden beispielhaft im Ergebnisbericht zitiert. Um Unterschiede in den Aussagen der Befragten und zugrundeliegende Ursachen zu entdecken, wurden Gruppenvergleiche durchgeführt. Analog zum gesamten Ergebnisbericht wurde mittels eines sparsamen Einsatzes von Zitaten die analytische Integrität der Arbeit gewahrt und der Gefahr einer selektiven Plausibilisierung vorgebeugt.[116] In diesem Sinne wurden auch abweichende oder widersprüchliche Zitate präsentiert und die Variationsbreite von Zitaten dargestellt.

Zusammenhänge zwischen Subkategorien wurden zwischen und innerhalb der Hauptkategorien untersucht. Innerhalb von Hauptkategorien konnten durch die Untersuchung gemeinsamer Erwähnungen von Subkategorien Themencluster identifiziert werden, welche es ermöglichten, Zusammenhänge zwischen Subkategorien zu erkennen. Die häufige, seltene oder ausbleibende gemeinsame Erwähnung von Themen eröffnet Interpretationsmöglichkeiten für die folgende Diskussion dahingehend, dass bei einer häufigen gemeinsamen Nennung bspw. von institutionellem Umfeld und Digitalisierung darauf geschlossen werden könnte, dass die Digitalisierung von Lieferprozessen die Einhaltung von Regulationen bezüglich der Herkunftsangaben oder der Lebensmittelkennzeichnung beeinflusst.

---

[113] Gemäß Seale (1999), S. 121 wurde dem Prinzip „count the coutable" gefolgt, da es in einigen Fällen einen Mehrwert für die Verdeutlichung der Argumentation und der Verständlichkeit des Inhalts bietet, darzustellen, wie oft bestimmte Themen von bestimmten Befragten benannt wurden und mit den Häufigkeiten anderer Themennennungen zu vergleichen, wobei *häufig* nicht unbedingt mit *wichtig* gleichzusetzen ist, denn es könnte durchaus sein, dass ein Umwelttrend häufig genannt wird, dieser aber das eigene Geschäftsmodell nicht maßgeblich tangiert.

[114] Bspw. ein Vertreter des Deutschen Franchiseverbandes zum Thema Franchise.

[115] Vgl. Kuckartz (2016), S. 119.

[116] Vgl. Flick et al. (1991), S. 169.

Zwischen den Hauptkategorien konnten sowohl einfache Zusammenhänge, dazu zählt der Zusammenhang von Eigentümern und der Ausgestaltung des Geschäftsmodells, als auch komplexe Zusammenhänge zwischen multiplen Kategorien, wie der Zusammenhang von Opportunities, Geschäftsmodell und Pfad, untersucht werden.

Konfigurationen von Kategorien, d. h. mehrdimensionale Zusammenhänge zwischen Haupt- und Subkategorien, wurden anhand von Codekombinationen erforscht.

Die inhaltlich strukturierende qualitative Inhaltsanalyse kann Daten durch *unterschiedliche Formen einfacher und komplexer Analysen* ausgewerten.[117] Es wurden die oben beschriebenen, für diese Analyse relevanten Formen ausgewählt.

4.2 Güte der qualitativen Forschung

Das systematische, regelgeleitete und transparente Vorgehen dieser Arbeit erlaubt es, deren Güte anhand von etablierten Kriterien zu beurteilen.

Die Qualität der Forschung sollte in Übereinstimmung mit dem der Arbeit zugrundeliegenden onto-epistemologischen Paradigma beurteilt werden.[118] Wichtig ist nicht nur die korrekte Durchführung der Analyse, sondern auch die *Kompatibilität der getroffenen methodologischen Entscheidungen bezüglich der Sammlung, Analyse, Qualitätssicherung und Präsentation der Daten, mit dem zugrundeliegenden onto-epistemologischen Paradigma.* Unterschiedliche Paradigmen haben bestimmte Annahmen über Wissensgenerierung und die Natur sozialer Realität und dementsprechend unterschiedliche Annahmen darüber, was gute Forschung ausmacht.[119] Folglich haben sie Implikationen für die Durchführung und Bewertung der Forschung.[120] Daher wird der Blick auf die *Verbindung von Philosophie, Theorie und Methode* gerichtet.[121]

Der provokativen Zuordnung der Pfadtheorie zu einem positivistischen Paradigma wurde von den Theoriebegründern entschieden widersprochen.[122] Suddaby

---

[117] Vgl. Kuckartz (2016), S. 118 f.

[118] Wissenschaftstheorie bezieht sich zum einen auf die Frage der Ontologie, welche die allgemeinen Grundcharakteristika der sozialen Realität betrifft, und zum anderen auf die Frage der Epistemologie, die sich darauf bezieht, was wir in welcher Weise über diese Realität wissen können.

[119] Vgl. Reissner/ Whittle (2022).

[120] Vgl. Cunliffe (2011), S. 648.

[121] Vgl. Alvesson (2003), S. 13.

[122] Vgl. Sydow et al. (2020a), S. 722 f.

und Foster (2017) unterscheiden bei ihrer Kritik subjektive von objektiven Perspektiven auf Geschichte. Sie kategorisieren die Theorie als „history as fact“, weil sie historische Entwicklungen als reine Fakten behandeln würde und schreiben ihr deterministischen Fatalismus zu.[123] Die Kritik bezieht sich auf das charakteristische Merkmal des Positivismus, die Annahme, der Unabhängigkeit der Realität vom menschlichen Verstand. Forscher sollen diese Realität mit objektiven Methoden untersuchen. Die Pfadabhängigkeitsforschung wiederum hat eine bestimmte Konstellation menschlicher Interaktion untersucht. Das Hauptaugenmerk bei der Erklärung lag auf der Entwicklung endogener selbstverstärkender Prozesse, die einer sozialen Falle gleichkommen, und diese unbeabsichtigten Dynamiken den Handlungsspielraum letztlich mehr und mehr einschränken. Die beteiligten Akteure erleben diese Situation als etwas Beklemmendes, als „objektive Realität“ oder „objektive Geschichte“.[124] In diesem Kontext ist es ersichtlich, dass diese Realität sozial konstruiert ist, aber dennoch – durch Objektivierung – als objektiv erlebt wird.[125]

Die eigene *Positionalisierung*[126] gilt es ebenso reflexiv zu berücksichtigen, denn in der qualitativen Forschung können die persönlichen Werte unwissentlich die Art und Weise der Analyse und die aus ihr gezogenen Schlüsse, beeinflussen.[127] Aufgrund der Subjektivität und Einseitigkeit sozialer Perzeption galt es sich bewusst zu machen, was die eigenen disziplinären, methodologischen und theoretischen Wurzeln, der persönliche Hintergrund, d. h. sowohl Forschungsinteressen als auch persönliche Erfahrungen und Eigenschaften sind, und zu überprüfen, welche dieser Subjektivitäten tatsächlich relevant für die Forschung waren/ sind.[128] Mit dem kompletten Forschungsprozess ist auch das Herzstück der qualitativen Inhaltsanalyse, die Kategorienbildung, durch die Positionalisierung des Forschenden betroffen, da diese aktiv Kategorien konstruieren, die auf dem vorhandenen Wissen und den Absichten, die sie in den Kategorisierungsprozess einbringen basieren.[129]

---

[123] Vgl. Suddaby/ Foster (2017), S. 23.

[124] Vgl. Sydow et al. (2020b), S. 7.

[125] Vgl. Berger/ Luckmann (1966), S. 78.

[126] Damit ist die subjektive Rolle des Forschers bei der Wissensgenerierung im Forschungsprozess bezüglich unterschiedlicher Themen, wie bspw. Geschlecht, Herkunft, Bildungsstatus, etc. gemeint. Siehe dazu Anthias (2002); Bettez (2015); Milner (2007); Reichertz (2015).

[127] Vgl. Dean et al. (2018), S. 273.

[128] Vgl. Brown (2010), S. 238; Brunt (2001), S. 84.

[129] Vgl. Berger/ Luckmann (1966); Searle (1995).

Bezüglich der methodologischen Praktiken bewegen sich Forschende in einem Spannungsfeld zwischen philosophischer Diversität und der Anwendung standardisierter Kriterien, die meist auf positivistische Paradigmen zurückgehen.[130] Dementsprechend ist es für die Beurteilung der Forschungsqualität nicht nur wichtig zu zeigen, welche Praktiken wie angewendet wurden, sondern auch warum.[131] Das gewählte Studiendesign ist ein rein qualitatives, bei welchem darauf geachtet wurde, dass die Befragten in angenehmer Atmosphäre offen sprechen konnten, um mittels semi-strukturiertem Interviewleitfaden mit offenen Fragen ein tieferes Verständnis der untersuchten Konzepte zu erlangen.[132] Interviews wurden dementsprechend nicht als eine objektive Wiedergabe der Wahrheit, sondern der Spiegelung der authentischen Erfahrungen und Interpretationen der Befragten betrachtet und die Qualität beispielsweise mit Hilfe von member checking, anstatt Reliabilitätsprüfungen, zu sichern versucht.[133]

Die *legitimatorische Funktion* bestimmter Praktiken für institutionelle Gatekeeper, die dem hypothetiko-deduktiven Paradigma verbunden sind, sollte jedoch nicht außer Acht gelassen werden. Diese wünschen meist, „dass Angaben zur Codiererübereinstimmung gemacht werden. Ähnliches gilt nicht selten für die Bevorzugung des Kappa-Koeffizienten gegenüber der Berechnung der prozentualen Übereinstimmung."[134] Daher erfolgte zusätzlich zur prozentualen Übereinstimmung die Angabe eines zufallsbereinigten Koeffizienten als bewusst legitimatorischer Akt.

Die zur Präsentation der Daten herangezogenen Praktiken unterscheiden sich ebenfalls anhand der Annahmen der unterschiedlichen Paradigmen darüber, inwiefern ein Interviewexzerpt für sich selber spricht. Da die Bedeutung und Aussagekraft der Aussagen der Befragten angesichts des präsentierten Themas nicht als selbsterklärend angesehen wurden, sondern dass sie der Interpretation des Forschenden bedürfen, wurde das sogenannte Sandwich Format als Präsentationstechnik angewendet. Dabei werden Zitate neben der eigenen Interpretation in einem narrativen Stil in der Art präsentiert, dass der Einführung des jeweiligen Themas in eigenen Worten ein oder mehrere Zitate folgen und mit der eigenen Interpretation abgeschlossen wird.[135] Zitate wurden im Ergebnisbericht zitiert

---

[130] Vgl. Cassell/ Symon (2015).

[131] Vgl. Davidson (2009).

[132] Vgl. Alvesson (2003), (2011).

[133] Elo et al. (2014); McKim (2023).

[134] Kuckartz (2016), S. 217.

[135] Vgl. Reissner/ Whittle (2022).

und nicht schon im Theoriekapitel zur Generierung von Hypothesen herangezogen. Die Transkriptionsregeln nach Dresing und Pehl (2018) wurden expliziert. MAXQDA verbindet die nach diesen Regeln erstellten Transkripte, welche Redeelemente wie Pausen, cutt-offs, Überlappungen, Betonung/ Lautstärke, Lachen etc. angeben, mit den entsprechenden Audiodateien, welche darüber hinaus Artikulationen, die die Stimmung oder Sarkasmus etc. vermitteln können, wiedergeben.[136] So konnte nicht nur dargestellt werden, was gesagt wurde, sondern auch wie es gesagt wurde, um der Analyse mehr Tiefe zu verleihen. Dies zeigt, dass weder „anything goes", noch dass es hilfreich wäre, sich an standardisierte Kriterien zu klammern, um Forschung zu generieren, die angeblich universell anwendbar wäre.[137] Es ging vielmehr darum, sich seines eigenen epistemologischen Standpunktes bewusst zu werden und auf dessen Grundlage seine Freiheitsgrade in der Auswahl der methodologischen Praktiken zu erkennen.

4.2.1 Gütekriterien qualitativer Forschung

Sowohl die durchgeführte Inhaltsanalyse als auch die Architektur und Durchführung der gesamten Arbeit muss einer Prüfung anhand von Gütekriterien standhalten, um einen Forschungsbeitrag leisten zu können. Über die Frage, welche Gütekriterien für qualitative Forschung herangezogen werden sollen, besteht eine langjährige und kontroverse Debatte.[138] Ausgehend von den in der quantitativen Forschung anerkannten Gütekriterien: Objektivität, Validität und Reliabilität, brachten unterschiedliche epistemologische Wurzeln der Wissenschaftler:innen viele unterschiedliche Kriterien für die qualitative Forschung hervor.[139] Das Verhältnis der internen und externen Studiengüte entspricht dem der Kriterien der quantitativen Forschung, bei der Reliabilität die Voraussetzung für Validität darstellt.[140] Beeinflusst das gesamte Studiendesign vor allem die Verallgemeinerungsfähigkeit und Übertragbarkeit der Ergebnisse, so beeinflusst die Auswertungsmethode, die hier gewählte inhaltlich strukturierende qualitative Inhaltsanalyse, vor allem die interne Studiengüte.[141]

---

[136] Vgl. MAXQDA Manual (2020), S. 62.

[137] Vgl. Grodal et al. (2021), S. 594; Symon et al. (2018), S. 134.

[138] Vgl. Flick (2007a), S. 487 ff.; Grunenberg (2001); Kirk/ Miller (1986); Lamnek (2010); Lincoln/ Guba (1985); Mayring (2002); Spencer et al. (2003); Steinke (2007).

[139] Vgl. Döring/ Bortz (2016), S. 82 ff., 106 ff.; Lamnek (2010), S. 127 ff.

[140] Vgl. Mayring (2015), S. 125.

[141] Vgl. Kuckartz (2016), S. 203.

4.2.2 Interne Studiengüte

Die Gütekriterien der internen Studiengüte betreffen ebenso wie die Auswertung auch die anderen Teile der Arbeit. Kuckartz (2016) weist darauf hin, dass allerdings „oft erst bei der inhaltsanalytischen Auswertung deutlich [wird], welche Güte die erhobenen Daten eigentlich besitzen.“[142]

Für die *Beurteilung der internen Studiengüte bezüglich der Datenerhebung und Interviewtranskription* ist Folgendes relevant: Die erhobenen Daten wurden dokumentiert. Die Transkription der Interviews erfolgte nach den Regeln von Dresing und Pehl (2018). Es erfolgte eine Pseudonymisierung von Unternehmens- und Markennamen mittels Speaking Names und von den Interviewten mittels neutraler Formulierungen, die wesentliche Merkmale wie Position und kulturellen Kontext erkennbar ließen.[143] Für die Pseudonymisierungen wurde eine Überblickstabelle erstellt, die getrennt von den Originaldaten aufbewahrt wird. Durch die Nutzung von MAXQDA war ein synchrones Arbeiten mit Transkription und Audioaufnahme möglich.[144]

Auch bezüglich der *Kategorisierung* kann eine qualitative Analyse hoher wissenschaftlicher Güte erreicht werden, indem transparent und detailliert über die aktiven Kategorisierungsentscheidungen während des Prozesses berichtet wird.[145] Solch ein Vorgehen macht es möglich, die zahlreichen Entscheidungen während des Forschungsprozesses nachvollziehen und beurteilen zu können und ermutigt, reflexiver bez. des eigenen Forschungsprozesses zu sein und auch darüber, wie Ergebnisse aus den Daten generiert werden.[146] Dies kann hilfreich dabei sein, einen stärkeren Forschungsbeitrag zu leisten.[147] Dementsprechend wurde der Forschungsprozess transparent gestaltet, indem zum einen die jeweiligen Analyseschritte eingehend beschrieben wurden und zum anderen Tabelle 4.5 als visuelle Darstellungen des analytischen Prozesses erstellt wurde. Die Abbildung entspricht dem Verlauf des Kategorisierungsprozesses und veranschaulicht dessen Komplexität.

---

[142] Kuckartz (2016), S. 204.

[143] Vgl. Kuckartz (2016), S. 204. Die Pseudonymisierung erfolgte gem. Art. 4 Nr. 5 DSGVO.

[144] Vgl. MAXQDA Manual (2020), S. 62.

[145] Vgl. Glaser/ Strauss (2017), S. 244.

[146] Vgl. Bourdieu/Wacquant (1992); Eisenhardt et al. (2016).

[147] Vgl. Grodal et al. (2021), S. 594.

Tabelle 4.5 Visuelle Darstellung des Kategorisierungsprozesses. (Quelle: Eigene Darstellung in Anlehnung an Grodal et al. (2021), S. 592)

		Aktive Schritte des Forschenden								
Kategorisierungsprozess	**Analysephase**	**Fragen stellen**	**Konzentrieren auf „Puzzles"**	**Kategorien verwerfen**	**Kategorien zusammen fassen**	**Kategorien teilen**	**Kategorien miteinander in Beziehung setzen oder kontrastieren**	**Kategorien sequenzieren**	**Annahmen entwickeln oder verwerfen**	**Theoretischer Forschungsbeitrag**
Bildung initialer Kategorien	Entwicklung der Forschungsfragen, Datenerhebung und anfängliche Analyse									Verknüpfung von initialen Kategorien mit bisherigen theoretischen Erkenntnissen
Weiterentwickeln/ Verfeinern vorläufiger Kategorien	Fortgeschrittene Analyse									Verknüpfung fortgeschrittener Kategorien, um bestehende Theorien zu erweitern oder in Frage zu stellen
Kategorien stabilisieren	Erneute Analyse und theoretische Integration									Erweiterung des Geschäftsmodellansatzes von Zott und Amit

Je dunkler die Färbung, desto mehr Aufmerksamkeit wird auf einen bestimmten Schritt in der jeweiligen Analysephase gerichtet. Mittels der Tabelle der aktiven Kategorisierung kann auf einen Blick genau dargelegt werden, wann welcher Schritt zu welchem Zweck umgesetzt wurde. Da die Analyse von Daten ein „lebendiger" und iterativer Prozess ist, können theoretisch alle Schritte in allen Phasen des Prozesses nützlich sein und eingesetzt werden.

Bei der *Durchführung der inhaltlich strukturierenden qualitativen Inhaltsanalyse* wurde die interne Studiengüte durch eine qualifizierte Begründung der Methodenwahl und durch die differenzierte eingehende Phasenbeschreibung der Analyse unterstützt. Dabei wurden bei letzterem genaue Angaben zu den Codierenden, den Codierregeln, dem Datenmaterial, dem Kategoriensystem und dem Kategorienleitfaden gemacht, durch die sich die interne Studiengüte beurteilen lässt.

Zentral für die interne Studiengüte ist die Transparenz und die Reflektiertheit des methodischen Vorgehens. Die Nutzung von MAXQDA unterstützt die transparente Dokumentation der Analyse, ebenso tut dies die Darstellung der einzelnen Phasen der inhaltlich strukturierenden qualitativen Inhaltsanalyse und des gesamten Forschungsdesigns. Diese Differenzierung gestattet sowohl die Nachvollziehbarkeit der Arbeitsschritte als auch die Identifikation von Fehlerquellen, die die einzelnen Phasen beschreiben und ermöglicht somit ein reflektiertes methodisches Vorgehen.[148]

4.2.3 Spezifisch inhaltsanalytische Gütekriterien

Aufgrund der Kritik an den klassischen quantitativen Gütekriterien wurden, über Gütekriterien für die qualitative Forschung hinaus, spezifisch inhaltsanalytische Gütekriterien entwickelt.[149] Da der Codierprozess im Mittelpunkt der qualitativen Inhaltsanalyse steht, stellt dabei die *Codiererübereinstimmung* ein zentrales Kriterium zur Bewertung der Qualität dar.[150] Intracoderübereinstimmung bezeichnet die erneute Anwendung des Analyseinstruments, d. h. des Forschenden, auf das Material, ohne seine ersten Codierungen zu kennen, bzw. in hinreichendem zeitlichem Abstand, was nur selten sinnhaft anwendbar ist und im vorliegenden Fall

148 Vgl. Mayring (2015), S. 129.

149 Vgl. Mayring (2015), S. 125.

150 Vgl. Kuckartz (2016), S. 70 f.; Mayring (2015), S. 125.

allein aus arbeitspraktischen Gründen wenig Sinn machte.[151] *Intercoderübereinstimmung* bezieht sich auf die Anwendung des Kategoriensystems von mehreren Codierenden.[152] Es gibt zahlreiche spezifisch inhaltsanalytische Gütekriterien, die auf der Forderung fußen, dass genau wie der Codierprozess auch die Kategorienbildung selbst zuverlässig praktiziert werden muss.[153] Zwischen Bildung und Anwendung von Kategoriensystemen sollte jedoch differenziert werden, da es sich bei ersterem um einen Konstruktionsprozess auf Grundlage der Erfahrung und der epistemologischen Wurzeln des jeweiligen Forschenden handelt und sich deshalb auch kein Anspruch auf Übereinstimmung an die Bildung des Kategoriensystems stellen lässt. Dementsprechend fokussiert die Übereinstimmung der Codierenden auf die Kategorienanwendung, d. h. das Codieren des Materials.[154] Während es in der quantitativen Forschung durchaus charmant erscheint, mit einem Blick auf den Kappa-Wert die Intercoderreliabilität beurteilen zu können, ist dies nicht eins zu eins auf die qualitative Forschung übertragbar. Dies ist dem Codieren in Sinneinheiten, deren Grenzen relativ frei wählbar sind, geschuldet, bei dem das Material nicht vorab segmentiert wird, sondern das Segmentieren und Codieren zusammenfällt.[155]

Neben der Berechnung prozentualer Übereinstimmung und/oder eines Koeffizienten, kann die Codiererübereinstimmung auch qualitativ mittels *konsensuellen Codierens* sichergestellt werden.[156] Dabei wurde von zwei Codierenden unabhängig voneinander codiert und die Codierungen anschließend miteinander verglichen.[157] Dieser Vorgang ist besonders im Hinblick auf die Subjektivität und Positionalisierung in qualitativer Forschung hervorzuheben, da unterschiedliche Forschende dieselben Daten auf sehr unterschiedliche Weise interpretieren können und ebenso unterschiedliche Fähigkeiten und Erfahrungen mitbringen, deren Kombination exponentielle Vorteile schaffen kann. Aufgrund der sich durch Datenschutzvereinbarungen ergebenden Limitationen, eigene Ideen mit anderen Forschenden zu diskutieren und dadurch neue Erkenntnisse zu erhalten, war das konsensuelle Codieren besonders gewinnbringend, da durch die teilweise sehr tiefe inhaltliche Auseinandersetzung mit den Daten und dem Kategoriensystem, die eigenen Praktiken und Sichtweisen konstant hinterfragt wurden und somit vor

---

[151] Vgl. Mayring (2015), S. 124.

[152] Vgl. Kuckartz (2016), S. 210.

[153] Vgl. Holsti (1969); Krippendorff (1980), S. 158; Rust (1981), S. 172 ff.

[154] Vgl. Kuckartz (2016), S. 206.

[155] Vgl. Kuckartz (2016), S. 210 f.

[156] Vgl. Kuckartz (2016), S. 211.

[157] Vgl. Hopf/ Schmidt (1993), S. 61 ff.

Repetition und unnötiger Einschränkung bewahrt wurden. Dies trug wesentlich zu einer kreativeren und kritischeren Herangehensweise bez. der Daten bei.[158] Beim konsensuellen Codieren geht es primär um den Prozess der Konsensfindung mit dem Zweck, die Zuverlässigkeit der Codierungen zu verbessern, der sehr aufwändig ist und daher meist, wie auch in dieser Arbeit, ausschließlich für eine Teilmenge des Materials zu Beginn der Codierphase praktiziert wird.[159]

Die Sicherstellung der Codiererübereinstimmung erfolgte daher zusätzlich quantitativ mittels der *Berechnung der prozentualen Übereinstimmung.* Dabei wurde sich für eine *segmentgenaue Berechnung* und gegen Berechnungen, die das einzelne Dokument als Vergleichslevel heranziehen, entschieden, um Informationsverluste durch eine Ausweitung der Codiereinheiten zu vermeiden.[160] Bei der segmentgenauen Berechnung wurde geprüft, ob die Codierungen der zwei Codierenden in den einzelnen Segmenten übereinstimmen.[161] D. h. es wurde jedes codierte Segment der beiden Codierenden auf Übereinstimmung geprüft, wobei ein genau gleiches Segment als zwei Segmente behandelt wurde. Da Codiererin A 144 Segmente und Codierer B 162 Segmente codiert hat, wurden 306 Prüfvorgänge durchgeführt. Abweichungen in den Codierungen, wie Satz- oder Leerzeichen, sollen bei der Berechnung nicht zu „falschen" Nicht-Übereinstimmungen führen, weshalb ein Toleranzbereich von standardmäßig 90 % festgelegt wurde.[162]

Durch Teilen der Übereinstimmungen durch die Gesamtzahl der Codierungen, $\frac{198}{306} = 0{,}647$ wurde die prozentuale Übereinstimmung von 64,7 % bestimmt. Dieser Wert unterstreicht die Qualität der Studie, da es sich um eine sehr komplexe Zuordnung handelt, welche segmentgenau berechnet wurde.[163] Tabelle 4.6 zeigt die kategoriendifferenzierten (Nicht-) Übereinstimmungen und deren totale prozentuale Übereinstimmung, die besagt, dass bei 65 % der Codierungen die Codierenden segmentgenau gleiche Codings produzierten.

[158] Vgl. Dean et al. (2018), S. 274 und 284 ff.

[159] Vgl. Kuckartz (2016), S. 105 und 216.

[160] Vgl. Kuckartz (2016), S. 212 f.; MAXQDA Manual (2020), S. 704

[161] Vgl. Kuckartz (2016), S. 213.

[162] Vgl. MAXQDA Manual (2020), S. 709 f.

[163] NAEP (2024).

Tabelle 4.6 Codespezifische Ergebnistabelle. (Quelle: Eigene Darstellung)

Code	Übereinstimmung	Nicht-Übereinstimmung	Gesamt	Prozentual
Geschäftsmodell	12	5	17	70,59
Element Ihalt	24	16	40	60,00
Element Struktur	22	6	28	78,57
Element Steuerung	14	12	26	53,85
Werttreiber Neuheit	20	3	23	86,96
Werttreiber Lock-In	22	14	36	61,11
Werttreiber Komplementarität	26	15	41	63,41
Werttreiber Effizienz	10	5	15	66,67
Degroot	4	2	6	66,67
Opportunities	24	10	34	70,59
Pfad	4	2	6	66,67
Kritisches Ereignis	2	6	8	25,00
Selbstverstärkung	4	0	4	100,00
Lock-in	0	1	1	0,00
Überleben	0	1	1	0,00
Sonstiges	10	10	20	50,00
<Total>	198	108	306	64,71

Die Codespezifische Ergebnistabelle zeigt die prozentualen Übereinstimmungen für die einzelnen Kategorien und die Summe aller Kategorien. Die Berechnung der kategorienspezifischen Übereinstimmungsprozentsätze nach der oben dargestellten Weise, erwies sich bereits beim konsensuellen Codieren als hilfreich, da es die Identifikation von Schwachstellen ermöglicht, indem aufgezeigt wird, bei welchen Kategorien die Ziel-Übereinstimmung nicht erreicht wird.

Der Berechnung des *zufallsbereinigten Koeffizienten Kappa* nach Brennan und Prediger (1981), die sowieso nur Sinn macht, wenn vorab Codiereinheiten festgelegt werden, kommt hier eine rein legitimatorische Funktion zu, zumal der

Zufallseffekt bei Untersuchungen mit einem typischen qualitativen Kategoriensystem in der Regel nur einen geringen Effekt besitzt. Durch die große Zahl an Haupt- und Subkategorien fällt Kappa auch meist nur unwesentlich geringer aus als die prozentuale Übereinstimmung.[164] Zufallsbereinigte Koeffizienten reduzieren die prozentuale Übereinstimmung (p_0) um die zufällige Übereinstimmung (p_e). Aufgrund der Besonderheit in der qualitativen Forschung, dass Segmentieren und Codieren beim Codierprozess ein und denselben Vorgang abbilden, können Koeffizienten wie Cohens Kappa nicht einfach von der quantitativen auf die qualitative Forschung übertragen werden. Durch die Berechnung der zufälligen Übereinstimmung nach Brennan und Prediger können die Probleme der ungleichen Randsummenverteilungen umgangen werden, indem (p_e) anhand der Anzahl unterschiedlicher Kategorien, welche von beiden Codierenden verwendet wurden, bestimmt wird.[165]

Somit ergibt sich für die zufällige Übereinstimmung (p_e):

$$p_e = \frac{1}{Anzahl\ der\ Kategorien} = 0{,}06$$

und für Kappa:

$$K = \frac{p_0 - p_e}{1 - p_e} = \frac{0{,}65 - 0{,}06}{1 - 0{,}06} = \frac{0{,}59}{0{,}94} = 0{,}63$$

Ein Kappa-Wert zwischen 0,6 und 0,8 ist als gut zu werten.[166] Es sind Werte im Bereich von -1 bis + 1 möglich. Der Wert + 1 würde eine vollkommene Übereinstimmung repräsentieren, wohingegen alle Werte kleiner Null zeigen, dass die Übereinstimmung geringer als die erwartete zufällige Übereinstimmung wäre; Bei einem Kappa-Wert von genau Null entspräche die Übereinstimmung der erwarteten zufälligen Übereinstimmung.[167] Tabelle 4.7 visualisiert die Berechnung von Kappa.

---

[164] Vgl. Kuckartz (2016), S. 216 f.

[165] Vgl. Brennan/ Prediger (1981); Gemäß MAXQDA Manual (2020), S. 713 entspricht diese der Anzahl der Kategorien in der „Codespezifischen Ergebnistabelle".

[166] Vgl. Kuckartz (2016), S. 210.

[167] Vgl. Landis/ Koch (1977), S. 159 ff.

Tabelle 4.7 Intercoder-Koeffizient Kappa nach Brennan und Prediger (1981). (Quelle: Eigene Darstellung)

Codiererin A		Codierer B	
	codiert	nicht codiert	gesamt
codiert	a = 198	b = 45	a + b = 243
nicht codiert	c = 63	d = 0	c + d = 63
gesamt	a + c = 216	b + d = 45	N = 306

P(observed) = Po = a / (a + b + c) = 0.65
P(chance) = Pc = 1 / Anzahl der Codes = 1 / 16 = 0.06
Kappa = (Po – Pc) / (1 – Pc) = 0.62

Bei ungleicher Anzahl an Codes pro Segment oder bei Auswertung eines Codes allein:
P(chance) = Pc = Anzahl der Codes / (Anzahl der Codes + 1)^2 = 0.06
Kappa = (Po – Pc) / (1 – Pc) = 0.63

Während sich in der Tabelle 4.7 oben links die Übereinstimmungen und in der rechten oberen und linken unteren Ecke die Nicht-Übereinstimmung ablesen lassen, zeigt sich der Unterschied der qualitativen zur quantitativen Forschung, bei der das Material nicht vorab segmentiert wird, in der Zelle unten rechts, die per Definition gleich Null ist, da es somit keine Segmente geben kann, die von beiden Codierern nicht codiert wurden, weswegen eine Berechnung der zufälligen Übereinstimmung über die Randhäufigkeiten ausgeschlossen ist.[168]

4.2.4 Externe Studiengüte

Neben der internen Studiengüte verfolgt qualitative Forschung auch das Ziel der Übertragbarkeit und Verallgemeinerbarkeit empirischer Befunde.[169] Während dieses Ziel in der quantitativen Forschung durch große Fallzahlen verfolgt wird, gilt es in der qualitativen Forschung eine überlegte Fallauswahl zu treffen, wie es in dieser Arbeit mittels Theoretical Sampling umgesetzt wurde.[170] Neben Peer Debriefing durch Gruppenmitglieder des Berliner Methodentreffens und Member Checking zwecks kommunikativer Validierung der Befunde wurde die Verallgemeinerbarkeit der Forschungsergebnisse durch Triangulation

[168] Vgl. Kuckartz (2016), S. 215; MAXQDA Manual (2020), S. 713.
[169] Vgl. Flick (2009), S. 26.
[170] Vgl. Eisenhardt (1989, 2021); Yates (2014), S. 268.

erhöht.[171] Dabei wird ein Forschungsgegenstand aus mehreren Perspektiven betrachtet,[172] so dass die Schwächen der einen Vorgehensweise durch die Stärken der jeweils anderen ausgeglichen werden, um Verzerrungen oder Einseitigkeiten zu vermeiden.[173] Denzin (2017) unterscheidet dabei vier Typen der Triangulation: Methoden-Triangulation, Daten-Triangulation, Investigator-Triangulation und Theorie-Triangulation.[174]

Methodologische Triangulation unterscheidet Denzin in within-method, d. h. Triangulation innerhalb einer Methode und between-method, d. h. Triangulation zwischen verschiedenen Methoden. Dabei wird jede Methode gegen die andere ausgespielt, um die Validität der Forschung zu erhöhen.[175] Durch Mischformen der Kategorienbildung, wie die angewendete deduktiv-induktive Kategorienbildung und auch die Verwendung unterschiedlicher Datenerhebungsmethoden, wie Dokumentenanalysen und Interviewführung wurde methodisch trianguliert, wobei unterschiedliche Datenerhebungsmethoden hier auf unterschiedliche Daten angewendet wurden, was auch einer Daten-Triangulation entspricht.[176]

Daten-Triangulation bezieht sich auf Datenkombinationen unterschiedlicher Quellen, Orte, Zeitpunkte oder Personen, bei welchen diese erhoben wurden, um die Verzerrungen des unterschiedlichen Datenmaterials auszugleichen.[177] Systematische Fehler wie bspw. der Rückschaufehler[178] können die Qualität der Interviewdaten beeinträchtigen. Soziale Erwünschtheit kann zu Verzerrungen führen, genauso wie das Vergessen relevanter Ereignisse oder die Fehleinschätzung unbedeutender Ereignisse als ausschlaggebende Events.[179] Die Triangulation von Interviews mit Dokumenten und Archivdaten kann den Rückschaufehler ausgleichen. Dementsprechend wurde darauf geachtet, dass für die Geschäftsmodellentwicklung der Poseidon GmbH relevante Aspekte in den Dokumenten und Archivdaten ihre Entsprechung in den Interviewdaten fanden, um ein kohärentes Bild der Geschäftsmodellentwicklung zeichnen zu können. Bereits bei der Auswahl der Interviewpartner wurde Wert auf eine möglichst vielfältige

[171] Vgl. Kvale (1995); Terhart (1981), (1995).

[172] Vgl. Flick (2007b), S. 309.

[173] Vgl. Steinke (2007)

[174] Vgl. Denzin (2017), S. 300 ff.

[175] Vgl. Denzin (2017), S. 304; Flick (2007b), S. 310.

[176] Vgl. Bryman (1988), S. 131.

[177] Vgl. Brown (2001), S. 228; Flick (2007b), S. 310.

[178] Vgl. Fischhoff (2013).

[179] Vgl. Huber/ Power (1985); Nisbett/ Ross (1980).

Zusammenstellung gelegt, um individuelle Verzerrungen auszugleichen.[180] Dementsprechend wurden Personen aus unterschiedlichen Organisationen, (Poseidon GmbH, Lieferanten und Lieferantinnen, Experten und Expertinnen aus Wissenschaft und Praxis, Wettbewerber:innen) und unterschiedlichen Hierarchieebenen und Bereichen (Geschäftsführung, Abteilungsleitung, Angestellte) und auch ehemalige Mitarbeitende befragt.

Unter Anwendung der *Investigator-Triangulation* bringen mindestens zwei Forscher ihre Sichtweisen auf das untersuchte Phänomen ein.[181] Dies wurde u. a. umgesetzt durch die Analyse einer Materialteilmenge durch einen zweiten Codierer, welcher durch seine Herkunft aus und seine Sozialisation in dem Bundesland, aus dem die Poseidon GmbH seit jeher operiert, einen besonderen Zugang zum Datenmaterial haben kann.[182] Dies ist auch aufgrund der hermeneutischen Differenz des ersten Codiererin von Vorteil.[183] Der zweite Forscher bringt zudem andere Erfahrungen und Fähigkeiten mit,[184] und könnte (wenn auch implizite) andere Theorieansätze verfolgen, wodurch ebenso eine Theorie-Triangulation vorgenommen würde.[185]

Bei der *Theorie-Triangulation* wird sich dem Forschungsgegenstand aus unterschiedlichen theoretischen Perspektiven angenähert.[186] Die Geschäftsmodellentwicklung der Poseidon GmbH wird sowohl aus der Perspektive der Pfadtheorie nach Sydow et al. (2009) als auch aus der Perspektive des Geschäftsmodells als Aktivitätssystem nach Zott und Amit (2010) heraus betrachtet, wobei die unterschiedlichen Ansätze selbst in unterschiedlichen Theorien fußen. Die Betrachtung aus gerade diesen Perspektiven ist besonders interessant, da sie für das Phänomen der Geschäftsmodellentwicklung unterschiedliche Erklärungsansätze bereithalten. Während Zott und Amit (2017) argumentieren, dass jeder einzelne Werttreiber das Wertschöpfungspotenzial eines Geschäftsmodells verstärkt, beschreiben Sydow et al. (2009) die durch selbstverstärkende Mechanismen getriebene Trajektorie eines in zumindest strategischer Ineffizienz mündenden Pfades.[187]

Die Erfüllung beschriebener Gütekriterien gewährleistet die Qualität der Analyse und entsprechend die Qualität der im Folgenden präsentierten Ergebnisse.

---

[180] Vgl. Brown (2001), S. 228.

[181] Vgl. Denzin (2017), S. 239.

[182] Vgl. Brannen (2017), S. 12.

[183] Vgl. Gadamer (1972), S. 279.

[184] Vgl. Dean et al. (2018), S. 284.

[185] Vgl. Brannen (2017), S. 11 f.

[186] Vgl. Brown (2001), S. 240 f.

[187] Vgl. Sydow et al. (2009), S. 698 ff.; Zott/ Amit (2017), S. 23.

Ergebnisse 5

In diesem Kapitel werden die Ergebnisse der inhaltlich strukturierenden qualitativen Inhaltsanalyse berichtet, indem die Daten kategorienbasiert zusammengefasst werden.

Das Kategoriensystem diente als thematische Struktur für die Analyse und wird durch Abbildung 5.1 anhand der gewählten Gliederung des Ergebnisberichts dargestellt

Das Kategoriensystem umfasst einunddreißig Kategorien auf bis zu drei Hierarchieebenen. Die Anwendung der Kategorien auf einunddreißig Fälle generierte knapp 2000 codierte Segmente. Die codierten Segmente wurden für jede Kategorie zusammengestellt und anschließend zusammenfassend ausgewertet und verschriftlicht. Die textliche qualitative Kategorienauswertung wurde an geeigneter Stelle durch gut visualisierbare Quantifizierungen, wie bspw. Häufigkeitstabellen, ergänzt. Die Struktur der Ergebnisdarstellung ergibt sich aus den Forschungsfragen, anhand derer die Kategorien, welche als Gliederungspunkte fungieren, geordnet wurden. Abbildung 5.2 veranschaulicht das zugrundeliegende gedankliche Konzept.

Ergänzende Information Die elektronische Version dieses Kapitels enthält Zusatzmaterial, auf das über folgenden Link zugegriffen werden kann https://doi.org/10.1007/978-3-658-51169-2_5.

A. Mallach, *Geschäftsmodelle zwischen Tradition und Innovation*,
https://doi.org/10.1007/978-3-658-51169-2_5

- **Opportunities**
  - Institutionelles Umfeld (Regulation)
  - Markt
  - Franchise
  - Digitalisierung
  - Nachhaltigkeit
  - Kundenbedürfnisse
  - Internationalisierung
  - Sonstige Opportunities
- **Wettbewerber**
  - Big Smith
  - Captain Chicken
  - Cucina per tutti amici
  - Karls Imbiss
  - Brötchen Plantage
  - Global Fish Sticks GmbH
- **Eigentümer**
  - Degroot
  - Goldhill Group
  - Bakker
- **Geschäftsmodell**
  - Element Inhalt
  - Element Struktur
  - Element Steuerung
    - Wo werden von wem Aktivitäten ausgeführt
    - Informelle Regeln
    - Formelle Regeln
  - Werttreiber Neuheit
  - Werttreiber Lock-In
  - Werttreiber Komplementarität
  - Werttreiber Effizienz
- **Pfad**
  - Kritisches Ereignis
  - Selbstverstärkung
  - Lock-in
- **Überleben**
- **Sonstiges**

Abbildung 5.1 Darstellung des Kategoriensystems. (Quelle: Eigene Darstellung)

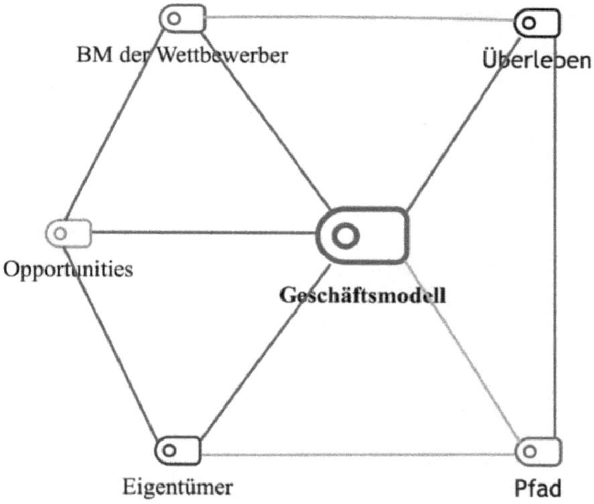

Abbildung 5.2 Concept-Map des Kategoriensystems. (Quelle: Eigene Darstellung)

Die dargestellte Struktur ergibt sich sowohl aus der Logik der forschungsleitenden Fragen als auch aus der Bedeutung der Kategorien im Datenmaterial. Zur Veranschaulichung der Bedeutung zeigt die Code-Statistik in Abbildung 5.3 die Verwendungshäufigkeit der Hauptkategorien. Dafür wurden die Subkategorien aller Ebenen aggregiert und die codierten Segmente als Analyseeinheit gewählt.

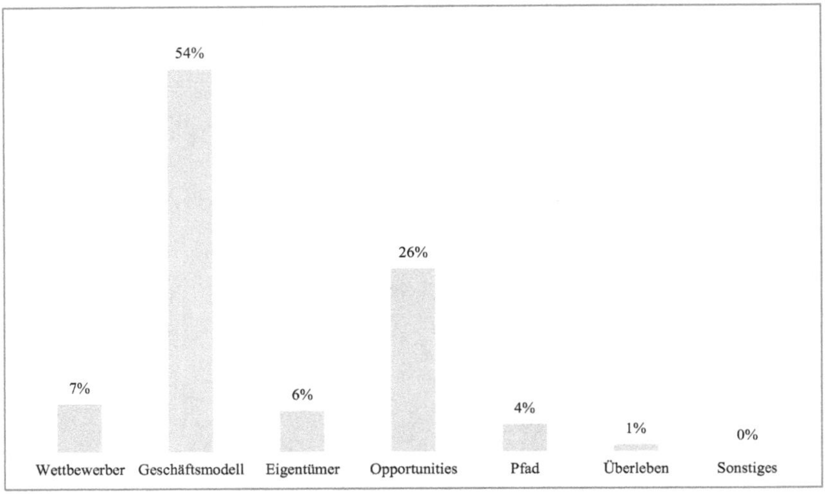

Abbildung 5.3 Häufigkeitsstatistik der Hauptkategorien. (Quelle: Eigene Darstellung)

Die Hauptkategorie Geschäftsmodell wurde mit 1.071 Codierungen am häufigsten codiert. Die Opportunities-Kategorie sticht ebenfalls durch eine im Vergleich zu den Kategorien Wettbewerber, Eigentümer, Pfad und Überleben große Anzahl an codierten Segmenten hervor. Die Kategorie Sonstiges verzeichnet die geringste Codierungshäufigkeit. Entsprechend ist die Sonstiges-Kategorie nicht weiter Gegenstand des Ergebnisberichts, wohingegen das Geschäftsmodell im Mittelpunkt des Berichts steht.

5.1 Kategorie Opportunities

Die Opportunities-Kategorie stellt mit einem Viertel aller codierten Segmente die zweitgrößte Hauptkategorie dar. Jedes der analysierten Dokumente weist Codierungen mit mindestens einer Opportunities-Subkategorie auf. Abbildung 5.4 zeigt, wie häufig die Subkategorien codiert wurden und welchen Anteil diese Codierungen hinsichtlich der Opportunities-Hauptkategorie ausmachen:

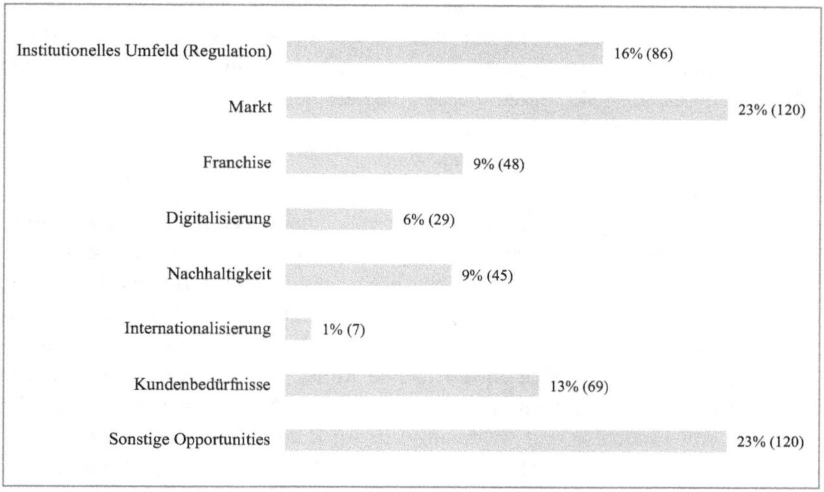

Abbildung 5.4 Häufigkeitsstatistik der Opportunities-Subkategorien. (Quelle: Eigene Darstellung)

Die Subkategorien Markt und Sonstige Opportunities wurden innerhalb der Opportunities-Kategorie mit 23 % am häufigsten codiert, gefolgt vom institutionellen Umfeld mit 16 % und den Kundenbedürfnissen mit 13 %. Franchise und Nachhaltigkeit wurden mit neun Prozent und Digitalisierung mit sechs Prozent codiert. Internationalisierung wurde mit einem Prozent am seltensten codiert. Auffällig ist die Größe der Sonstige-Opportunities-Kategorie und dass die Kategorie Franchise bez. einer Untersuchung im Kontext der Systemgastronomie so klein ausfällt.

Abbildung 5.4 ist eine statische Darstellung der Opportunities, die in der über 100-jährigen Geschichte des Geschäftsmodells Veränderungen unterlagen. In der folgenden Analyse der einzelnen Opportunities wird dieser Längsschnitt anhand der Zusammenhänge mit den Eigentümer-Perioden dargestellt, welcher es ermöglicht nachzuvollziehen, wie sich die Opportunities im Zeitverlauf änderten und wann welche Opportunities dominant waren. Diese Periodisierung erlaubt es, die in der Einleitung beschriebene fortwährende Komplexitätserhöhung im und um das Geschäftsmodell widerzuspiegeln. Im laufe der Zeit sind neue Opportunities wie Digitalisierung und Franchise hinzugekommen und es erhöht sich in diesem Zuge die Anzahl der Stakeholder:innen im Geschäftsmodell, wie bspw. NGOs,

Presse, Gesetzgeber, neue Kundinnen und Kunden und Partner:innen, welche gemanaged werden müssen und die in unterschiedlichem Maße Einfluss auf das Geschäftsmodell nehmen. Opportunities, welche die Umwelt betreffen, wurden in unterschiedliche makroökonomische, soziale und technologische Opportunities ausdifferenziert. Es kann entsprechend zwischen Umweltopportunities und Sonstigen Opportunities unterschieden werden.

Die Opportunities-Subkategorien unterstreichen durch ihre Überschneidung mit den jeweiligen Eigentümer-Subkategorien, anhand derer die Daten periodisiert wurden, den *Längsschnittcharakter der Analyse.* In der ersten Eigentümer-Periode hatte das institutionelle Umfeld eine herausragende Bedeutung für die Evolution des Geschäftsmodells inne und die Opportunities-Subkategorien Digitalisierung und Franchise waren noch nicht existent. In der zweiten Eigentümer-Periode spielte der Markt eine entscheidende Rolle, während Kundenbedürfnisse in den Hintergrund traten. Diese rückten in der dritten Eigentümer-Periode wieder zusammen mit Franchise und Nachhaltigkeit im Rahmen der strategischen Neuausrichtung und der entsprechenden Markenpositionierung in den Vordergrund. Nachhaltigkeit wurde im Gegensatz zu Franchise in jeder Periode codiert, was, wie aus den unterschiedlichen Datenquellen hervorging, auf die Rohware Fisch zurückgeführt wurde. Dies kontrastiert Poseidon zu seinen Wettbewerbern, welche Nachhaltigkeit meist erst lange nach dem Brundtland-Report 1987 für sich entdeckten. Neben der Subkategorie *Markt* zeichnet sich die Subkategorie *Sonstige Opportunities* ebenfalls dadurch aus, dass sie *periodenübergreifend* codiert wurde. Dieses Muster in den Daten repräsentiert eine stetige Bedeutung dieser Größen auch unabhängig vom Zeitverlauf.

Die *Antworthäufigkeiten* unterscheiden sich im *Gruppenvergleich* bezüglich der unterschiedlichen Opportunities-Subkategorien. Es sprechen bspw. mehr Experten über das institutionelle Umfeld in Form von Regulationen als die Wettbewerber. Über Franchise hingegen sprechen mehr Wettbewerber als Experten. *Gruppenspezifisches Antwortverhalten* konnte im qualitativen Gruppenvergleich entdeckt werden: Das institutionelle Umfeld in Form von Regulationen wurde dabei bspw. von Wettbewerbern in puncto Öffnungszeitengesetze, Mindestlohn, Mehrwertsteuergesetz und Tierschutz zur Kenntnis genommen und durch die Möglichkeit, sich in Verbänden zusammenzuschließen, Lobbyarbeit zu betreiben und dergleichen, eher als Chance gesehen. Lieferanten Poseidons hingegen sehen Regulationen im als Bedrohung und kennzeichnen sie aufgrund ihrer Komplexität und erforderlicher Millioneninvestitionen entsprechend als „wahnsinnig“ oder „Bürokratiemonster“ [I-Nr. 25, Pos. 107 und 101, Bereichsleitung Unternehmenskommunikation, Unser Meer GmbH]. *Divergierende Wahrnehmungen* von Wettbewerbern innerhalb der Systemgastronomie bezüglich einzelner

Opportunities, entweder als Chance oder als Bedrohung, lassen Rückschlüsse auf das jeweilige Geschäftsmodell zu und verdeutlichen die Besondertheiten des Unternehmens Poseidon. Es ist ein Sonderfall innerhalb der deutschen Systemgastronomie.

Die Opportunities-Subkategorien schließen sich nicht gegenseitig aus, sondern überlappen sich oftmals und weisen ebenfalls zahlreiche Überschneidungen mit anderen Kategorien auf, mit welchen sie trotz deren Unterschiedlichkeit in inhaltlichem Zusammenhang stehen. Dies bedeutet, Kategorien sprechen trotz ihrer Differenz die Opportunities-Kategorie als gemeinsames Thema an. Dies macht Opportunities zu einem *Querschnittsthema* der Analyse. Sie besitzen einen entsprechend weitreichenden Einfluss auf die übrigen Kategorien, was bedeutet, dass sie sich wechselseitig beeinflussen.

5.1.1 Institutionelles Umfeld

Die Subkategorie Institutionelles Umfeld, welche sich vornehmlich auf Regulationen bezieht, wurde in 23 Dokumenten und 86-mal codiert. Sowohl die meisten codierten Segmente als auch die höchste Abdeckung in den Dokumenten stammen aus der Gruppe der Experten, zuvorderst vom Deutschen Fischereiverband. Innerhalb der Poseidon-Gruppe äußerten sich vor allem die Mitarbeitenden aus der Abteilung Qualitätsmanagement und Nachhaltigkeitsmanagement. Dies liegt darin begründet, dass vor allem *Fischfangregulationen* das Geschäftsmodell von Poseidon nachhaltig beeinflussten und die *Rohware Fisch* nach wie vor besondere formelle Anforderungen an das Qualitätsmanagement stellt.

Entsprechend wurde der Eigentümer Degroot ebenfalls öfter als andere Eigentümer-Subkategorien mit *Institutionelles Umfeld* codiert, da die Fischfangregulationen in dieser Periode drastisch zunahmen und zur Ausgliederung der Flotte führten. Außerdem begünstigte das ebenfalls in den Sekundärdaten beschriebene politische Ziel, die sich im Ersten Weltkrieg aufgetane Eiweiß- und Fettlücke zu schließen, die Fischindustrie, welche für Degroot zuvor eine lukrative Investitionslandschaft darstellte.

Die Subkategorie Institutionelles Umfeld steht gerade in Bezug mit den Fischfangregulationen im Zusammenhang mit der Kategorie Überleben, da im Zuge der Ausweitung von Fischereihoheitsgebieten seit den 1960er Jahren die Fischerei für viele Reedereien nicht mehr lukrativ erschien:

> *„Man sprach von einem Fischereikrieg. Und da haben viele deutsche Reedereien gesehen, das (..) wird schwierig auf Dauer. Man hat (…) versucht, neue Gebiete zu finden,*

> *aber das war alles nicht vergleichbar mit den goldenen Zeiten der Fischerei in den 50er-Jahren (…).*
>
> ***I: Und das war der Grund dafür, dass sie das dann aufgegeben haben?***
>
> *B: Ja, viele Unternehmen haben sich aufgelöst oder sind in die Insolvenz gegangen oder sind einfach zu Ende gebracht worden.“* [I-Nr. 9, Pos. 22–24, Archivleitung, Deutsches Schifffahrtsmuseum]

Diese Regulationen hatten sowohl Einfluss auf das Überleben einzelner Unternehmen als auch in diesem Fall auf das Überleben der gesamten Branche der Hochseefischerei.

Die institutionellen Regelungen betreffen darüber hinaus unterschiedliche Themen von Mindestlohn bis Berichtswesen. Hervorzuheben sind Unterschiede bezüglich der oben beschriebenen *Wahrnehmung* einer Opportunity zwischen Befragtengruppen entweder als Chance oder Bedrohung sowie des *Einflusses* einer Opportunity auf das Geschäftsmodell von Wettbewerbern in der Systemgastronomie. Für ein Geflügel- oder Backwarensystem stellen Fischfangregulationen bspw. keine Bedrohung dar, der Mindestlohn hingegen schon, während diese Bewertung für Poseidon konträr ausfiel.

Mit absteigender Codierhäufigkeit überschneidet sich Institutionelles Umfeld mit folgenden weiteren Opportunities-Subkategorien: Nachhaltigkeit, Markt, Sonstige Opportunities, Digitalisierung, Internationalisierung, und Kundenbedürfnisse. Um Überfischung zu vermeiden wurde bspw. der MSY eingeführt und die Ausweisung von Herkunfts- und Allergenkennzeichnungen für die Kundschaft muss gewähreistet sein etc.

Die Kategorienrelation mit der Subkategorie Nachhaltigkeit weist einen engen Zusammenhang mit der Rohware Fisch auf, da sich viele der beschriebenen Regulationen auf die Fischindustrie bezogen:

> *„Für die Meeresfischerei ist natürlich immer von besonderer Bedeutung die Festsetzung der Fangmengen. Wir haben in Europa gemeinsam bewirtschaftete Meere. Nordsee, Ostsee, Atlantik, alles was im Hoheitsbereich der EU liegt, wird gemeinsam von den Fischereinationen bewirtschaftet. Dementsprechend muss man sich auch gemeinsam verständigen über Fangmengen.* ***Oberstes Prinzip ist jetzt die Nachhaltigkeit der Fischerei****, das heißt, die Entnahme auf dem Niveau des Maximum Sustainable Yield, MSY, einfach gesagt nicht mehr zu entnehmen als nachwächst und damit eine bestmögliche Nutzung der Ressourcen zu erreichen. Und dann steht dabei natürlich im Vordergrund die jährliche Festsetzung der Gesamtfangmenge für einen bestimmten Bestand.* [I-Nr. 7, Pos. 6, Generalsekretär, Deutscher Fischerei-Verband]

Für Rohwaren der Wettbewerber besteht kein vergleichbarer Nachhaltigkeitsbezug:

> *„Innerhalb der Europäischen Union gibt es keine Regulierung. Wir beziehen unsere Hühnchen aus den Niederlanden und aus Polen und aus Deutschland, kein Problem, also da gibt's keine Regulierungen."* [I-Nr. 30, Pos. 106, Franchise Development Management, Captain Chicken]

Die beschriebenen Regulierungen sprechen die Opportunities-Subkategorie Markt an, da sie sich auf die Attraktivität des Marktes auswirken. Aus den Sekundärdaten geht diesbezüglich bspw. hervor, dass die Pengasiusaquakultur in Europa im Gegensatz zu Vietnam aufgrund von administrativen Problemen und Kostennachteilen nicht wettbewerbsfähig ist, da dort z. B. Abwasserabgaben erhoben werden.

Die meisten Überschneidungen mit Subkategorien der Geschäftsmodell-Kategorie bestehen mit dem Werttreiber Komplementarität und den Elementen Struktur, Steuerung und Inhalt. Mit dem Element Inhalt weist die Subkategorie institutionelles Umfeld die größte Anzahl an codierten Segmenten und damit den größten Zusammenhang auf. Ein auffälliges Muster in den Daten besteht in den Zusammenhängen der Kategorienrelationen mit der Ressource Fisch, auf welche sich die Mehrheit der mit Inhalt codierten Segmente bezieht.[1] Abbildung 5.5 veranschaulicht diesen multidimensionalen Zusammenhang.

[1] Ein Captain Chicken Manager berichtet bspw., dass es für Hühnchen innerhalb der EU keine Regulierungen gibt. [I-Nr. 30, Pos. 106, Franchise Development Manager, Captain Chicken].

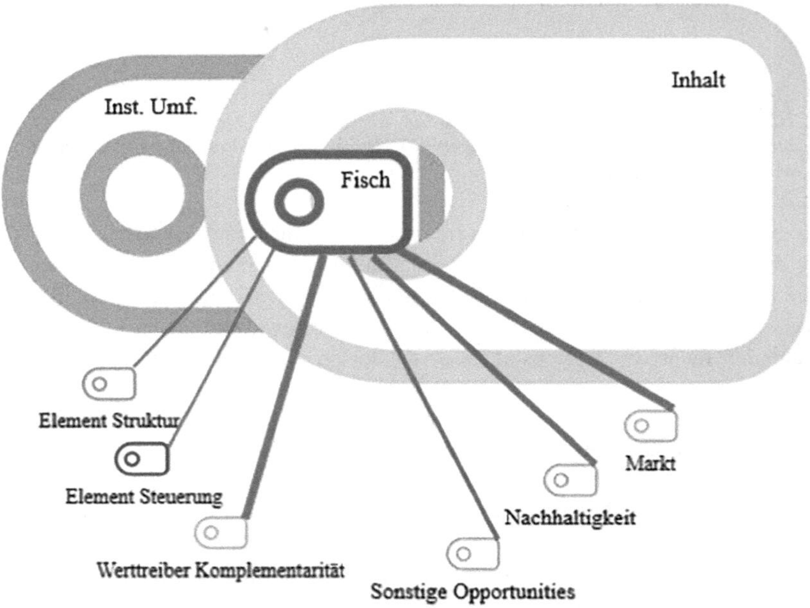

Abbildung 5.5 MAX-Map der Schnittmenge von Institutionelles Umfeld und Inhalt. (Quelle: Eigene Darstellung)

Die primär eingesetzte Rohware hat starken Einfluss darauf, welche Aktivitäten im Geschäftsmodell ausgeführt werden. Das institutionelle Umfeld verstärkt diesen Einfluss bspw. durch Förderungen:

> *„Ich schätze, Landwirtschaft hat 50 % ihres Einkommens aus staatlichen Transfers, Fischerei 10 % höchstens. Und dann auch nur so Sonderfälle."* [I-Nr. 7, Pos. 54, Generalsekretär, Deutscher Fischerei-Verband]

und durch rohwarenspezifische Gesetzgebungen:

> *„Unternehmen im Fischbereich sind strengeren Gesetzen unterworfen. Neben allgemeinen Gesetzten haben diese noch spezifischere Gesetzgebungen, wie zum Beispiel zusätzliche Kennzeichnungen zu erfüllen."* [I-Nr. 8, Pos. 140, Geschäftsführung, Bundesverband der deutschen Fischindustrie und des Fischgroßhandels]

> *„Diese ganzen Kennzeichnungsvorschriften (...) sind bei Fisch nie so eindimensional. Sie haben ja kein Rübenfeld auf das Sie drauffahren, die Rüben ernten und sie in einen Laden reinschieben. Sondern Sie kaufen ja weltweit ein (...).“* [I-Nr. 25, Pos. 109, Bereichsleitung Unternehmenskommunikation, Unser Meer GmbH]

Regulierungen haben folglich *Einfluss auf die Selektion, Exklusion und Modifikation von Aktivitäten* von Spezifikationsformularen über den Einsatz bestimmter Stoffe bei Produktionsprozessen bis hin zu der Abspaltung von Unternehmensteilen.

In engem Zusammenhang dazu steht das Element Struktur, da sich durch Integration oder Desintegration von Aktivitäten deren Abfolge verändert und Aktivitäten wie das Qualitätsmanagement und die IT von der Peripherie mehr richtung Zentrum des Geschäftsmodells rücken:

> *„Sie müssen von Ihrer Rohware immer mehr wissen. Heute muss da genau draufstehen, wo ist der Fisch gefangen worden etc. (...) irgendwann schreiben wir noch dazu, welche Schuhgröße der Kapitän hat, der den Fisch gefangen hat. Manchmal ist es berechtigt, manchmal ist es Überregulierung. Die Abteilung ist von einer Halbtagskraft vor 15, 17 Jahren mittlerweile zu einer Neun-Mann/Frau-Abteilung gewachsen und das geht weiter. Die EU will immer mehr regulieren, wir selbst wollen auch immer mehr wissen von unseren Produkten, um nicht angreifbar beim Kunden zu sein. Und dann werden die Formulare wie so ein Spezifikationsformular sukzessive immer länger.“* [I-Nr.19, Pos. 114, Leitung Qualitäts- und Nachhaltigkeitsmanagement, Poseidon]

Entsprechend wird auch das Element Steuerung angesprochen, da sich Ort und Akteur und Akteurin der Aktivitätsausführung in Folge von Regulationen ändern können. Das in den Sekundärdaten erfasste Spezifikationsformular bspw. erfordert ein intensiveres Lieferantenmanagement, in welches neben dem Qualitätsmanagement auch die IT-Abteilung durch die Bereitstellung und kontinuierliche Anpassung eines SharePoints eingebunden wurde. Für mikrobiologische Analysen und die Bestimmung chemischer Kennzahlen wird diesbezüglich mittlerweile mit Laboren kooperiert. Diese Veränderungen waren oftmals durch das institutionelle Umfelt motiviert, wie bspw. die vom Gesetzgeber veröffentlichte ISO 9001 Norm 1987. Diese Hinwendung zum Qualitätsmanagement wurde durch den Eigentümer Degroot befördert, da Bremerhaven dessen internationales Entwicklungszentrum für Tiefkühlfischprodukte war. Deswegen wurde in dieser Periode viel in die Qualitätssicherung (Labor, Mikrobiologie und Wareneingangsprüfung) investiert und diese eng mit den Entwicklugsteams verzahnt. In der Bakker-Periode wurde das Qualitätsmanagement um ein Nachhaltigkeitsmanagement erweitert und unter Bakthi Invest der CSR-Berichtspflicht mit der Veröffentlichung des Nachhaltigkeitsberichts nachgekommen.

Hervorzuheben ist auch die gemeinschaftliche Organisation von Poseidon und seinen Wettbewerbern in der Systemgastronomie durch Verbände:

> *„Viele Themen betreffen nicht nur das eigene System, sondern die gesamte Branche. (...) Letztendlich ist ein Verband, der für mehrere Systeme spricht und einen Durchschnitt an Forderungen ermitteln muss, eine ganz andere Darstellung als eine einzelne Marke. (...) Natürlich ist auch Lobbyarbeit wichtig (...). Wenn ein System sich an das Justizministerium wendet, weil es Probleme mit der deutschen Rechtsprechung hat, dann wird da gar nichts passieren. Die Bündelung aller Systeme, die das gleiche Problem haben, weil im Kartellrecht vielleicht ein Fehler ist oder im Insolvenzrecht, hat einen ganz anderen Stellenwert.“* [I-Nr. 27, Pos. 142, Senior Management Franchise, Big Smith]

Während die dem Element Steuerung untergeordnete Kategorie formelle Regeln mit Regulierungen in Form von Rückverfolgbarkeits– und Kennzeichnungsvorschriften von Fisch, Nachhaltigkeits-Berichtswesen oder den Leitsätzen für Fisch und Fischerzeugnisse der Deutschen Lebensmittelbuchkommission in Verbindung steht, wurde die Sub-Subkategorie informelle Regeln von einem Befragten lediglich indirekt über die Veränderungen in den Geschäftsmodellelementen mit dem institutionellen Umfeld in Zusammenhang gebracht, da beobachtet wurde, dass sich in diesem Zuge auch die Unternehmenskultur entwickelte.

Der Werttreiber Komplementarität beschreibt den multidimensionalen Zusammenhang von institutionellem Umfeld und der Schlüsselressource Fisch erstens durch die Organisation Poseidons bezüglich ihrer Mitbestimmungsorgane, deren Organisation gesetzlich geregelt ist, zweitens durch die Komplementarität von politischen Zielen und den Poseidon-Aktivitäten zur Schließung der Eiweiß- und Fettlücke, drittens durch politische Forderungen hinsichtlich der Reduzierung von Salz-, Zucker- und Fettgehalt in Lebensmitteln, um gesellschaftliche Folgekosten zu vermeiden und viertens durch Kennzeichnungspflichten, bezüglich derer die Fischindustrie weiter fortgeschritten ist als bspw. die Fleischindustrie.

Der Vorteil der durchgeführten Längsschnittuntersuchung zeigt sich bei den Opportunities-Sub-kategorien an der Möglichkeit, *zeitliche und kausale Zusammenhänge* zwischen Opportunities zu erkennen. Die warenwirtschaftlich entwickelte Komplementarität zwischen Aktivitäten, welche im Zusammenhang mit der Rohware Fisch stehen sowie Anpassungen an rohwarenspezifische Regulierungen ermöglichten eine bessere Reaktion auf neue Regulierungen bezüglich bspw. der Rückverfolgbarkeit oder anderer Lebensmittelkennzeichnungspflichten. Aus dieser Perspektive erscheint auch ein zunehmend regulierter Markt nicht unattraktiv und steigende Nachhaltigkeitsanforderungen weniger herausfordernd. Entsprechend lässt sich über die Zusammenhänge der Opportunities hinaus eine

Relation zur Pfad-Kategorie erkennen, da der Zusammenschluss komplementärer Aktivtäten durch entsprechende Regulationen immer lohnenswerter erscheint.

5.1.2 Markt

Die Opportunities-Subkategorie Markt weist 120 Codierungen auf, welche aus allen Gruppen und Subgruppen, d. h. von allen Experten von Wissenschaft bis Fachpresse sowie allen gruppierten Abteilungen und Hierarchiestufen Poseidons stammen. Neben der Codierhäufigkeit untermauert diese breite Abdeckung die Relevanz dieser Opportunity, da sie *für alle befragten Marktbeteiligten von Bedeutung* ist, welche, wie die Sekundärdaten übereinstimmend wiedergeben, *zeitliche Konstanz* besitzt. Die Opportunities-Subkategorien Digitalisierung und Franchise bspw. betrafen im Gegensatz dazu ausschließlich die letzten betrachteten Perioden.

Die größte Kategorienrelation in Form von Codierungsüberschneidungen der Subkategorie Markt mit den übrigen Opportunities-Subkategorien besteht mit Kundenbedürfnisse (14), absteigend gefolgt von Sonstigen Opportunities (10), institutionelles Umfeld (7), Digitalisierung (7), Nachhaltigkeit (4), Franchise (1) und Internationalisierung (1).

Unternehmenseigene Dokumente beschreiben den Zusammenhang von Markt und Kundenbedürfnissen: Bspw. wie der Markt für Seefisch im Binnenland durch entsprechendes Marketing bei den Kundinnen und Kunden geschaffen wurde oder wie sich in den sechziger Jahren Konsum- und Ernährungsgewohnheiten aufgrund höherer Einkommen grundlegend änderten, als die Vollbeschäftigung und die zunehmende Integration der Frau in die Arbeitswelt zu einer wachsenden Beliebtheit des Außer-Haus-Verzehrs führten. Seit der Bakker-Periode stellt Delivery ein marktrelevantes Bedürfnis der Kundschaft dar. Experten leiten Implikationen aus deren Bedürfnissen ab:

> *„Es gibt auch Modeerscheinungen, dass manche Marken vielleicht nicht so sehr mit der Zeit gegangen sind und der Gast von ihnen weg gewachsen ist, das gibt es immer wieder. Aber insgesamt ist die Systemgastronomie ein Wachstumsmarkt, sie muss dafür aber unglaublich investieren, denn der Verbraucher wird immer anspruchsvoller, preissensibel ist er sowieso (…).“* [I-Nr. 6, Pos. 95, Hauptgeschäftsführung, Bundesverband der Systemgastronomie]

Wettbewerber Poseidons in der Systemgastronomie schlagen die Brücke zur Strategie als Subkategorie Sonstige Opportunities:

> *„Man muss seine Strategie an den Markt anpassen, wenn entweder Rahmenbedingungen sich so dramatisch ändern, dass Gefahr für sein eigenes Konzept besteht oder einfach die Bedürfnisse der Gäste sich verändert haben. Und beides sehe ich auf lange Sicht für unser Segment, Pizza/ Pasta, nicht."* [I-Nr. 31, Pos. 38, Head of Franchise and Expansion, Cucina per tutti amici]

Das Zitat betont zum einen den Zusammenhang des Fit von Geschäftmodell, Umwelt und Strategie, zum anderen hebt es indirekt Besonderheiten einer Nischenstrategie bzw. eines Rohwarenfokus hervor. Poseidon startete Mitte der 1960er Jahre als First Mover in die Systemgastronomie, in der es sich als Marktführer der Nische Fisch etablierte. Wettbewerber haben einen anderen Rohwarenfokus und meist auch eine andere Wettbewerbsstrategie, da sie bspw. als reines Franchisesystem starteten und/oder einen Kostenfokus setzten. Der spezielle Rohwarenfokus impliziert eine gewisse Abhängigkeit vom Nischenmarkt und erklärt, warum Opportunities für die Wettbwerber unterschiedlicher Teilmärkte unterschiedliche Relevanz besitzen.

Die Opportunities-Subkategorie Markt weist Relationen zu allen drei Geschäftsmodellelementen auf. Die insgesamt höchste Codeüberschneidung besteht auch bei dieser Kategorie mit der Subkategorie Inhalt, die einen großen Bezug zur Rohware aufweist. Auffällig ist, dass innerhalb der Subkategorie Steuerung die informellen Regeln wesentlich öfter als die formellen Regeln mit der Subkategorie Markt zusammen codiert wurden, was darauf hindeutet, dass Unternehmen unterschiedlicher Märkte sich u. a. in ihren informellen Regeln unterscheiden, was in den Daten in Bezug zu Markenartikel- und Fischhandelsunternehmen dargestellt wird. Die zweithäufigste Coderelation von Markt besteht mit der Geschäftsmodell-Subkategorie Werttreiber Komplementarität und beschreibt die *Evolution komplementärer Aktivitäten, welche einen Rohwarenbezug aufweisen und deren Zusammenspiel sich im Zeitablauf zunehmend von äußeren Einflüssen wie denen des Marktes entkoppelte.* Das Unvermögen, erkannte Marktchancen wie die Burger-Fabrik oder Franchise trotz Marktmacht und ausreichend finanzieller Ressourcen auszunutzen, verdeutlicht dies.

Diese Beobachtung spiegelt sich in der Kategorienrelation mit der Pfad-Subkategorie Selbstverstärkung wider:

> *„(…) in der Form, wie wir aufgestellt sind, und mit der Kompetenz, die wir über die Jahre erlangt haben, gibt es einfach keinen weiteren auf dem Markt."* [I-Nr. 15, Pos. 50, Leitung Franchise, Poseidon]

Die Bedeutung des Geschäftsmodells und des Rohwarenfokus wird auch bez. der Kategorienrelation mit der Kategorie Überleben aufgegriffen:

„1987, da berichtete das Erste Programm über Fadenwürmer im Fisch und der Fischabsatz brach zusammen. Bei [Poseidon] brach der Fischabsatz um 50 % erst mal zusammen. Es gingen auch Unternehmungen pleite. Ein Fischgroßhändler bekam einen Herzinfarkt, ist gestorben. Ja, das war ein absoluter Skandal.“ [I-Nr.12, Pos. 162, Leitung HR, Poseidon]

„Wir hatten eine zweigeteilte Organisation, einmal den Meeresbuffet-Bereich mit Einzelhandel und den Restaurant-Bereich. (...) Für das Gesamt-Unternehmen war es gut, zwei verschiedene Kanäle zu haben. Jetzt ist der Kanal mit dem Einzelhandel aufgrund der wirtschaftlichen Entwicklung weggebrochen. (...) Deshalb war die Entscheidung damals vor vielen Jahrzehnten, in die Gastronomie einen Schwerpunkt zu setzen, genau richtig (...), sonst würde es uns heute als Unternehmen nicht mehr geben. Das ist so wie der Wienerwaldeffekt. (...) So geht ein Unternehmen kaputt, wenn sie sich nicht mit dem sich ändernden Markt wandeln.“ [I-Nr.19, Pos. 178–180, Leitung Qualitäts- und Nachhaltigkeitsmanagement, Poseidon]

Die *Fähigkeit eines Unternehmens, sich an Umweltveränderungen anzupassen,* geht aus den Interview- und Sekundärdaten als *zentrales Überlebenskriterium* hervor. Entsprechend besteht ein direkter Zusammenhang zur Pfad-Subkategorie Lock-in, da Pfade dann manifest problematisch werden, wenn sich Umweltbedingungen ändern.

5.1.3 Franchise

Die Opportunities-Subkategorie Franchise wurde 48-mal in 32 % der Dokumente und in 50 % der Dokumentgruppen angesprochen. Dazu gehörten die Wettbewerber, die Geschäftsführung, unter der Franchise eingeführt wurde, die Leitung Franchise und die Bezirksleitung von Poseidon. Aus der Expertengruppe äußerten sich die Geschäftsführung des Deutschen Franchiseverbandes und opponierend dazu die Gewerkschaftsvertretung.

Die folgende Tabelle 5.1 zeigt eine Heatmap der Kategorienrelationen mit Franchise. Diese listet die Kategorien, mit denen Zusammenhänge bestehen und hebt die Häufigkeit der Überschneidung codierter Segmente farblich von blau (gering) bis rot (groß) hervor.

Tabelle 5.1 Heatmap der Kategorienüberschneidungen an einem Segment mit der Opportunities-Subkategorie Franchise. (Quelle: Eigene Darstellung)

Kategorien	Franchise
Big Smith	4
Karls Imbiss	2
Captain Chicken	2
Element Inhalt	23
davon Rohwarenbezug	3
Element Struktur	9
wo werden von wem Aktivitäten ausgeführt	23
informelle Regeln	6
formelle Regeln	3
Werttreiber Neuheit	2
Werttreiber Lock-In	5
Werttreiber Komplementarität	9
Werttreiber Effizienz	5
Bakker	4
Markt	1
Digitalisierung	3
Kundenbedürfnisse	1
Sonstige Opportunities	5
Selbstverstärkung	2
Lock-In	2
Überleben	1

Überschneidungen mit Codierungen anderer Opportunities-Subkategorien bestanden nicht oder nur geringfügig. Dies deutet darauf hin, dass Franchise weniger durch die Umwelteinflüsse wie Regulierungen induziert ist als durch das Geschäftsmodell selbst. Mit Sonstige Opportunities existieren immerhin fünf Überschneidungen, welche sich zum einen auf die Strategie beziehen, da Franchise eine Markteintrittsstrategie darstellt, und zum anderen auf die inerne

Organisation Poseidons, da Franchising bspw. mit der Bildung einer Franchiseabteilung, wie das neue Poseidon-Organigramm zeigt, das organisationale Design betrifft. Da die Franchiseeinführung im deutschen Markt 2011 eine strategische Entscheidung für eine Marktdurchdringung zu niedrigeren Kosten des Eigentümers Bakker war, besteht ein multipler Zusammenhang von Franchise mit Sonstige Opportunities und Eigentümer.

Die Häufigkeit der Segmentüberschneidungen von Inhalt und Struktur mit Franchise weist im Vergleich mit anderen Kategorien wesentlich höhere Werte auf, die jedoch nicht überraschen. Führen Franchisenehmende Aktivitäten aus, die zuvor im Verantwortungsbereich von Storemanagern und -managerinnen lagen, ändert sich das Geschäftsmodellelement Steuerung. Aufgrund dessen ändert sich ebenfalls die Abfolge von Aktivitäten, was durch die Kategorienrelation von Franchise mit dem Element Struktur repräsentiert wird. Bezüglich des überschneidungsintensiven Elements Inhalt fällt auf, dass im Zusammenhang mit Franchise der Rohwarenfokus kaum Bedeutung besitzt. Poseidon trat während der Bakker-Periode in den deutschen Franchisemarkt ein. Gewerkschaftsvertreter:innen beobachten die Franchiseaktivitäten Poseidons in Bezug auf informelle Regeln kritisch:

> *„Die Kompetenz [Poseidons] liegt auch bei der Hauptverwaltung selber, man ist im Austausch miteinander und hat jahrelange Erfahrung, dass das schon sehr wichtig ist. Auch die Identifikation der Mitarbeiter mit [Poseidon] ist deutlich höher, wenn man dort direkt ist als wenn man nur unter dem Namen arbeitet. Viele verlassen dann auch den Franchisenehmer, also da gibt es oft eine Mitarbeiterfluktuation. Die Mitarbeiterfluktuation bei [Poseidon] selber ist relativ niedrig. [Poseidon] selber hat eine sehr hohe Betriebszugehörigkeit, auch viele ältere Mitarbeiter. Das wird aber schwieriger, wenn es um Franchiseläden geht, wo die Leute kaum noch die Identifikation haben, wo auch viele soziale Leistungen nicht mehr da sind (…).“* [I-Nr. 1, Pos. 82, Gewerkschaftsvertretung mit dem Schwerpunkt Systemgastronomie]

Poseidon ging auf solche informellen Regeln mit spezifischen Aktivitäten wie der Förderung von Intrapreneurship ein:

> *„Nun ist der Franchise-Partner ja auch jemand, der bei [Poseidon] mal eine Ausbildung gemacht hat, man kennt sich also lange und gut. Und natürlich hält man den Kontakt in dem Fall ganz normal weiter.“* [I-Nr. 10, Pos. 16, Bezirksleitung Poseidon]

Die ambivalente Beschreibung des Werttreibers Komplementarität ist mit den informellen Regeln verzahnt. Während die Poseidon-interne Perspektive Franchise aufgrund der Inkompatibilität mit den informellen Regeln kritisch sieht, erscheint Franchise aus externer Perspektive aufgrund des bereits bestehenden

Filialnetzes und der etablierten Marke komplementär und gewinnbringend. Der Lock-In der Mitarbeitenden, welcher durch die informellen Regeln gefördert wird, ließ sich in den quantitativen Unternehmensdaten u. a. daran erkennen, dass die Franchiserestaurants ein schlechteres Umsatzwachstum verzeichneten als die Companystores. Der entsprechend codierte Werttreiber Lock-In wurde auf die oben zitierte Mitarbeitenden-Fluktuation bei Franchiserestaurants versus hohe Betriebszugehörigkeit bei den Companystores zurückgeführt. Der Werttreiber Effizienz wurde bezüglich der Aktivitäten von Franchisenehmer:innen codiert, da diese ein vitales Interesse am wirtschaftlichen Erfolg des Stores haben, da ihre Existenz als Selbständige stärker damit verwoben ist als die von Angestellten und die Franchiseaktivitäten einem Kostensenkungsbestreben zugrundeliegen.

Die Opportunity Franchise wurde von Poseidon in der letzten Analyseperiode wahrgenommen, was die Kategorienrelation zur Eigentümer-Subkategorie Bakker erklärt.

5.1.4 Digitalisierung

Was bei Poseidon 1962 mit dem EDV-Einsatz startete, entwickelte sich seit den 1990er Jahren sukzessive hin zu einem branchenweiten und branchenübergreifenden Megatrend, welcher entsprechend in allen Gruppen und in 94 % der Dokumente angesprochen wurde. Segmentüberschneidungen mit anderen Opportunities-Subkategorien ergaben sich vor allem mit Markt und Institutionelles Umfeld. Die größte Kategorienrelation mit Digitalisierung wies die Opportunities-Subkategorie *Kundenbedürfnisse* auf.

Auffällig ist, dass die einzelnen mit Digitalisierung codierten Segmente sich nicht nur jeweils mit der ein oder anderen Kategorie überlappen, sondern dass sie sich durch multiple Kategorienüberschneidungen auszeichnen. Digitalisierung durchzieht das Unternehmen und betrifft das gesamte Geschäftsmodell. Dies illustriert die Opportunities-Subkategorie Kundenbedürfnisse. Das Bedürfnis, sich Foodprodukte liefern zu lassen, hängt bspw. mit der Subkategorie Markt zusammen, da der *Deliverymarkt* durch Digitalisierung erschlossen werden konnte. Ebenso besteht ein Zusammenhang mit dem Element Steuerung, d. h. wer wo Aktivitäten ausführt und dem Element Struktur, da externe Anbieter:innen[2] als neue Stakeholder:innen den Lieferservice übernehmen. So kann Poseidon als fokale Unternehmung diese Paketlösung in Anspruch nehmen, ohne

[2] Bspw. Lieferando, Wolt und Uber Eats.

eine korrespondierende Infrastruktur oder entsprechende von ihren Kernkompetenzen abweichende Aktivitäten aufzubauen. Konträr zu Poseidon hat Big Smith bspw. zusätzlich zur Kooperation mit Lieferdiensten einen eigenen Lieferdienst aufgebaut. An dieser Stelle zeigt sich ein Zusammenhang mit der Subkategorie Sonstige Opportunities, da die Kooperation mit Lieferdiensten eine indirekte Markteintrittsstrategie darstellt. *Strategie und Geschäftsmodell beeinflussen, ob die Opportunitiy wahrgenommen werden kann und Opportunities wie Digitalisierung wiederum beeinflussen die Strategie und das Geschäftsmodell.* Es besteht ein wechselseitiger Zusammenhang.

Der Einfluss der Opportunity auf das Geschäftsmodell zeigt sich am deutlichsten beim Element Inhalt, da auch die Deliveryaktivitäten durch andere Stakeholder:innen zum Geschäftsmodell gehören. Des Weiteren verlangt Digitalisierung Aktivitäten, welche die digitale Markenführung, Social Media Management, Mitarbeitenden-Homepage, Bestellportal für Stores, Reklamationsdatenbanken, einen SharePoint mit Schulungen für Lieferanten sowie Spezifikationsformulare betreffen. Hervorzuheben ist dabei die Kommunikation mit der Kundschaft, da diese durch ihr Bedürfnis nach *e-commerce* dem Point of Sale fernbleibt, was eine große Herausforderung für die Wertschöpfung im Geschäftsmodell darstellt. Entsprechend wurden neue Kommunikationskanäle für Kunden und Kundinnen als auch Mitarbeitende eingerichtet, welche durch Social Media-Manager und -Managerinnen betreut werden.

Aktivitäten, welche die Mitarbeitenden-Homepage, die Kunden- und Kundinnen-Kommunikationsstelle und das Lieferantenmanagement ansprechen, weisen einen Zusammenhang mit dem Werttreiber Lock-In auf, da entsprechende Stakeholder:innen mit diesen Aktivitäten gebunden werden. In diesem Sinne ist bspw. bargeldloses Bezahlen für Systeme mit Effizienzausrichtung wie Brötchen Plantage ganz besonders wichtig, da dies auf deren Value Proposition Schnelligkeit einzahlt, während dies auf Poseidon nicht zutrifft. Poseidon kompensiert bspw. unzureichende Digitalisierung der Lieferanten mit enger vertrauensvoller Zusammenarbeit und Unterstützungen durch Schulungen.

5.1.5 Nachhaltigkeit

Wesentliche Faktoren, die das Geschäftsmodell beeinflussten, waren Nachhaltigkeitsthemen. Dies unterstreicht die Einbettung des Geschäftsmodells und seiner Entwicklung in den jeweiligen Kontext, der im vorliegenden Fall stark durch das institutionelle Umfeld und veränderte Kundenbedürfnisse im Zusammenhang mit Nachhaltigkeit geprägt war. Es besteht ein wechselseitiger Einfluss: Opportunities wirkten auf das Geschäftsmodell (Regulationen, Umweltverschmutzung, veränderte Bedürfnisse der Kundschaft), aber auch das Geschäftsmodell formte seine Umwelt durch die Art und Weise seines Wirtschaftens (entnimmt z. B. mehr Ressourcen, als das System regenerieren kann, etc.).

Auffällig im gesamten Datenmaterial war die Konstante der Bedeutung der Rohware Fisch sowohl für das Geschäftsmodell als auch für die Gesellschaft. Die größte Kategorienrelation besteht mit der Geschäftsmodell-Subkategorie Element Inhalt, von der sich der Großteil der Überschneidungen auf die Rohware Fisch bezieht:

> *„(…) gefangener Seefisch ist das einzige Lebensmittel, was wirklich naturbelassen der Natur direkt entnommen wird. Es wird nicht züchterisch verändert, es wird nicht gefüttert, es werden keine Krankheiten behandelt. Da draußen auf dem Meer ist, soweit es geht, Natur, und da schwimmen die Fische rum, bis sie gefangen werden. Dieses Merkmal „naturidentisches Produkt" hat nur der Meeresfisch[3]."* [I-Nr. 7, Pos. 76, Generalsekretär, Deutscher Fischereiverband]

Die *vitale Abhängigkeit des Geschäftsmodells von der Ressource Fisch* zieht sich durch alle Untersuchungsperioden. Das Abwirtschaften der Substanz vernichtet die eigene Existenzgrundlage und lässt erkennen, dass Nachhaltigkeit mehr umfasst als Natürlichkeit. Sie hängt mit der *ökoeffizienten Gestaltung von Prozessen, der Rücksichtnahme auf die Regenerierbarkeit der Fischbestände und der Minimierung von Nebenwirkungen auf Natur und Mensch* zusammen. Sie ist *Rationalität zur Erhaltung der Ressourcenquellen, indem nicht mehr Ressourcen verbraucht werden, als sich im gegebenen Zeitraum regenerieren können.* Das heißt zum einen, nicht mehr Fische aus dem Bestand zu entnehmen, als wieder reproduziert werden können, und zum anderen, die Funktionsfähigkeit des Ökosystems Meer zu erhalten, damit dauerhaft Fische zum Fang zur Verfügung stehen.

Das Geschäftsmodell und relevante Opportunities wurden in einen Entwicklungszusammenhang gebracht, indem aufgezeigt wird, wie unterschiedlich mit den Hauptressourcen (Fisch und Personal) auf den Entwicklungsstufen umgegangen wurde. Bezüglich der Periodisierung der Daten anhand der Eigentümerperioden konnte festgestellt werden, dass die Entwicklung des Nachhaltigkeitsmanagements nicht ausschließlich progressiv erfolgte, sondern in Periode III unter der Goldhill Group ein Rückschritt in vorangegangene Entwicklungsstufen

[3] Poseidons Hauptprodukt ist zertifizierter Meeresfisch, daher standen Fish Farming und Aquakultur bezüglich der Natürlichkeit nicht im Fokus des Interviews.

stattfand, obwohl die Entwicklung des Kontextes eine andere Entwicklungsrichtung implizierte. Es kann geschlossen werden, dass eine längere Förderung dieses Ungleichgewichts von Geschäftsmodell und Umwelt das Überleben Poseidons gefährdet hätte.

U. a. aufgrund der Unterschiedlichkeit der Periodendauer und der Anzahl und Intensität der jeweils relevanten Opportunities bestand eine Varietät der Nachhaltigkeitsrationalitäten innerhalb der Perioden, so dass diesen nicht jeweils genau eine Entwicklungsstufe des Nachhaltigkeitsmanagements zugeordnet werden konnte.

In **Periode I** folgten Aktivitäten klaren Hierarchien und Regeln, welche bspw. auch dem Schutz der Arbeitenden bspw. vor Unfällen wie dem Ertrinken dienten. Ab 1920 ebnete die betriebliche Mitbestimmung der Verankerung sozialer Nachhaltigkeit im Geschäftsmodell den Weg. Die Versorgung des deutschen Volkes mit eiweißreichem Seefisch wurde als eine sinnvolle, ordnungsstiftende Ressourcenverwendung angesehen. Gefischt wurde in allen legalen Fanggebieten (außerhalb nationaler Hoheitsgewässer), unabhängig davon, wieviel Fisch vorhanden war. Die Auffassung, dass das Meer sich von allein erholt, wurde in der Gründerperiode nicht durch Beobachtungen widerlegt.

Auch in den Folgeperioden waren formelle und informelle Regeln Steuerungsgrößen von Nachhaltigkeitsentscheidungen vornehmlich im sozialen Bereich. Im Speziellen die Tarifverträge besaßen große Wirkung auf die Schonung der Humanressourcen. Hervorzuheben ist, dass die Entwicklungsstufen immer im Lichte des Kontextes interpretiert werden müssen:

> „(…) man muss die erste Nachkriegszeit berücksichtigen, dass da die Umgangsformen im Unternehmen halt in mancher Beziehung noch ein bisschen strammer waren. Auf der anderen Seite hat [Poseidon] Betriebssport finanziert und Betriebsfeste organisiert, also es haben sich eigentlich alle da wohl gefühlt.“ [I-Nr. 16, Pos. 126, Werkredakteur und -fotograf, Poseidon]

Wenn sich die Mitarbeitenden wohlfühlten, arbeiteten sie effizienter, so dass dies für [Poseidon] eine Win-Win Situation darstellte. Dieses Gewinnmotiv stand in **Periode II** vorerst im Vordergrund.

Das Leben der Kundschaft, dessen Erfolgsfaktoren Geld und Konsum darstellten, war zunehmend durch Multioptionalität geprägt:

> „Wir hatten in den 80ern eine Edelfresswelle und da war [Poseidon] ganz oben mit dabei. (…) In den 80er-Jahren hat kein Laden mehr Austern verkauft als [Poseidon]. (…) In den 80ern insbesondere wurden wir multioptional, da ging der Millionär auch

(…) in die Bratwurstbude. Früher ging er (…) immer nur ins beste Hotel am Platze.“ [I-Nr. 12, Pos. 68–74, Leitung HR, Poseidon]

Entsprechend nahm der Ressourcenverbrauch trotz der Festlegung der Fangmengen, welche durch Lobbyarbeit der Industrie zu beeinflussen versucht wurden, weiter zu. Der Ausbau der Fischindustrie war u. a. Folge der Konsumentensouveränität und Ernährungsempfehlungen für Fisch als gesundem (eiweißreichem und kalorienarmem) Lebensmittel. Die steigende Nachfrage wurde durch den Bau von Fabrikschiffen mit mehr BRT bedient, die den Fischfang effizienter machten – ungeachtet der Knappheit der Ressource. Die Schiffbauinnovationen und die Aufnahme der Fernfischerei sind Beispiele für das Leitthema *Öko-Effizienz*. Ressourcen sollten sparsam eingesetzt werden, somit wurde durch Innovationen das Verhältnis von Reise- und Fangtagen effizienter gestaltet. Die Ressourceneinsparung wurde allerdings überkompensiert, da mehr neue Schiffe gebaut wurden und durch die erhöhte Fangmenge dem Ökosystem nun mehr von der Ressource Fisch entnommen wurde.

Ein wichtiger relationaler Zusammenhang von Nachhaltigkeit mit Institutionelles Umfeld stellte 1982 die Einführung des *MSY* dar. Dieser entspricht der Nachhaltigkeitsrationalität, nicht mehr Ressourcen zu verbrauchen als sich im gegebenen Zeitraum regenerieren können. Dies führte zu Aktivitäten, die Fischbestände zu quantifizieren. Die Kenntnis dieser Daten ermöglichte einerseits ein haushälterisches Umgehen mit dem Fisch und stand andererseits den individuellen Gewinnbestrebungen entgegen.

Degroot initiierte zum Ende seiner Eigentümerschaft zusammen mit einer großen Umweltstiftung den *Marine Stewardship Council*. Dieser formuliert 1997 auf internationaler Ebene allgemeine Grundsätze für eine bestandserhaltende Fischerei. Das bekannte *MSC-Siegel* kennzeichnet Fisch, welcher in Übereinstimmung mit diesen Standards gefangen wurde. Dies zeigt, dass Varietät der dominanten Nachhaltigkeitslogik innerhalb der Perioden besteht. Dies kann auch auf die Dauer der Eigentümerschaft zurückgeführt werden, welche im Falle Degroots über 60 Jahre betrug. Diese Aktivität transzendierte die Effizienzlogik und zeigte bereits zukunftsgewandtes Rücksichtsdenken. Ebenso verhielt es sich mit der Initiierung und Mitgestaltung des neuen Ausbildungsberufes Fachfrau/-mann für Systemgastronomie. Für die *Schaffung des neuen Berufsbildes* erhielt Poseidon 2001 den Ausbildungs-Oscar. Dies waren *Langfristentscheidungen für die Erhaltung und Förderung der betrieblichen Substanz* in Form von Rohware, Vertrauen und Fachpersonal.

In **Periode III** erfolgte unter dem Eigentümer Goldhill Group keine Progression, sondern ein Entwicklungsrückschritt des Nachhaltigkeitsmanagements bei

Poseidon. Durch den Kostenfokus, den Goldhill Group setzte, rückte Nachhaltigkeit wieder weiter in die Peripherie des Aktivitätssystems, da Nachhaltigkeit nun mit den Kernprozessen, statt nur mit anderen Querschnittsthemen wie Gesundheitsmanagement um Ressourcenzuweisung konkurrierte. Das Einfordern von Einsparungen und Gewinnmaximierung seitens der Goldhill Group hatte zur Folge, dass Mitarbeitende nicht neu eingestellt wurden, und bestehende zahlreich das Unternehmen verließen, da die bisherige Handlungslogik nicht der vom neuen Eigentümer proklamierten entspracht. Es bestand eine systemimmanente Divergenz der Denklogiken, die sich nicht nur auf das Nachhaltigkeitsmanagement bezieht und die zu einer Loose-Loose Situation für die beteiligten Stakeholder:innen führte, zumal wichtigen Opportunities wie der Veränderung von Kundenbedürfnissen nicht Rechnung getragen wurde. Denn auch für die Kundschaft rückte Nachhaltigkeit in den Fokus, die das große Ganze mehr in ihren Entscheidungen berücksichtige.

> *„Das ist etwas, was uns sicher in den letzten Jahren geprägt hat und eine ganz andere Wertigkeit im Unternehmen bekommen hat, beim Verbraucher und in der Branche, und damit auch für unser Unternehmen- Im Besonderen, davon bin ich überzeugt, weil wir mit dem Produkt FISCH handeln. Weil die Anforderungen des Verbrauchers an den nachhaltigen Bestand des Fisches einfach viel stärker ins Zentrum der Kaufentscheidung gerückt ist in den letzten Jahren.“* [I-Nr. 23, Pos. 32, CEO, Poseidon]

Unter Bakker rückten in **Periode IV** entgegen der vorherigen Periode Mensch und Natur wieder mehr in den Fokus des Geschäftsmodells, das sich in seinen Design Elementen Inhalt und Struktur veränderte. Eine Nachhaltigkeitsmanagement-Abteilung wurde aufgebaut, welche auf neue Entwicklungen wie die 2012 vorgestellte neue Berechnungsmethode eingehen konnte, die den MSY mit signifikant weniger Aufwand und auf Basis leicht zugänglicher Daten ermitteln kann.[4] Dies ermöglichte Bestandsabschätzungen für Fischbestände, für die mit vorherigen Methoden kein MSY ermittelt werden konnte.

Die Prozesse der Zubereitung (frisch für dich) ändern sich im Sinne des nachhaltigkeitsnahen Kernproduktes Fisch. Ebenso verhielt es sich mit der Verantwortung für diese Ressource, welche aus Überzeugung im neuen Claim „Wir sind Fisch.“ verankert wurde. Die zugrunde gelegte idealistische und überzeugte Haltung beruhte auf der offensichtlichen *vitalen Abhängigkeit des Geschäftsmodells von der Rohware Fisch* und entsprechend von der nachhaltigen Entwicklung der Meere und Ozeane. Der Eigentümer bzw. die Geschäftsführung hatte großen

[4] Siehe Martell/ Froese (2012).

Einfluss auf die Nachhaltigkeitsentwicklung und prägte das Unternehmen durch eine kooperative Führungskultur. Es wurden flache Hierarchien und Anreize zur Partizipation eingeführt und vor allem die traditionelle Form der Steuerung wieder aufgenommen, welche in der vorgelagerten Periode negative Nachhaltigkeitsoutputs verstärkte. Eine Kooperation mit Too Good To Go wurde durch den Bundespreis 2018 „Zu gut für die Tonne!" honoriert, weil die Aktivitäten durch Lebensmittelrettung die natürlichen Ressourcen schonen. Der Bau der neuen Hauptverwaltung am Fischereihafen in Bremerhaven 2016 war ein klares Standortbekenntnis im Sinne sozialer Nachhaltigkeit. Die Investition in das strukturschwache Gebiet förderte die regionale Entwicklung.

In **Periode V** wurde diese Haltung der Rücksicht insbesondere durch die *Vernetzung mit Stakeholdern* wie NGOs weiter vorangetrieben. Strandreinigungsaktionen mit Mitarbeitenden, Kundinnen und Kunden sowie weiteren Stakeholdern und Stakeholderinnen dienen dem Erhalt der Funktionsfähigkeit der Meere. Poseidon kooperierte mit Regionen, in denen es Thunfisch angeln ließ. Dies schützt Bestände (z. B. Delfine, die bei herkömmlicher Fischerei oft Beifang sind) und die dort heimische Wirtschaft und erhält deren Einkommen. In einer vom BMEL geförderten Forschungskooperation entwickelt Poseidon nachhaltig produzierte, kompostierbare und idealerweise essbare Verpackungen, um Nebenwirkungen zu bewältigen. Neben Kooperationen verfolgt Poseidon zahlreiche Nachhaltigkeitsaktivitäten. Fisch wird durch eine möglichst umweltschonende und auf Vorsorge ausgerichtete Fischereitätigkeit gewonnen, was durch spezielle Einkaufsvereinbarungen und Zertifizierungen sichergestellt wird. Poseidon setzt auf Vielfalt: Jeder dritte Mitarbeitende hat Migrationshintergrund, mehr als die Hälfte ist weiblich, 30 % sind im Alter zwischen 50 und 59; Flexibilität und die Vereinbarkeit von Familie und Beruf wird gelebt, indem 70 % der Mitarbeitenden in Teilzeit arbeiten, 20–75 % der Arbeitsverträge sind unbefristet und ca. die Hälfte der Mitarbeitenden arbeitet mehr als 10 Jahre bei Poseidon, was das Unternehmen im Bereich soziale Nachhaltigkeit stark von seiner Konkurrenz abhebt.

Die Stakeholder:innen, insbesondere die Kundinnen und Kunden, verändern sich weiter. Sie sind gesundheitsbewusster und reflektierter im Konsum, indem sie auch Tierwohl und den Erhalt der Ökosysteme in ihren Kaufentscheidungen berücksichtigen. Es entstand eine Purpose-Debatte sowohl über das Verhältnis von gesundem Fischkonsum und dem Erhalt der Meere als auch über den Konsum tierischer Lebensmittel an sich. Ernährungsformen wie bspw. Vegetarier, Veganer oder Pescetarier werden als Zielgruppe entdeckt und als Ergänzung zu bereits bestehenden vegetarischen Angeboten werden entsprechend pflanzenbasierte Fischersatzprodukte entwickelt.

Zusammenfassend kann für den Entwicklungsverlauf des Nachhaltigkeitsmanagements konstatiert werden, dass das *Dilemma der absoluten Ressourcenknappheit bei gleichzeitig steigender Bedeutung von Personal für die Wettbewerbsfähigkeit und Fisch für Einkommen und Gesundheit* weiterhin als Herausforderung des Geschäftsmodells besteht. Eine nachhaltige Entwicklung erfordert als logischer Folgeschluss dieser Analyse eine Auseinandersetzung mit den Kernaktivitäten und folglich eine weitere Transformation des Geschäftsmodells.

5.1.6 Internationalisierung

Poseidon ist nicht stark internationalisiert. Es betrieb zwar bereits in der Degroot-Periode viele Filialen in Österreich, diese machen jedoch genau wie die internationalen Franchisestores nur einen Bruchteil aller Stores aus. Konsistent mit diesen Sekundärdaten generierte die Opportunities-Subkategorie Internationalisierung sowohl innerhalb der Opportunities-Kategorie als auch innerhalb des gesamten Kategoriensystems am wenigsten codierte Segmente. Obwohl diese in allen Gruppen vorhanden sind, äußerten sich Poseidon-Mitarbeitende kaum, wohingegen die meisten Codings der Gruppe der Lieferanten und Ausgründungen der Poseidon GmbH entstammen. Das ist ein interessanter Befund, da diese im Fischgroßhandel und der Fischverarbeitung agieren, die zuvor Bestandteil der Poseidon GmbH waren. Die Bedeutung von Internationalisierung ist für die Stakeholder:innen des Geschäftsmodells unterschiedlich. Dies offenbart einen Zusammenhang mit der Eigentümer-Kategorie, da Degroot als internationaler Konzern Global Fish Sticks nach dem Verkauf Poseidons im Jahr 1997 als eigenständige GmbH unter dem eigenen Konzerndach eingliederte und Unser Meer nach der Ausgliederung der Fischereiflotte 1986 und seinem Verkauf 1998 durch die Goldhill Group seine Aktivitäten internationaler aufstellte.

Zusammenhänge von Internationalisierung bestehen mit den anderen Opportunities-Subkategorien Nachhaltigkeit, Digitalisierung, Markt und signifikant häufiger mit der Subkategorie Institutionelles Umfeld. Dieser Zusammenhang ergibt sich vornehmlich durch die Europäisierung, da Fischregulationen auf europäischer Ebene entstehen. Andere gesetzliche Regelungen kommen ebenfalls aus Brüssel. Bereits in der Degroot-Periode wurde neben Fischereiregulationen die Ausdehnung internationaler Hoheitsgewässer zur Bedrohung der Hochseefischerei. Die Fischindustrie ist besonders reguliert und da international bezogen bzw. gefischt wird, ist Poseidon eher von dieser Opportunity betroffen, als Burger-Systeme, welche einen anderen Rohwarenfokus aufweisen. Allerdings sprechen

Wettbewerber ebenfalls das Zusammenspiel mit Regulierungen an, welche von der Opportunities-Subkategorie Institutionelles Umfeld erfasst werden:

> *„Die Politik tickt heute anders, die Zeit hat sich gravierend verändert. Heute müssen Sie viele Sachen im Kopf haben, proaktiv nachdenken, auch der juristische Rahmen hat sich, bedingt durch Globalisierung oder Europäisierung, Internationalisierung, geändert."* [I-Nr. 27, Pos. 118, Senior Management Franchise, Big Smith]

Internationalisierung steht hinsichtlich des Elements Struktur und des Werttreibers Komplementarität in Zusammenhang mit der Geschäftsmodell-Kategorie:

> *„Wir machen etwas anderes als [Unser Meer], [Unser Meer], macht etwas komplett anderes als [Poseidon]. Also wir alle drei waren zusammengefasst, als man noch eine Hochseefischerei betrieben hat, da war der Fisch immer der Ursprung für all unsere drei Kanäle, aber Globalisierung bedeutet Spezialisierung und Optimierung und Harmonisierung auf HÖCHSTEM Grad und da muss ich sagen, dass ich mit einem GROSSHÄNDLER oder mit einem Fischbrötchenverkäufer einfach keinen gemeinsamen Nenner mehr habe."* [I-Nr. 26, Pos. 36, Customer Service und PR-Management, Global Fish Sticks GmbH]

Das Zitat verdeutlicht ebenfalls die Kategorienrelation mit der Geschäftsmodel-Subkategorie Element Inhalt, die die Verbindung von Aktivitäten mit Rohwarenbezug unterstreicht. In den 1930er Jahren wurde bspw. ein großer Fischereihafen-Bahnhof erbaut, um den Seefisch über größere Distanzen hinweg transportieren zu können und sich neue geografische Märkte zu erschließen.

Einerseits schneidet der Standort Deutschland im internationalen Wettbewerb schlechter ab, da er lohn- und zollintensiver ist. Expertenseitig wird diese Aussage bestätigt, da im Ausland andere Umweltbedingungen und Regulierungen, Personalverfügbarkeit und -kosten herrschen, was sich bspw. in dem Markt für Aquakulturen widerspiegelt. Andererseits wird Fisch im deutschen Markt ein größeres Wachstum prognostiziert als Fleisch:

> *„Ich glaube, Fisch hat eine große Zukunft. Wenn ich mir die ganzen Diskussionen angucke um Fleisch und wenn ich mir auch angucke, wo Fleisch wirklich noch wächst, nämlich nur noch im Ausland und nicht mehr in Deutschland (…)."* [I-Nr. 25, Pos. 147, Bereichsleitung Unternehmenskommunikation, Unser Meer GmbH]

Über Internationalisierung wird im kategorialen Vergleich weniger elaboriert gesprochen, jedoch besitzt sie für die Foodbranche insgesamt dahingehend Relevanz, dass durch sie immer wieder neue Food-Trends z. B. durch Einwanderung entstehen. Aus dieser Perspektive heraus kann ein Zusammenhang mit

Nachhaltigkeit hergestellt werden, da jeder dritte Poseidon-Mitarbeitende Migrationshintergrund hat und sich Poseidon mit der Unterzeichnung der Charta der Vielfalt dem Ziel selbstverpflichtet, die Anerkennung, Wertschätzung und Einbeziehung der Vielfalt von Mitarbeitenden in der Arbeitswelt voranzubringen und ein Arbeitsumfeld zu schaffen, das frei von Vorurteilen ist.

5.1.7 Kundenbedürfnisse

Die Opportunities-Subkategorie Kundenbedürfnisse wurde in allen Gruppen angesprochen. Die meisten codierten Segmente generierte das Interview mit der Marketingleitung von Poseidon. Dies ist naheliegend, denn *zielgerichtete Marketingmaßnahmen und kundschaftsorientierte Produktgestaltung* sollen Bedürfnisse der Kundschaft in Nachfrage überführen.

Diese Nachfrage, welche durch ihr Zusammentreffen mit dem Angebot einen Markt generiert, erklärt die große Überlappung von Kundenbedürfnisse mit der Opportunities-Subkategorie Markt. Mit den Opportunities-Subkategorien Digitalisierung, Nachhaltigkeit, Sonstige Opportunities, Institutionelles Umfeld und Franchise bestehen in absteigender Reihenfolge ebenfalls Relationen.

Im Zusammenspiel mit anderen Opportunities waren Kundenbedürfnisse sowohl Simulus für Produktinnovationen als auch für Innovationen des Geschäftsmodells. Die Beliebtheit des Außer-Haus-Verzehrs der Kundschaft in den 1960er Jahren bspw. markierte den Startschuss für die Poseidon Restaurants.

Kategorienrelationen mit der Geschäftsmodell-Subkategorie Element Inhalt stehen in multidimensionalem Zusammenhang mit den Geschäftsmodell-Subkategorien Werttreiber Komplementarität und Werttreiber Lock-In und weisen zu einem Drittel direkten Rohwarenbezug auf:

> *„Wir sind die einzigen System-Gastronomen, die direkt an der Rohware sind. Also wir kennen unsere Rohware, wir verkaufen ja die Rohware sogar noch selber im Store. Und wir wollen den Kunden mitnehmen auf die Reise und ihm sagen, von wo kommt der Fisch."* [I-Nr. 13, Pos. 26, Leitung Marketing, Poseidon]

Das Thema *Storytelling Content* stellt einen wichtigen Teil in der Kommunikation mit Kundinnen und Kunden dar. Gerade für Poseidon ist dies als Traditionsunternehmen und aufgrund des Rohwarenbezuges sehr gut umsetzbar. Während viele junge Marken eine Entstehungsgeschichte erfinden, ist Poseidon eine natürlich gewachsene, authentische Marke. Neben dem Storytelling wurde der Werttreiber Komplementarität in Relation mit Kundenbedürfnisse hinsichtlich anderer *komplementärer Aktivitäten* angesprochen. Dazu gehören zuforderst die Quick-Restaurants, gleichwohl auch Kooperationen mit Lieferdiensten als Komplementoren und Komplementorinnen, deren komplementären Aktivitäten die Value Proposition verbessern. *Komplementäre Produkte*, wie der Portobello oder veganer „Vish“, der die Wahrscheinlichkeit für Gruppenbesuche erhöht, sowie das gemeinsame Angebot von Austern und Champagner während der „Edelfresswelle“ in den 1980er Jahren steigern den Wert des Poseidon-Geschäftsmodells durch Komplementaritäten. Die kontinuierliche Veränderung der Kundenbedürnisse kann ebenfalls an kategorialen Relationen nachvollzogen werden. Nachhaltigkeit und Digitalisierungsaktivitäten wie Delivery und/oder Bestellen über Apps avancieren zu neuen Kaufkriterien, welche sich in den initialen Perioden noch nicht abzeichneten.

Anhand der Überschneidungen von Kundenbedürfnisse mit dem Werttreiber Lock-In, kann gezeigt werden, dass Poseidon seine Kunden durch den Aufbau von *Wechselkosten* im Geschäftsmodel hält. Dies erfolgt vornehmlich durch *vertrauensvolle Kundenbeziehungen.* Zertifizierungen stellen ein Mittel dar, den Kundinnen und Kunden gegenüber diese Verlässlichkeit der Qualität zu untermauern.[5]

> *„Wir sind ein bisschen teurer, aber dafür weiß der Kunde bei uns, wenn ich zu [Poseidon] gehe, kann ich den Haken unter meinem Gewissen machen, das ist nachhaltig gute Qualität, da tue ich mir selber und meinem Körper auch was Gutes und es schmeckt auch noch gut.* [I-Nr. 13, Pos. 38, Leitung Marketing, Poseidon]

Loyalitätsprogramme dienen als Prozessinnovationen ebenfalls dem Lock-In von Kunden. Diese reichen vom Angebot der Poseidon-App, in der App-exclusive Rabatt-Coupons erhältlich sind über Strandreinigungsaktionen, Sponsorship für Kinder-Schwimmkurse oder Aktionstage mit Kooperationspartnern, bei denen Familien aktiv den Schutz der deutschen Meere erleben können. Auf diese Weise werden *Communities* geschaffen, die eine Loyalität zur Marke Poseidon aufbauen.

Der direkte interaktive Kontakt des Kunden mit den gut ausgebildeten und serviceorientierten Mitarbeitenden führt darüber hinaus zu einer *größeren Transaktionshäufigkeit.* Entsprechend besitzt Poseidon viele Stammkunden und -kundinnen, die bevorzugt bestimmte Produkte wie den Bismarckhering im Brötchen konsumieren.

[5] Poseidon weist dazu unterschiedliche Zertifizierungen aus: MSC, ASC, Bio Logo DE-ÖKO-005, ESF, NORGE und Alaska Seafood.

> *„(...) natürlich haben wir unsere Hardcore-Liebhaber, die seit 60 oder seit 50 Jahren gefühlt bei uns sind und ihren Lieblingsplatz haben und jeden Tag das Gleiche essen."* [I-Nr. 13, Pos. 44, Leitung Marketing, Poseidon]

Nicht nur Stammkundschaft ist aufgrund von *Customization* im Poseidon-Geschäftsmodell gebunden, auch Laufkundschaft kann individuelle Wünsche, wie bspw. das Erwärmen des Backfisches äußern:

> *„Wir haben extra eine Kunden-Kommunikationsstelle. Da wird jeder Anruf, jede Mail ernst genommen. Letztendlich kann man dadurch nur Honig saugen. Wenn jetzt irgendwas nicht da war, rufen wir sie an, wenn es das wieder gibt. Das ist natürlich aufwendig, aber auf der anderen Seite ist es auch sehr, sehr wertvoll."* [I-Nr. 20, Pos. 116, Assistenz der Geschäftsführung, Poseidon]

> *„Mit den Kunden im Gespräch bleiben ist ganz wichtig. Und auch mit den jungen Kunden. (...) Mit Produkt-Innovationen wie dem veganen Portobello kann man natürlich sagen, man ist jetzt in der Lage, auch DIE Kundengruppen anzusprechen, die keinen Fisch essen und somit attraktiver für Gruppenbesuche."* [I-Nr. 20, Pos. 128, Assistenz der Geschäftsführung, Poseidon]

Das Ansprechen der jungen Kundengruppe stellt eine relevante Relation zur Kategorie Überleben und Sonstige Opportunities dar, denn aufgrund des langjährigen Bestehens scheiden die ehemals jungen Kundinnen und Kunden, welche mit dem Geschäftsmodell mitgewachsen sind, aus diesem aus. Poseidon fokussiert ein Segment (Seafood), muss darin aber mehrere Altersgruppen ansprechen, um auch die Kunden und Kundinnen von morgen zu gewinnen. Unter Bakthi Invest wurde bspw. eine neue Marke, die speziell das junge Publikum ansprechen soll, gelauncht. Durch neue Produkte werden veränderte Bedürfnisse adressiert, geschaffen und ausgebaut. Vom Verkauf zum gastronomischen Angebot, Snacks, To Go bis zu Fischersatzprodukten gab es in der Poseidongeschichte zahlreiche Angebote, die verändernden Kundenbedürfnissen gerecht werden sollten. Innovationsaktivitäten bez. des Storedesigns in den Perioden Degroot, Bakker und Bakthi Invest sicherten die Kongruenz von Image und Kundenbedürfnissen.

Neben den beschriebenen Produktinnovationen hatte Poseidon beim Eintritt in den Fischhandel in der ersten Eigentümerperiode und beim Einstieg in die Systemgastronomie in der Degroot-Periode als First Mover einen Vorteil bei der Gewinnung und -bindung von Kundinnen und Kunden und konnte diesen Vorteil u. a. durch die *starke Marke* verteidigen und ausbauen.

5.1.8 Sonstige Opportunities

Während sich die übrigen Opportunities-Subkategorien auf Umwelttrends im makroökonomischen, sozialen oder technologischen Bereich beziehen und entsprechend neue externe Stakeholdergruppen als relevant markieren, bezieht sich die Subkategorie Sonstige Opportunities auf *interne Größen* der fokalen Unternehmung Poseidon. Die *Strategie* und die *Organisation* Poseidons konnten als die zentralen inhaltlichen Konstrukte identifiziert werden. Die erfassten Muster in den Daten stehen im Einklang mit den Ergebnissen des in Kapitel 2 durchgeführten Literaturüberblicks,[6] welche sowohl externe als auch interne Ursachen des Geschäftsmodellwandels ausweisen.

Alle Hauptgruppen generierten Codierungen mit Sonstige Opportunities, die Häufigkeit konzentriert sich jedoch auf die Expertengruppe und vor allem auf die Poseidon Gruppe, innerhalb derer das Top Management mit Abstand die meisten codierten Segmente lieferte. Diese Häufung in der Subgruppe des Top Managements steht im Einklang mit den identifizierten Konstrukten, da auf dieser Ebene entsprechend relevante Entscheidungen bez. Strategie und Organisation getroffen werden.

Die Analyseergebnisse bestätigen die bei den anderen Opportunities-Subkategorien dargestellte *Schnittmenge der Opportunities-Subkategorie Sonstige Opportunities mit der Unternehmensumwelt*, welche zum Zeichnen eines holistischen Bildes der historischen Entwicklung des Poseidon-Geschäftsmodells innerhalb ihres sich wandelnden Kontextes in sieben Subkategorien ausdifferenziert wurde. Die größte Schnittmenge besteht mit den Opportunities-Subkategorien Markt und Institutionelles Umfeld, wohingegen die Überschneidungen mit Kundenbedürfnisse wesentlich geringer ausfällt. Eine Erklärung liefert die historische Konstanz der Value Proposition, kompetente Fischversorgung. Abbildung 5.6 zeigt die *Opportunities-Subkategorien in den vier großen Clustern* des Datenmaterials.

[6] Siehe Abbildung 2.3.

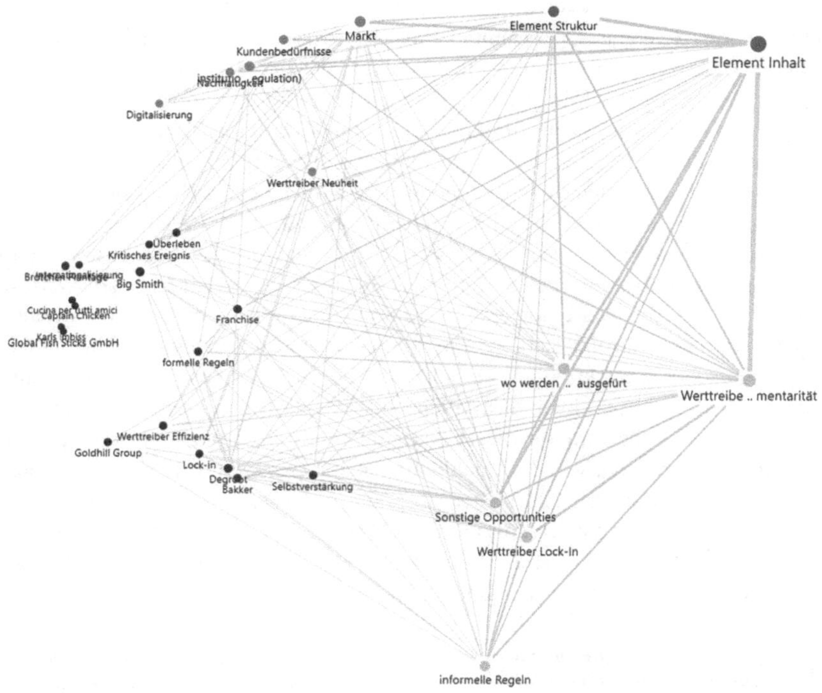

Abbildung 5.6 Codelandkarte. (Quelle: Eigene Darstellung)

Die abgebildete Codelandkarte stellt die Kategorien wie auf einer Landkarte dar. Je größer die Schnittmenge zweier Kategorien ausfällt, desto größer ist die Nähe ihrer Platzierung auf der Karte. Jeder Kreis symbolisiert eine Kategorie. Die Kreise sind umso größer, je häufiger eine Kategorie vergeben wurde. Coderelationen werden als Linien dargestellt, wobei die Linienstärke die Häufigkeit der Segmentüberschneidungen darstellt. Die unterschiedlichen Farben heben die Cluster-Zugehörigkeit der Kategorien hervor. In diesem Fall sind externe Opportunities überwiegend hellblau markiert, was ihre Überschneidungen im Datenmaterial visualisiert. Franchise und Internationalisierung liegen dicht daneben im lila Cluster zusammen mit den Wettbewerbern. Sonstige Opportunities hingegen gehören dem dunkelblauen Cluster an, welcher ebenfalls die dominanten Werttreiber und die Steuerungsformen von wer wo Aktivitäten ausführt und informelle Regeln umfasst.

Der zweite Herd kategorialer Zusammenhänge mit der Opportunities-Subkategorie Sonstige Opportunities liegt in der Geschäftsmodell-Kategorie. Extreme Häufigkeitswerte weisen die Zusammenhänge mit dem Element Steuerung und dem Element Inhalt auf, dicht gefolgt von dem Werttreiber Komplementarität, dem Element Struktur und dem Werttreiber Lock-In. Codierte Segmente, welche die *Strategie* ansprechen, wurden aufgrund ihrer Überschneidungen bereits unter den anderen Opportunities-Subkategorien beschrieben. Sie beziehen sich bspw. auf die vertikale Integration und Diversifikation Poseidons, sowie auf dessen kollektives strategisches Vorgehen mittels Verbandsmitgliedschaften, dessen übergeordnetes Motiv, das Schaffen eines gemeinsamen Wertes, durch eine branchenweite Interessenvertretung oder die gemeinsame Nutzung von Ressourcen, verfolgt wird. Diese Strategischen Entscheidungen beeinflussen zweifelsohne die Aktivitäten (Inhalt), welche im Geschäftsmodell ausgeführt werden, ob diese bspw. im industriellen und/oder gastronomischen Bereich liegen, genauso wie die Struktur dieser Aktivitäten, ob diese bspw. eher peripherer Natur oder zentral sind, wie das Nachhaltigkeitsmanagement. Codierte Segmente, welche die Steuerung der Aktivitäten ansprechen, beziehen sich oftmals auf die *Organisation* in Form des Organisationalen Designs, wie bspw. der Eingliederung einer Franchiseabteilung oder die Betriebsräte, ebenso auf Prozesse, wie dem der Personalrekrutierung von ausgesuchten Hotelfachleuten:

> *„(…) es war sehr wichtig, dass wir speziell bei den Restaurants darauf geachtet haben, dass wir gute Mitarbeiter bekommen. Ich habe seinerzeit für mein Restaurant-Geschäft nur junge Leute eingestellt, die eine fundierte Ausbildung hatten. Das waren alles Hotelfachschüler mit Abschluss. Ebenfalls wichtig war, dass wir auch immer viel Geld investiert hatten in das Training, in die Ausbildung unserer Mitarbeiter."* [I-Nr. 11, Pos. 32, General Management Restaurants, Poseidon]

Interview- und Sekundärdaten beschreiben eine tendenziell organische Organisationsform Poseidons, welche sich bspw. durch eine netzwerkartige statt abwärtsgerichtete Kommunikation, funktionale Autorität statt strenger Hierarchien und die Hingabe an die Aufgabe statt Gehorsam auszeichnet und das Poseidon-Management angesichts turbulenter Umwelten unterstützte. Die Organisationsstruktur ist ein System formaler Regeln, und Organisieren ist das Schaffen einer Ordnung eines sozialen Systems durch Regeln (z. B. bez. der Aufgabenverteilung, Koordination, Kompetenzabgrenzung, Weisungsrechte, etc.), was die auffällige kategoriale Relation von Sonstige Opportunities mit dem Element Steuerung erklärt, welches sich auf eben solche Regeln im Geschäftsmodell bezieht. Die Tatsache, dass Organisieren ein historischer Prozess ist, welcher mit den akkumulierten Organisationserfahrungen umgehen muss, verdeutlicht den

Zusammenhang mit den Pfad-Subkategorien Selbstverstärkung und Lock-in und der Überleben-Kategorie. Das Projekt Burger-Fabrik unterstreicht ebenso den multidimensionalen Zusammenhang zur Strategie, da deren Erfolg von einem Fit mit dem Geschäftsmodell, der Umwelt und der Organisation abhängt.

Das Geschäftsmodell wurde in der Poseidon-Historie erfolgreich gewandelt, indem auch die Strategie und die Organisation Poseidons mitgedacht wurden. Dabei setzte das verantwortliche Management auf einen *partizipativen Ansatz:*

> *„Wir in der Zentrale wollten die Menschen haben. Die kamen dann zu uns, in die Zentrale und wir hatten hier, drei, vier Hotels, und zwar die feinsten überhaupt am Platze und da kamen die Menschen dann hin für eine Woche. Und die durften das auch nochmal erfinden. Mit denen haben wir erst nochmal ein Mini-Szenario gemacht, wie soll es werden. Und dann waren die gleich mit dabei. Das war doch IHR LADEN JETZT. Und dann stürmten die in die Läden und brachten die wieder nach vorne und zwar wie, unglaublich. Das war ein absolutes Highlight für [Poseidon], dass es alles INTEGRATIV zu betrachten ist. Und zwar nicht nur die äußeren Umstände, sondern natürlich dann auch wieder der Versuch, ganz früh die Menschen mitzunehmen."* [I-Nr. 12, Pos. 74–80, Leitung HR, Poseidon]

Mithin besteht ein komplexes Interaktionsverhältnis des Geschäftsmodells mit Umwelt, Strategie und Organisation. Die Sonstigen Opportunities Organisation und Strategie beeinflussen die Werttreiber des Geschäftsmodells ebenso, wie die Anwesenheit jedes Werttreibers die Effektivität jedes anderen Werttreibers steigern kann. Die dominierenden Werttreiber im Poseidon-Geschäftsmodell Komplementarität und Lock-In weisen im Vergleich mit den übrigen Werttreibern höhere Überschneidungswerte mit Sonstige Opportunities auf, was darauf zurückzuführen ist, dass sie in den Daten vergleichsweise häufiger codiert wurden.[7]

Aus den Kategorienrelationen der Opportunitites-Subkategorie Sonstige Opportunities konnte der in Abbildung 5.7 dargestellte, wesentliche forschungsrelevante Parameter abgeleitet werden: *Der Wert des Geschäftsmodells ist eine Funktion dessen Fit mit Strategie, Organisation und Umwelt.*

---

[7] Siehe Abbildung 5.9.

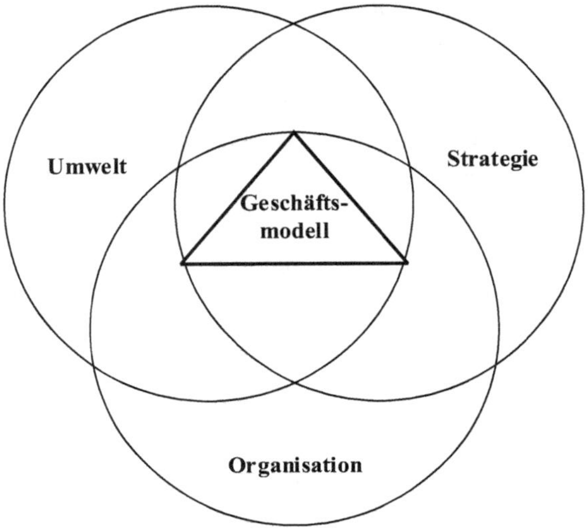

Abbildung 5.7 Einflussgrößen des Geschäftsmodellwertes. (Quelle: Eigene Darstellung)

Die Darstellung einer beispielhaften Entwicklung in der Geschichte des Poseidon-Geschäftsmodells anhand dessen Zusammenspiel mit Umwelt, Strategie und Organisation, soll ein klares Verständnis der Implikationen der Kategorienrelationen ermöglichen. Am Beispiel der Burger-Fabrik kann nachvollzogen werden, dass das etablierte Poseidon-Geschäftsmodell einen hohen Grad des Fit mit seiner Umwelt, Organisation und Strategie aufwies: Die gesellschaftliche Entwicklung wurde durch den Eintritt in die Quick-Service-Gastronomie als Chance genutzt. In diesem Zusammenhang sollte während der Degroot-Periode die Amerikanisierung dem Beispiel Big Smiths folgend als Chance kapitalisiert werden. Solch eine Anpassung impliziert weitreichende Veränderungen des Geschäftsmodells sowie der Organisation und Strategie der fokalen Unternehmung. Neue Stakeholder:innen wie Kundinnen und Kunden, Lieferanten und Kooperationspartner:innen müssen integriert werden, die veränderte Wettbewerbsstrategie am Beispiel Big Smith verändert die relative Relevanz der Werttreiber im Geschäftsmodell und muss durch das organisationale Design und Prozesse unterstützt werden, welche sich auf die Konfiguration der Geschäftsmodellelemente auswirken. Die Tatsache, dass die Wertgenerierung mittels dieser Chance ohne entsprechend weitreichende Veränderungen im Geschäftsmodell nicht möglich war, verdeutlicht, dass die Unternehmen nicht lediglich durch Produkte (Burger vs. Fischbrötchen) oder Technologien konkurrierten, sondern Wettbewerbsvorteile aus dem spezifischen Geschäftsmodell resultierten. Dies unterstreicht das Ergebnis des Fit als Einflussgröße des Geschäftsmodellwertes.

5.2 Kategorie Wettbewerber

Die Kategorie Wettbewerber umfasst die Wettbewerber Poseidons, wobei Interviewte sich fast ausschließlich auf aktuelle Wettbewerber aus der Systemgastronomie beziehen. Die Wettbewerber-Kategorie wurde in die von der Poseidon-Marketing-Managerin als Konkurrenz identifizierten Unternehmen als Subkategorien ausdifferenziert, anhand derer die folgende Ergebnisbeschreibung gegliedert ist. Voranstellend wird auf Auffälligkeiten und Muster in den Daten eingegangen.

Obwohl Big Smith bereits seit 1971 in Deutschland tätig und Brötchen Plantage eine Tochter des Traditionsunternehmens Stefan-Brot GmbH ist, sind sie keine Konkurrenz der vor ihnen liegenden Jahrzehnte in der Poseidongeschichte. In seiner Pionier- und Professionalisierungsphase (Periode I und II) konkurrierte Poseidon mit anderen Reedereien, welche ihre Leistungstiefe nicht mittels vertikaler Integration steigerten und aufgrund zunehmender Fischfangregulationen letztlich nicht überlebten, weswegen Poseidon angibt, keine direkte Konkurrenz zu besitzen. Entsprechend liegt ein gewisser Survivor Bias vor.

Auffällig, jedoch erwartungsgemäß weisen die codierten Segmente der Subkategorien große Schnittmengen mit denen der *Opportunities-Subkategorie Franchise* und entsprechend auch mit dem *Design Element Steuerung* auf, da dieses sich darauf bezieht, wo von wem Aktivitäten ausgeführt werden. Kontraintuitiv erschien die Überlappung mit der Subkategorie Werttreiber Komplementarität, da die interviewten Systemer zumeist einen Effizienzfokus setzten. Da sich die Subkategorien der Geschäftsmodell-Kategorie allerdings ausschließlich auf das Poseidon-Geschäftsmodell beziehen, ist die Überlappung Resultat eines Vergleichs von Poseidon und den jeweiligen Wettbewerbern und sagt aus, dass Poseidon im Vergleich zu den Wettbewerbern ein komplementaritätsgetriebenes Geschäftsmodell besitzt. Die gleiche Erklärung bezieht sich auf die hohe Überschneidung mit Codierungen des Elements Inhalt, bezüglich derer zusätzlich die Besonderheit besteht, dass diese sich häufig auf die *Rohware* bezieht und sich mit Opportunities-Subkategorien überschneidet. Die Nennung von BSE, Nematoden, Geflügelpest etc. sind Opportunities, die durch die eigene Rohware und die der Konkurrenz bedingt sind, was weiterhin Vor- und Nachteile einer Nischenstrategie, wie Poseidon sie verfolgt, impliziert und ebenso einen Zusammenhang mit weiteren Opportunities bildet.[8] Dazu zählt bspw. die *Opportunities-Subkategorie Nachhaltigkeit,* die mit der in den meisten betrachteten Systemen zugrundeliegenden Massentierhaltung der Rohware im Zusammenhang steht, sowie der *Digitalisierung,* die ein besseres Lieferantenmanagement ermöglicht, das bei hochskalierten Modellen nötig ist, da kein einzelner Lieferant so viel Rohware (Geflügel oder Rindfleisch) anbietet. Weitere Schnittmengen, die bei allen Wettbewerbern auftraten, bestehen hinsichtlich der *Opportunities-Subkategorie Kundenbedürfnisse*, die sich für die jeweiligen Wettbewerber unterscheiden, die Befriedigung des Kundenbedürfnisses an sich jedoch durchgehend elementare Bedeutung besitzt.[9] Auffälligkeiten konnten weiterhin bei der Verteilung von Kategorienhäufigkeiten auf Dokumente und Dokumentgruppen entdeckt werden, wie Tabelle 5.2 darstellt:

Tabelle 5.2 Häufigkeitsverteilung der Wettbewerber-Subkategorien auf Dokumentgruppen. (Quelle: Eigene Darstellung)

	Poseidon	Experten	Lieferanten	Wettbewerber
Big Smith	11	4	—	1
Cucina	—	—	—	—
Brötchen Plantage	1	—	—	—
Karls Imbiss	—	—	—	1
Captain Chicken	1	—	—	—

Aus der Tabelle geht hervor, dass am häufigsten über Big Smith gesprochen wurde. Dabei zeigt die Tabelle die Anzahl der Dokumente, in denen Segmente codiert wurden, nicht die Codierhäufigkeiten.[10] Die Interviews, die mit den jeweiligen Wettbewerbern selbst geführt wurden, wurden nicht in die Tabelle integriert. Während Brötchen Plantage und Captain Chicken vom CFO Poseidons erwähnt wurden, haben Captain Chicken-Befragte auch über ihren Konkurrenten Karls Imbiss gesprochen. Der Marktführer Big Smith wurde in allen Gruppen codiert, mit Ausnahme der Lieferanten und Ausgründungen Poseidons, die sich zu keinem

[8] Hat der Fisch Nematoden, ist dies schlecht für das eigene Geschäft; haben die Kühe der Konkurrenz BSE, ist dies gut für das eigene Geschäft. Verkauft das Unternehmen nur Fisch, stellen Nematoden eine größere Bedrohung dar, als wenn das Unternehmen Fleisch, Geflügel und Fisch veräußert.

[9] Während bei Brötchen Plantage Schnelligkeit gefragt ist, achten Big Smiths Kunden vermehrt auf das Design von Ambiente bis WLAN.

[10] Allein ein Dokument von Brötchen Plantage enthielt 34 codierte Segmente.

der Konkurrenten äußerten. Die Interviewten nahmen auf Big Smith als zentralen Referenzpunkt in der Systemgastronomie Bezug.

5.2.1 Big Smith

Big Smith dominiert die Systemgastronomie-Branche. Diese führende Rolle zeigt sich auch an der Stellung des Unternehmens in zentralen Verbänden wie dem BdS, bei dem es knapp 60 % vertritt und in welchen Poseidon 2010 ebenfalls als Vollmitglied eintrat. In diesen Kooperationen treten die Unterschiede zwischen den Unternehmen z. B. der gewachsenen Mittbestimmungsstrukturen von Poseidon vs. eines gänzlich anderen Selbstverständnisses der amerikanischen Systemer zu Tage, wenn bspw. gemeinsame Tarifverhandlungen durchgeführt werden.

Die Daten bestätigen, dass ähnliche Produkte und eine gemeinsame Branchenzugehörigkeit nicht mit dem Geschäftsmodell gleichzusetzen sind. Während Big Smith den Vorteil besitzt, dass es von Anfang an mit Franchising gewachsen ist, ging Poseidon diesen Schritt im deutschen Markt erst 2011. Bereits zuvor hat Poseidon Stores gemietet und vermietet diese nun weiter, während Big Smith eigene Locations an Franchisenehmer vermietet, bei welchen es sich im Gegensatz zu Poseidon meist um Freestander handelt. Als Poseidon den Versuch unternahm, Big Smith zu kopieren und Freestander nachbaute, um dort ebenfalls auf die gleiche Weise Burger zu produzieren, scheiterte das Unternehmen. Die betreffenden Segmente sind mit der *Pfad-Subkategorie Lock-in* codiert. Das bedeutet, dass das Poseidon-Geschäftsmodell nicht wie intendiert gewandelt werden konnte.

Aktivitäten bei Big Smith sind extrem standardisiert und formalisiert:

> *„Es gibt bei Big Smith NICHTS, woran in einem Franchise-Vertragskonstrukt oder in der Partnerschaft NICHT gedacht wird."* [I-Nr. 27, Pos. 124, Senior Management Franchise, Big Smith]

Zudem setzt Big Smith auf eine Zwei-Lieferantenstrategie und Kontrolle[11] statt auf langjährige vertrauensvolle Partnerschaften, zahlt ca. 10 % weniger Lohn als Poseidon und hat im Gegensatz auch nicht die langjährigen markentreuen Mitarbeiter. Ein ehemaliger Unternehmensspartenleiter drückt die Unterschiedlichkeit im Geschäftsmodell wie folgt aus:

---

[11] Big Smith auditiert bspw. seine Lieferanten.

> *„Die drei wichtigsten Grundsätze bei Big Smith heißen, Location, Location, Location. Und für meine Firma, sagte unser Chairman, erster Grundsatz People, zweiter Grundsatz People, dritter Grundsatz People."* [I-Nr. 11, Pos. 96, General Management Restaurants, Poseidon]

Die Einschätzung, dass sich mit Big Smith leichter Geld verdienen lässt als mit Poseidon, führen Gewerkschaftsvertreter u. a. auf die Unterschiedlichkeit des *Rohmaterials* zurück. Da Fisch ein kompliziertes und in der Verarbeitung personalintensives Produkt ist, welches viel Know-How erfordert, hat dies andererseits auch zur Folge, dass Konkurrenten schwerlich ein besseres Fischprodukt anbieten können als Poseidon, ergänzt die Bezirksleitung von Poseidon. Der *Effizienzfokus* von Big Smith hingegen ermögliche es anderen Konzepten, qualitativ höherwertige Burger anzubieten.[12]

Aufgrund der *Größe* und seiner *finanziellen Ressourcen* kann Big Smith anders *auf Umweltveränderungen reagieren* als es Poseidon möglich wäre:

Mittels Fernsehwerbung wurde auf das wachsende Interesse an *Nachhaltigkeit* bezüglich der Herkunft der Ware eingegangen, indem TV-Spots mit Big Smith-Bauern gesendet wurden. Pläne für mehr Nachhaltigkeit durch die Ausstattung von Big Smith-Restaurants mit Schnellladesäulen, Photovoltaikanlagen und Recyclingstationen erfordern entsprechende Investitionen:

> *„Es gibt keinen Return on Investment ohne Investment."* [I-Nr. 27, Pos. 38, Senior Management Franchise, Big Smith]

Als 2003 das *Konsumklima abstürzte* lieferte sich Big Smith eine 99Cent Burger-Schlacht mit Best Burger.

Das *Bedürfnis der Kundschaft nach Convenience* kann von Big Smith in großem Maße befriedigt werden. Zum einen besitzt es einen Vorteil bezüglich Gruppenbesuchen, da Gruppen den Anbieter wählen, bei welchem jedes Gruppenmitglied etwas findet. Fisch-Snacks sind im Vergleich zu Burgern Nischenprodukte und darüber hinaus bietet Big Smith eine breitere Produktpalette zur Auswahl, die nicht dem Kernprodukt Fleischburger zugeordnet ist. Zum anderen kann in größerem Ausmaß und höherer Frequenz in die Stores, deren Design und Ausstattung investiert werden betonen Big Smith-Befragte in Übereinstimmung mit den Sekundärdaten und anderen Interviewaussagen.

Die Zentralität dieses Zusammenhangs wird seitens eines Big Smith Managers wie folgt pointiert:

---

[12] Neben zahlreichen kleinen Burger Joints sind dies bspw. Hans im Glück oder Five Guys.

> *„Innovation wird immer Geld kosten. Es gibt keine Innovation ohne Investition.“* [I-Nr. 27, Pos. 74, Senior Management Franchise, Big Smith]

Entsprechend steht die Wettbewerber-Subkategorie in einem mehrdimensionalen Zusammenhang von Opportunities-Subkategorien und der *Kategorie Überleben*:

> *„Ein Franchise-System können Sie nicht einmal entwickeln und dann sagen, jetzt ist alles in Stein gemeißelt. Ein Franchise-System wird und MUSS sich entwickeln. Und man wird Fehler machen MÜSSEN, um sich zu verändern. (...) Fehler sind ja nicht nur negativ. Man muss aus den Fehlern LERNEN, dann kann man da auch was Positives rausziehen. (..) Der Begleiteffekt, dass Fehler Geld kosten, ist eine andere Geschichte, aber das gehört einfach dazu.“* [I-Nr. 27, Pos. 76–78, Senior Management Franchise, Big Smith]

Im Poseidon-Geschäftsmodell ist die Relation zur Eigentümer-Kategorie ebenfalls relevant, da diese für die Investitionen verantwortlich sind. Der Unterschied wird durch den Kontrast der Goldhill Group Eigentümerperiode mit der vor- (Degroot) und nachgelagerten (Bakker) Periode deutlich. Die überlebensrelevante Entwicklung von Franchise-Systemen erfordert Investitionen. Verfügt ein Unternehmen jedoch nicht über entsprechende Ressourcen oder ist, wie die Überschneidung mit der Pfad-Kategorie zeigt, eingelockt, ist das Überleben gefährdet, wenn nicht entsprechend auf Umweltveränderungen reagiert werden kann.

5.2.2 Captain Chicken

Auch Captain Chicken war von Anfang an franchisiert. 1967 trat Captain Chicken in den deutschen Markt ein. Zusammen mit zwei anderen spezialisierten Food Unternehmen wurde die Unternehmensgruppe als Spin-off von eines Cola-Herstellers ausgegliedert. Im Gegensatz zu Big Smith nutzt Captain Chicken einen *schmalen Vertrag, eine Rahmenstandardisierung, die flexibler bei Änderungen* ist. Im Rahmen des Re-Franchising[13] wurden gegenseitige Vorurteile abgebaut, indem die *Unterstützung der Geschäftsleitung* kommuniziert wurde. Darüber hinaus *werden Konflikte über Beiräte, sogenannte Boards, abgefedert.* Ein konfliktfreies Franchising ist jedoch eine Illusion, betonen befragte Captain Chicken-Angestellte, daher werden zur Steuerung vernünftige *Verträge und eine gute Unternehmenskultur* benötigt. Die Laufzeit von Franchiseverträgen sollte

[13] Dabei wurden Betriebe, welche sie augenblicklich selber hielten ins Franchising überführt.

möglichst lang sein, am besten 20 Jahre, da dies eine hohe Investition ermöglicht, die über einen längeren Zeitraum zurückgezahlt werden kann.

Die Subkategorie Captain Chicken weist Überschneidungen mit der Opportunities-Kategorie auf. Es wurde bspw. von neuen Stakeholdern und Stakeholderinnen berichtet, aufgrund derer Aktivitäten im Captain Chicken-Geschäftsmodell angepasst wurden. Die Massentierhaltung aus der Captain Chicken seine Rohware bezieht wird von NGO´s wie PETA kritisch wahrgenommen und von Protestaktionen begleitet, weshalb bei Captain Chicken eine PR-Abteilung existiert, die sich damit proaktiv auseinandersetzt.

Seitens Captain Chicken wird erklärt, dass sie, wie Poseidon, eine *Nische besetzen, welche auf die Rohware bezogen* ist:

> *„[Poseidon] ist kein Konkurrent. Wenn es tatsächlich in Deutschland ein nennenswertes Geflügelsystem geben würde, dann wäre das sicherlich ein Konkurrent, aber das ist es nicht.*
>
> ***I: Das heißt, Sie besetzen mit Hühnchen auch eine Nische, genauso wie [Poseidon] mit Fisch?***
>
> *B2: Genau.“* [I-Nr. 30, Pos. 47–51, Franchise Development Management, Captain Chicken]

Die Konzentration auf Hühnchen erfordert es, davon große Mengen zu beziehen, weswegen eine *Vielzahl von Lieferanten* benötigt wird. Je mehr Restaurants betrieben werden, desto größer werden hierdurch induzierte Probleme. Jedoch kann Captain Chicken Hühnchen problemlos aus der EU beziehen, da dort im Gegensatz zu Fisch *keine Regulierungen* bestehen.

Insbesondere aufgrund der Nischenposition ist der *Komplementärwettbewerb* für Captain Chicken sehr wichtig, hinsichtlich dessen Standorte in der Nähe von Big Smith gewählt werden, um von dessen Kundschaft einen Teil abgreifen zu können.

5.2.3 Cucina per tutti amici

Komplementärwettbewerb spielt für die Cucina per tutti amici hingegen keine Rolle, da es sich um ein komplett anders ausgerichtetes Modell handelt. Cucina per tutti amici (im Folgenden Cucina) existiert seit 1999 und ist seitdem *inhabergeführt*. Im Kontrast zu Poseidon gab es *außer den beiden Gründern nie weitere Beteiligungen oder Minderheitsbeteiligte*, was sich u. a. auf das niedrige Unternehmensalter zurückführen lässt. Die *Eigentümer verfügen über Erfahrungen in der Systemgastronomie* im Casual Dining Bereich und haben Cucina aufgrund dieser auf drei Säulen aufgesetzt: Erstens die *klassischen Companystores*, die sie zu 100 % betreiben, um Entwicklungsmöglichkeiten im operativen Geschäft zu haben, bei welchem Erfahrungswerte gesammelt werden können, zweitens die *Beteiligungs-Franchise-Partner:innen*, an denen sie 50 % der Anteile halten und drittens der *klassische Franchisenehmende*, welcher zu 100 % eigenständige/r Unternehmer:in ist und Cucina als Franchisegeberin lediglich Betreuungsarbeit leistet.

Poseidon wird seitens der Cucina aus folgenden Gründen nicht als Konkurrenz wahrgenommen:

> *„Wir verkaufen zwar beide im gleichen Branchensegment, und zwar im Foodbereich, aber gänzlich andere Produkte, Punkt Eins. Punkt Zwei, [Poseidon] ist ein klassischer Systemer, der nach außen auch als Systemer wahrgenommen wird und hat noch großen Anteil am Counter-Geschäft, was wieder gänzlich von uns konträr ist.“* [I-Nr. 31, Pos. 6, Head of Franchise and Expansion, Cucina per tutti amici]

Die *Rohware ist zentral für Marge und Komplexität* und beeinflusst daher die Aktivitäten in der Cucina. Bspw. konnte in der Pionierphase kein Koch gefunden werden, der Fleisch *und* Fisch zubereiten konnte. Die Produkte werden frisch in den Restaurants zubereitet und das Kernprodukt wird wie bei Poseidon als *Teil des Claims* genannt: „Die beste beste Pizza.“ und „Wir sind Fisch.“ Die Kundinnen- und *Kundenwahrnehmung* des Italieners von nebenan, obwohl ein besseres Preis-Leistungsverhältnis besteht, wird durch das *Design der Läden* unterstützt, die im Unterschied zu anderen Systemern alle ein wenig unterschiedlich sind, was eine USP darstellt. Ein weiterer Unterschied besteht darin, dass das *Pizza-Geschäft tendentiell abends* stattfindet, während Poseidon mit den anderen Systemern um den shared stomach im Mittagsgeschäft konkurriert.

5.2.4 Karls Imbiss

Karls Imbiss ist ein *Familien- und Franchiseunternehmen* welches sich aufgrund seines über 50-jährigen Bestehens als Traditionsunternehmen betitelt. Karls Imbiss startete das Franchise erfolgreich als Sanierungs-Franchise und möchte nun mit Franchise wachsen:

> *„In den Neunzigern wollte man bestehende Standorte verfranchisen. (…) Wir haben diese Chance genutzt, dass es Standorte gab, die sich profitabler mit Franchise-Partnern betreiben lassen. Ich sag mal, Sanierungs-Franchise, das hört sich jetzt*

ziemlich schlimm an, aber es war so. (…) Das hat sehr gut funktioniert in den letzten 20 oder 15 Jahren, aber (…) das ist natürlich EIN Thema, die Verfranchisung von Standorten, aber wir wollen mit Franchise jetzt wachsen.“ [I-Nr. 29, Pos. 52, Geschäftsführender Gesellschafter, Karls Imbiss]

Als Traditionsunternehmen, wird seitens Karls Imbiss beschrieben, ist die Denkweise, die Mentalität und daher der Umgang mit Franchise gänzlich anders als bei Unternehmen, welche von Anfang an mit Franchise gewachsen sind, was die Konkurrenz bestätigt:

„Da hat man die Probleme nicht, weil dann wächst das Franchisesystem und man denkt gar nicht dran, dass das anders geht als Franchise.“ [I-Nr. 30, Pos. 37, Franchise Development Management, Captain Chicken]

Wie Poseidon hat auch Karls Imbiss *langjährige Partnerschaften* zum Ziel und daher größtenteils Regellieferanten aufgebaut. Sie halten sich allerdings auch Alternativen offen und haben weiterhin ihre *Struktur auf das Franchise hin angepasst*, so dass es nicht mehr eine Franchiseabteilung gibt, sondern Franchise in jeder Abteilung mitgedacht wird, wodurch diese Abteilungen Company und Franchise betrachten, was ein *Umdenken der Mitarbeitenden* voraussetzt. Knapp zwei Drittel der deutschen *Standorte werden als Companystore betrieben und das übrige Drittel als Franchise,* wobei ein Franchisenehmer ein bis drei Standorte betreibt. Franchisebetriebe und Companystores sind von den Räumlichkeiten bis hin zum Kassensystem alle gleich aufgebaut. Die Betriebe werden gemeinsam von Gebietsleitern und -leiterinnen betreut, was vorteilhaft für die Beratung der Franchisenehmer:innen ist, da Gebietsleiter:innen Erfahrungen aus dem Companybereich besser weitergeben können.

Karls Imbiss‘ Positionierung ist die eines modernen deutschen Imbisses, welcher im Quick-Service-Bereich operiert und konträr zu Poseidon ein *breites Sortiment ohne spezifischen Rohwarenbezug* anbietet, was laut eigener Aussage einen Vorteil darstellt, da die Universalität die Zielgruppe vergrößert und rohwarenspezifische Risiken streut.[14]

---

[14] Hauptprodukte von Karls Imbiss umfassen Grillhähnchen, Burger, Curry- und Bratwurst, Pommes und Salat.

5.2.5 Brötchen Plantage

Die Brötchen Plantage (im Folgenden BP) wurde 2002 gegründet und ist eine 100 %ige Tochterfirma der Stefan-Brot GmbH, Deutschlands größtem Produzenten von Backwaren und über 300 Jahre altes Familienunternehmen. Die zugrundeliegende Idee zusammen mit dem *Geschäftsführer, welcher lange Zeit bei Aldi Verkaufsleiter war und entsprechende Erfahrung mitbrachte*, bestand darin, mehr selber an die Konsumenten heranzutreten, beziehungsweise *eine eigene Vertriebsschiene zu installieren* und nicht über den Handel zu gehen. Dabei wurde *bereits die erste Filiale als Franchise eröffnet.* Etwas mehr als ein Drittel der Filialen wird in Eigenregie betrieben, auf diese Weise hat das Unternehmen direkten Einfluss auf das Geschäft.

Innovativ an BP war das Selbstbedienungsprinzip entgegen der klassischen Bäckerei. BP entwickelte sich von einem SB-Backshop hin zum Quick-Service, weshalb Poseidon zu ihren indirekten Konkurrenten und Konkurrentinnen gehört. Hervorzuheben ist diesbezüglich das *Namens-Problem*, welches sich für die BP aus dieser Entwicklung ergab, denn von dem Namen „Brötchen Plantage" werden eher Assoziationen mit einem Backshop hervorgerufen, von welchem sich die BP wegentwickelte.

Da das Alleinstellungsmerkmal der BP auf der Kombination aus *SB-Prinzip und Einkaufsgeschwindigkeit* sowie auf Snack- und Kaffeekompetenz liegt, ist das Geschäftsmodell effizienzgetrieben. Durch die Selbstbedienung kann Personal reduziert, niedrigere Preise angeboten und das Ziel, einen hohen Durchlauf zu generieren, erreicht werden. Um dies zu unterstützen, werden Ladenbau, Kassensystem etc. laufend angepasst. Zur besseren Auswahl und Unterstützung der Franchisenehmer:innen befinden sich alle Abteilungen inhouse. Darüber hinaus unterscheiden sich Poseidon und BP hinsichtlich der Lage ihrer Stores, die bei BP an Verkehrsknotenpunkten liegen müssen, um Laufkundschaft zu bedienen, und ihrer Kerngeschäftszeiten, welche bei BP zwischen sechs und neun Uhr liegt. Ein zentraler Unterschied besteht auch im *Kernprodukt, welches bei BP kein Know-How erfordert:*

> *„(…) gerade zu Beginn war es natürlich so, dass die Produkte nicht viel Know-how erforderten. Ich brauchte keine gelernten Bäcker mehr, ich brauchte auch keine Köche. Ich brauchte nur jemanden, der viel Interesse dran hat und geschäftstüchtig ist, das war ganz wichtig."* [I-Nr. 28, Pos. 52, Franchisemanagement, Brötchen Plantage]

Die Subkategorie Brötchen Plantage weist *Überschneidungen zu unterschiedlichen Opportunities-Subkategorien* auf, die für das Geschäftsmodell relevant sind.

Bezüglich der Subkategorie Markt wurde darauf hingewiesen, dass *Wachstumspotentiale des To-Go Geschäfts* identifiziert wurden und der *Markt an sich dynamisch* ist, was für die BP einen Vorteil darstellt, da sie nicht alt und nicht groß und daher handlungsschnell ist, was für die Branche entscheidend ist. Auch das mit der Subkategorie Digitalisierung codierte *bargeldlose Bezahlen* mit Mobiltelefonen ist für das auf Schnelligkeit ausgerichtete Unternehmen interessant. Die Opportunities-Subkategorie Institutionelles Umfeld bezog sich bei der BP auf den *Mindestlohn*, welcher eine Herausforderung darstellt, da er Transparenz schafft und Mitarbeitende abwandern, wenn sie unzufrieden sind, da sie wissen, dass sie andernorts ebenfalls mit dem Mindestlohn entlohnt werden. Die BP beschäftigte im Gegensatz zu Poseidon vorher Mitarbeitende für einen Lohn, der unter dem Mindestlohn lag. Poseidon beschäftigt hingegen mehr und besser geschultes Personal, welches am POS mit der Kundschaft interagieren und mehr über diese erfahren kann, sodass Poseidon bei Veränderungen der Kundenbedürfnisse frühzeitig seine value proposition anpassen kann. Die BP kann in dieserart abgesehen von Schnelligkeit nicht weiter auf Kundenbedürfnisse eingehen, da die Schnelligkeit durch Selbstbedienung und darauf ausgerichtete Standards im System gewährleistet wird.

5.2.6 Global Fish Sticks GmbH

Der Vollständigkeit halber bleibt zu erwähnen, dass Poseidon durch den Wiedereinstieg in den *LEH* indirekt mit seiner ehemaligen Sourcing Unit konkurriert, welche damals noch Poseidon Fish Sticks hieß. Heute ist sie Teil einer internationalen Food-Gruppe und beliefert Unternehmen dieser Gruppe mit Fischstäbchen und Schlemmerfilets, welche im LEH neben den Poseidon-Fischstäbchen platziert sind. Hervorzuheben ist zum einen der *unveränderte Rohwarenfokus* aufgrunddessen die Produktionsleitung ihr Unternehmen als Home of Fish, als das Kern-Kompetenzzentrum der Gruppe betitelt und zum anderen die *Rudimente informeller Regeln* aus Poseidonzeiten. Es existieren *Artefakte*, die dies repräsentieren:

> *„(…) es gab zum Beispiel früher Parkscheiben, deren Rückseite [Poseidon]-gebrandet war (…). Diese Scheiben gibt es bis heute. (…) da sagt jetzt auch keiner das geht ja GAR NICHT, dass ich die immer noch benutze, die ist genauso gültig, wie die heutigen, wo [Global Fish Sticks] drauf ist, ist total gültig. Man sieht noch Autos mit [Poseidon]-Aufklebern, und ich glaube nicht, dass die bei [Poseidon] arbeiten."* [I-Nr. 26, Pos. 66–68, Customer Service und PR-Management, Global Fish Sticks GmbH]

Trotz des Effizienzfokus wird der Mitarbeitendenzufriedenheit eine hohe Bedeutung beigemessen:

> *„Wir wissen was wichtig ist, um gute Arbeit leisten zu können. Und das sind zufriedene Mitarbeiter, glückliche (…).“* [I-Nr. 26, Pos. 54, Customer Service und PR-Management, Global Fish Sticks GmbH]

Als Begründung wird u. a. angeführt, dass die Geschichte auf diese Weise integriert werden solle:

> *„Ich glaub, das ist so eine Mischung aus, da ist was Altes, auf dem man aufbauen kann und vor allem, dass man den vielen junge Leuten hier aufzeigt, wir wollen das Alte nicht verlieren, wir wollen nicht BESSER oder anders werden. Wir probieren das zu integrieren.“* [I-Nr. 26, Pos. 58, Customer Service und PR-Management, Global Fish Sticks GmbH]

Die lokale Nähe der beiden Unternehmen wird an anderer Stelle ebenfalls als Kontext dieser sozialen Nähe angeführt.

5.3 Kategorie Eigentümer

Die Sequenzierung der Eigentümer-Kategorie besitzt besondere Bedeutung für den Datensatz und dessen Interpretation. Die Ausdifferenzierung der Eigentümer-Kategorie in die Eigentümer-Perioden Degroot, Goldhill Group und Bakker strukturiert die Daten und ermöglicht die Analyse von Zusammenhängen in und zwischen den Perioden. Dies trägt zur Kontextualisierung der Daten bei. Die mit der Kategorie codierten Segmente stammen hauptsächlich aus der Befragtengruppe „Poseidon“, d. h. die Interviewdaten eröffnen eine sehr interne Perspektive auf die unterschiedlichen Eigentümer. Die Art und Weise, wie die Kategorien angesprochen wurden, zeigt die folgende Segmenttabelle 11.

Tabelle 5.3 Sprachgebrauch bez. der Eigentümer in geführten Interviews. (Quelle: Eigene Darstellung)

Degroot	Goldhill Group	Bakker
Margarinemann (Gruppe Poseidon GmbH > Leitung Unternehmensteile) vs. [Poseidon]mann (Gruppe Poseidon GmbH > Leitung Unternehmensteile)	Heuschrecke (Gruppe Poseidon GmbH > Qualitäts- und Nachhaltigkeitsmanagement)	Vorzeige-Unternehmen (Gruppe Experten > Gewerkschaft)
Markenartikler (Gruppe Poseidon GmbH > HR) vs. Fischhändler (Gruppe Poseidon GmbH > HR)	Heuschrecke namens [Goldhill Group] (Gruppe Lieferanten und Ausgründungen der Poseidon GmbH)	Wie toll ist das denn, also um nicht das Wort geil wirklich zu bemühen, ich fand das total klasse. (Gruppe Poseidon GmbH > Qualitäts- und Nachhaltigkeitsmanagement)
einschneidendes Erlebnis (Gruppe Poseidon GmbH > Qualitäts- und Nachhaltigkeitsmanagement)	wenig Herzblut (Gruppe Poseidon GmbH > Top Management)	das Menscheln (Gruppe Poseidon GmbH > Top Management)
Degroot, das waren schon gute Geldgeber (Gruppe Lieferanten und Ausgründungen der Poseidon GmbH)		

Die Subkategorie Degroot generierte am meisten sprachliche Auffälligkeiten, die eine Abgrenzung von Poseidon (Fischmensch vs. Margarinemann) zum Eigentümer ausdrücken. Nicht nur die Unterschiedlichkeit der Geschäftsmodelle wird durch die Wortwahl betont, sondern auch das Verhältnis zueinander: „Degroot, das waren schon gute Geldgeber“ [I-Nr. 26, Pos. 36, Customer Service und PR-Management, Global Fish Sticks GmbH]. Goldhill Group wird von Befragten als Heuschrecke bezeichnet, eine abwertende Metapher für Finanzinvestoren, die Unternehmen kaufen, umstrukturieren und mit Gewinn veräußern. Der Eigentümer Bakker andererseits wird mit Begeisterung beschrieben und es wird von Gewerkschaftsvertreterinnen und -vertretern anerkannt, dass unter Bakker Poseidon als Vorzeigeunternehmen in den BdS überführt wurde. Die Aktivitäten der von Bakker eingesetzten Geschäftsführung werden bezeichnend als „Menscheln“ [I-Nr. 22, Pos. 22, CEO zukünftig AR, Poseidon] beschrieben und drücken den besonderen Umgang des Eigentümers mit den Menschen aus, welche Poseidon ausmachen. Die dargestellten Ausdrücke kamen meist öfter im Datenmaterial vor und sind entsprechend mitunter Teil anderer Zitate, welche andere Sachverhalte illustrieren.[15]

Bei der Betrachtung der häufigsten Kategorienrelationen konnten große Gemeinsamkeiten zwischen den Subkategorien entdeckt werden, wie Abbildung 5.8 zeigt.

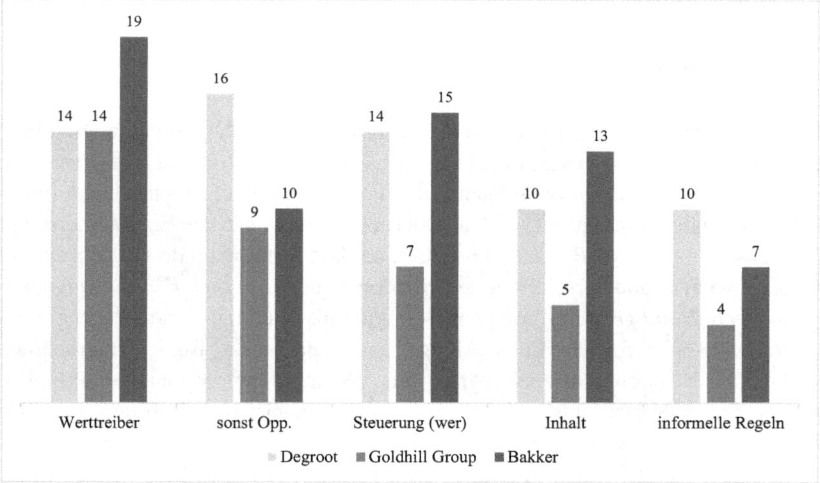

Abbildung 5.8 Häufigste Kategorienrelationen der Eigentümer-Subkategorien. (Quelle: Eigene Darstellung)

Alle Eigentümer wurden am häufigsten zusammen mit einem Werttreiber codiert, gefolgt von den Sonstigen Opportunities, die sich bei Goldhill Group und Bakker meist auf den Fit bzw. Misfit der Eigentümer-Geschäftsmodelle mit dem Poseidon-Geschäftsmodell beziehen, dem Steuerungselement, wo *wer* Aktivitäten ausführt, dem Design Element Inhalt und informellen Regeln. Degroot weist 14, Bakker 19 segmentüberschneidende Codierungen mit dem Werttreiber Komplementarität auf. Kontrastierend wurde bei Goldhill Group eine Kategorienrelation mit dem Werttreiber Effizienz festgestellt. Poseidonmitarbeitende nehmen den Einfluss der Eigentümer auf Poseidon u. a. derart wahr:

[15] „Einschneidend" wurde bspw. in nur einem Interview (I-Nr. 19) siebenmal verwendet.

„(…) mit jedem Geschäftsführungs-Wechsel oder ***Besitzer-Wechsel*** *ändern sie natürlich auch die* ***Strategie*** *des Unternehmens, immer mal ein wenig, manchmal auch mehr und manchmal sogar gravierend ab."* [I-Nr. 19, Pos. 96, Leitung Qualitäts- und Nachhaltigkeitsmanagement, Poseidon]

Die Ausgestaltung des Einflusses bezüglich der unterschiedlichen Eigentümer im Speziellen beschreiben die folgenden Ausführungen der einzelnen Eigentümer-Subkategorien.

5.3.1 Degroot

Als im Dritten Reich die deutsche Wirtschaft kriegstauglich gemacht wurde, fand Degroot eine günstige Investitionslandschft vor und beteiligte sich an Poseidon, denn Gewinne, die Degroot in Deutschland erwirtschaftete, mussten auch innerhalb des Landes reinvestiert werden. Degroot hat während der Eigentümerschaft einerseits *immer viel in Poseidon investiert*, so dass Mitarbeitende gut ausgebildet werden konnten, andererseits wurde Poseidon *in der Unternehmensführung weitgehend freie Hand gelassen*, was von Befragten als wichtige Voraussetzung einer innovativen, erfolgreichen Entwicklung angesehen wurde. Beide Unternehmen zeichnen sich durch *Unternehmertum* aus. Während poseidoneigene Projekte, wie die Quick-Restaurants, erfolgreich waren, erinnern sich Befragte an große Projektfehlschläge, wie die Burger-Fabrik, die von Degroot initiiert wurde.

Eine Abteilungsleitung Poseidons beschreibt diesbezüglich, wie die *Unterschiede im Geschäftsmodell* von Degroot und Poseidon sich auf das Verständnis von dem anderen und für das andere Modell auswirken. Da Degroot im produzierenden Gewerbe tätig ist, können aus dieser Perspektive die Herausforderungen des Filialgeschäfts nicht vollumfänglich nachvollzogen werden. Ein Lieferant Poseidons bestätigt diese Einschätzung:

„Verpackung, quadratisch, Regal reinstellen, danke Tschüss. Das ist ja ein [Degroot]-Geschäft." [I-Nr. 25, Pos. 6, Bereichsleitung Unternehmenskommunikation, Unser Meer GmbH]

Aufgrund von Unterschieden im Geschäftsmodell scheiterte der Versuch Degroots, das Großverbrauchergeschäft Unser Meer und SunshineIce/Eskimo zur Van de Tal GmbH zu fusionieren. Ein ehemalige Abteilungsleitung Poseidons aus dem Personalbereich führt dies spezifischer auf die *kulturellen Unterschiede* der Unternehmen zurück. Sie führt weiter aus, dass Degroot und Poseidon beide großartige Kulturen haben, welche sich in der Art der Menschen, Ur-Markenartikler:innen und Fischhändler:innen, sowie der Art und Weise des Arbeitens niederschlagen. Poseidon hat zu der Zeit mit entsprechenden Aktivitäten reagiert, um sich an die informellen Regeln des Eigentümers anzupassen: Um mit den Markenartikelherstellern und -herstellerinnen auf Augenhöhe zu kommunizieren, wurden an Schnittstellen wie Außendienst und Einkauf Mitarbeitende mit höherer Qualifikation eingesetzt, denen bedeutungsleere Titel verliehen wurden. So wurde aus „Leiter Verkauf" „Handelskontakt-Direktor", um die Zusammenarbeit zu verbessern. Obwohl zwischen den Unternehmen ein gutes Verhältnis bestand, war Poseidon immer „die andere Company" [I-Nr. 12, Pos. 116, Leitung HR, Poseidon].

In der Eigentümer-Periode Degroots erfolgten die *Meilensteine* der vertikalen Vorwärtsintegration von Fischfang zu Fischhandel, der vertikalen Desintegration der Rederei aufgrund zunehmender Fischfangregulationen und der Diversifikation des Absatzes durch Restaurants.

Haustarifverträge sind Artefakte aus der Degroot-Zeit (Periode II), welche folgende Eigentümerperioden überdauerten und den Beschäftigten viele soziale Vorteile sicherten, wie bspw. überdurchschnittlich hohe Löhne im Branchenvergleich.

Degroot trennte sich von Poseidon 1997 im Rahmen seiner *Kernkompetenzstrategie*, die zwar profitabel war, jedoch nicht zum Kerngeschäft Degroots gehörte, welches sich hauptsächlich auf Margarine und Seife konzentrierte.[16] Ein langjähriger leitender Angestellter Poseidons fasst die Beziehung der Unternehmen wie folgt zusammen:

> *„Der Nachteil war, dass sie nicht mit Herz und Seele an [Poseidon] hingen, sondern an Margarine und Seife und an diesen Sachen. Aber sonst war das schon gut."* [I-Nr. 11, Pos. 50, General Management Restaurants, Poseidon]

Die Reaktionen der Mitarbeitenden bezüglich des Verkaufs waren zweigeteilt. Während Alt-Mitarbeitende ihn als Bedrohung empfanden, sahen neue Mitarbeitende ihn auch als Chance. Im Auktionsprozess, in dem Degroot Poseidon verkaufte, bekam Goldhill Group den Zuschlag.

[16] Im Rahmen der Verschlankung des Konzerns konzentrierte sich Degroots Kerngeschäft nun auf die Star-Kategorien Wasch- und Reinigungsmittel, Körperpflege, Speiseeis, Brotaufstriche, Tee-Getränke, hochwertige Kosmetik sowie Massenhautpflege.

5.3.2 Goldhill Group

Die Daten unterstreichen das Bild, welches Poseidon von seinem neuen Eigentümer hatte: ein Finanzinvestor, dessen *Geschäftsmodell grundverschieden* zum eigenen ist.[17] Die Ausrichtung war eine grundlegend andere. Es geht um Zahlen, um Rendite und die zeitnahe gewinnbringende Veräußerung. Inzwischen erfolge eine Restrukturierung, bei der die Anzahl der Mitarbeitenden minimiert wurde, um Personalkosten zu senken. Insbesondere ging es für Goldhill Group darum, dass Poseidon entsprechend cash-generativ war, um die hohen Verbindlichkeiten zu bedienen, da Goldhill Group beim Kauf selbst so wenig Eigenkapital wie möglich eingab um über eine hohe Fremdfinanzierung einen möglichst großen Leverage-Effekt zu erzielen. Die Fremdfinanzierung beinhaltete viele Facetten von mehreren Senior-Tranchen bis Mezzanine-Kapital, welches alles sehr hoch verzinst wurde. Entsprechend stand Poseidon unter Druck, diese Finanzierung zu bedienen, was darüber hinaus alles schnell gehen musste.

Diese *Effizienzausrichtung* bedingte gleich 1998 den Verkauf von Unser Meer, wodurch Poseidon seinen Fremdkapitalanteil senken konnte, indem die teuersten Darlehen abgelöst wurden. Der Austausch langjähriger Lieferanten gegen solche, die mindere Qualität zu niedrigeren Preisen anboten, veranschaulicht die *Verschiebung des Fokus des Geschäftsmodells* weg vom eigentlichen Geschäft hin zu Finanzfragen. Die Value Logic bestand nunmehr darin, kurzfristig den Unternehmenswert zu steigern und Poseidon auf dem Papier finanziell besser aussehen zu lassen. Demzufolge wurden *Investitionen weitestgehend eingestellt*. Es wurde sehr *zahlenorientiert geführt* und die Wahrnehmung für das Geschäft und die Menschen fehlte entsprechend.

Ein für 2001 geplanter Börsengang wurde durch den Kollaps der Kapitalmärkte im Anschluss an den Elften September verhindert. Goldhill Group zog in dieser Situation das Beratungsunternehmen McKinsey hinzu. Zu der Zeit wurde bei Poseidon die Verbesserung der Quartalszahlen fokussiert. Die *Arbeitsatmosphäre bei Poseidon war schlecht*. Eine interviewte Person berichtet von Anbrüllen und Schikane. Tatsache ist, dass viele Mitarbeitende dem Druck ausgedehnter Arbeitszeiten nicht standhielten und das Unternehmen verließen, und mit ihnen ging ihr Know-How. Die Befragten sind sich einig, dass *Goldhill Group dem Unternehmen geschadet* hat. Von Herunterwirtschaftung und schlechter Führung war die Rede. Die Nennung dieser Themen, obgleich in den Interviews nicht explizit danach gefragt wurde, unterstreicht deren besondere Bedeutung für die Befragten.

---

[17] Siehe Tabelle 5.3.

Als nach den Kapitalmärkten auch die Finanzmärkte zusammenbrachen, war für Goldhill Group der Teilausstieg mittels einer Rekapitalisierung über Banken nicht mehr möglich. Das heißt, Goldhill Group wollte aussteigen, konnte dies aber aufgrund von Umweltveränderungen nicht umsetzen.

Da Goldhill Group Herrn Bakker bei dessen Börsengang begleitete, kannten sie sich. Durch die Nähe des Tätigkeitsfeldes von Poseidon und Bakker kam es dazu, dass Bakker bereits 1997 mitinvestierte und 2005, nachdem er durch seine Aufsichtsratstätigkeit lange mit Poseidon in Kontakt stand, den unbedingten Ausstiegswunsch von Goldhill Group nutzte, um selbst Eigentümer zu werden.

5.3.3 Bakker

Das Motiv hinter dem Kauf war nach Einschätzung der Interviewpartner:innen die Suche nach neuen unternehmerischen Aktivitäten und der *Wunsch, Poseidon selbst zu gestalten.* Aufgrund seiner Tätigkeit im Food- und Filialgeschäft hatte Herr Bakker ein klares Bild davon, was er wie angehen würde. Die Interviewten aus der Poseidon-Gruppe waren erfreut darüber, dass der neue Eigentümer aus dem gleichen Bereich kam, in welchem er sich eine Expertise aufbaute, und dadurch *Verständnis für die Herausforderungen in einem Geschäftsmodell solchergestalt* mitbrachte:

> *„Zu Goldhill Group-Zeiten war [Herr Bakker] im Aufsichtsrat. Ich persönlich war damals heilfroh, als Goldhill Group uns abgegeben hat und Herr Bakker übernommen hat, denn ich wusste, dass er schon vorher mit seinem Bakker ein Filial-Geschäft aufgebaut hatte und auch Verständnis für die Probleme hatte, die manchmal in so einem Filial-Geschäft anders sind als vorher bei Degroot, die viel im produzierenden Bereich waren, die hatten nicht immer Verständnis dafür, dass ein Mitarbeiter hinter der [Poseidon]-Theke nicht einfach schneller laufen kann wie eine Maschine, dass er mehr Kunden bedienen kann. Weil die Kunden kommen dann, wenn sie kommen. Und so eine Produktionslinie, die läuft und läuft und läuft, und wenn Sie dann eine Sekunde pro Tag mehr rausholen, können Sie drei Margarinebecher pro Tag mehr abfüllen. Das haben die verstanden. Das war dann auf einmal wieder ganz anders, und das war sehr gut fürs Geschäft.“* [I-Nr. 19, Pos. 74, Leitung Qualitäts- und Nachhaltigkeitsmanagement, Poseidon]

Gemäß dem Motiv, Poseidon selbst mitzugestalten, *veränderten sich der Fokus und die Aktivitäten im Poseidon-Geschäftsmodell.* Diese umfassten zuvorderst *Investitionen,* z. B. in die Modernisierung der Stores und in Mitarbeitende durch Schulungen und neue Personalkleidung, in der Mitarbeitende sich wohlfühlen sollten. Zwar war Bakker mit seinem Konzept sehr erfolgreich, dennoch hat er es Poseidon nicht übergestülpt, obwohl das gerade bei den Tarifverhandlungen einen steinigen Weg bedeutete, denn die Personalkosten sollten gesenkt werden. Trotz des Eintritts in den BdS wurde für Poseidon eine *maßgeschneiderte Lösung* entwickelt, die den Mitarbeitenden im Branchenvergleich nach wie vor überdurchschnittliche Leistungen sicherte. Bakker konzentrierte sich *anfangs auf das Kerngeschäft Poseidons und folglich auf das eigentliche Geschäft.* Es gab keine Experimente bei Formaten, dies bedeutete kein Poseidon in Fleisch, kein Poseidon mit Bedienung oder Management von Food Courts. Dann wurde mit der *Repositionierung innerhalb der strategischen Neuausrichtung* die größte Veränderung seit längerer Zeit herbeigeführt, für deren Erfolg die *Zusammenarbeit von Eigentümer und Geschäftsführung* entscheidend war. Die auf diese Weise präsentierte *Authentizität, Erfahrung und Expertise des neuen Eigentümers führten bei den Mitarbeitenden zu Akzeptanz und Motivation:*

> *„(…) das ist ja auch so ein Stück weit authentisch, wenn jemand weiß, wovon er spricht. Also wenn ich jetzt hier jemanden hab, der nur vom Schreibtisch alles meint, besser machen zu können, kommt es nicht ganz so glaubwürdig an, als wenn ich weiß, Mensch, der hat echt schon was aufgebaut, mit einer Filiale angefangen und denn ein Imperium, Anführungsstriche, da hingezaubert und wirklich mit hemdsärmeliger Arbeit das hinbekommen. Das hat schon so ein gewisses Standing bei den Mitarbeitern, das ist so, ja."* [I-Nr. 20, Pos. 170, Assistenz der Geschäftsführung, Poseidon, Poseidon]

Das *Franchising als angestrebte neue Aktivität* wird von den Experten aus Gewerkschaft und Fachverband ambivalent dargestellt. Der Deutsche Franchiseverband führt aus, dass eine Franchiseentscheidung mit bestehendem Filialnetz den Vorteil hätte, dass das Konzept am Markt schon etabliert ist, einen Bekanntheitsgrad und ein Image besitzt, von dem der Franchisenehmer profitieren könne. Dagegen sehen Gewerkschaftsvertreter:innen Franchise generell kritisch, da zwei Parteien mit dem gleichen Betrieb Geld verdienen wollen, was in dieser Logik bedeutet, dass mehr Umsatz oder weniger Kosten generiert werden müssten. Poseidon ist laut Aussage der Gewerkschaftsvertreter:innen mit einem klassischen Dilemma konfrontiert: Mehr Verkaufspersonal bedeute mehr Umsatz, zugleich jedoch auch höhere Personalkosten. Daher sparen Franchisenehmer:innen an Personal, weswegen sie im Vergleich mit den Companystores schlechter abschnitten. Diesbezüglich wird die *Besonderheit der Rohware Fisch als Herausforderung* bei der Umsetzung von Franchise beschrieben:

> *„Es ist ein hochpreisiges Produkt, ein sehr aufwendiges Produkt, oder Produkte, die sie herstellen. Erfordert auch viele Hände, also viele Menschen, die da mitarbeiten, das*

ist schon sehr knapp kalkuliert. Da haben es die anderen leichter, sind auch im Markt attraktiver. Jedenfalls mit [Poseidon] kann man nicht so leicht viel Geld verdienen, wie man zum Beispiel mit einem [Big Smith] verdienen kann, zumindest mein Eindruck (…).“ [I-Nr. 1, Pos. 80, Gewerkschaftsvertretung, Schwerpunkt Systemgastronomie]

Ein immer wieder auftretendes Muster, welches in den Interviewdaten bezüglich der Umsetzung angestrebter Aktivitäten gekennzeichnet wurde, ist die *Geschäftsführung*, unter welcher sich Poseidon radikal änderte. Weitere Daten weisen dieses Muster auf und bestätigen sich gegenseitig. Themen, an denen zahlreiche vorangegangene Geschäftsführungen scheiterten, wie der Einstieg in den deutschen Franchisemarkt, der Aufbau der Nachhaltigkeitsabteilung und der Eintritt in den LEH wurden unter ihr Realität.

Aktivitäten, welche diesen *Wandel* in der Eigentümer-Periode Bakker herbeiführen konnten, sprechen sowohl die Subkategorien *Inhalt, informelle Regeln, Werttreiber Komplementarität und Werttreiber Lock-In* der Geschäftsmodellkategorie als auch die Subkategorie *Selbstverstärkung* der Pfad-Kategorie an. Dies impliziert, dass sie kompatibel mit dem Steuerungsmechanismus waren und somit Aktivitäten in den pfadabhängigen Verbund der durch die dominanten Werttreiber orchestrierten Aktivitäten einfügen konnten.

5.4 Kategorie Geschäftsmodell

Die Kategorie Geschäftsmodell verzeichnet 1.071 codierte Segmente. In Relation zu den anderen Kategorien entspricht dies 52 % der Codierungen. Die größte Kategorie steht aufgrund ihrer kategorialen Konfigurationen im Zentrum des Analyseberichts.[18]

Abbildung 5.9 zeigt die Häufigkeits- und Verteilungsstatistik der Geschäftsmodell-Subkategorien, welche die Design Elemente Inhalt, Struktur und Steuerung sowie die Design Themen Neuheit, Lock-In, Komplementarität und Effizienz umfassen.

[18] Siehe die Concept-Map des Kategoriensystems in Abbildung 5.2.

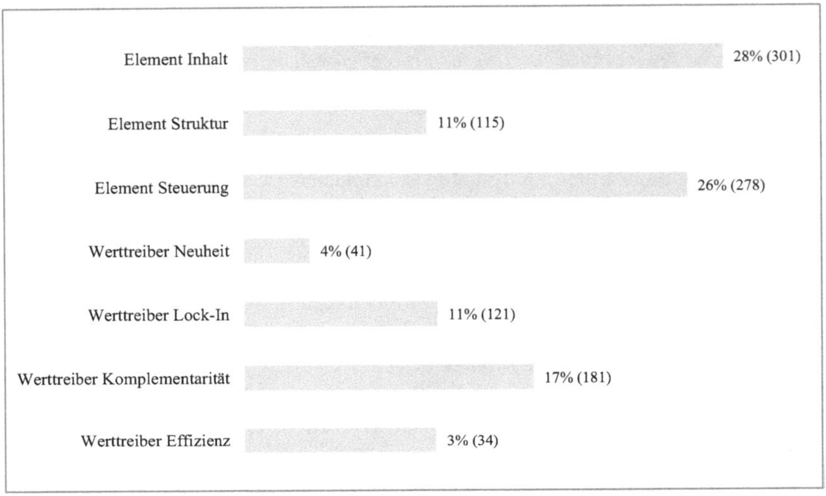

Abbildung 5.9 Häufigkeitsstatistik für Subcodes der Geschäftsmodell-Kategorie. (Quelle: Eigene Darstellung)

Das Element Inhalt wurde mit mehr als 300 codierten Segmenten am häufigsten codiert, dicht gefolgt vom Element Steuerung. Das Element Struktur wurde im Vergleich deutlich seltener angesprochen. Die drittgrößte absolute Codehäufigkeit weist der Werttreiber Komplementarität mit 181 Codierungen auf, absteigend gefolgt von den Werttreibern Lock-In, Neuheit und Effizienz. Die Antworthäufigkeiten der Befragten deutet darauf hin, dass das Geschäftsmodell der Poseidon GmbH primär durch Komplementaritäten und Lock-In wichtiger Stakeholder:innen getrieben wird und dass diese Design Themen wiederum vorwiegend von den Elementen Inhalt und Steuerung konfiguriert werden. Tabelle 5.4 stellt die Design Parameter des Poseidon-Geschäftsmodells vergleichend dar. Auf Basis dieser Synopse kann das Geschäftsmodell evaluiert werden.

Tabelle 5.4 Synopse der Design Parameter. (Quelle: Eigene Darstellung)

Design Parameter	Neuheit	Lock-In	Komplementar ität	Effizienz	Summe
Inhalt	**29**	**35**	**89**	**9**	**162**
Struktur	**15**	**12**	**41**	**7**	**75**
Steuerung	**20**	**67**	**99**	**16**	**202**
Wo…wer…	12	20	44	12	88
Informelle Regeln	7	38	45	2	92
Formelle Regeln	1	9	10	2	22
Summe	**64**	**114**	**229**	**32**	**439**

Die Qualität eines Geschäftsmodells in Bezug auf sein Wertschöpfungspotential für Stakeholder:innen kann durch eine quantitative Evaluation dessen, wie sehr Design Elemente auf Design Themen einzahlen, anhand der abgebildeten Werttreiber-Matrix dargestellt werden. Über die Wertgenerierung für alle Stakeholder:innen hinaus ist für Poseidon ihr individuelles Wertaneignungspotential relevant, um ihr dauerhaftes Bestehen zu ermöglichen. Es besteht eine offensichtliche Relation zwischen der Geschäftsmodell-Kategorie und der Kategorie Überleben.

Tabelle 5.4 zeigt die Codeüberschneidungen der in der jeweiligen Spalte und Zeile angegebenen Design Parameter. Anhand der Summen in der äußeren Spalte kann darauf geschlossen werden, dass das Element Steuerung am meisten an der Konfiguration der Design Themen beteiligt ist, dicht gefolgt vom Element Inhalt, während das Element Struktur am wenigsten Codeüberschneidungen mit den Design Themen generierte. Die Summen der letzten Zeile ermöglichen ein Ranking der Werttreiber: 1. Komplementaritäten, 2. Lock-In, 3. Neuheit, 4. Effizienz, wobei der erste Rang siebenmal mehr Codeüberschneidungen als der letzte Rang aufweist. Entsprechend erfolgte die Orchestrierung der Design Elemente im Poseidon-Geschäftsmodell primär durch den Werttreiber Komplementarität und kaum durch den Werttreiber Effizienz. Sowohl die größten Summen als auch die größten Codeüberschneidungen mit den Design Elementen pro Werttreiber wurden zur besseren Übersicht grau markiert. Die Spaltenansicht der Design Themen stellt dar, welche Elemente diese in welcher Zusammensetzung konfigurieren, bzw. welche Elemente in welcher Zusammensetzung durch diese orchestriert werden. Der Werttreiber Neuheit weist die meisten Überscheidungen mit dem Element Inhalt auf, während Lock-In, Komplementaritäten und Effizienz die größte Anzahl an sich überschneidenden codierten Segmenten mit dem Element Steuerung zeigen. Auffällig bezüglich des Elements Steuerung ist der Unterschied zwischen den Regeln und Akteuren und Akteurinnen und Orten, welche die Aktivitäten steuern. Während alle Steuerungsdimensionen vornehmlich die Werttreiber Lock-In und Komplementarität unterstützen wobei formelle Regeln dies im Vergleich deutlich weniger tun, sind Akteure und Akteurinnen und Ort der Aktivitätsausführung mehr mit den Werttreibern Neuheit und Effizienz verbunden als informelle und formelle Regeln. Wird die Tabelle zeilenweise gelesen, heben die hellgrau markierten Kästchen hervor, dass alle drei Design Elemente vorrangig den Werttreiber Komplementarität unterstützen. Das übergeordnete Design Thema Komplementarität formte die Gestalt des Geschäftsmodells.

Da die Design Elemente zusammenhängen und die Werttreiber zur Wertgenerierung wirkmächtig kombiniert werden können, wird für die Analyse auf Systemebene anknüpfend eine holistische Perspektive auf das Geschäftsmodell eingenommen. Die isolierte Darstellung der Subkategorien impliziert mitnichten, dass diese unabhängig nebeneinanderstehen. Im Gegenteil ermöglicht diese Betrachtung, das Zusammenspiel der Design Parameter zu beobachten, welche im Konzert funktionieren, da Design Themen Konfigurationen von Design Elementen darstellen, welche wiederum durch sie orchestriert werden. Die sich aus diesem theoretischen Zusammenhang ergebenden Kategorienkonfigurationen werden im Folgenden für das Geschäftsmodell der Poseidon GmbH strukturiert dargestellt. Ebenso werden Konfigurationen mit geschäftmodellexternen Kategorien analysiert, da diese sowohl dessen Entwicklung beeinflussen als auch deren Darstellung anhand der Eigentümerperioden ermöglichen.

5.4.1 Element Inhalt

Die Geschäftsmodell-Subkategorie Inhalt umfasst 301 codierte Segmente aus 93,5 % der Dokumente. Alle Dokumentgruppen generierten Codings, jedoch in drastisch unterschiedlichem Ausmaß. Bezüglich der Wettbewerbergruppe fällt neben der im Gruppenvergleich geringeren Anzahl codierter Segmente auch die ungleiche Verteilung der Codehäufigkeiten bezüglich des Poseidon-Geschäftsmodells innerhalb der Wettbewerbergruppe auf. Diese zeigt, dass Wettbewerber zum Inhalt des Poseidon-Geschäftsmodells fast ebensoviele Codings generierten wie zu allen anderen Design Parametern zusammen.[19] Dies deutet auf

[19] Inhalt 14, Struktur 2, Steuerung 8 (Dabei wurden primär Verbände, in denen die Unternehmen gemeinsam Mitglied sind, als Akteure der Aktivitätsausführung angesprochen, was ein

eine hohe Interdependenz der Aktivitäten hin und verdeutlicht, dass der Wert des Geschäftsmodells nicht aufgrund einzelner Aktivitäten entstand, sondern aus dem System generiert wurde und Wettbewerbsvorteile entsprechend durch schlechte Imitierbarkeit resultierend aus der Interdependenz der Aktivitäten abgesichert werden. Der Befund, dass die Poseidon-Gruppe fast sechsmal soviele codierte Segmente lieferte, kann sowohl auf die unterschiedliche Gruppengrößen als auch darauf zurückgeführt werden, dass diese Gruppe einen exklusiven Einblick in das Unternehmen besitzt.

Inhalt wurde im Vergleich mit den übrigen Design Parametern am häufigsten codiert. Abbildung 5.10 zeigt die Zusammenhänge zwischen dem Design Element Inhalt mit den Design Parametern des Poseidon-Geschäftsmodells.

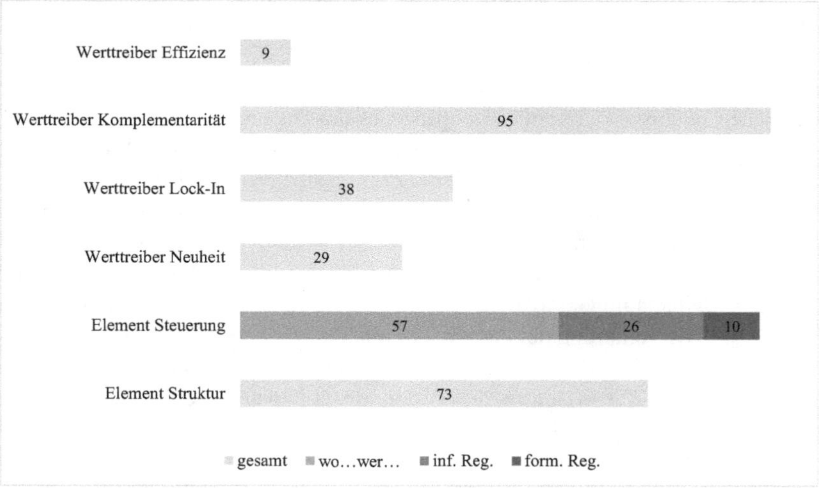

Abbildung 5.10 Coderelationen von Inhalt mit weiteren Geschäftsmodell-Subkategorien auf Basis von Segmentüberschneidungen. (Quelle: Eigene Darstellung)

Der ausgeprägteste Zusammenhang besteht mit 95 Segmentüberschneidungen mit dem Design Thema Komplementarität. Dieser Zusammenhang sagt aus, dass das Element Inhalt hauptsächlich diesen Werttreiber konfiguriert, bzw. dass die Bündelung komplementärer Aktivitäten, bspw. durch vertikale Integration

---

direkt sichtbares Steuerungsinstrument darstellt.) und Neuheit 1, Lock-In 2, Komplementarität 5, Effizienz 0.

oder das Angebot komplementärer Produkte und Dienstleistungen (wie Thekenfisch und Fachpersonal und Zeitschriften mit Fischrezepten oder Delivery) zur Wertgenerierung beitrug. Mehrdimensionale Zusammenhänge zwischen der Kategorie Inhalt mit Komplementarität und den Eigentümer-Subkategorien zeigen Konfigurationen mit Degroot und Bakker, jedoch nicht mit der Goldhill Group. D. h. in zwei der untersuchten Eigentümerperioden wurde die Wertgenerierung des Geschäftsmodells durch die Kombination komplementärer Aktivitäten getrieben. Im Vergleich zum Design Thema Komplementarität weisen Lock-In und Neuheit mit 38 und 29 Überschneidungen weniger als die Hälfte der gemeinsamen Codings mit dem Element Inhalt auf. Der Werttreiber Effizienz spielt sowohl im gesamten Geschäftsmodell als auch in Relation mit der Geschäftsmodell-Subkategorie Inhalt eine untergeordnete Rolle. Eine Längsschnittbetrachtung der Code-Patterns von Inhalt und Effizienz offenbart jedoch, dass eine Hälfte dieser Überschneidungen der Goldhill Group-Kategorie zugeordnet ist und die andere Hälfte keiner der Eigentümerperioden angehört, was andeutet, dass während der Goldhill Group-Eigentümerschaft die Auswahl der Aktivitäten effizienzorientierter erfolgte als in den anderen Eigentümerperioden.

Mit den beiden anderen Design Elementen Steuerung (93) und Struktur (73) weist Inhalt einen fast ebenso großen Zusammenhang auf wie mit dem Werttreiber Komplementarität. Dies ist nachvollziehbar, da zum einen die Anzahl der Stakeholder:innen und der von ihnen ausgeführten Aktivitäten im Zeitverlauf zunahm, was durch die 57 Codeüberschneidungen mit dem Steuerungselement, wer wo Aktivitäten im Geschäftsmodell ausführt, unterstrichen wird und sich zum anderen die Positionierung der Aktivitäten innerhalb des Geschäftsmodells veränderte. Während anfangs der Fischfang im Zentrum der Aktivitäten stand (Periode I), rückte er im Zeitverlauf in die Peripherie und wurde schließlich gänzlich exkludiert (Periode II), während bspw. die Gastronomieaktivitäten zu Kernaktivitäten innerhalb des Systems avancierten. Interessant ist, *dass die Bestimmung der auszuführenden Aktivitäten im Wesentlichen durch informelle Regeln (26) gesteuert wird.*

Die sich aufdrängende Frage bezüglich des Inhalts ist die nach der Langlebigkeit Poseidons. Warum stellt dieses Unternehmen einen Sonderfall in der Systemgastronomie dar? Die Antwort darauf, warum das Geschäftsmodell nicht kopiert wurde, kann nicht alleine im Inhalt liegen, der für die Konkurrenz größtenteils durch öffentlich zugängliche Informationen und die Zusammenarbeit in Verbänden ersichtlich ist. Vielmehr stellt die *Interdependenz der Aktivitäten* und die Verbindung der Design Elemente, welche durch die Werttreiber erfolgt, eine *Imitationsbarriere* dar. Bezüglich der Kombination der Verkaufskanäle durch den Wiedereintritt in den LEH im Jahre 2015 betont der damalige CMO Poseidons:

> *„Das macht unser Business zwar komplex, aber auch schwer kopierbar. (...) Die Markteintrittshürden für potenzielle Mitbewerber sind entsprechend hoch. Das ist wohl auch der Grund, warum [Poseidon] in der Fisch-Systemgastronomie bis heute faktisch allein unterwegs ist. Zudem verfügt die Firma über eine über Jahre hinweg sorgfältig aufgebaute Versorgungskette. Wir haben über 120 Jahre Erfahrung. (...) Wir sind in der Branche groß geworden.“* [Wirtschaftsforum (2015), CMO, Poseidon]

Die beschriebene Diversifikation schafft Synergieräume, und die vertikale Integration mindert Transaktionskosten. Entsprechend steht das Element Inhalt im Poseidon-Geschäftsmodell im Zusammenhang mit den Design Themen Komplementarität und Effizienz, welche wiederum miteinander in Verbindung stehen, da auch diese Werttreiber sich gegenseitig fördern und aufeinander aufbauen. Während in der Degroot-Periode die Wettbewerber aufgrund unzureichender eigener Ressourcen und Fähigkeiten nicht am Fischverkauf partizipierten, stellt für (potentielle) Wettbewerber der Goldhill Group- und Bakker-Periode neben der Fähigkeit, die Interdependenzen der Aktivitäten im Poseidon-Geschäftsmodell zu durchschauen, die Motivation zur Imitation eine Barriere dar, da zum einen der Markt innerhalb der Systemgastronomie mit Seafoodfokus im Vergleich zu einem Fokus auf Fleischprodukte ein geringeres zusätzliches Gewinnpotential birgt[20] und zum anderen das zugrundeliegende Geschäftsmodell eine geringe Kompatibilität zum eigenen Geschäftsmodell aufweist.

Der Wandel des Inhalts vor und in der Degroot-Periode war radikal. Poseidon war mit dem *Wettbewerb über das Geschäftsmodell* seiner Zeit voraus.[21] Entsprechend kommt dem *Zusammenspiel der Design Elemente* Inhalt, Struktur und Steuerung eine wesentliche Bedeutung zu. Tabelle 5.5 verdeutlicht diesen Sachverhalt.

[20] Gemäß einer Poseidon-Marktanalyse aus dem Jahr 2014 essen 80 % der Befragten gerne auch Fisch, während 6 % vom Fischverzehr absehen, und der Fischkonsum für die übrigen 14 % nicht über den gelegentlichen Fischstäbchenklassiker hinaus geht.

[21] Der Zeitstrahl im elektronischen Zusatzmaterial zeigt die Synopse der Poseidon-Geschäftsmodellentwicklung während der unterschiedlichen Eigentümerperioden.

Tabelle 5.5 Operative Exzellenz und einzigartige strategische Positionierung. (Quelle: Eigene Darstellung)

Inkrementelle Innovationen	Radikale Innovationen
Lineare Prozesse	Iterative Prozesse
Fehlermanagement	Positive Fehlerkultur
Exploitation	Exploration
Lean	Agil
Prozess- und Produktinnovationen	Geschäftsmodellinnovation
Management- und organisationale Innovation	Management- und organisationale Innovation

Während eine inkrementelle Innovation auf linearen Prozessen beruht, erfordert ein höherer *Innovationsgrad* eine andere Struktur in Form zirkulärer Prozesse, welche mithin eine differierende Steuerung (Fehlerkultur, …) voraussetzt und bedingt. Poseidon explorierte (und scheiterte) beständig: Home Delivery (1994), Drive-In (1997), Shop-in-Shop Lösungen (1986, 1995), Burger-Konzept (1977), Full-Service-Gastronimie (1987) u. v. m. Operative Exzellenz ist überlebensnotwendig und einer *herausragenden strategischen Positionierung über das Zusammenspiel der Design Parameter* kommt eine immer größere Bedeutung zu. Während in der Degroot-Periode branchenübliche Geschäftsmodelle gängig waren, operierte Poseidon erfolgreich in mehreren Branchen (Fischfang, Fischverkauf und -verarbeitung, Gastronomie).

Es bestehen Konfigurationen von Inhalt mit Opportunities und Überleben, da die durch den digitalen Wandel vernetzte Welt dazu beiträgt, dass mehr Stakeholder:innen Aktivitäten im Geschäftsmodell ausführen und entsprechend neue Aktivitäten einbringen, welche nicht zu den Kernaktivitäten der fokalen Unternehmung Poseidon gehören, wie bspw. Delivery. Die Tatsache, dass Inhalt am häufigsten codiert wurde, signalisiert die *Änderung und Vermehrung der Aktivitäten im Zeitverlauf*. Bestimmte Aktivitäten, wie Franchise, Fischverkauf und -gastronomie stellen darüber hinaus eine *Quelle der Geschäftsmodellinnovation* dar, welche das Überleben sicherte. Entsprechend besteht ein multikausaler Zusammenhang der Subkategorie Inhalt mit der Opportunities-Kategorie, der Subkategorie Neuheit und der Kategorie Überleben. Wäre Poseidon nicht in der Lage gewesen, seine Aktivitäten in Anbetracht veränderter Umweltbedingungen[22], wie Kriege, Veränderungen in Konjunktur, Kundenbedürfnissen, etc.

---

[22] Für einen systematischen Überblick der Umweltbedingungen und der Geschäftsmodelldesign-Parameter siehe den Zeitstrahl im elektronischen Zusatzmaterial.

zu adaptieren, zu innovieren und mittels neuer Stakeholder:innen zu erweitern, könnte es nicht auf ein solch langes Bestehen zurückblicken. Bezüglich des multikategorialen Zusammenhangs von Inhalt und Überleben mit der Pfad-Kategorie wirft dies die Frage auf, ob eine hohe Frequenz und/oder ein großes und/oder radikales Ausmaß an Inhaltsveränderung vor einem Lock-in schützen kann, da selbstverstärkenden Mechanismen somit ggf. kein ausreichender (Zeit-) Raum zur Verfügung steht, um in ein Lock-in zu führen. An dieser Stelle zeigt sich der Mehrwert einer Mehrebenenbetrachtung des Geschäftsmodells, da auf der Makro- und Mikroebene ein Lock-in (noch) nicht entdeckt wird, während auf der Mesoebene pfadabhängige Subsysteme entstehen können, welche in Rigiditäten münden, die sich wiederum systemisch auswirken. Abbildung 5.11 stellt den Zusammenhang dieser Kategorien mit dem Inhalt des Poseidon-Geschäftsmodells dar.

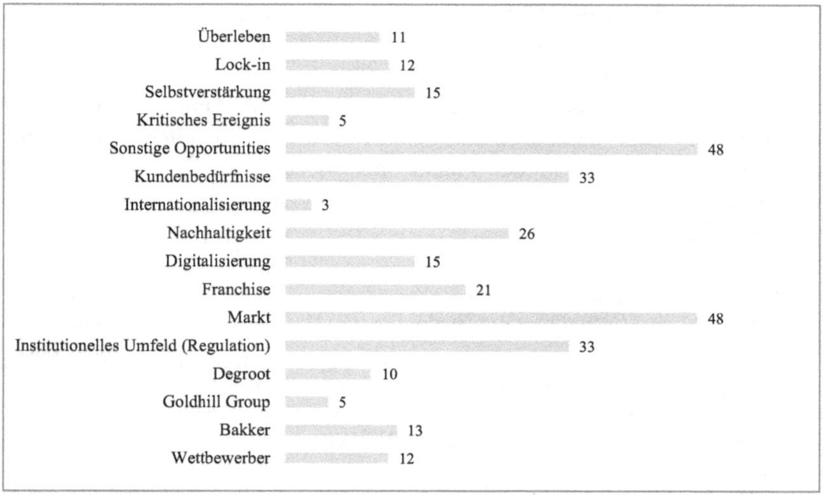

Abbildung 5.11 Coderelationen von Inhalt auf Basis von Segmentüberschneidungen. (Quelle: Eigene Darstellung)

Die Opportunities-Subkategorie Markt stellt neben Sonstige Opportunities die bedeutendste Konfiguration mit dem Element Inhalt dar. Die Goldhill Group-Eigentümerperiode bspw. war durch eine Phase drastischer Beschleunigung gekennzeichnet, bei der im Zuge der Vorbereitungen für den 2001 angestrebten Börsengang über zwei Jahre hinweg 100 neue Filialen eröffnet wurden. Externe

Faktoren wie der Börsencrash 2001 und der Zusammenbruch der Finanzmärkte nach Nine Eleven verhinderten den Ausstieg der Finanzinvestoren und führten im Jahre 2005 zu einem *Eigentümerwechsel, welcher wiederum die Strategie und Organisation, repräsentiert durch die Sonstige-Opportunities-Kategorie, und damit auch die Aktivitäten im Geschäftsmodell veränderte.*

Der CFO Poseidons betont die drastische *Auswirkung der Eigentümer auf den Geschäftsmodell-Inhalt*:

> *„[Poseidon] hätte sich längst anders entwickeln können, wenn die Eigentümerstruktur schon in früheren Jahren eine andere gewesen wäre (...) Wenn ein Lebensmittel-, ein Gastro-Freak dahintergestanden hätte – nicht ein eher blutleerer Finanzinvestor. Der hat [Poseidon] nur bedingt verstanden."* [dfv-Archiv, foodservice (2016), S. 29, CFO, Poseidon]

Fraglich bezüglich dieser Aussage ist, welche Eigentümerdimensionen tatsächlich eine Inhaltsänderung bzw. einen Geschäftsmodellwandel herbeiführen. Interessant, jedoch wenig erforscht sind diesbezüglich nicht schlichte Aktivitäts-Neuerungen oder solche, die gegen Widerstände oder Trägheit durchgesetzt werden, sondern pfadabhängige, die durch Komplexität und Interdependenz der Aktivitäten dem Geschäftsmodell entspringen und im Folgenden im analytischen Fokus stehen. In der Pfadtheorie gilt die *externe Perspektive* als notwendige Voraussetzung für eine Öffnung eines pfadabhängig eingeschränkten Aktivitätsspielraums.

> *„Personeller Wechsel war der Impuls für Veränderung. Eigentümer und Top-Manager waren Treiber und Unterstützer."* [I-Nr. 13, Pos. 58, Marketingleitung, Poseidon]

> *„Wenn es um größere Investitionsvolumen geht, wie für die Marktstudie und Imagecampagne, entscheidet der Eigentümer. Es ist wichtig, wie dieser zu solchen Themen steht. Da haben wir Glück mit Bakker, da er selber aus dem Bereich kommt und das Filialgeschäft versteht."* [I-Nr. 13, Pos. 134, Marketingleitung, Poseidon]

Neben der vom CFO und der Marketingleitung Poseidons angesprochenen *Akkommodationsfähigkeit* durch Branchenkenntnis und -expertise zählen, insbesondere die *Aktivitäten der Eigentümer und des Top-Managements als veränderungsrelevante Dimension.* Das entscheidende Veränderungselement der Einführung von Franchise als neuen Inhalt in ein pfadabhängiges Subsystem war nicht der Hintergrund der Akteure, sondern die spezifischen Handlungen, welche dahingehend ausgeführt wurden:

> *„Ich habe immer gedacht, warum fangen die mit dem Franchise nicht an. Sie haben es nicht getan. (...) die haben gesagt, machen wir nicht, geht nicht, [Poseidon] kann man nicht franchisieren. So, und dann machen sie das mal mit einem Geschäftsführer, der das nicht will, dann geht das schon mal gar nicht, ne."* [I-Nr. 22, Pos. 62–66, CEO zukünftig AR, Poseidon]

> *„Anfangs war Bakker selber CEO. Und es war immer das Thema, wir müssen Franchise machen. Und das hat keine Geschäftsführung umgesetzt. (...) Und ich habe dann damit angefangen."* [I-Nr. 22, Pos. 62, CEO zukünftig AR, Poseidon]

Abbildung 5.12 stellt dar, wie Geschäftsmodellwandel durch die Einnahme einer externen Perspektive und die Nutzung im System bereits vorhandener Selbstverstärkung herbeigeführt werden konnte.

Die betreffenden Aktivitäten, welche selbst ebenfalls zum Inhalt des Aktivitätssystems zählen, lassen sich anhand von fünf Ebenen holistischen Geschäftsmodelldesigns unter Pfadabhängigkeit einordnen: (1) Interne Perspektive, (2) Reflexion, (3) Kooperation, (4) Kommunikation und (5) Integration. Die Aktivitäten weisen eine Zuordnung anhand zweier Dimensionen auf: Dem Ausprägungsgrad der externen Perspektive und dem Ausprägungsgrad der Nutzung der im System bereits vorhandenen Selbstverstärkung. *Selbstverstärkung, welche für die Entstehung von Pfadabhängigkeit verantwortlich ist, nun wiederum als Ausweg aus einem Lock-in zu nutzen, erscheint zunächst widersprüchlich, lässt sich jedoch mittels der Konfiguration von Inhalt mit dem Werttreiber Komplementarität und dem Element Steuerung erklären.* Das historisch gewachsene Subsystem komplementärer Aktivitäten, welche sich bis heute stark auf die Rohware Fisch beziehen, wurde im Zeitverlauf immer stärker durch informelle Regeln gesteuert, welche wiederum das „Was" des Aktivitätssystems, d. h. die Aufnahme neuen Inhalts, bestimmen. Soll nun neuer Inhalt, in diesem Beispiel Franchise, in das durch Komplementaritätseffekte pfadabhängige System eingeführt werden, muss dieser über die Steuerung des Geschäftsmodells integriert werden. Die Bewertung, ob Franchise in das bestehende System komplementärer Aktivitäten integriert werden sollte, wird in Abhängigkeit von dem Aufwand getroffen, mit dem die Steuerung mit der Anpassung dieses Inhalts an die etablierten Strukturen konfrontiert ist.

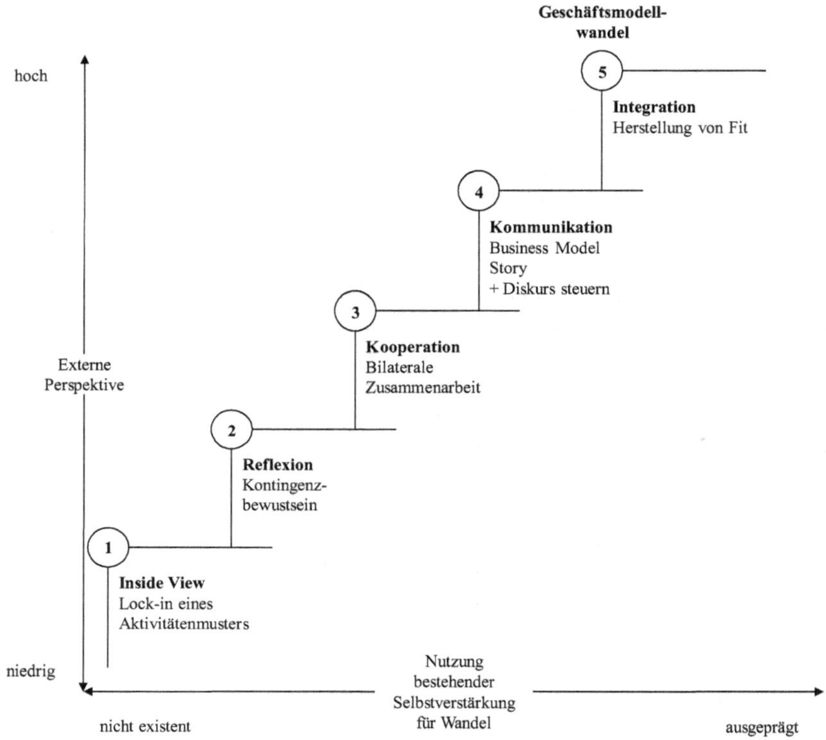

Abbildung 5.12 Fünf Ebenen holistischen Geschäftsmodelldesigns unter Pfadabhängigkeit. (Quelle: Eigene Darstellung)

Die **interne Perspektive** beschreibt im vorliegenden Fall ein Lock-in eines Aktivitätsmusters, welches sich stark an Vergangenheitslösungen orientiert. Ein *Kontextbewusstsein* liegt ggf. bei Eigentümer und Top-Management vor, doch obwohl die Opportunities in Form von Umweltveränderungen wahrgenommen werden, wird im vorhandenen Aktivitätsmuster verharrt. Obgleich aufgrund von Umweltveränderungen Änderungen herbeigeführt werden sollten, wird aufgrund der internen Perspektive keine Änderung realisiert – erst recht nicht in einem pfadabhängigen Umfeld.

> *„Unter [Goldhill Group] haben wir drei Monate lang nur wieder für die nächste Präsentation gearbeitet und haben uns teilweise auch mehr mit uns selbst beschäftigt als wirklich mit dem Kunden."* [I-Nr. 19, Pos. 70, Leitung Qualitäts- und Nachhaltigkeitsmanagement, Poseidon]

Die nach innen gerichtete Perspektive Poseidons resultiert u. a. aus dessen Sonderstellung bezüglich fehlender Vergleichsunternehmen. Es ist schwer eine Referenzbasis für Entscheidungen heranzuziehen, wenn annähernd keine Referenzen existieren. Entsprechend wurde auf die eigenen spezifischen Umstände fokussiert und nach Belegen in der eigenen Erfahrung gesucht.

Die Organisation ist von einer starken Identität in Bezug auf die Unternehmensgeschichte und einer entsprechenden Miteinanderkultur geprägt, welche Aktivitäten steuern. Vor allem bei den Betriebsräten und Betriebsrätinnen bestehen laut Top-Management-Aussagen Verzerrungen wie Group Think, Salience Bias oder sogar Self-interest Bias:[23]

> *„(…) das Problem sind hier die Betriebsräte. Ich habe sehr gut mit Betriebsräten in anderen Unternehmen, damals Bakker und so weiter zusammengearbeitet, nur hier ging es nicht mehr oder ging NICHT. Die haben NICHT mitgezogen, aus, glaube ich, ureigenem Interesse, und das macht mich natürlich VERRÜCKT, weil es nur um die eigenen Strukturen geht. Wenn die Mitarbeiterzahl gekürzt wird, heißt das es braucht weniger Betriebsräte (…).* [I-Nr. 22, Pos. 22, CEO zukünftig AR, Poseidon]

Der CEO, dessen Aktivitäten zum Wandel führten, hat den Betriebsräten und Betriebsrätinnen angeboten, weiterhin einen Haustarif anzubieten. Allerdings zu der Bedingung einer zeitgemäßen Ausgestaltung, die der heutigen Wettbewerbssituation Rechnung trägt, bei der es bspw. nicht mehr zeitgemäß ist, dass Mitarbeitende mit 60 Jahren 12 Tage zusätzlichen Urlaub erhalten. Dies zeigt die Wahrnehmung des Kontextes und eine Kooperationsbereitschaft, umfasst jedoch noch kein holistisches Verständnis des zu verändernden Geschäftsmodells.

Die Aktivität der **Reflexion** beschreibt ein *Kontingenzbewusstsein durch Observation und Reflexion.* Kontingenz wird dabei als nicht notwendig und nicht unmöglich angesehen, entsprechend könnte das Geschäftsmodell auch vollkommen anders ausgestaltet sein. Observation bezieht sich statt auf den Kontext auf eine Kontingenz. Die Geschäftsmodell-eigenen Reaktionen müssen beobachtet und verstanden werden, um das System zu wandeln.

---

[23] Gemäß Kahneman et al. (2011), S. 54 und 56 betrifft Group Think die Konzentration auf Auffälliges und einfach Wahrnehmbares wie den vergangenen Erfolg und die eigene Identitiät. Saliency Bias ist ein Denkmodus bei dem das Streben nach Harmonie oder Konformität in einer Gruppe in einer irrationalen oder dysfunktionalen Entscheidung resultiert.

Der betreffende CEO hat sich in diesem Sinne nicht auf „das Problem" fokussiert, sondern auf das Verständnis des Geschäftsmodells und die eigenen Handlungen. Damit war klar, dass diese nicht aus der Übertragung von in anderen Kontexten oder in der Vergangenheit erfolgreichen Lösungen bestehen konnten. Es ging darum, die eigenen Aktivitäten zu verstehen, um das Geschäftsmodell zu verändern, da individuelle Reaktionen und deren Verarbeitung zukünftiges Verhalten formen werden. D. h. history matters.

> *„(…) das ist eine ganz andere gelebte Kultur, die sie schon von früher hatten und die einfach fortgesetzt wird, und wo auch die Betriebsräte dann eine Geschäftsführung nach der anderen überleben und auch die Mitarbeiter die überleben und die Kultur heute einfach auch fortsetzen."* [I-Nr. 1, Pos. 110, Gewerkschaftsvertretung, Schwerpunkt Systemgastronomie]

Der CEO entwickelte ein Bewusstsein dafür, wie in diesem Kontext agiert werden muss, um erfolgreich zu sein. Er bezeichnete es als „Menscheln" [I-Nr. 22, Pos. 22, CEO zukünftig AR, Poseidon]. Wichtig bei der Steuerung der Aktivitäten war neben dem Führungsstil vor allem das Leben der Mitbestimmung.

> *„Das ist komplex. Ich habe bei [Poseidon] gesehen, dass die sehr auf einen bestimmten Führungsstil ausgerichtet sind (…) Ich glaube, wenn man dieses Unternehmen zum Erfolg bringen möchte, dass man schon mit den Leuten nett machen muss, dass man die Leute motiviert."* [I-Nr. 22, Pos. 22, CEO zukünftig AR, Poseidon]

Die *externe Perspektive* wurde bei der Aktivität der **Kooperation** erweitert.

Dass eine einseitige Übertragung von Lösungen, welche in anderen Kontexten erfolgreich waren, nicht ausreichte, um Wandel herbeizuführen, zeigt eindrucksvoll ein gescheitertes Innovationsprojekt unter dem Eigentümer Degroot:

> *„Die [Burger-Fabrik] war eine exklusive Kopie von [Best Burger] und von [Big Smith]. In Frankfurt in der Kaiserstraße waren wir alle drei. Das war nicht so, dass [Best Burger] oder [Big Smith] über uns gelacht haben, die wussten, da steht [Degroot] dahinter. Wenn [Degroot] will, machen die das."* [I-Nr. 12, Pos. 104, Leitung HR, Poseidon]

Die weitgehende Selbstbestimmtheit Poseidons unter Degroot beschreibt ebenfalls eine unilaterale Zusammenarbeit:

> *„[Degroot] war schon eine tolle Sache. (…) wir haben keine Probleme gehabt, für unsere Ideen Geld zu bekommen, für Umbauten wie das Snackfenster (…). Wenn die berechnete Rendite stimmte, dann haben wir das Geld sofort gehabt. [Degroot]*

war die beste Bank, die man haben konnte.“ [I-Nr. 11, Pos. 50, General Management Restaurants, Poseidon]

Anstatt eine Blaupause eines in einem anderen Kontext erfolgreichen Konzepts auf das Geschäftsmodell zu übertragen, wurde von einem CEO in der Bakker-Periode versucht, eine akzeptierte Form der Steuerung zu nutzen, um nicht-komplementäre Inhalte/Aktivitäten in das Geschäftsmodell zu integrieren. Tabelle 5.6 zeigt die verschiedenen Kooperationsansätze im Vergleich:

Tabelle 5.6 Unilaterale vs. bilaterale Zusammenarbeit im Poseidon-Geschäftsmodell. (Quelle: Eigene Darstellung)

Unilaterale Zusammenarbeit (Eigentümer: Goldhill Group)	Bilaterale Zusammenarbeit (Eigentümer: Bakker)
„Es war ein typisches Muster dessen, was Finanzinvestoren machen: Sie haben uns McKinsey in die Hütte geschickt. Da wurde ein Riesenprojekt hier aufgesetzt (…). Die waren denn fast ein Dreivierteljahr hier. Aber McKinsey kann eigentlich nur Kosten, dies zwar beeindruckend gut, aber die Top Line[24] *haben sie überhaupt nicht bewegt.“* [I-Nr. 21, Pos. 36, CFO, Poseidon]	*„(…) im Franchise-Bereich hat man da viel mehr Diskussion als mit einem Store-Manager, der die Sachen im Zweifelsfall einfach umsetzt, weil er es so vorgegeben bekommt. Und das ist gut, weil es unser eigenes System an manchen Stellen hinterfragt und man neue Ansätze bekommt. Und genau das wollten wir, dass man ein paar Strukturen aufbricht und hinterfragt, ob das was wir tun, alles immer richtig ist. (…) ein Unternehmer plant sein Geschäft einfach nochmal ein bisschen anders als ein Angestellter, ne.“* [I-Nr. 14, Pos. 18, Leitung Franchise, Poseidon]

Die Abbildung stellt die unilaterale Zusammenarbeit mit der Goldhill Group der bilateralen Zusammenarbeit von Bakker gegenüber. Auf der einen Seite wurde eine Blaupause auf einen unpassenden Kontext übertragen, auf der anderen Seite die externe Perspektive durch die Franchisenehmer:innen institutionalisiert. Die gemeinsame langfristige Entwicklung eines individuellen Franchisekonzepts, welches sich von den in der Branche gängigen Systemen unterscheidet, kennzeichnete die erfolgreiche Kooperation.

Neben der Bedeutung des „Menscheln“ für die bilaterale Kommunikation…

„(…) die konnte Menschen. Und da tat sich dann was im Jahre 2011 (…) Plötzlich rufen mich die Betriebsräte an und sagen, „wir haben da jetzt diese Neue, das ist

[24] „Top line“ bezieht sich auf positive Umsatzeffekte.

> *ja ganz etwas anderes, das läuft ja plötzlich." Betriebsräte. Und auf einmal war die ganze Stimmung hier ganz anders. Und wenn die Stimmung anders ist, dann ist auch die Krankheitsquote gering und dann ist die Fluktuation gering und dann sind die auf einmal wieder innovativ und motiviert. Und das hat die gemacht, über Jahre. (…)."* [I-Nr. 12, Pos. 48, Leitung HR, Poseidon]

… war die Identifikation und Einbeziehung zentraler Akteure und Akteurinnen wichtig.

> *„Es ist bei [Poseidon] ja auch Überzeugungsarbeit, die Organisation selber offen für Franchise zu machen, weil Angst da eine Rolle spielt."* [I-Nr. 22, Pos. 12, CEO zukünftig AR, Poseidon]

Die Geschäftsführung setzte sich *kontinuierlich* mit den Mitarbeitenden auseinander, die sich fragten, was wird aus der Buchhaltung, der Lohnabrechnung, etc. Dies bedeutete, den Zusammenhang der Aktivität zu erklären, in diesem Fall, dass es bezüglich des neuen Inhalts andere Aktivitäten bspw. in der Administration geben würde.

> *„Das alles in die Leute reinzubekommen, dass die das annehmen und offen dafür sind, das ist ein ganz schwerer Prozess, ne. Darüber hinaus, Betriebsräte, Gewerkschaften, die möchten das Gegenteil von Franchise. Corporate-Stores ist für die natürlich das A und O."* [I-Nr. 22, Pos. 14, CEO zukünftig AR, Poseidon]

Doch der Koordinationseffekt, der die Integration von Aktivitäten in das System steuert, besteht aus einem *historisch gewachsenen Regelgeflecht, das im Konzert mit unterschiedlichen Akteuren und Akteurinnen funktioniert.*

> *„Wenn ich als Geschäftsführer dann sehe, dass wir Personalkosten haben, die alle meine Wettbewerber nicht haben, also irgendwelche Alt-Regelungen aus vergangenen Industriezeiten, dann muss man gucken, ob man da in Diskussionen geht mit der Gewerkschaft und guckt, kann man da irgendwie was machen. So, und das [z. B. Arbeitszeitverlängerungen.] war mit uns sehr schwer zu machen."* [I-Nr. 1, Pos. 92, Gewerkschaftsvertretung, Schwerpunkt Systemgastronomie]

Es musste ein angepasster, mit der aktuellen Steuerung der Aktivitäten kompatibler Weg gefunden werden, den neuen Inhalt in das Geschäftsmodell zu integrieren. Er fand sich in der zusätzlichen *Kollaboration* mit den Wettbewerbern der Systemgastronomie durch den Eintritt in den BdS.

> *„Und dann hat man auch strategisch aus Arbeitgebersicht den Vorteil, wenn sie sagen, sie treten dem BdS bei, hatten wir als Gewerkschaft natürlich nicht die Möglichkeit zu sagen, die betreiben hier Tarifflucht, die machen hier Dumping, weil das ist ja ein Tarifvertrag, den wir auch unterschrieben haben. Und wir können natürlich nicht in der Öffentlichkeit sagen, [Poseidon] flüchtet jetzt und das ist ein Skandal, weil sie gehen ja in einen anderen [Gewerkschafts]-Tarifvertrag rein, wo wir nicht uns öffentlich darstellen können und sagen, „hier das ist ja eine Sauerei, das geht ja gar nicht". „Wieso ist das eine Sauerei, ist doch ihr eigener Tarifvertrag"."* [I-Nr. 1, Pos. 92, Gewerkschaftsvertretung, Schwerpunkt Systemgastronomie]

Das mit dem bestehenden Koordinationseffekt der Aktivitätssteuerung kompatible Verhandlungsergebnis beinhaltet Übernahmegarantien für Auszubildende, keine Arbeitszeitverlängerungen, Krankenbeihilfe, Urlaubstageregelungen und zusätzliche soziale Leistungen:

> *„Vom Entgelt bleibt das meiste gleich, beziehungsweise es bleibt gleich, und auch die neu Eingestellten haben immer noch mehr Sozialleistungen als alle anderen in der Branche. Von daher haben wir [Poseidon] immer noch irgendwie als Vorzeige-Unternehmen in die Systemgastronomie überführt, in den BdS."* [I-Nr. 1, Pos. 94, Gewerkschaftsvertretung, Schwerpunkt Systemgastronomie]

Das für den Geschäftsmodellwandel Bedeutende an dem Ergebnis ist, dass der neue Tarifvertrag eine *gemeinsame Entwicklung eines für das spezifische Geschäftsmodell codifizierten Standards* darstellt, auf welchem folgende Aktivitäten aufbauen können.

Da Kooperationsergebnisse durch die Zusammenarbeit unterschiedlicher Akteurinnen und Akteure erzielt werden, ist **Kommunikation** essenziell. Diese erfolgte intern, extern und kontinuierlich mittels eines holistischen und kompakten Narrativs der *Geschäftsmodellstory*[25], die für alle Stakeholder:innen Sinn ergeben und letztendlich zur Wertaneignung durch Poseidon führen sollte. Es ging insofern darum, ein Narrativ zu entwickeln und zu verbreiten, welches die Akteurinnen und Akteure (wer), die Motivation (warum) und eine Storyline (was und wie) verbindet und somit erklärt, wie das Geschäftsmodell Wert generiert.

Bezüglich der externen Kommunikation wurde im Zuge der Imagekampagne im Jahr 2015 stark auf *Storytelling* gesetzt. Dem Plot der Geschichte bezüglich der value proposition kommt im Falle Poseidons zugute, dass Poseidon eine natürlich gewachsene Marke ist, welche nicht wie viele junge Marken eine Entstehungsgeschichte erfinden muss, um das im Marketing gefragte Storytelling

[25] Gemäß Magretta (2002), S. 87 sind Geschäftsmodelle Geschichten, welche erklären, wie Organisationen funktionieren.

für sich nutzen zu können. Beim Storytelling wurden nicht die Fakten in den Vordergrund gestellt, sondern diese mit der *emotionalen Überzeugungskraft der Poseidon-Geschichte* verbunden. Die erzeugte emotionale Verbindung der Kundschaft mit der Marke machte die Kampagne erfolgreich. Auch auf der Website auf der „über uns"-Rubrik wird über das Franchisemodell, die -Standorte, -Partner:innen, Mitarbeitendenanzahl, steigende Tendenz und Ziel der Ausweitung des Systems in Deutschland elaboriert. Darüber hinaus soll *Vertrauen* über die Ausweisung als geprüftes Mitglied des Deutschen Franchise Verbandes generiert werden.

Die interne Kommunikation beschrieb ebenso wie die Steuerung des öffentlichen Diskurses mittels einer „Erfolgsstory" die *Hauptaktivitäten, deren Abläufe und Akteurinnen und Akteure, die value-logic und warum diese angemessen und sinnvoll ist.* Die Richtigkeit und Wichtigkeit wurde durch die vorherige Durchführung einer Marktstudie untermauert. Die dadurch geschaffene *Glaubwürdigkeit* war Grundlage für die Kommunikation der Repositionierung, welche bspw. mittels einer Roadshow erfolgte.

Unterstützend nahm der CEO an Betriebsversammlungen teil, traf sich mit angesehenen und einflussreichen Mitarbeitenden und versuchte mit der Bespielung vielfältiger Kommunikationskanäle Transparenz und damit auch eine Wahrnehmung der Gestaltungsbeteiligung bez. der Franchiseeinführung zu schaffen. Das *„Menscheln"* erwies sich als Querschnittsaktivität, welche die Aktivitäten auf allen Ebenen des holistischen Geschäftsmodelldesigns unter Pfadabhängigkeit unterstützte. Die Betriebsräte und Betriebsrätinnen bspw. sahen in dem neuen CEO vorerst keine Gegnerin, da das Vorgehen sukzessiv und entsprechend ohne plötzliche drastische Zielsetzungen erfolgte. Entsprechend bildete diese Aktivität einen Kontrast zu der vorherigen sehr zahlenorientierten Führung in Periode III.

> *„Und da haben die erst mal gesagt, lass die mal machen. Erst mal ist sie ja schon mal so, dass man mit ihr reden kann und sie offen ist (…) ich kann mit Menschen was anfangen. Ich quatsch auch gerne und hör mir mal was an und so weiter, und das fehlte vielleicht so ein bisschen bei den Vorgängern. Und da ist dann so ein bisschen eine andere Wahrnehmung vielleicht da."* [I-Nr. 22, Pos. 64, CEO zukünftig AR, Poseidon]

Die Funktion als *Querschnittsaktivität* ergibt sich aus der Förderung der Aktivitäten aller Ebenen, die ebenfalls mit dem Koordinationsmechanismus der Steuerung, welche die optimale Wertgenerierung aus den Komplementaritäten der Aktivitäten regelt, kompatibel sind.

Neben der Nutzung dieser bereits vorhandener Selbstverstärkung im System kommt der externen Perspektive eine steigende Bedeutung zu. Das folgende

Statement, dass man den Markt akzeptieren muss, zeigt, dass der CEO eine externe Perspektive einbringt. Die Erfahrungen in der Branche, im Filialgeschäft etc. welche durch eine fast 15-jährige Tätigkeit bei Bakker mitgebracht wurde, beschreiben eine gewisse *Referenzbasis*, welche als Entscheidungsgrundlage herangezogen werden konnte. Der Eintritt in den BdS verdeutlicht darüber hinaus, dass auch Interne eine externe Perspektive einnehmen können. D. h. die Perspektive ist nicht an einen externen Akteur oder Akteurin gebunden. Die Tatsache, dass nicht nur von sich ausgegangen wird, sondern die anderen Verbandsmitglieder als Referenzbasis für interne Entscheidungsprozesse herangezogen werden können, ermöglicht u. a. *die Internalisierung einer externen Perspektive.* Die steigende Anzahl und die Relevanz der Akteure und Akteurinnen verdeutlicht gleichwohl, dass der Kommunikation eine große Bedeutung zukommt. Kommunikationsaktivitäten wurden in diesem Fall eingesetzt, um die Selbstwahrnehmung der Mitarbeitenden vom Fischhändler und von der Fischhändlerin zum Gastronomen und zur Gastronomin zu entwickeln:

> *„Da musste wirklich in der Richtung was passieren auch vom* ***Bewusstsein*** *her. Das Bewusstsein – auch ganz interessant – wir haben Einzelhandel, früher hatten wir unsere riesigen Meeresbuffets, jetzt sind es nur noch 12 % des Umsatzes, Tendenz fallend, weil der Fisch als solches jetzt auf anderen Wegen an den Kunden herangetragen wird. (…) Die Standorte, die wir haben in den Städten, das passt alles nicht mehr so richtig. Und insofern ist der Einzelhandel rückläufig, aber* ***viele Mitarbeiter bei [Poseidon] fühlen sich als Fischhändler und wir brauchen Gastronomen*** *(…) man muss den* ***Markt akzeptieren“****. (…) „Der* ***Eintritt in den BdS****, ist ein ganz klares* ***Bekenntnis des Unternehmens und dann auch der Mitarbeiter, sie sind Systemgastronomen.*** *“* [I-Nr. 22, Pos. 28, CEO zukünftig AR, Poseidon]

Franchise steht im Einklang mit den Aktivitäten der Geschäftsmodellstory bez. der Hinwendung zur Systemgastronomie mittels des BdS-Eintritts. Es wurde in der *Kommunikation der strategischen Neuausrichtung* des Unternehmens zwischen *„Tradition, Natürlichkeit und Innovation“* [I-Nr. 13, Pos. 59–60, Leitung Marketing, Poseidon] als „Innovation“ integriert und mittels der Imagekampagne kommuniziert.

> *„Letzten Sommer haben wir drei Wochen eine Roadtour gemacht (…) und alle Mitarbeiter eingeladen (…). Und haben den Mitarbeitern die Neuausrichtung dieses Unternehmens erklärt, haben gesagt, dass wir auf diese Natürlichkeit hingehen wollen, dass die Spots kommen, dass die Produkte entsprechend schon erklärt wurden, dass wir den Kabeljau ohne Panade reichen wollen, sondern frisch zubereitet direkt für den Kunden, dass wir da im Geschäftsmodell uns etwas anders aufstellen.“* [I-Nr. 22, Pos. 86, CEO zukünftig AR, Poseidon]

Bezüglich der Neuausrichtung wurde Franchise (Innovation) in die Natürlichkeitsausrichtung, welche bei den Fischliebhaber:innen und Nostalgiker:innen begeistert aufgenommen wurde, eingebettet. Es wurde nicht einfach Franchise als neue Aktivität präsentiert, sondern in ein ausgeklügeltes, auf Zustimmung treffendes, *komplementäres Gesamtpaket* eingebettet. Die *Notwendigkeit*, „dass wir da im Geschäftsmodell uns etwas anders aufstellen“ [I-Nr. 22, Pos. 86, CEO zukünftig AR, Poseidon] – d. h. Franchise betreiben – um die akzeptierten Repositionierungsziele Tradition und Natürlichkeit verwirklichen zu können, wurde *in der Kommunikation mitgesendet und als Tatsache akzeptiert.*

Die Kommunikation vermittelte die notwendige „Akzeptanz des Marktes“, die Kohärenz mit der neuen strategischen Ausrichtung sowie die Notwendigkeit der Anpassung der Strategie und internen Organisation (z. B. mittels Franchiseabteilung und Flächentarifvertrag) bezüglich der **Integration** des neuen Geschäftsmodell-Inhalts Franchise zur Sicherstellung des Unternehmenserfolges. Die Integration muss daher die in Abschnitt 5.1.8, Sonstige Opportunities, beschriebene *Herstellung von Fit des Geschäftsmodells mit seiner Umwelt, internen Organisation und Strategie* anstreben. Poseidon, zeigt, dass zur Herstellung von Fit bestimmte *Aktivitäten institutionalisiert* wurden und eine *kontinuierliche Anpassung des Geschäftsmodells* erfolgte.

Umwelt, Strategie und interne Organisation hängen nicht nur mit dem Geschäftsmodell zusammen, sondern auch miteinander. Aufgrund veränderter Marktbedingungen in Form eines rückläufigen Einzelhandels und einem wachsenden Systemgastronomiemarkt änderte sich die Strategie Poseidons. Standorte wurden von den Innenstädten in Einkaufszentren verlagert und es erfolgte die Hinwendung zur Systemgastronomie inklusive Franchise mitsamt der dafür erforderlichen internen Reorganisation.

> *„(…) Strategie war wirklich, [Poseidon] auf den Kern des gastronomischen Geschäftes zurückzustutzen. (…) Weil ganz einfach die Margen in der Gastronomie deutlich höher waren (…)“* [I-Nr. 21, Pos 22–24, CFO, Poseidon]

Der betreffende CEO betont zudem die *Kontinuität in der Aktivitätsausübung…*

> *„Natürlich ist das Franchise-Thema nach wie vor absolut wichtig, dass das auch weiter getrieben wird.“* [I-Nr. 22, Pos. 82, CEO zukünftig AR, Poseidon]

… sowie die *bedeutende Rolle der Akteurinnen und Akteure,* wie bspw. bei der Kooperation von Poseidon mit einer Delikatesssalatfirma aus der Bakker-Gruppe bei der Integration Poseidons in den Einzelhandel mittels der Bereitstellung von Logistik und Kontakten zum LEH:

> *„Dies ist [aufgrund der beidseitigen Bedenken [Poseidon: Angst wegen Kontrollverlust der Marke wegen Qualitätssicherung über die andere Firma und andere Firma: Bedenken wegen zu kleiner Verkaufsmengen] nicht passiert. Und 2013 habe ich dann mit dem CEO [der anderen Firma] angefangen. Und jetzt seit Dezember war denn die Werbung drin. (…) Das hat mit den Leuten zu tun, dass du Leute hast, die das wollen, (…) derjenige der managt, der hat ja natürlich auch die Möglichkeit entsprechende Prozesse anzustoßen."* [I-Nr. 22, Pos. 68–72, CEO zukünftig AR, Poseidon]

Neben den Werten und der Vision zählte auch die Gestaltung der internen Organisation im Hinblick auf das organisationale Design, welches im Zuge der Integration von Franchise in das Geschäftsmodell verändert wurde, da die Ausübung einiger Aktivitäten auf unterschiedliche Stakeholder:innen übertragen wurde:

> *„Als Arbeitgeber-Verband ist ein Riesenschwerpunkt die Rechtsberatung (…) Nachhaltigkeitsfragen, bei [Poseidon] natürlich mehr auf Fisch (…). Wir haben einen engen Dialog mit der Landwirtschaft und mit sonstigen Zulieferern, also das gehört dann alles in das Feld Wirtschaftsverband."* [I-Nr. 6, Pos. 25–35, Hauptgeschäftsführung, Bundesverband der Systemgastronomie]

Der Eintritt in den BdS kam einer institutionalisierten externen Perspektive gleich. Der Übergang vom Haus- zum Flächentarif beschreibt ebenfalls eine solche *Institutionalisierung von Aktivitäten,* welcher eine besondere Bedeutung zukam:

> *„Es ist jetzt langsam AKZEPTIERT. Vor drei, vier Monaten saßen wir hier in diesem Raum. Es kam wirklich aus dem Unternehmen heraus, (…) dass sie selber kommen und sagen, so, wir sehen, ja, Franchise ist gewollt, [Poseidon] wird Franchise weiter machen,* ***und jetzt liegt es an uns, als Führungspersonen dafür auch die Strukturen entsprechend auszurichten.*** *Und das ist natürlich besser, als wenn du immer wieder sagst, ‚komm, jetzt überlegt mal hier, wie müssen wir es machen.'"* [I-Nr. 22, Pos. 30, CEO zukünftig AR, Poseidon]

Die Institutionalisierung von Franchise wurde durch die Einbettung in Organisation und Strategie zu einem unverzichtbaren Element des neuen Aktivitätssystems. Diese organisationale Integration war einerseits das Ergebnis des Zusammenwirkens der beschriebenen Aktivitäten, andererseits organisiert sie wiederum die Aktivitäten, die sie produzierten. Dies zeigt die *Rückbezüglichkeit der Aktivitäten*, wie sie sich überschneiden und voneinander abhängen, und wirft somit ein differenziertes Bild auf die *Selbstverstärkung*, die nicht nur in bekannter Weise zu Stabilität führt, sondern wie beschrieben auch *aktiv genutzt werden kann, um ein pfadabhängiges Geschäftsmodelldesign zu wandeln.*

5.4.2 Element Struktur

Die Geschäftsmodell-Subkategorie Struktur weist mit 115 eine große Anzahl codierter Segmente auf. Der Gruppenvergleich zeigte eine deutliche Diskrepanz, da bis auf Captain Chicken keiner der Wettbewerber Aussagen zur Struktur Poseidons tätigte. Sowohl die größte Häufigkeit (13) als auch die Abdeckung (21,62 %) betreffender Codierungen weisen Interviews aus dem Qualitäts- und Nachhaltigkeitsmanagement aus der Poseidon Gruppe auf, die sich stark auf den Zusammenhang mit Regulierung der Kategorie Institutionelles Umfeld konzentrieren.

Die Coderelationen der Subkategorie Struktur mit den anderen Geschäftsmodel-Subkategorien werden in Abbildung 5.13 dargestellt und zeigen die bedeutendsten Überschneidungen mit dem Element Inhalt (73), dem Werttreiber Komplementarität (41) und der Steuerung-Subkategorie, wer wo Aktivitäten ausführt (36).

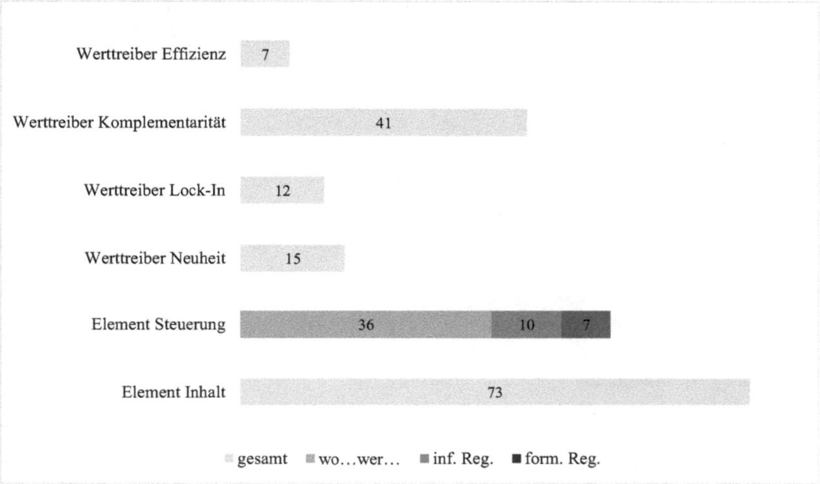

Abbildung 5.13 Coderelationen von Struktur mit weiteren Geschäftsmodell-Subkategorien auf Basis von Segmentüberschneidungen. (Quelle: Eigene Darstellung)

Dies ist kein Zufall, da Poseidon *nicht dem dominanten Geschäftsmodell in der Fischerei folgte*, sondern seit Periode I eine vertikale Integration anstrebte, welche durch die Akkumulation komplementärer Aktivitäten (Inhalt) ausgebaut wurde, was bedeutet, dass Poseidon selbst (Steuerung- Subkategorie: wer wo Aktivitäten ausführt) diese Aktivitäten steuerte.

> *„(...) gewöhnlich lieferten die Reedereien ihre Ware in der Auktion hier in Bremerhaven ein, und dann wurde sie von Händlern verkauft. Und bearbeitet dann eben in anderen Unternehmen. Das war getrennt, also Fisch-Verarbeitung und Fischfang war nicht in einer Hand, normalerweise. Aber bei [Poseidon] kam das eben zusammen."* [I-Nr. 9, Archivleitung, Deutsches Schifffahrtsmuseum]

Die Wertgenerierung erfolgte durch *Synergien*, welche anhand der Sequenzierung und Priorisierung der Aktivitäten z. B. durch die Vermeidung von Kosten durch bzw. Inanspruchnahme von Intermediären in Verarbeitung und Handel realisiert wurden.

Die in Abbildung 5.14 aufgeführten Coderelationen mit den weiteren Kategorien zeigen ein noch differenzierteres Bild der Bedeutung des Elements Struktur im Poseidon-Geschäftsmodell, welches durch die Beschreibung der Sekundärdaten ergänzt wird, um auch die Entwicklung des Geschäftsmodellelements im Zeitverlauf abzubilden.

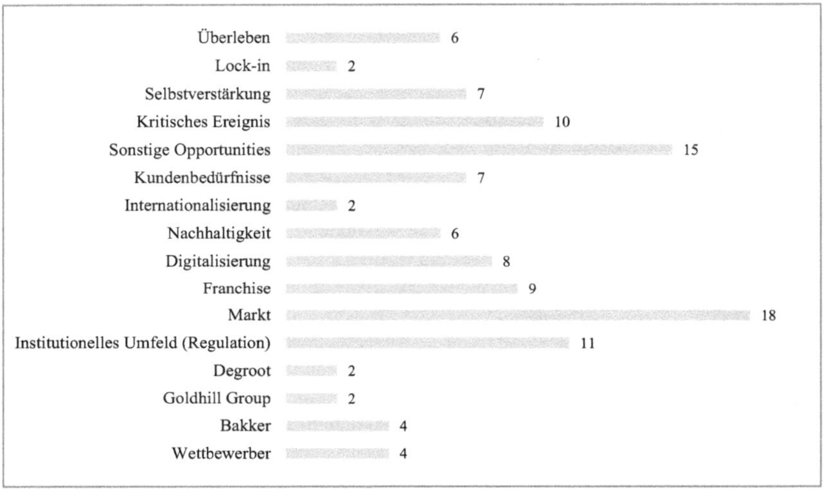

Abbildung 5.14 Coderelationen von Struktur auf Basis von Segmentüberschneidungen. (Quelle: Eigene Darstellung)

Der enge Bezug zu den Opportunities-Subkategorien, insbesondere zu Markt, fällt sofort ins Auge. Die Interviewdaten sprechen diesbezüglich unterschiedliche Aspekte an:

(1) die eigene *Sonderstellung und Erfahrung* im Markt.
(2) die *veränderte Einzelhandelsstruktur*, wodurch der Lebensmitteleinkauf nicht mehr in der Innenstadt stattfand (Standortfrage); die Konkurrenz im Einzelhandel: Der Einzelhandel bietet auch Tiefkühlfisch an, weswegen Margen in der Gastronomie im Vergleich höher als im Groß- und Einzelhandel waren.
(3) den *Einstieg in den deutschen Quick-Service-Markt im Jahr 1965* vor Big Smith (1971) sowie den damit zusammenhängenden *Verdrängungswettbewerb* in den 1980er Jahren. Dies stellt einen Zusammenhang mit der Kategorie Wettbewerber dar.
(4) den *Einstieg in das To-Go Geschäft* mittels Snack-Fenster sowie den *Wettbewerbsdruck im Snack-Bereich* der Systemgastronomie (trotz Wachstum des

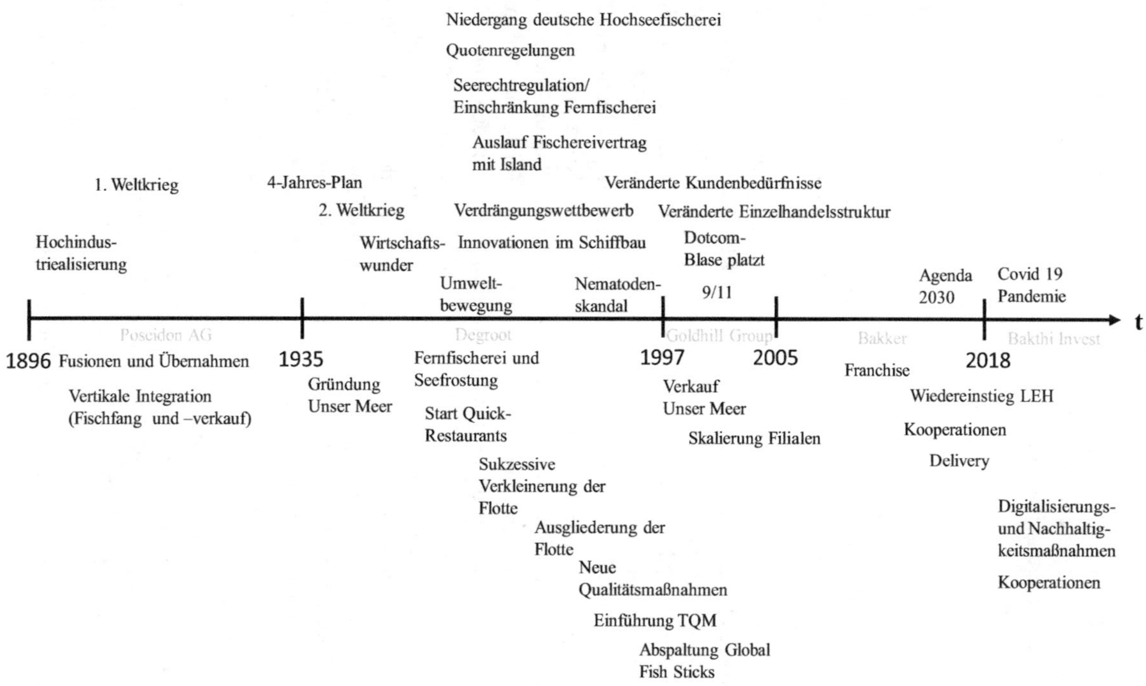

Abbildung 5.15 Zentrale Opportunities und Strukturveränderungen im Poseidon-Geschäftsmodell im periodisierten Zeitverlauf. (Quelle: Eigene Darstellung)

Außer-Haus-Marktes für Lebensmittelkonsum) aufgrund des Markteintritts von Bäckereiketten.

(5) den *Zusammenbruch der Kapital- und Finanzmärkte 2001* aufgrund des Platzens der Dot.com Blase und Nine Eleven. Diese konservierte die bestehende Struktur, da diese Ereignisse den Ausstieg des Eigentümers Goldhill Group vorerst vereitelten.

(6) den *Wiedereintritt in den LEH 2015* mit dem ganzheitlichen Anspruch an das Thema Fischversorgung.

Der Einfluss der Opportunities-Subkategorien zeigt sich deutlich in der strukturellen Entwicklung des Poseidon-Geschäftsmodells. Diese wird in Abbildung 5.15 mit Fokus auf zentralen Veränderungen in den unterschiedlichen Eigentümerperioden dargestellt.[26]

Die Gründerzeit Poseidons (Periode I) ist von *Fusionen und Übernahmen* geprägt, durch welche die Poseidon AG eine erhebliche *Marktmacht* aufbauen konnte: Sie besaß einen eigenen Fischereihafen und baute in der Zeit der Hochindustrialisierung um die Jahrhundertwende eine eigene Fischindustrie auf. Bereits 1930 betrieb die Poseidon AG ca. die Hälfte der deutschen Fischereifahrzeuge, obwohl zu Beginn des 1. Weltkrieges, welcher auch als Seekrieg bekannt ist, 27 der 40 Fischdampfer eingezogen wurden, von denen 15 im Krieg und weitere fünf anschließend durch Mienen sanken, sodass ein drastischer Verlust der Hälfte der Dampfer verzeichnet wurde. In diesem Zusammenhang leistete die Struktur des Geschäftsmodells einen bedeutenden Beitrag zum Überleben des Unternehmens, welches *im Vergleich zum Gesamtmarkt so groß und breit aufgestellt* war, dass es im Gegensatz zu zahlreichen anderen Unternehmen diese Krise überlebte.

Das institutionelle Umfeld prägte des Weiteren durch den 4-Jahres-Plan der nationalsozialistischen Autarkiepolitik 1936 durch die Forcierung des Aufbaus einer Tiefkühlwirtschaft, mit dem Schwerpunkt Fisch zur Schließung der Eiweißlücke, die Entwicklung, welche dadurch vorangetrieben wurde. Der politische Einfluss wirkte sich bereits drei Jahre zuvor auf Degroot aus, da das Nazi-Regime den Fettverbrauch halbieren wollte, um Deutschland kriegsfähig zu machen. Degroot musste daraufhin die Margarineproduktion drosseln, ohne Entlassungen vornehmen zu dürfen. 1935 wurden Firmen aufgekauft. Die niederländische Muttergesellschaft bezahlte die Rohwaren für die deutsche Tochter, erhielt aufgrund strenger Devisenbestimmungen jedoch kein Geld zurück, was dazu führte, dass in Deutschland in Aktien (u. a. von der Poseidon AG) investiert wurde. Dieses kritische Ereignis markierte den Beginn der

[26] Für eine detaillierte Übersicht siehe den Zeitstrahl im elektronischen Zusatzmaterial.

Degroot-Eigentümerperiode. *Die politische Entwicklung wirkte sich neben der Eigentümerstruktur auch auf die Unternehmensstruktur in Form von Gründungen von Unternehmenstöchtern aus*:

> *„Bis 1936 war bei [Poseidon] alles unter einem Firmendach. Sowohl Fischfang, Fischverarbeitung und Handel. Dann gab es eine Parteiparole, ein parteiliches Verbot, dieses nicht mehr weiter unter einem Dach zu betreiben. Es war parteipolitisch nicht gewünscht, [Poseidon] so mächtig zu machen."* [I-Nr. 2, Pos. 16–22, Autor]

Die Schrift aus den Sekundärdaten, „Das Eindringen des internationalen [Degroot]-Trustes [Van de Tal] in die deutsche Wirtschaft", unterstützt diese Darstellung durch die Beschreibung des Degroot-Konzerns als jüdisches Großkapital, welches durch die Investition in solch ein bedeutendes und hoch integriertes Unternehmen hinterrücks Einfluss auf die deutsche Wirtschaft gewinnen würde, was unmöglich von der Partei geduldet werden könne, weswegen diese Ambitionen zerschlagen werden sollten.

> *„Man hat verboten, zum Beispiel Verkaufsläden in der Art und Weise wie bisher einzurichten und zu betreiben. Der noch im Gang befindliche Ausbau von weiteren Läden wurde abgebrochen, weil die Partei das so wollte. Sie durften es nicht mehr. (...) Dadurch wurden die Tochterunternehmen (...) gegründet. Man gliedert das aus, macht eine eigene Firma, die einem ja aber auch gehört und dann ist es eben [Meer fürs Land] für die Belieferung der Absatzorganisation im Binnenland oder die Neugründung der Fischgroßhandelsgesellschaft [Unser Meer]. Und so wurde vieles verlagert."* [I-Nr. 2, Pos. 22–24, Autor]

Der 2. Weltkrieg 1939–1945 (Periode II: Degroot) führte zur Beschlagnahmung der größten Fischdampfer, der Vernichtung von Verkaufsstellen und eines Teils der Zentralverwaltung und des Reedereibetriebes durch Luftangriffe. Weniger als ein Drittel der Fischdampfer war anschließend noch einsatzbereit, nur die Hälfte der Läden verblieben, von denen nur ein Zwölftel unbeschädigt blieb. Doch auch zu dieser Zeit unterschied sich die Struktur der Aktivitäten Poseidons von seiner Konkurrenz, was abermals das Los des Unternehmens leitete:

> *„(...) vor dem Krieg, entgegen der Parteilinie, die extra die Parole ausgegeben hatte, wir müssen die Anlandungen jetzt verdoppeln, hätte [Poseidon] viele, viele Schiffe bauen müssen. Hat es auch gebaut, aber nicht in dem Maße, wie es eigentlich hätte angenommen werden können. Die haben sehr viel alte Schiffe immer wieder auf Vordermann gebracht und hatten einen verhältnismäßig großen Bestand an alten Fangschiffen und diese neuen Schiffe, diese alten Pötte, hat man dann nicht eingezogen, nicht beschlagnahmt. Und die Konkurrenz hatte einen verhältnismäßig hohen Anteil an*

neuen Schiffen. Als die ziemlich lahmgelegt waren, hätte [Poseidon] noch (...) mit guten Ergebnissen Fischfang betreiben können.“ [I-Nr. 2, Pos. 10, Autor]

Als sich die politische und auch die wirtschaftliche Gesamtlage nach der Kriegszeit mit dem Wirtschaftswunder entspannte, erfolgte Anfang der 1960er Jahre ein Strukturwandel der Poseidon-Flotte durch die Aufnahme der Fernfischerei und der Seefrostung. Insofern steht das Element Struktur auch im Zusammenhang mit dem Werttreiber Neuheit, zumal bspw. die *Veränderung von Fangmethoden und Schiffbau vom Seiten- zum Heckfänger eine neue Anordnung der Arbeitsbereiche bedeutete, welche es erlaubte, beim Hecktrawler zahlreiche mechanische Arbeiten zu vollautomatisieren* und mehr Stauraum zu schaffen.

Die Umwandlung Poseidons zu einer GmbH 1960 veränderte außerdem *die Rechtsform.*

Erheblichen Einfluss auf die zukünftige Unternehmensgeschichte sollte die *Vorwärtsintegration* mittels des *Einstiegs in die Quick-Service-Gastronomie* mit den Quick-Restaurants 1965 haben, denn bereits 1969/70 begann der Niedergang der deutschen Hochseefischerei durch Quotenregelungen und die Einschränkung der Fernfischerei durch die Ausweitung nationaler Hoheitsgewässer. Deutschland gingen fast alle ertragreichen Fanggründe verloren, oder Fangmöglichkeiten wurden stark beschnitten.[27] Diese Entwicklung führte bezüglich der Struktur zu einer sukzessiven Verkleinerung der Flotte, bis diese 1986 ausgegliedert wurde. Diese *Desintegration* war ein drastischer Einschnitt in der Geschichte des Unternehmens, welches seit jeher einen starken Bezug zur Rohware Fisch hat. Aufgrund dieser *Nischenposition im Fischbereich* brach der Umsatz Poseidons 1987 nach einer Medienberichterstattung über Nematoden[28] um 50 % ein. Abbildung 5.16 zeigt die Durchleuchtung, die in den Prozess integriert wurde, um Nematodenfreiheit zu gewährleisten.

[27] Vor Island, USA, Kanada, Russland, Grönland, Norwegen und den Färöern.

[28] Nematoden sind parasitäre Fadenwürmer, welche in Meeresfisch vorkommen können. Sie können beim Menschen Magen-Darm-Beschwerden auslösen. Sie werden jedoch durch Gefriertemperaturen oder durch Hitze abgetötet.

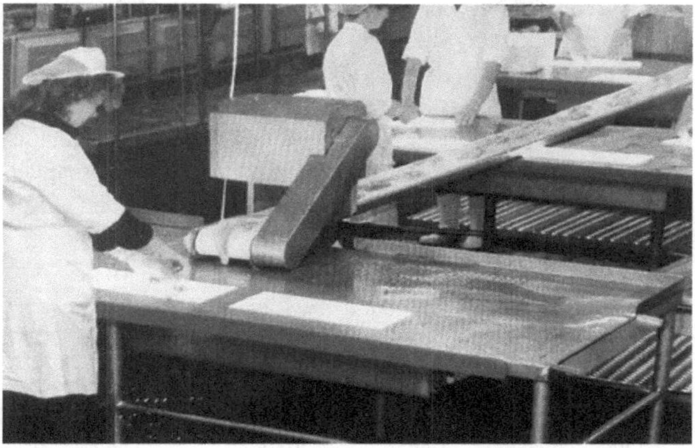

Abbildung 5.16 Prozessinnovation Durchleuchtung. (Quelle: Poseidon Mitarbeitendenzeitschrift (1988), Heft 1, Archiv Deutsches Schifffahrtsmuseum)

Viele andere Unternehmen der Fischwirtschaft gingen insolvent. Nicht so Poseidon, das die *Durchleuchtung der Fische als Qualitätsmaßnahme in seine Abfolge an Aktivitäten einbaute* und den Fischverbrauch durch intensive *Aufklärungsarbeit über den Wert des Nahrungsmittels Fisch* wieder steigern konnte.

Die Konzentration auf das Kerngeschäft Degroots führte 1997 zum Verkauf Poseidons an die Goldhill Group und zur Abspaltung von Global Fish Sticks, welches im Degroot-Konzern verblieb. Unter der Goldhill Group (Periode III) erfolgte direkt *1997 der Verkauf des Großhandels Unser Meer* und es begann zur Umsatzsteigerung die Skalierung der Filialen, von denen zwei Drittel bald wieder geschlossen wurden. Ungeachtet der Umweltbedingungen des Verdrängungswettbewerbs im Quick-Service Markt, veränderter Kundenbedürfnisse und einer veränderten Einzelhandelsstruktur wurde mittels Kostenoptimierung ein Börsengang vorbereitet, welcher durch das Platzen der Dotcom-Blase (2000) vereitelt wurde. Nach Nine Eleven war auch eine Rekapitalisierung über Banken nicht realisierbar.

Der Vergleich der Eigentümerperioden zeigt, dass die *Strategie der Eigentümer großen Einfluss auf die Struktur* Poseidons ausübte und dass *Umweltveränderungen/-ereignisse durch die Struktur in unterschiedlichem Maße kapitalisiert* wurden.

Bakker (Periode IV), welcher Poseidon 2005 kaufte, leitete zu den veränderten Kundenbedürfnissen (Convenience etc.) und der veränderten Einzelhandelsstruktur passende Änderungen der Geschäftsmodellstruktur ein: Franchise im Jahr

2011, den Wiedereinstieg in den LEH 2015 und Delivery 2016. Im Zuge des in der Wirtschaft an Bedeutung gewinnenden Themas Nachhaltigkeit *vergrößerte sich zum einen die Abteilung des Qualitäts- und Nachhaltigkeitsmanagements* (welches vorher das „Qualitätsmanagement" war) und zum anderen wurden *Kooperationen* mit der Wissenschaft initiiert und bestehende Kontakte wie zum Bundesverband der deutschen Fischindustrie und des Fischgroßhandels intensiviert. Letzterer war für die Struktur dahingehend besonders bedeutsam, weil er als Sprachrohr einer Branche Aktivitäten bündelt:

> *„Die Instrumentalisierung des Lebensmittel-Einzelhandels seit vielen Jahrzehnten durch die NGOs hat dazu geführt, dass wir ein Zusatz-Informationsangebot geben müssen. Zum Beispiel, Greenpeace hat sich an große, [Gastronomieunternehmen] gewandt und gesagt, „Achtung woher kauft ihr euren Kabeljau, wenn ihr den aus den Gebieten kauft, dann ist das nicht nachhaltig", und dann muss man natürlich fragen, wieso ist das nicht nachhaltig, deshalb haben wir hier diese Datenbank geschaffen, wo wissenschaftliche Expertise einfließt. (…). Und dann muss man durch wissenschaftliche Expertise und Vertrauen sagen, „Leute, es ist nicht so", und das wird auch immer wieder bestätigt durch Tests, die gemacht werden (…). Also eine Branche ist ganz schlecht aufgestellt, wenn sie versucht, selbst für sich zu sprechen."* [I-Nr. 8, Pos. 118, Geschäftsführung, Bundesverband der deutschen Fischindustrie und des Fischgroßhandels]

Bakthi Invest, der Eigentümer seit dem Jahr 2018 (Periode V), setzt neben Kooperationen mit der Wissenschaft zum Thema Nachhaltigkeit und der Implementierung entsprechender Maßnahmen stark auf die mit Nachdruck betriebene Digitalisierung, die neue junge Zielgruppen erschließen soll und genau wie Delivery die Abfolge der Aktivitäten verändert. *Die Covid-19 Pandemie wirkte als Beschleuniger dieser Entwicklung, deren Fortschreiten in diesem Bereich zudem die Positionierung dieser Aktivitäten in Richtung Kern des Geschäftsmodells rückt.*

Neben dem Zusammenhang von Struktur und Umwelt bestehen Konfigurationen mehrerer Kategorien. Es besteht ein mehrdimensionaler Zusammenhang von Struktur mit den Eigentümer-Subkategorien, Sonstige Opportunities und den Pfad-Subkategorien, da auch Eigentümerwechsel teilweise als kritisches Ereignis codiert wurden und sich im Zuge dessen die Strategie und interne Organisation änderte, was wiederum die Abfolge und relative Bedeutung der Aktivitäten im Geschäftsmodell beeinflusste. Ein bezeichnendes Beispiel dafür ist der Wiedereintritt in den LEH unter Bakker oder die vertikale Integration, die bereits bei Gründung der Poseidon AG forciert und unter Degroot mit dem Eintritt in die Quick-Service-Gastronomie fortgeführt wurde. Insbesondere die *Struktur der vertikalen Integration* steht in engem Zusammenhang mit der Pfad-Subkategorie

Selbstverstärkung und dem Werttreiber Komplementarität. Sie hängt ebenfalls mit der Kategorie Überleben zusammen:

> *„Die mitgegebene Struktur und die Fähigkeit, sich der Entwicklung und den Erfordernissen des Tages anzupassen, haben [Poseidon] in hohem Maße krisenfest gemacht."* [Poseidon-Festschrift (1971), S. 2, DSM, Vorsitzender des Aufsichtsrates, Poseidon]

> *„Die Gründer des Unternehmens haben uns die Vertikalstruktur gegeben – den Aufbau von der Fischerei über Fischbearbeitung zum Groß- und Einzelhandel (…). Das klingt so einfach, aber welcher Weg ist da zurückgelegt worden! (…) Geblieben ist die Abhängigkeit von der Natur und die Notwendigkeit zur ständigen Anpassung (…)."* [Poseidon-Festschrift (1971), S. 4, DSM, CEO (1971), Poseidon]

Die Struktur des Geschäftsmodells prägte im Zusammenspiel mit den anderen Design Parametern direkt die Marktmacht und die bis heute bestehende Sonderstellung Poseidons im Markt, obgleich Poseidon im Laufe der Zeit in unterschiedlichen Märkten operierte, welche wiederum starken Veränderungen unterworfen waren.

5.4.3 Element Steuerung

Das Design-Element Steuerung stellt den zweitgrößten Design-Parameter des Geschäftsmodells nach Inhalt dar. Von den 278 Codings entfallen 136 auf die Subkategorie wer wo Aktivitäten ausführt, 108 auf informelle Regeln und 34 auf formelle Regeln. Diese Verteilung an sich ist bereits ein interessanter Befund, legt sie doch nahe, dass das Geschäftsmodell vornehmlich durch informelle Regeln gesteuert wird und die Aktivitätsaufteilung unter den Stakeholdern eine relevante Größe darstellt. Informelle Regeln wurden im Verhältnis 1:9 am häufigsten in Dokumenten der Poseidon Gruppe codiert.

Die Kategorienrelationen von Steuerung mit den Design Parametern des Poseidon-Geschäftsmodells zeigt Abbildung 5.17.

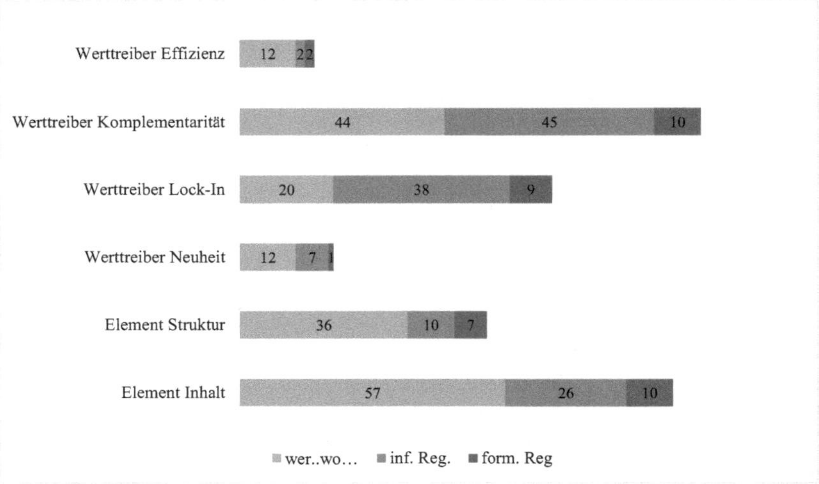

Abbildung 5.17 Coderelationen von Steuerung mit weiteren Geschäftsmodell-Subkategorien auf Basis von Segmentüberschneidungen. (Quelle: Eigene Darstellung)

Die Werttreiber Komplementarität und Lock-In sowie das Element Inhalt zeigen den größten Zusammenhang mit der Steuerung-Kategorie. Hervorzuheben ist diesbezüglich der überdurchschnittlich hohe Anteil an Steuerung durch informelle Regeln sowohl innerhalb dieser Kategorien als auch im Vergleich mit Effizienz, Neuheit und Struktur. Entsprechend *spielen informelle Regeln bei der Wertgenerierung durch Komplementaritäten und Lock-In eine herausragende Rolle.*

Abbildung 5.18 zeigt große Auffälligkeiten bei den Coderelationen der Subkategorie Steuerung mit den übrigen Kategorien.

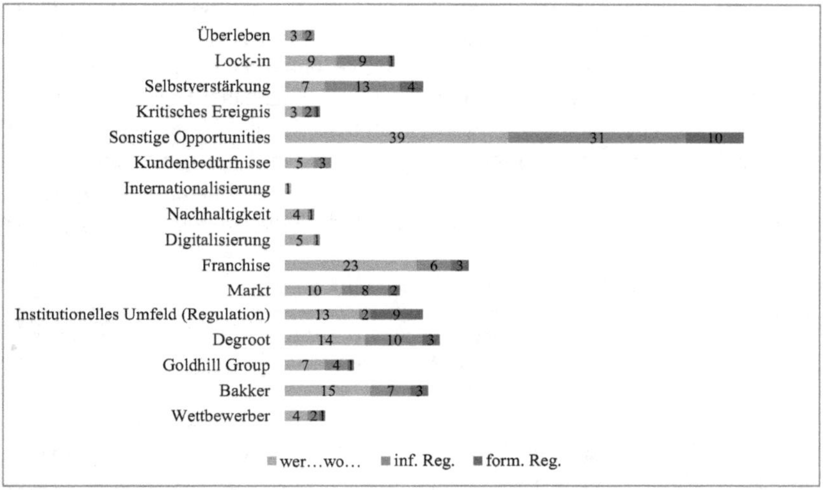

Abbildung 5.18 Coderelationen der Subkategorie Steuerung auf Basis von Segmentüberschneidungen. (Quelle: Eigene Darstellung)

Der Zusammenhang von Steuerung mit der Strategie und internen Organisation, operationalisiert durch Sonstige Opportunities, ist überdurchschnittlich stark ausgeprägt, während der Zusammenhang mit der Umwelt in Form der übrigen Opportunities-Subkategorien geringer ausfällt. Es besteht ein multidimensionaler Zusammenhang zwischen Steuerung mit Eigentümer und Sonstige Opportunities, welche die Strategie ansprechen, was durch entsprechend hohe Segmentüberschneidungen mit den Eigentümer-Subkategorien untermauert wird und den Steuerungs-*Einfluss der Eigentümer als Stakeholder im Geschäftsmodell* unterstreicht. Interessant ist ebenfalls der Zusammenhang mit der Pfad-Kategorie, welche die *Rolle des Steuerungselements bezüglich der Selbstverstärkung und des Lock-in* hervorhebt.

5.4.3.1 Wo werden von wem Aktivitäten ausgeführt

Die Sub-Subkategorie „Wo werden von wem Aktivitäten ausgeführt“ bezieht sich auf die Stakeholder:innen und die von ihnen im Geschäftsmodell ausgeführten Aktivitäten. Die Aktivitäten können gleichbleiben, wie die eines Storemanagers und einer Storemanagerin, welche fortan durch einen Franchisenehmer ausgeführt werden, oder es können sowohl Aktivitäten als auch Stakeholder:innen neu in das Geschäftsmodell integriert werden, wie bei der Einführung von Delivery durch Lieferdienste. Bei 10 % der codierten Segmente wurde auf bestimmte Personen, wie Herr Bakker oder auf bestimmte Funktionen wie die Geschäftsführung oder die Berater:innen von McKinsey referenziert. Entsprechend geht das „wer" Aktivitäten ausführt teilweise auch tiefer bis auf die personelle Ebene. Dies stimmt mit den Forschungsergebnissen, welche im Literaturüberblick dargestellt sind, überein.[29] Dort sind Wahrnehmung, Mindset, Führung(-sfähigkeiten) auf der *Mikroebene* Moderatoren des Geschäftsmodellwandels.

> *„Die Zeit unter den Finanzinvestoren war sehr stark geprägt davon, dass [Poseidon] liefern musste. Und wenn es dann nicht so klappte, wie man es sich erwartet hatte, dann gab es ziemlich zügig den ersten Wechsel in der Geschäftsführung. Da gab es sehr häufige Wechsel."* [I-Nr. 21, Pos. 24, CFO, Poseidon]

Es könnte angenommen werden, dass häufige personelle Wechsel die externe Perspektive erhöhen und zu mehr Anpassungsfähigkeit im Unternehmen führen. Die Daten zeigen hingegen einen starken inhaltlichen Bezug der Aktivitäten, welche Wandel herbeiführten.

Auf der *Meso- und Mikroebene* steht das „wer" mit *Arbeitsteilung* und entsprechend mit der *Interdependenz der Aktivitäten* in Verbindung. Die Sub-Subkategorie ist mit der Struktur des Geschäftsmodells dahingehend verbunden, dass sie sich durch eine *vertikale Integration* auszeichnete, d. h., *dass die Steuerung der Aktivitäten sich traditionell sehr auf Poseidon selbst bezog. Im Zeitverlauf erhöhte sich die Anzahl der Stakeholder:innen*, was wiederum die *Komplexität* im Geschäftsmodell erhöhte. *Komplexität wurde durch Steuerung* bspw. mittels Verträgen, Spezifikationsformularen oder bestimmter Normen *gesenkt*, was den Zusammenhang zu den weiteren Steuerung-Subkategorien formelle und informelle Regeln markiert.

5.4.3.2 Formelle Regeln

Die formellen Regeln Poseidons unterscheiden sich von denen der Wettbewerber, welche wie bspw. Big Smith ein knappes Jahrhundert später als Franchisesystem in den deutschen Markt eintraten und entsprechend andere *Mitbestimmungsstrukturen* aufweisen:

> *„Bei [Poseidon] ist es EHER der Unterschied, und deswegen kann man es schwer vergleichen, dass [Poseidon] aufgrund dieser langen Geschichte schon sehr gewachsene*

[29] Siehe Abbildung 2.3.

> *Mitbestimmungsstrukturen hatte. Also es gibt schon immer Betriebsräte bei [Poseidon].“* [I-Nr. 1, Pos. 60, Gewerkschaftsvertretung, Schwerpunkt Systemgastronomie]

Ebenso persistent und vor allem kontraintuitiv ist die Ausgestaltung der Tarifverträge.

> *„Es gab für [Poseidon] über lange Jahre Haus-Tarifverträge, noch aus [Degroot]zeiten damals. Dann hat sich das alles so ein bisschen aufgespalten, für die Restaurants gab´s lange Zeit Tarifverträge, (...) da sah man auch,* ***dass sie noch aus Industriezeiten, aus Schifffahrtszeiten kamen, dass noch ganz andere Bedingungen mit drin waren, und das wurde teilweise bis heute noch fortgeführt.*** *“* [I-Nr. 1, Pos. 14, Gewerkschaftsvertreter, Schwerpunkt Systemgastronomie]

Was bestimmt nun diese Entwicklungsmuster im Zeitverlauf und erklärt den *Fortbestand dieser anachronistischen Institutionen,* welchen Eigentümer im Lichte veränderter Opportunities kritisch gegenüberstehen? Die Persistenz formeller Regeln für bspw. die Tarifstruktur, in einer Branche wie der Quick-Service Gastronomie, in der Personalkosten sowohl den größten Kostenfaktor als auch die knappste Ressource darstellen, hängt mit der *Selbstverstärkung* und der *Wertgenerierung durch die Werttreiber Lock-In und Komplementarität* zusammen. Ebenso existiert ein *Zusammenspiel von formellen und informellen Regeln.* Bspw. rekrutierte Poseidon für seine Restaurants ausschließlich Hotelfachleute, welche bei Poseidon für die Erbringung von Leistungen mit höheren Qualitätsanforderungen, aufgrund der Rohware Fisch, besser bezahlt wurden und für die Poseidon aufgrund der kooperativen Kultur im Vergleich zur Konkurrenz ein attraktiverer Arbeitgeber war. Durch die überlegene Serviceleistung konnten höhere Margen erzielt und die Marke gestärkt werden. Mithin wirkten sich die Institutionen, die in späteren Perioden als problematisch angesehen wurden, positiv auf den Unternehmenserfolg aus.

5.4.3.3 Informelle Regeln

Das Geschäftsmodelldesign ist Produkt seiner Geschichte. Entsprechend demonstriert das Zusammenspiel seiner Parameter, warum Poseidon sich im Zeitablauf in beobachteter Weise entwickelte. Die Steuerung durch informelle Regeln gibt diesbezüglich durch die Funktion als *Koordinationsmechanismus* im Geschäftsmodell einen besonderen Einblick in die *pfadabhängige Entwicklung komplementärer Aktivitäten.* Die *zur Komplexitätsreduzierung eingesetzten Regeln* dienten als *Kommunikationsschnittstelle/*Spezifikationen zwischen arbeitsteilig getrennten Aktivitäten wie bspw. Beschaffung durch Unser Meer und Qualitätsmanagement durch Poseidon, u.s.w. Die Kultur vertrauensvoller Zusammenarbeit (und deren Fortbestehen) wurde bspw. durch die vorzeitige Einigung auf einen weiteren langjährigen Kooperations- und Liefervertag mit Unser Meer in 2006 untermauert. Das Lieferantenmanagment ist ein Beispiel für das *Zusammenspiel von informellen und formellen Steuerungsregeln.* Spezifikationsformulare geben den Lieferaktivitäten Spezifikationen für ihre Outputs (wann muss wieviel Fisch welcher Sorte mit welcher Zertifizierung angeliefert werden, ...) vor, damit diese verlässlich erwartbar für die nachgelagerten Aktivitäten der Fischverarbeitung und -gastronomie sind. Durch vertrauensvolle Zusammenarbeit und Spezifikation konnte jede:r seine Aktivitäten relativ autonom von den anderen Aktivitäten ausführen und sich seine/ihre Spezifikationsvorteile aneignen. In der knapp 130jährigen Unternehmensgeschichte erfolgte eine *kontinuierliche Gestaltung dieser Regeln,* die zur *Übertragung von Vergangenheitslösungen* wie dem speziellen Haustarifvertrag in die Gegenwart führte und somit eine *Quelle von Pfadabhängigkeit* darstellen.

Die durch Arbeitsteilung separierten und zu sich ergänzenden gruppierten Aktivitäten sollen Synergien realisieren. Dies erklärt den extrem starken Zusammenhang von Steuerung und dem Werttreiber Komplementarität,[30] denn *Komplementaritäten (wie z. B. Fischfang, -verarbeitung und -verkauf) entstanden als Konsequenz aus Arbeitsteilung und Steuerung durch Regeln (wie z. B. Mannschaftsgeist und Kapitänsprinzip).* Doch dadurch beeinflusst der Werttreiber Komplementarität wiederum die Entwicklung des Subsystems. Denn die *Regeln werden darauf ausgerichtet, möglichst viel Synergien zu realisieren,* was zum Problem wurde, als z. B. bei Eigentümerwechseln, veränderten Kundenbedürfnissen oder der Einführung von Franchise neue Aktivitäten benötigt wurden, die entsprechend integriert werden mussten. Daran lässt sich erkennen, dass die gegenseitige Erhöhung von Attraktivität und Rendite komplementärer Aktivitäten eine pfadabhängige Entwicklung auslösen konnte, da die *Vermeidung von Misfit-Kosten zur Priorisierung solcher Lösungen führte, die im Einklang mit dem vorhandenen Regelwerk standen.* So geschehen bei der (Nicht-) Einführung von Franchise als neue Aktivität. Franchise wurde nicht generell nach seiner Sinnhaftigkeit bzw. seinem ureigenen Nutzen beurteilt, sondern danach, wie gut es zum „Ganzen" passte. Diese Einschränkung des Entwicklungsspielraums zeigt den *historischen Charakter* und die *Gefahr von Pfadabhängigkeit* auf.

Es besteht ein großes Geflecht von informellen Regeln, die die Seefahrt und Fischerei prägen, von diversen Bräuchen und Sitten, wie bspw. Taufsprüche und Sektflaschenzerschellen am Bug beim Stapellauf eines Schiffes, welche die Zeit bis zu modernen Container- und Fischverarbeitungsschiffen überdauerten. Eine

---

[30] Siehe Tabelle 5.4.

zentrale informelle Regel soll analytisch hervorgehoben werden, um nochmals am Beispiel der Einführung der Aktivität Franchise in ein System komplementärer Aktivitäten aufzuzeigen, wie die antizipierten Misfit-Kosten umgangen wurden, indem *informelle Regeln instrumentalisiert wurden, um die Aktivität wie einen Trojaner in das System komplementärer Aktivitäten einzuschleusen:* Der Unternehmensleitsatz „Pro toto quid contribuamus", das heißt: Zum Ganzen lasst uns beitragen:

> *„Das war ja, pro toto, zum Ganzen: Reederei, Fischfang, Fischverarbeitung, Fischhandel, zum Ganzen."* [I-Nr. 11, Pos. 86, General Management Restaurants, Poseidon]

Das „Ganze" wird von der Leitung der Restaurantssparte Poseidons als Bündel komplementärer Aktivitäten wie Fang, Verarbeitung und Handel mit Fisch beschrieben, welches durch informelle Regeln wie den Leitsatz bzw. die kulturellen Normen des Unternehmens gesteuert wurde und, wie die folgende Gegenüberstellung der Tabelle 5.7 veranschaulicht, immer noch gesteuert wird.

Tabelle 5.7 Persistenz informeller Regeln im Poseidon-Geschäftsmodell. (Quelle: Eigene Darstellung)

Festschrift „40 Jahre [Poseidon]" (**1936**), S. 48 [Archiv des Deutschen Schifffahrtsmuseums]	Mitarbeitendenzeitschrift Poseidons (**2011**), S. 4 [Archiv der Poseidon Hauptverwaltung]
• Abbildung des Firmenwappens • „Unternehmensleitsatz (…) „Laßt (sic!) uns zum Ganzen beitragen!" auf dem Hauswappen ist stolze Tradition und Verpflichtung zugleich."	• Abbildung des Firmenwappens • „Zukunft braucht Herkunft: (…), dass die Marke [Poseidon] weiter von der Leitidee: „Lasst uns gemeinsam zum Ganzen beitragen" positiv in die Zukunft geführt wird."

Die informellen Regeln überdauern nunmehr über 100 Jahre, obwohl das „Ganze" in seiner ursprünglichen Form längst nicht mehr existiert. Die *Reflexion* dieser Tatsache führte bei dem CEO, welcher Franchise erfolgreich in ein pfadabhängiges Aktivitätssubsystem komplementärer Aktivitäten integrierte, zu der Erkenntnis, dass – wenn das Regelgeflecht bewertet, ob eine neue Aktivität gut zum Subsystem passt – *mit den Regeln statt gegen sie gearbeitet werden musste*, um Franchise zu integrieren.

Das Leben des Unternehmensleitsatzes „Zum Ganzen lasst uns beitragen" gibt Akteurinnen und Akteuren das Gefühl, einen Beitrag leisten zu können und ihre Arbeitstätigkeit als sinnvoll zu erleben (*Sinnerleben*). Dies macht Akteurinnen und Akteure glücklich, gesünder und verbessert das Betriebsergebnis. Die Erfahrung von Bedeutsamkeit, Kohärenz, Orientierung und Zugehörigkeit im Rahmen der eigenen Tätigkeit regelt das Zusammenspiel der Aktivitäten. Die *selbstverstärkende Wirkung dieser informellen Regeln* wurde in der *Kommunikation* der strategischen Neuausrichtung Poseidons genutzt, um Franchise als neue Aktivität in das Geschäftsmodell zu integrieren, indem die *Einheit als Überzeugungsprinzip* angewendet wurde, so wie es historisch etabliert war:

> *„[Poseidon] ist nie das Werk eines einzelnen gewesen. Was [Poseidon] geleistet hat und jetzt leistet, ist Mannschaftsgeist im besten Sinne. Diese Mannschaft hat unser Vertrauen und wir sind sicher, dass sie mit den Problemen unserer immer komplizierteren Arbeitswelt fertig wird."* [Poseidon-Festschrift (1971), S. 2, DSM-Archiv, Vorsitzender des Aufsichtsrates, Poseidon]

Die Festschrift zum 75jährigen Bestehen [Poseidons] widmete den informellen Regeln eine ganze Seite, was deren elementare Bedeutung unterstreicht. Es heißt:

> *„Die Firmengeschichte ist die Summe persönlicher Leistungen, die Schaffensbilanz aller, der Mannschaft. Die (…) Bereitschaft zur konstruktiven Zusammenarbeit und der Aufgabentreue in allen Bereichen (…) ist ausschlaggebend für das Gemeinschaftswerk (…). Die starke Bindung an die Firma und der Mannschaftsgeist sind die Grundzüge der Firma. (…) Der Wandel der Zeit hat eine Denk- und Verhaltensweise nicht verdrängt, die zur guten [Poseidon] Tradition gehört. Das charakteristische familiäre Klima (…) jener* ***Wesenszug*** *[Poseidons]. Diese Stetigkeit des Zugehörigkeitsgefühls, voller Einsatzbereitschaft und eines ausgeprägten Mannschaftsgeistes ist es, der [Poseidon seine] Stabilität (…) verdankt."* [Poseidon-Festschrift (1971), S. 49, Archiv Deutsches Schifffahrtsmuseum]

Die *gemeinsame Identität* von Geschäftsführung/Eigentümer und Mitarbeitenden als Mannschaft *schafft Vertrauen.* Da Poseidon ein Traditionsunternehmen ist, in welchem mehrere Generationen von Familien arbeiten, adressiert die Botschaft der Repositionierung „Tradition, Natürlichkeit und Innovation" sogar die Familie als stärkste Form der Einheit, für welche überdurchschnittlich viel Einsatz gezeigt wird.

Interessant und von grundlegender Bedeutung ist das *Zusammenspiel formeller und informeller Regeln* bei dieser *Schaffung eines trojanischen Pfades,* bei der Franchise in ein pfadabhängiges System komplementärer Aktivitäten eingeschleust wurde. Es wurde bemerkt, dass formelle Regeln in Isolation oftmals keine Veränderung herbeiführen.

> *„Was viele politische Entscheider Klammer auf (die meisten von denen haben ja auch noch nie im Leben richtig gearbeitet quasi im Unternehmen oder so, Klammer zu) also was die einfach nicht verstehen ist, dass man nicht durch Paragraphen Realitäten verändert."* [I-Nr. 6, Pos. 81, Hauptgeschäftsführung, Bundesverband der Systemgastronomie]

Informelle Regeln bestehen oftmals weiter, obwohl sich formelle Regeln ändern, wie der Mannschaftsgeist, der unter der Goldhill Group Eigentümerschaft zu Mitarbeitendenabwanderung und Wissensverlust führte, da keine Einheit zwischen Mitarbeitenden und Geschäftsführung bestand. Bei der Kreation des trojanischen Pfades wurde eine *bilaterale Kooperation* in der Form genutzt, dass *formelle Regeln* in Form des Haustarifvertrages, *in welchem informelle Regeln (z. B. der Mannschaftsgeist) enthalten waren*, transformiert und als *neuer Regelstandard etabliert* wurden, welcher weiterhin die Integration neuer Aktivitäten in den ursprünglichen durch Komplementaritätseffekte getriebenen Pfad regelte – nun zu Gunsten der neuen Aktivität Franchise. Die *Institutionalisierung informeller Regeln* scheint für die *Integration* neuer Aktivitäten in pfadabhängige Subsysteme eine entscheidende Rolle gespielt zu haben, da sie den *Fit* der Aktivitäten mit dem Subsystem einerseits und des gesamten Geschäftsmodells mit seiner Umwelt, Strategie und internen Organisation andererseits *erhöht*.

Das Beispiel demonstriert, dass die Steuerung, in Form von Arbeitsteilung und eines Zusammenspiels aus formellen und informellen Regeln, maßgeblichen Einfluss auf die historische Entwicklung des Geschäftsmodells genommen hat. Es zeigt darüber hinaus, dass die aus Regeln resultierende Selbstverstärkung paradoxerweise dazu genutzt werden konnte, einen Wandel des pfadabhängigen Systems herbeizuführen, obgleich ebendiese Selbstverstärkung die Ursache für Pfadabhängigkeit und strategische Ineffizienz des Systems darstellte.

5.4.4 Werttreiber Neuheit

Alle Design Elemente, sowohl Inhalt (Aufnahme neuer Aktivitäten), Struktur (neuartige Abfolge der Aktivitäten) als auch Steuerung (neue Arten der Steuerung von Aktivitäten) können *Innovationsquellen* im Geschäftsmodell darstellen. Diese können zusammenfallen. Dies war bei der vertikalen Integration der Fall, bei welcher durch die Integration der neuen Aktivität des Fischverkaufs mit der unterstützenden Verbindung der Marketingaktivitäten wie bspw. Schiffspatenschaften der Seefisch im Binnenland besser abgesetzt werden konnte. Dass *Poseidon damit nicht dem dominanten Geschäftsmodelldesign der Fischindustrie folgte*, brachte ihm *First-Mover-Vorteile* ein, da durch die *Markenbekanntheit und -reputation Wechselkosten geschaffen* wurden, *Erfahrung aufgebaut* werden konnte und der Konkurrenz bei der *Sicherung knapper Ressourcen* wie Fischdampfer durch Fusionen zuvorgekommen wurde. Die Markenstärke konnte über die langjährige Unternehmensgeschichte gehalten werden, wie der Splendid Research Brand Index mit der Erstplatzierung Poseidons vor dem Marktführer Big Smith 2020 belegt. Dies erleichtert es Poseidon, Kundinnen und Kunden zu gewinnen und zu halten und half bereits zu Anfang der Unternehmensgeschichte, eine *kritische Masse an Stakeholdern und Stakeholderinnen* zu erreichen. Dieser Zusammenhang des Werttreibers Lock-In mit dem Werttreiber Neuheit steht nicht allein. Neuheit bildete die *Grundlage für eine Wertsteigerung durch das Design Thema Effizienz*, indem bspw. neue Aktivitäten wie der Fischverkauf zur Reduzierung der Transaktionskosten beitrugen oder Aktivitäten bspw. durch die Errichtung der Fischindustrie strukturell neu organisiert wurden. Abbildung 5.19 zeigt die Konfigurationen mit allen Kategorien der Geschäftsmodell Parameter.

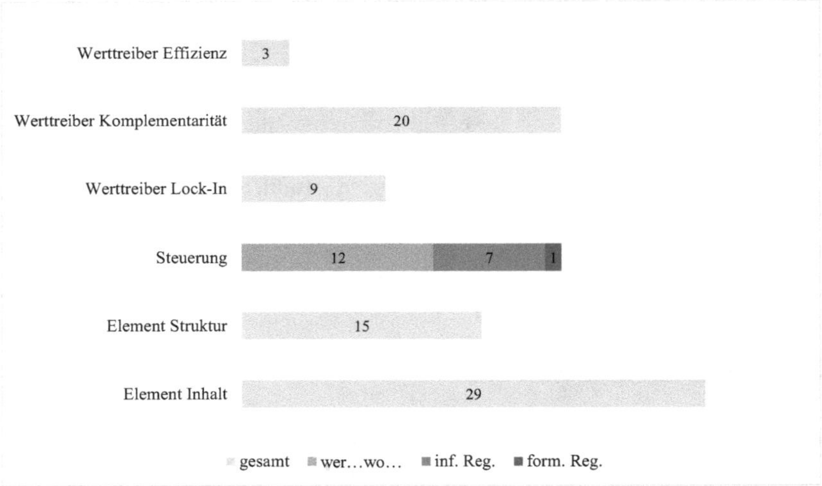

Abbildung 5.19 Coderelationen von Neuheit mit weiteren Geschäftsmodell-Subkategorien auf Basis von Segmentüberschneidungen. (Quelle: Eigene Darstellung)

Neuheit weist den größten Zusammenhang mit Inhalt auf, da neue Aktivitäten das Design Element Inhalt ansprechen. Die größte Anzahl von Segmentüberschneidungen (29) erklärt sich zudem dadurch, dass sich in den Interviews auch auf Produkt- und Serviceinnovationen bezogen wurde. Der analytische Fokus dieses Kapitels liegt auf Geschäftsmodellinnovationen, die beispielhaft an einer Innovation dargestellt werden.

Der Zusammenhang von Neuheit und Komplementarität erklärt sich dadurch, dass Innovationen erfolgreicher waren, wenn sie komplementär zu den bestehenden Aktivitäten waren. Das Zusammenspiel komplementärer Aktivitäten wird vornehmlich über informelle Regeln gesteuert. Neue Aktivitäten wurden integriert, wenn sie zur Dynamik des Subsystems passten, weil sie mit geringeren Kosten und weniger Aufwand verbunden sind.

Die große Überschneidung mit der Steuerung-Subkategorie, wer wo Aktivitäten ausführt, verdeutlicht eine Besonderheit: Neue Aktivitäten können integriert werden, wenn sie die Steuerung komplementärer Aktivitäten nicht tangieren. Delivery ist ein Beispiel für eine neue Aktivität, die von einem/einer neuen Stakeholder:in ausgeführt wird und den Koordinationsmechanismus aufgrund von Schnittstellenstandardisierung nicht tangiert. Dies ermöglichte Anpassungen an Umweltveränderungen, welche im Zusammenhang mit Neuheit eine zentrale Rolle einnimmt, wie die Clusterung der Daten zeigt[31]. Abbildung 5.20 veranschaulicht sowohl die bedeutende Relation von Neuheit mit den externen Opportunities als auch Zusammenhänge mit den weiteren Kategorien.

[31] Siehe die Codelandkarte Abbildung 5.6.

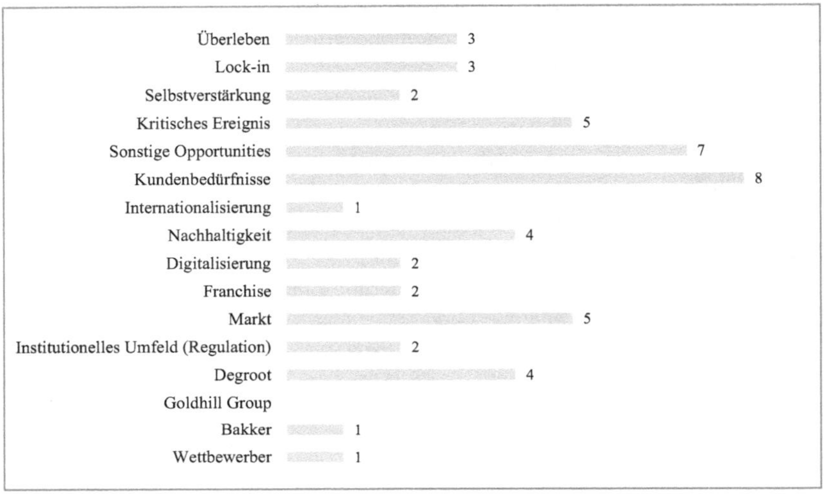

Abbildung 5.20 Coderelationen von Neuheit auf Basis von Segmentüberschneidungen. (Quelle: Eigene Darstellung)

Die große Anzahl an Segmentüberschneidungen mit den Opportunities-Subkategorien verdeutlicht die Relevanz des Werttreibers Neuheit, da Anpassungsfähigkeit im Angesicht volatiler Umwelten ein wichtiges Überlebenskriterium in der Geschichte Poseidons darstellte.[32] Die Rolle der Eigentümer bezüglich der Neuheit im Geschäftsmodell ist sehr unterschiedlich. Für die Degroot-Periode besteht ein viermal größerer Zusammenhang als für die Bakker-Periode, während bez. der Goldhill Group-Periode kein Zusammenhang anhand von Segmentüberschneidungen identifiziert werden konnte. Dies könnte auf die sehr unterschiedliche Dauer der Eigentümerschaft[33] zurückgeführt werden, naheliegender ist jedoch ein Zusammenhang mit der Sonstige-Opportunities-Kategorie, da der strategische Fokus der Eigentümer deutlich unterschiedlich ausgestaltet war. Darüber hinaus erforderten die jeweiligen Umweltbedingungen[34] der Eigentümerperioden ein unterschiedliches Vorgehen. Die Triangulation

[32] Die Opportunities-Subkategorien werdne in Abschnitt 5.1 behandelt.

[33] Poseidon AG: 39 Jahre, Degroot: 62 Jahre, Goldhill Group: 8 Jahre, Bakker: 13 Jahre, Baktihis Invest: seit 2018;

[34] Siehe Abbildung 5.15.

mit den Sekundärdaten unterstützt den grundlegenden Zusammenhang von Eigentümer und Neuheit: Innovation hängt mit Investition zusammen. Der CEO der Bakker-Periode führt das Realisieren von Neuheiten auch auf die Steuerung in Form informeller und formeller Regeln zurück:

> *„Was wir jetzt in unserem Geschäft machen, um Trends zu setzen, auch frühzeitig zu erkennen und die für unser Geschäft zu nutzen, ist, dass wir eine hochgradig vertrauensgeprägte Führungs- und Firmenkultur leben, in der Mitarbeiter sehr viele Möglichkeiten haben, sich ins Unternehmen einzubringen und dass wir die Leute auch anreizen, das zu tun. Also wir haben eine bewusst sehr flache Hierarchie aufgebaut, es gibt einen sehr intensiven Austausch über alle Ebenen, von der Geschäftsführung bis zum Mitarbeiter im Store, über verschiedene Gremien, Meeting-Strukturen, interne Kommunikationskanäle und Ähnliches. Ich kann es auch vergleichen mit dem LEH beispielsweise oder mit anderen in der Branche der Systemgastronomie. Ich bin davon überzeugt, dass unsere Firmenkultur da signifikant von mehr eigenständiger, vertrauensgeprägter Zusammenarbeit gekennzeichnet ist. Und ich glaube, dass das ganz, ganz wichtig ist, neben den Strukturen, die man drum rum baut, um dieser Entwicklung oder solchen Chancen gerecht werden zu können.“* [I-Nr. 23, Pos. 80, CEO, Poseidon]

Wenn Elemente über einen langen Zeitraum hinweg einen (oder mehrere) Werttreiber konfigurieren, kann dies zu Pfadabhängigkeit führen. Segmentüberschneidungen mit der Pfad-Subkategorie Lock-in beziehen sich auf das gescheiterte Innovationsprojekt der Burger-Fabrik in der Degroot-Eigentümerperiode. Das Scheitern unterstreicht, dass dies eine Innovation gewesen wäre, die nicht nur ein Produkt (Burger), sondern das ganze Geschäftsmodell betrifft, welches sich sowohl in den Design Elementen Inhalt, Struktur und Steuerung als auch in den diese orchestrierenden Werttreibern grundlegend vom Poseidon-Geschäftsmodell unterscheidet.

> *„[Wir hatten unser] TECHNIKUM, das ist ein Riesengebäude, da haben wir [Big Smith] eins zu eins nachgebaut und hingestellt. Genau, alles genau so, Kücheneinrichtung, alles genau. Dann Zeiten gestoppt, wie lange es dauert bis so ein Ding fertig ist und, und, und. Haben wir alles gemacht.“* [I-Nr. 12, Leitung HR, Poseidon]

Ein Befragter der Poseidon-Gruppe resümiert, dass es nicht zielführend war, dieses Innovationsvorhaben selbst mit den eigenen Leuten umzusetzen, da der eigene Kompetenzbereich konträr zu den Erfordernissen des angestrebten Geschäftsmodells ist. Seiner Meinung nach hätte man sich daher den/die beste:n Big Smith Manager:in Europas dafür kaufen müssen.

Segmentüberschneidung mit der Pfad-Subkategorie kritisches Ereignis beziehen sich auf Neuheit der Design Elemente, z. B. die Verkaufsaktivitäten als neuen Inhalt, die Verknüpfung dieser Aktivitäten mit dem Marketing, um den Fisch ins Binnenland zu bringen, und die Steuerung, da mittels der vertikalen Integration alle Aktivitäten inhouse ausgeführt wurden. Dieser Zusammenhang legt zweierlei Schlüsse nahe. Zum einen, dass *der Werttreiber mit einer pfadabhängigen Entwicklung in Zusammenhang steht,* und zum anderen, dass *Neuheit Grundlage und/oder Verstärker anderer Werttreiber bzw. Selbstverstärkung ist.* Dies wird durch die Segmentüberschneidungen mit der Pfad-Subkategorie Selbstverstärkung bestätigt, da das Zusammenspiel der beschriebenen Neuheiten der frühen Unternehmensgeschichte bspw. die Kapitalisierung komplementärer Aktivitäten (Fischfang, -verkauf und Marketing) oder eine hohe Markenbekanntheit unterstützen. Interessant ist auch der Befund aus Abschnitt 5.3.1 zum Element Inhalt, welcher beschreibt, dass der Werttreiber Komplementarität aufgrund einer selbstverstärkenden Dynamik der Einführung neuen Inhalts entgegenstand. *Werttreiber können sich demnach nicht nur durch ihre Kombination verstärken und dadurch mehr Wert generieren, sondern sich auch entgegenstehen und gerade beim Thema Neuheit diese verhindern.*

Dies ist besonders fatal, wenn es sich bei einer solchen Neuheit nicht nur um eine Produktinnovation, sondern um eine Geschäftsmodellinnovation (z. B. Franchise) handelt, die eine zentrale Einflussgröße des Geschäftsmodellwertes darstellt, denn inkrementelle Innovationen unterscheiden sich von radikalen Innovationen.[35] Einerseits wurden innerhalb des bestehenden Geschäftsmodells Verbesserungen vorgenommen (z. B. die Nutzung des SharePoints im Qualitätsmanagement) zur Effizienzsteigerung und zum Innovationserhalt (z. B. Erfindung neuer Fischbrötchensorten, um nicht vom Markt abgehängt zu werden). Andererseits bezogen sich Innovationen auf das gesamte Geschäftsmodell und wurden somit zum Wachstumsmotor des Unternehmens. Interessant im Fall des Poseidon-Geschäftsmodells ist, dass technologische Innovationen wesentlich zur Schaffung einer Geschäftsmodellinnovation beitrugen, welche im Folgenden beschrieben wird. Abbildung 5.21 zeigt beispielhaft die Entwicklung im Schiffbau Poseidons.

[35] Sie dazu Tabelle 5.5.

Abbildung 5.21 Links Schiffstyp der „Hunte-Klasse" von 1911 vs. rechts Vollfroster (Typ „Bonn") von 1964. (Quelle: Deutsches Schifffahrtsmuseum, Leibniz-Institut für maritime Geschichte (DSM))

Diese vollzog sich von Fischdampfern über Motorschiffe zu Vollfrostern und Fangfabrikschiffen: von 235 Bruttoregistertonnen[36], 320 PS und 1500 Zentner Fischrauminhalt zu 2557 BRT, 2600 PS, 105 m^3 Tran- und Fischöltanks und 1010 m^3 Tiefkühlraum für die Seeproduktion grätenfreier Tiefkühlfilets. Bereits Anfang der 1970er Jahre hatten die Fangfabrikschiffe einen Aktionsradius von 100 Tagen und schöpften durch eine Ausstattung mit Echolotsystemen die Möglichkeiten neuzeitlicher Forschung voll aus. Diese Innovationen im Schiffbau, vom Seitenfänger zum Heckfänger von Teil- zu Vollfrostern/Fangfabrikschiffen mit umfangreichen technischen und elektronischen Einrichtungen, ermöglichten die Fernfischerei.

Die entsprechende Entwicklung der Flotte zeigt Abbildung 5.22.

[36] Raummaß für Schiffsgröße.

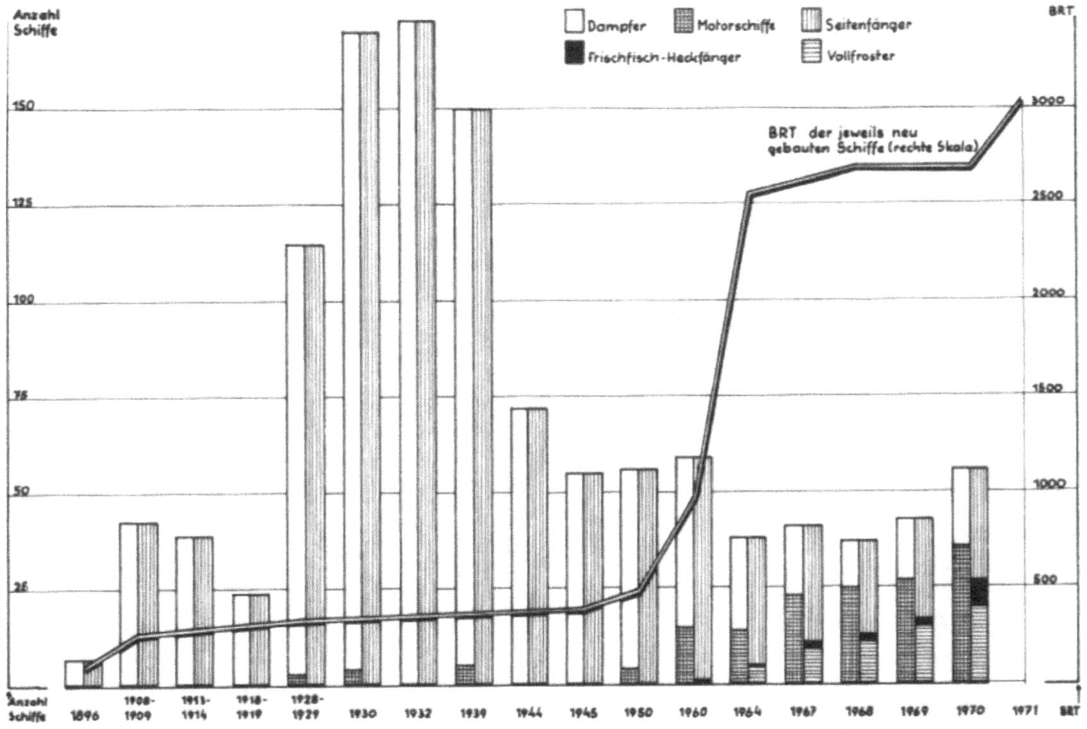

Abbildung 5.22 Entwicklung der Flotte (Bestand inkl. Gecharterte und bereederte Schiffe) 1896–1970. (Quelle: Deutsches Schifffahrtsmuseum, Leibniz-Institut für maritime Geschichte (DSM))

Die Abbildung verdeutlicht, dass der Werttreiber Neuheit die Design Elemente Inhalt, Struktur und Steuerung orchestriert und verbindet, da Innovationen u. a. Automation von Aktivitäten ermöglichte und Arbeitsbedingungen und -anforderungen änderte.

Abbildung 5.23 zeigt die Hauptfanggebiete der deutschen Hochseefischereiflotten, die sich aufgrund der Anpassung an das institutionelle Umfeld in Form der Ausweitung der Hoheitsgewässer erschlossen, und verdeutlicht damit den Zusammenhang von Umweltfaktoren, operationalisiert durch die Opportunities-Subkategorien, mit dem Werttreiber Neuheit.

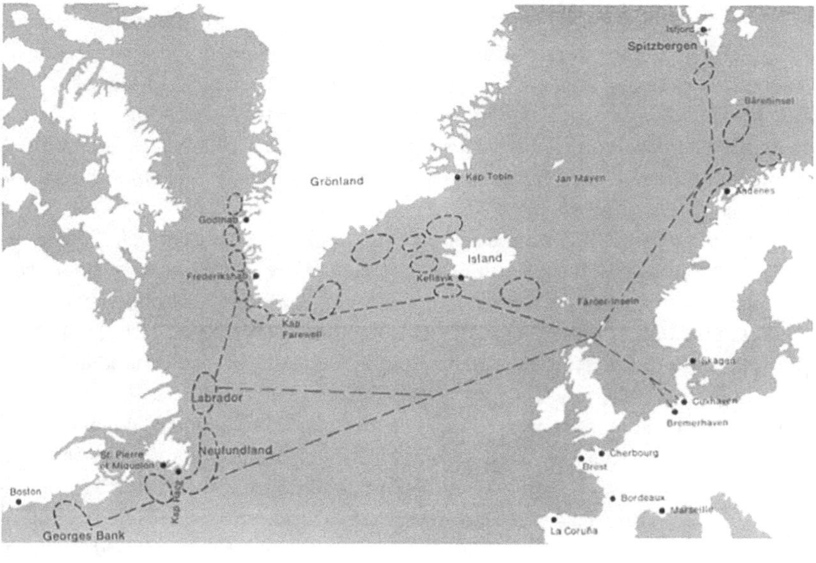

Abbildung 5.23 Fernfischerei: Hauptfanggebiete der deutschen Hochseefischereiflotten in den 1960/70er Jahren. (Quelle: Deutsches Schifffahrtsmuseum, Leibniz-Institut für maritime Geschichte (DSM))

Die *zwangsläufige Hinwendung zur Fernfischerei machte die Aufnahme der Seefrostung und entsprechend den Bau von Fangverarbeitungsschiffen erforderlich.* Einerseits führten *hydrographische und biologische Veränderungen* und teilweise *Überfischung* zu nachlassenden Fängen in etablierten Fanggebieten. Andererseits führte die *Ausdehnung der Fischereigrenzen* von Island und Norwegen zum Verlust etablierter Seegebiete der deutschen Hochseefischerei.

Im Zuge dieser Veränderungen mussten neue Fangmöglichkeiten/-gebiete bspw. bei Neufundland, Labrador und der Westküste Grönlands erschlossen werden. Da diese Seegebiete jedoch weit entfernt liegen und der Frischfisch aufgrund von Verderblichkeit nicht für eine kostendeckende Anzahl von Fangtagen lagerfähig war, kamen neue Schiffe zum Einsatz, die die Seefrostung der Fänge ermöglichten. Der Zusammenhang mit der Kategorie Überleben ist offensichtlich, denn wäre keine Innovation im Schiffbau als Reaktion auf das institutionelle Umfeld erfolgt, hätte die Fernfischerei nicht realisiert und somit die Ressourcengrundlage nicht gesichert werden können.

Im gleichen Zuge entwickelte sich der Tiefkühlmarkt in Deutschland, sodass die *wachsende Nachfrage nach Tiefkühlfisch* mit den *größeren Fangmengen*, welche direkt an Bord zu tiefgekühlten Filets verarbeitet wurden, bedient werden konnte. Die Filets konnten aufgrund einer *Verarbeitungsinnovation* grätenfrei hergestellt werden, was im Fischstäbchensegment zu einer wachsenden Nachfrage bei der *Zielgruppe der Kinder* führte. Der Erfolg durch die Innovation im Schiffbau Poseidons ist nicht der reinen technischen Innovation geschuldet, sondern einer *durch Umweltveränderungen induzierten Geschäftsmodellinnovation mit enormer Markttraktion.*

Die *Struktur des Geschäftsmodells war zugleich Subjekt als auch Objekt des Wandels*: Die vertikale Integration ermöglichte es Poseidon, aus den Umweltveränderungen rechtzeitig die Bedeutung wichtiger Änderungsfaktoren abzuleiten. Die Verkaufstätigkeit ermöglichte das Erkennen des steigenden Bedarfs an Tiefkühlfisch, und die Fischereitätigkeit lieferte schnell die Informationen, dass eingeschränkte Fischereigebiete zu weniger Fangmengen führten. Entsprechend konnte schnell erkannt werden, dass eine optimale Qualität der Anlandungen, der Bau geeigneter Schiffe für eine wirtschaftliche Fernfischerei und eine gute Ausbildung des Personals sowie ein intensiver Erfahrungsaustausch der Kapitäne kritische Erfolgsfaktoren darstellten. Die Struktur des Geschäftsmodells ermöglichte nicht nur eine zeiteffiziente Reaktion, sondern war selbst den ausgelösten Veränderungsprozessen unterworfen: Prozesse und Systeme, welche keine ausreichende Wertschöpfung mehr leisteten, wurden obsolet. Das Wirtschaftlichkeitskriterium eines vertretbaren Verhältnisses zwischen dem reinen Kostenfaktor Reisezeit und den produktiven Fangtagen war Grundlage des Wandels in der Art und Reihenfolge, wie einzelne Aktivitäten miteinander verbunden sind. Die Entwicklung von kurzen Seetagen mit wenig Frischfischanlandungen zur Fernfischerei mit Seefrostung an Bord mit erheblich mehr Tonnage veranschaulicht diesen Zusammenhang. Entsprechend besteht ein Zusammenhang mit dem Design Thema Effizienz.

Inhalt und Steuerung des Geschäftsmodells waren ebenfalls starken Veränderungsprozessen unterworfen: Dem Bau der neuartigen Schiffe waren eingehende Untersuchungen und die Analyse von Erfahrungen vorangegangen. Die Innovationsentwicklung erfolgte in *enger Zusammenarbeit der Reedereileitung mit ihren Kapitänen mit der Technik und den Werften.* Das *Personal wurde gut ausgebildet*, da der *Bordbetrieb nunmehr weitgehend mechanisiert* war. Kapitäne waren Nautiker:innen, Fischfänger:innen und industrielle Produktionsleiter:innen in einer Person. Diese Veränderungen wirkten sich stark auf die *Arbeitsbedingungen der Seeleute* aus, die nun drei Monate auf See gingen, diese allerdings unter besseren Arbeitsbedingungen an Bord verbrachten.

Diese Innovation des Geschäftsmodelldesigns war aufgrund mehrerer Faktoren erfolgreich: aufgrund der *überlegenen Kostenstruktur*, des *Lock-In der Kundschaft auf Tiefkühlfilets* (für welche Poseidon Markführer war) und des dafür *wachsenden Marktes,* was zu wiederkehrenden Einnahmen führte, und des *Wettbewerbsschutzes durch die oben beschriebene Interdependenz der Aktivitäten* bzw. der Tatsache, dass nicht nur ein Element sich änderte, sondern das Zusammenspiel des ganzen Designs sich änderte.

Diese Ergebnisse legen nahe, dass die Bedeutung des Fit (von Aktivitäten untereinander und mit dem Geschäftsmodell als auch des Geschäftsmodells mit seiner Umwelt, seiner internen Organisation und Strategie) zunimmt, je radikaler die Innovation im Sinne ihres Innovationsobjekts, von Prozess über Technologie bis hin zu Geschäftsmodell, ausfällt.

5.4.5 Werttreiber Lock-In

Lock-In ist darauf ausgerichtet, Stakeholder:innen im Geschäftsmodell zu binden. Neuheit im Sinne der Vorwärtsintegration durch die Aufnahme des Fischverkaufs einerseits und Marktmacht durch zahlreiche *Fusionen andererseits* brachte Poseidon *First-Mover-Vorteile*, die andere Stakeholder:innen durch den Einstieg und/oder Verbleib im Poseidon-Geschäftsmodell mitnutzten. Zusätzlich wird der Werttreiber Neuheit durch den Werttreiber Lock-In bei Kundinnen- und Kundenakquise und -retention durch die starke Marke unterstützt. Die *Markenstärke* ist ein zentrales Element des Lock-In von Stakeholdern und Stakeholderinnen. Abbildung 5.24 zeigt deren herausragende Position im Wettbewerbsvergleich, welche Poseidon beständig hält.

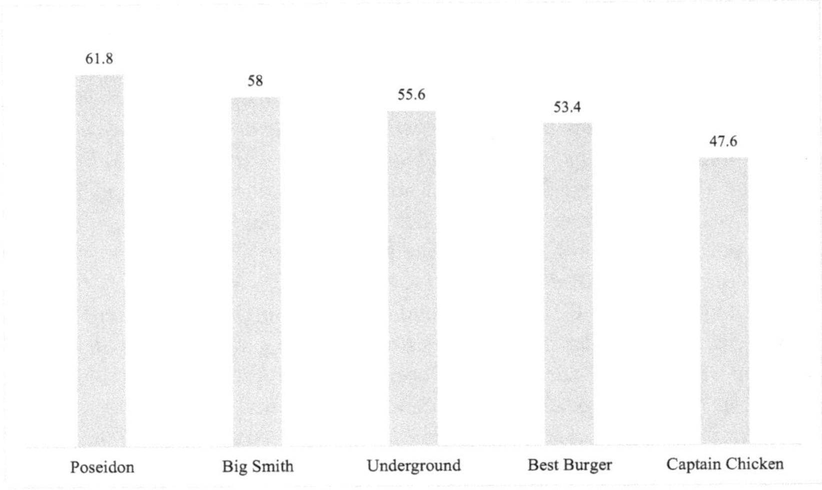

Abbildung 5.24 Markenstärke der führenden Fast-Food-Ketten 2020. (Quelle: Eigene pseudonymisierte Darstellung in Anlehnung an Splendid Research (2020))

Poseidon ist die stärkste deutsche Marke der Systemgastronomie, obwohl Poseidon mit 1,5 Mio. Euro brutto im Vergleich zu Big Smith (187 Mio.) und Best Burger (53 Mio.) nur ein Bruchteil in Werbung investierte. Dieses Ranking ist auf die *exzellenten Imagewerte* Poseidons zurückzuführen. Bez. Qualität, Vertrauenswürdigkeit, Einzigartigkeit und Nachhaltigkeit liegt Poseidon in der Bewertung vor seinern Wettbewerbern. Das im Vergleich auf gesunde Ernährung ausgerichtete Angebot Poseidons bedient eine wachsende Zielgruppe.

> *„Eine Marke, die in der heutigen Zeit (…) beim Verbraucher als außerordentlich einzigartig und nachhaltig wahrgenommen wird, ist für den weiteren Ausbau des Geschäftsbereichs bestens gerüstet“* [foodservice (2020), CMO, Splendid Research]

Abbildung 5.25 zeigt weitere Zusammenhänge mit den Design Parametern.

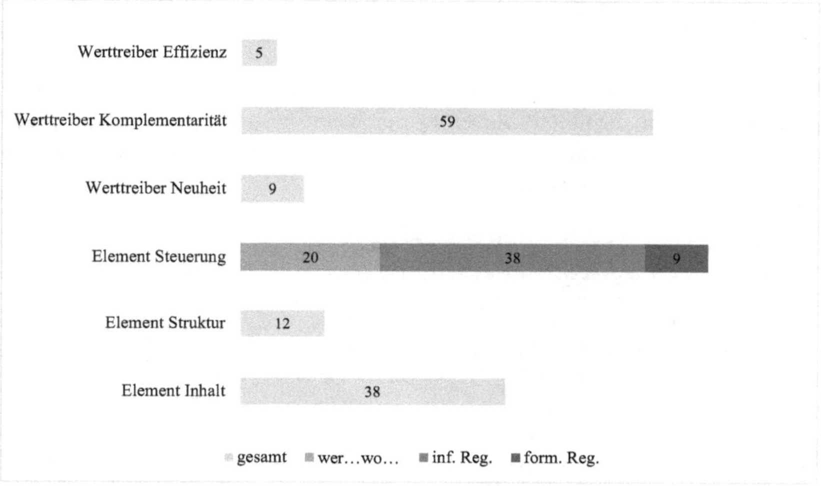

Abbildung 5.25 Coderelationen von Lock-In mit weiteren Geschäftsmodell-Subkategorien auf Basis von Segmentüberschneidungen. (Quelle: Eigene Darstellung)

Die Gesamtwertschaffung für alle Stakeholder:innen des Geschäftsmodells hängt von dem Zusammenspiel der Werttreiber ab. Dies unterstreichen die Segmentüberschneidungen von Lock-In mit den anderen Werttreibern. Auch Effizienz und Komplementarität förderten Lock-In und umgekehrt, wenn auch in deutlich unterschiedlichem Ausmaß. *Wechselkosten* banden Stakeholder durch Vertrauen, minderten opportunistisches Verhalten und erhöhten somit die Transaktionseffizienz. Die *langjährigen vertrauensvollen Lieferantenverhältnisse*, die Poseidon bspw. mit Unser Meer unterhält, bestätigt die Bindungswirkung des Geschäftsmodells. Außerdem war ein hohes Lock-In-Potential *Anreiz für Partner:innen, komplementäre Produkte und Leistungen wie bspw. Delivery anzubieten*, da dies hohes Transaktionsvolumen versprach.

Zwischen Lock-In und dem Werttreiber Komplementarität und dem Element Struktur besteht ein mehrdimensionaler Zusammenhang, da der *Koordinationsmechanismus*, der Synergien aus Komplementaritäten erzielt, auch für den Lock-In von Stakeholdern und Stakeholderinnen verantwortlich ist:

„Gerade die Marke [Poseidon] ist so eine traditionelle Marke und Gastronomie, das lebt ja auch ganz stark von den Mitarbeitern. (…) Und die leben auch sehr stark für die Marke, also diese enge Verbundenheit zur Marke, da gibt's Mitarbeiter, die

sind in dritter Generation schon im Unternehmen. Und das ist schon was richtig Beeindruckendes (…).“ [I-Nr. 13, Pos. 22, Leitung Marketing, Poseidon]

Die Marke Poseidon konstituiert sich aus komplementären Aktivitäten mit Bezug zur Rohware Fisch, die mittels Steuerung durch eine besondere Kultur entstanden, welche es wiederum ermöglichte, weitere zu ihr komplementäre Aktivitäten zu integrieren und daraus Synergien zu realisieren.

„Das ist schon so eine kleine ***[Poseidon]-Familie****, wo man so reinwächst, die man auch nicht mehr aufgeben möchte. Klar, man kennt viele Kollegen über die Jahre, es gibt immer wieder Änderungen, interessante Themen, man hat viele Perspektiven, wenn man das möchte. Also wenn man interessiert ist, sich zu verändern und weiter zu entwickeln, bietet [Poseidon] viel an, und ich glaube, dass das schon auch ein Grund ist, warum viele einfach dabeibleiben, ja.“* [I-Nr. 10, Pos. 10, Bezirksleitung, Poseidon]

Die Ausgestaltung der *internen Organisation* förderte diesen Koordinationsmechanismus. Das organisationale Design und Prozesse der Mitarbeitendenentwicklung innerhalb Poseidons trugen maßgeblich zu der gelebten Kultur bei, welche sogar als „Wesenszug“ [Festausgabe der Mitarbeitendenzeitschrift Poseidons (1971), S. 49, Archiv Deutsches Schifffahrtsmuseum] Poseidons personalisiert wurde und den Lock-In der Mitarbeitenden bedingt.

Es bestehen multidimensionale Zusammenhänge mit den übrigen Kategorien, wie Abbildung 5.26 veranschaulicht.

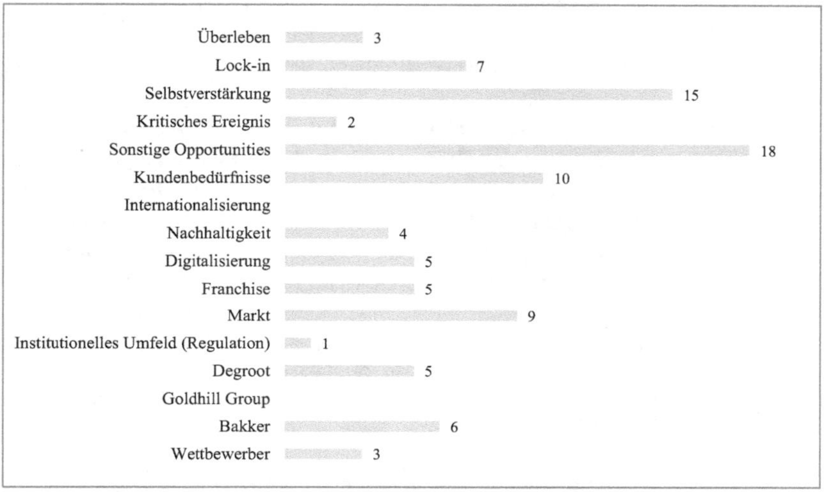

Abbildung 5.26 Coderelationen von Lock-In auf Basis von Segmentüberschneidungen. (Quelle: Eigene Darstellung)

Der Zusammenhang mit der Pfad-Kategorie zeigt sich einerseits dadurch, dass *Selbstverstärkung* auf dem *Koordinationsmechanismus* fußt, der durch die Steuerung repräsentiert wird und der auch in Zusammenhang mit dem Werttreiber Komplementarität steht. Andererseits zeigt sich der *Lock-in* in der Relation zum Werttreiber Lock-In darin, dass einige Änderungen des Geschäftsmodells aufgrund des Lock-In der Mitarbeitenden, welcher aus dem Koordinationsmechanismus resultiert, nicht möglich waren:

> *„Bei [Poseidon] ist sehr viel Kompetenz in den Mitarbeitern drin, die schon sehr lange dort arbeiten, das haben die anderen einfach nicht. Das könnte auch ein Punkt sein, wahrscheinlich sogar dadurch, dass sie sich so lange gehalten haben, dass von Mitarbeitern auf allen möglichen Ebenen erkannt wird, wenn eine Idee wahrscheinlich nicht funktioniert, weil die sehr viel Erfahrung haben. Ich kenne Leute, die sind seit 30 Jahren bei [Poseidon]. Viele. Ich kenne viele, die da mehrere Jahrzehnte sind. Das gibt's bei [Big Smith] fast gar nicht."* [I-Nr. 1, Pos. 104–108, Gewerkschaftsvertretung, Schwerpunkt Systemgastronomie]

Die Aussage, dass der Werttreiber Lock-In und die durch ihn angetriebene pfadabhängige Entwicklung für das Überleben Poseidons verantwortlich ist, verdeutlicht die tiefe Verankerung des Werttreibers, die durch *Legitimation* weiter verstärkt wird.

Trotz dieses positiven Zusammenhangs von Lock-In und Pfad mit der Kategorie Überleben ahnten manche Befragte, dass diese Pfadabhängigkeit auch unintendierte und potentiell negative Folgen mit sich bringt. Die Leitung des Qualitäts- und Nachhaltigkeitsmanagements berichtete exemplarisch von ihrem Karrierepfad bei Poseidon, der sie in ihrer 26-jährigen Betriebszugehörigkeit durch unterschiedlichste Unternehmensbereiche führte:

> *„Immer spannend und was anderes, deshalb kann man auch dann so lange in so einer Firma bleiben. Aber man wird so ein bisschen zum kleinen Fachidioten, das ist das kleine Problem dabei."* [I-Nr.19, Pos. 8, Leitung, Qualitäts- und Nachhaltigkeitsmanagement, Poseidon]

Die *Karrierechancen* ermöglichen eine *langjährige Betriebszugehörigkeit*, diese führte zur *Verfestigung von Steuerungselementen* wie tariflichen Regelungen und der Mitbestimmungskultur. Die Steuerung der Aktivitäten in Form von Regeln betrifft alle Bereiche Poseidons und erfährt durch die *geringe Fluktuation* und die langjährige Betriebszugehörigkeit wenig Störungen, was zu ihrer Verfestigung beitrug. *Einerseits sicherte dieser Koordinationsmechanismus das Überleben, andererseits schränkte er den Handlungsspielraum des Geschäftsmodells sukzessive ein.*

Die *Nischenposition* förderte des Weiteren den Lock-In von Stakeholdern und Stakeholderinnen in das Geschäftsmodell: einen Lock-In der Kundschaft auf Fisch und damit den Lock-In Poseidons auf rohwarenspezifische Kern-Aktivitäten:

> *„(...) unabhängig davon, ob wir jetzt (...) auch mal vegan ausprobieren,* ***wir sind Fisch****, ja. (...) Am Ende kommen die Leute deswegen zu uns."* [I-Nr. 10, Pos. 20, Bezirksleitung, Poseidon]

Das Zitat verdeutlicht nochmals den Zusammenhang zur Pfad-Kategorie, da *der Zweck des Geschäftsmodells in der Wertgenerierung liegt, die nur erreicht werden kann, wenn ein Fit des Geschäftsmodells mit der Strategie, der internen Organisation und der Umwelt Poseidons besteht.* Das Geschäftsmodell ist auf die „total value cration" ausgerichtet, das heißt, es muss Wert für alle beteiligten Stakeholder:innen schaffen. Entsprechend musste Poseidon *starke value propositions für alle Stakeholder:innen bieten, um für sie einen starken Anreiz zur Zusammenarbeit, d. h. zur gemeinsamen Wertgenerierung, zu schaffen.*

Um Kunden und Kundinnen im Geschäftsmodell zu binden, vermittelte Poseidon Wertbeiträge in Form von *Loyalitätsprogrammen*, *Zertifizierungen*, Wechselkosten durch *direkte Ansprache von Stammkundschaft* (Personal als personalisierte Schnittstelle) und die Kreierung von *Communities* z. B. durch gemeinsame Strandreinigungsaktionen. Das *Geschäftsmodell brachte* der Kundschaft *zusätzlichen Nutzen.* Im Poseidon-Geschäftsmodell wurde die value propositon des Geschäftsmodells zu einem wichtigen Bestandteil der value proposition des Produkts/der Dienstleistung. Der Fischkauf am Meeresbuffet bspw. brachte der Kundschaft nicht nur frischen Fisch in hervorragender Qualität an gut zu erreichenden Standorten, sondern auch eine fachkundige Beratung. Dies wurde *durch das Geschäftsmodell ermöglicht*, indem geschultes Fachpersonal zu Arbeitsbedingungen und Löhnen beschäftigt wurde, welche signifikant über dem Branchendurchschnitt liegen. Die *Nischenposition* Poseidons erhöhte in diesem Zusammenhang ebenfalls die *Attraktivität des Geschäftsmodells für andere Stakeholder:innen*, da Kundinnen und Kunden im Fischgastronomiebereich keine direkte Konkurrenz identifizieren konnten und somit eine konstante Nachfrage für Poseidonprodukte/-leistungen zu erwarten war. Der Zusammenhang mit Sonstige Opportunities ist stark ausgeprägt, da die Wertschaffung u. a. die Basis der Wettbewerbsstrategie darstellt. Der *Zusammenhang von Werttreibern mit der Strategie und internen Organisation,* operationalisiert durch Sonstige Opportunities, ist ein zentraler Befund, der *über alle Werttreiber-Kategorien hinweg* besteht.

Abbildung 5.27 zeigt den Value Stick als Visualisierung der Wertgenerierung im Poseidon-Geschäftsmodell.

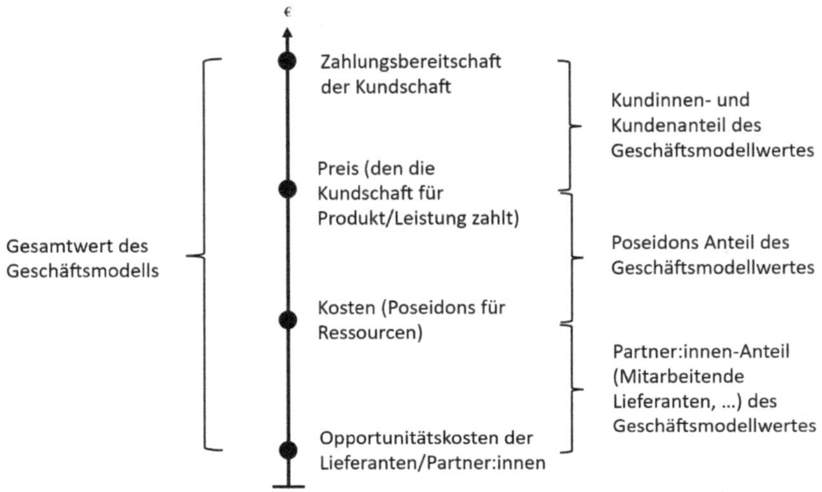

Abbildung 5.27 Bindung von Stakeholdern und Stakeholderinnen durch die Erhöhung ihres Anteils am Geschäftsmodellwert. (Quelle: Eigene Darstellung)

Der Gesamtwert des Geschäftsmodells setzt sich aus dem Kundenanteil, dem Anteil Poseidons und dem Anteil von Mitarbeitenden, Lieferanten und Kooperationspartnern und -parnerinnen zusammen. Der Lock-In von Stakeholdern und Stakeholderinnen wurde durch die Erhöhung ihrer Anteile und durch die Erhöhung des Gesamtwertes erreicht. Die Punkte auf dem Stick lassen sich dazu gedanklich vertikal verschieben. Sie repräsentieren die Zahlungsbereitschaft (auch WTP, willingness to pay, genannt), den von der Kundschaft tatsächlich gezahlten Preis, die Kosten Poseidons für die Herstellung seiner Leistung und die Opportunitätskosten von Mitarbeitenden, Lieferanten und anderen Partner:innen (auch WTS, willingness to sell, genannt), welche den kleinsten Betrag repräsentieren, den diese als Kompensation ihrer Leistung annehmen. Poseidon war in der Lage, sowohl die Zahlungsbereitschaft der Kundinnen und Kunden (WTP) z. B. durch die Markenstärke zu erhöhen, als auch die Opportunitätskosten der Lieferanten und der Mitarbeitenden durch eine vertrauensvolle Zusammenarbeit und eine starke Kultur zu senken. Diese Erhöhung des Wertes führte u. a. zur Bindung der Stakeholder:innen im Geschäftsmodell.

Tabelle 5.8 zeigt Preise, die Kunden für Produktklassiker unterschiedlicher Unternehmen zahlen. Die Unterschiede geben Aufschluss über die unterschiedliche Zahlungsbereitschaft (WTP).

Tabelle 5.8 Preisvergleich der Produktklassiker der Systemgastronomieketten. (Quelle: Eigene Darstellung)

Unternehmen	Produktklassiker	Preis in 2024
Cucina per tutti amici	½ Pizza Margherita (Pizza reicht für 2 Personen)	4,98 €
Poseidon	Backfisch-Baguette	4,29 €
Karls Imbiss	Bratwurst im Brötchen	2,90 €
Big Smith	Cheeseburger	2,69 €
Best Burger	Cheeseburger	2,49 €
Captain Chicken	Diverse Crunch Burger	1,99 €
Brötchen Plantage	Kaiserbrötchen mit Belag (Käse, Ei, Salami, Pute)	1,59 €

Diese ist bei der Cucina per tutti amici u. a. durch das Full-Service-Konzept am höchsten. Auch für den Poseidonklassiker ist die Kundschaft bereit, mehr zu zahlen, da sie das Produkt als *qualitativ höherwertig* und gesünder bewertet, die *Markenstärke* am größten ist und durch die lange *Tradition Vertrauen* und *Loyalität* aufgebaut wurden, was wiederum *Wechselkosten* induziert, die ebenfalls die WTP erhöhen Die *Nischenposition* Poseidons erleichtert dies durch die Möglichkeit der Verfolgung einer *Differenzierungsstrategie.*

Die Einführung des Mindestlohns 2015 zog eine rechtliche Untergrenze für die WTS, was Poseidon im Wettbewerb besserstellte, da es ohnehin bereits über diesem Wert entlohnte. *Das Geschäftsmodelldesign Poseidons ermöglicht* überdies die Verringerung der WTS über die *Schaffung zusätzlichen Wertes* für weitere Stakeholder:innen, wie Tabelle 5.9 demonstriert.

Tabelle 5.9 Verringerung der WTS über die Schaffung zusätzlichen Wertes für weitere Stakeholder:innen. (Quelle: Eigene Darstellung)

Stakeholder:innen	Schaffung zusätzlichen Wertes zur Senkung der WTS
Lieferanten	Langjährige vertrauensvolle Zusammenarbeit, Unterstützung (z. B. mit Spezifikationsformularen und SharePoint, Feature auf der Poseidon Website unter der Rezeptideenrubrik/ Werbung für Partner:innen (mit Logo etc.))
Mitarbeitende	Sichere und faire Arbeitsbedingungen. Dies umfasst bei Poseidon u. a. Diversity, flexible Arbeitszeiten, Sonderzahlungen und Teamprämien, Ausbildungs- und Entwicklungschancen, Mitarbeitendenrabatte, anonyme Beratung sowie einen Büro-Hund
Kooperationspartner:innen	Bühne für Thema, z. B. Nachhaltigkeit, das Thema in die Wirtschaft tragen, um Verbesserungen für alle zu erreichen, Publicity für eigene Institution (z. B. Institut, Ministerium oder Universität), Erreichung eigener Ziele, z. B. Forschung vorantreiben und Einwerbung von Drittmitteln, Stärkung des Arbeitsmarktes und der regionalen Wirtschaft, ein intelligenteres Europa – innovativer und intelligenter wirtschaftlicher Wandel (PZ1 des EFRE[37]) und ein grüneres, CO_2-armes Europa (PZ2 des EFRE), Innovationsförderung, Umsetzung von Bundestagsbeschlüssen.

Value Propositions werden durch Werttreiber repräsentiert, was am Beispiel des Design Themas Lock-In besonders deutlich nachvollziehbar ist. *Das Poseidon-Geschäftsmodell war und ist auf den Lock-In von Stakeholdern und Stakeholderinnen ausgerichtet.* Diese Ausrichtung wird bspw. durch *Wechselkosten* erreicht, welche vornehmlich durch die *Steuerung der Aktivitäten* hervorgerufen werden. Wechselkosten wurden bei Mitarbeitenden durch die Kultur und das organisationale Design, welches eine langjährige Betriebszugehörigkeit ermöglicht, bei Lieferanten bspw. durch Investitionen in Ausrichtung auf Poseidon (z. B. auch durch Bildung von Vertrauen) und bei Kundinnen und Kunden durch Markenstärke und Vertrauen gefördert. Die *Nischenposition* fördert die *Stickiness*, d. h. die Bindungskraft, des Geschäftsmodells.

[37] PZ sind die politischen Ziele des EFRE, des Europäischen Fonds für regionale Entwicklung, durch den Poseidon-Projekte gefördert werden.

5.4.6 Werttreiber Komplementarität

Der Wert des Geschäftsmodells wurde primär durch das Realisieren von Komplementaritäten getrieben. Synergien ergaben sich durch das *Bündeln von Aktivitäten.* Aufgrund der wiederholten Interaktion zusammenhängender Ressourcen, Handlungen und Regeln trieben Komplementaritäten den Wert des Geschäftsmodells. Bei der Kombination zusammenhängender Aktivitäten, wie Reederei, Fischfang, -verarbeitung und -handel summierte sich dabei der Nutzen nicht auf, sondern es entstand ein Zusatznutzen. Diese Kombination von Aktivitäten, die in dieser Art und Weise verbunden waren, machte es immer attraktiver, die sich ergebenden Synergien auszuschöpfen bzw. Misfit-Kosten abweichender Lösungen zu vermeiden. Diese Dynamik führte zur Dominanz dieses Aktivitätsmusters, welches tief in die Strukturen des Systems eingebettet wurde, wodurch dieses immer irreversibler wurde.

Komplementäre Angebote von Poseidon und seinen Geschäftsmodellpartnern und -partnerinnen wie das Fischbrötchen und Delivery implizieren Synergien, wenn Kunden dem Fischbrötchen in Verbindung mit dessen Lieferung einen höheren Nutzen zusprechen.

Ebenso verhält es sich mit Umweltveränderungen wie Digitalisierung. Diese ermöglichte *digitale Leistungen, die bestehende Leistungen komplementieren,* bei denen bspw. Fischgerichte und Snacks online über die Poseidon-App mittels Click & Collect bestellt und in der App bezahlt werden, bevor sie anschließend in der Filiale ohne Wartezeit zur Abholung bereitstehen. Durch Digitalisierung getriebene Effizienz erleichterte die Kapitalisierung von Komplementaritäten bspw. durch Spezifikationsprozesse und Reklamationsdatenbanken des Qualitätsmanagements und Standardisierung durch Systemgastronomie bspw. im Bereich Logistik, Mitarbeitendentraining, Werbung und auf effiziente Arbeitsabläufe ausgerichtete Innenausstattung. Abbildung 5.28 zeigt entsprechende Coderelationen von Komplementarität mit Effizienz und den anderen Design Parametern.

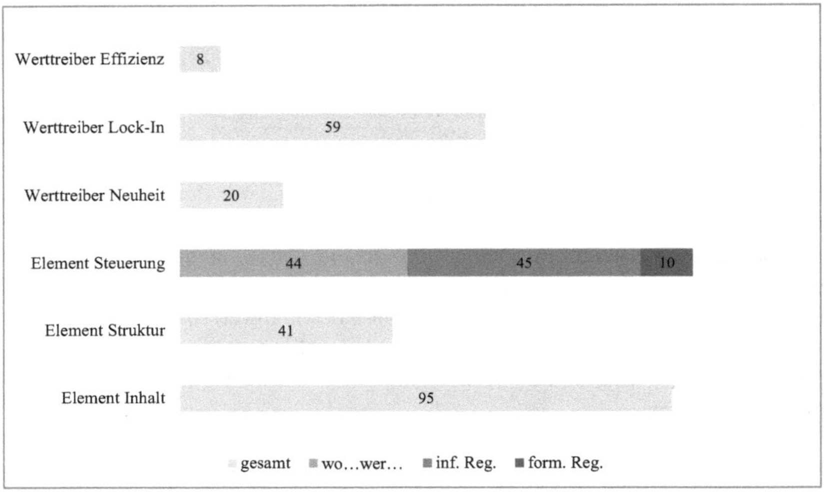

Abbildung 5.28 Coderelationen von Komplementarität mit weiteren Geschäftsmodell-Subkategorien auf Basis von Segmentüberschneidungen. (Quelle: Eigene Darstellung)

Das Ausnutzen von Komplementaritäten steht primär im Zusammenhang mit den Elementen Inhalt und Steuerung sowie dem Werttreiber Lock-In. Dies hebt die Bedeutung von *Komplementaritäten zwischen Aktivitäten*, so z. B. Fischfang und -verkauf, hervor.

> „*Kerngeschäfte zu bündeln ist sicherlich ein wichtiger Faktor.*" [I-Nr. 26, Pos. 36, Customer Service und PR-Management, Global Fish Sticks GmbH]

Aktivitäten, welche gut zusammenpassen, sind komplementär, da sie gegenseitig ihren Wert erhöhen und/oder gegenseitig ihre Kosten reduzieren. Mehr Fischfang implizierte bspw. mehr Fischverkauf und umgekehrt. Da durch Fusionen Marktmacht und durch vertikale Integration, anhand derer Aktivitäten entlang der Wertschöpfungskette gruppiert wurden, ein Absatzmarkt im Binnenland geschaffen wurde, besteht ein gemeinsamer Zusammenhang mit dem Element Struktur. Wie in Abschnitt 5.4.3 beschrieben, erhöhte die Ausübung neuer Aktivitäten und Arbeitsteilung die Komplexität des Geschäftsmodells, welche durch das Element Steuerung reduziert wurde. Entsprechend entstanden Komplementaritäten als Konsequenz aus Arbeitsteilung und Design-Regeln, die auf die Realisierung von Synergien dieser komplementären Aktivitäten ausgerichtet waren. Die Logik der Komplementarität beeinflusste wiederum die Entwicklung dieser komplementären Aktivitäten. Der Fischverkauf im Binnenland konnte bspw. nur durch ein entsprechendes Marketing erreicht werden. Die komplementären Aktivitäten wurden stark durch den Unternehmensleitsatz gesteuert. Entsprechend mussten neu zu integrierende Aktivitäten zum einen zu den bereits vorhandenen komplementären Aktivitäten passen und zum anderen zur etablierten Steuerung passen, welche fortwährend Komplementaritäten zwischen den Aktivitäten realisiert hat und die nicht ohne weiteres verändert werden konnte, ohne bereits realisierte Komplementaritäten zu verlieren.

Neue Aktivitäten wie bspw. Franchise wurden aufgrund ihrer Komplementarität bzw. ihrer Nicht-Komplementarität hin bewertet und nicht in Bezug auf ihren absoluten Nutzen, da sie mittels der vorhandenen Steuerung wie dem Unternehmensleitsatz integriert werden mussten. Das heißt, *Komplementaritäten und die entsprechende Steuerung hatten zentralen Einfluss auf die Entwicklung des Geschäftsmodells.* Abbildung 5.29 stellt den schematischen Ablauf solcher Redesignprozesse dar, die im Poseidon-Geschäftsmodell beobachtet werden konnten.

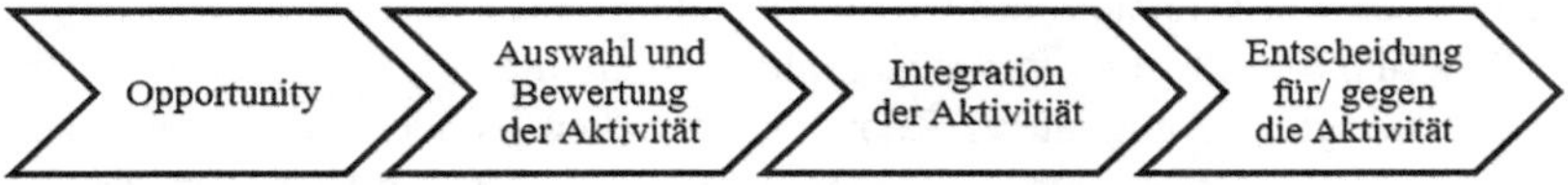

Abbildung 5.29 Schematischer Ablauf des Redesigns unter dem Regime von Komplementarität. (Quelle: Eigene Darstellung)

Opportunities[38] fungierten als *Stimulus* für das Auslösen des Prozesses. Dies waren Umwelteinflüsse, welche aufgrund ihres Einflusses auf den Erfolg des Geschäftsmodelldesigns das Erfordernis eines Redesigns anzeigten. Um die jeweilige Opportunity zu realisieren, d. h. das Design erfolgreich an diese anzupassen, wurde eine Aktivität bzw. wurden Aktivitäten ausgewählt und bewertet. Die *erwartete Auswirkung des Redesigns auf die bereits etablierten Aktivitäten* bildete diesbezüglich das entscheidende Kriterium. Das Beispiel der Franchise (Nicht-) Einführung zeigt, dass trotz Anwendung desselben Kriteriums sich die Bewertung in *Abhängigkeit der Entscheidenden* unterscheiden konnte.

Wie genau die Bewertung tatsächlich war, zeigte sich im Zuge der Integration der Aktivität, die *im Zusammenspiel mit den etablierten Aktivitäten entweder zur*

[38] Siehe Abschnitt 5.1.

Realisierung der Opportunity (Performancesteigerung durch Redesign) führte oder, wie bspw. im Fall der Burger-Fabrik, immense *Anpassungskosten verursachte*, weil die neuen Aktivitäten sich nicht durch dieselbe Konfiguration von Design Parametern orchestrieren ließen wie die etablierten Aktivitäten.

Die Steuerung der Aktivitäten bestimmt demnach letztendlich auf Grundlage dieser Gesamtperformance der komplementären Aktivitäten über die In- oder Exklusion der jeweiligen Aktivität. Entsprechend wurde die Burger-Fabrik aufgegeben und Franchise beibehalten. Der *zentrale Einfluss der Steuerung* von Aktivitäten auf den Prozess des Redesigns kann in Tabelle 5.10 nachvollzogen werden.

Die Synopse ausgewählter Redesigns veranschaulicht die *modulare Entwicklung* des Geschäftsmodells. *Im Zeitverlauf wurden Aktivitäten hinzugefügt und Aktivitäten ausgegliedert, deren Orchestrierung durch die Design Elemente blieb davon jedoch weitestgehend unberührt.* In der Analyse der historischen Entwicklung nicht zu identifizieren war die Aufnahme von Aktivitäten, welche die Gestalt des Geschäftsmodells bei ihrer Integration infrage stellten, wie das Betreiben der Burger-Fabrik, im Vergleich zu denen, die dies nicht taten, wie technologische Innovationen im Schiffbau von Produkten oder Prozessen. Der Werttreiber Komplementarität besaß entscheidenden Einfluss auf die Entwicklungsrichtung und den Entwicklungsspielraum des Geschäftsmodells.

Nicht nur die Design Parameter, allen voran die Steuerung, sind zentral für die Wertgenerierung durch Komplementaritäten, sondern auch die Eigentümerategorie und vor allem die Opportunities besitzen diesbezüglich zentrale Relevanz. Dieser Zusammenhang wird durch die Interviewdaten in Form der in Abbildung 5.30 dargestellten Kategorienrelationen bestätigt.

Tabelle 5.10 Synopse ausgewählter Redesigns. (Quelle: Eigene Darstellung)

	Redesign 1: Fernfischerei Periode II (Degroot)	Redesign 2: Burger-System Periode II (Degroot)	Redesign 3: Franchise Periode IV (Bakker)	Redesign 4: Franchise Periode IV (Bakker)
Opportunity	Fangregulationen für deutsche Hochseefischerei	Erfolgreicher Einstieg von Burger-Systemen in den deutschen Markt	Kostendruck und Verdrängungswettbewerb in Systemgastronomie, Eigentümerwechsel	Kostendruck und Verdrängungswettbewerb in Systemgastronomie, Eigentümerwechsel und Geschäftsführerwechsel
Auswahl und Bewertung der Aktivität	Auswahl: Bau innovativer Schiffe und Aufnahme von Fernfischerei Bewertung: Soll zum Erhalt der Flotte beitragen und den Ressourcenzugang sichern	Auswahl: Betreiben eines Burger-Systems Bewertung: Erweiterung des Geschäftsmodellportfolios soll zum Übertragen von Kompetenzen führen, zusätzliche Gewinnmöglichkeiten nutzen und Wettbewerbsposition im Systemgastronomiemarkt stärken	Auswahl: Start eines Franchisesystems in Deutschland Bewertung: Wurde von der Geschäftsführung als nicht durchführbar bewertet, da die Aktivität als inkompatibel mit dem Element Steuerung in Form von formellen und informellen Regeln (Betriebsräte, Haustarifverträge, Kultur) angesehen wurde. (2005–2010)	Auswahl: Start eines Franchisesystems in Deutschland Bewertung: Unternehmergeist und verteiltes Risiko kommt anderen Aktivitäten zugute, Kostenreduktion und geringerer Kapitalbedarf setzen finanzielle Ressourcen für weitere Aktivitäten frei und unterstützen durch die Expansionskraft die flächendeckende Markenpräsenz, die wechselseitige Vorteile mit etablierten Aktivitäten verspricht

(Fortsetzung)

Tabelle 5.10 (Fortsetzung)

	Redesign 1: Fernfischerei Periode II (Degroot)	Redesign 2: Burger-System Periode II (Degroot)	Redesign 3: Franchise Periode IV (Bakker)	Redesign 4: Franchise Periode IV (Bakker)
Integration der Aktivität	Fangfabrikschiffe wurden gebaut, Fernfischerei wurde aufgenommen (1961) Ergebnis: Erfolgreiche Sicherung der Ressourcenbasis und Förderung der an den Fischfang gebundenen Folgeaktivitäten des Verkaufs und der Verarbeitung	Eröffnung der Burger-Fabrik (1977), vorher Errichtung eines Nachbaus von Big Smith zum effizienten Ausrichten der operativen Aktivitäten Ergebnis: Inkompatibilität mit den etablierten ressourcenbezogenen (Fisch) Aktivitäten und deren Steuerung (Konfiguration eines anderen Werttreibers)	Aufgrund der negativen Bewertung erfolgte keine Integration	Franchise wurde als Teil der neuen strategischen Ausrichtung neben den Company Stores integriert Ergebnis: Franchise leistete zum einen einen Beitrag bez. Expansionskraft, geringerem Kapitalbedarf, Kundennähe, Marktbeobachtung und schlankeren Strukturen. Zum anderen war Franchise fester Bestandteil der strategischen Ausrichtung, mit deren anderen Bestandteilen es by Design im Konzert funktionierte und entsprechend kompatibel mit der etablierten Form der Aktivitätssteuerung war, was keine Anpassungsnachteile implizierte

(Fortsetzung)

Tabelle 5.10 (Fortsetzung)

	Redesign 1: Fernfischerei Periode II (Degroot)	Redesign 2: Burger-System Periode II (Degroot)	Redesign 3: Franchise Periode IV (Bakker)	Redesign 4: Franchise Periode IV (Bakker)
Entscheidung für/gegen Aktivität	Aktivitäten wurden Teil des Geschäftsmodells, bis die weitere Ausweitung der Hoheitsgewässer neue Veränderungsimpulse setzte	Nach intensiven Kapitalinvestitionen und Anpassungsbemühungen wurden Aktivitäten final aufgegeben (1984)		Aktivitäten wurden Teil des Zusammenschlusses komplementärer Aktivitäten/des Geschäftsmodells (2011)

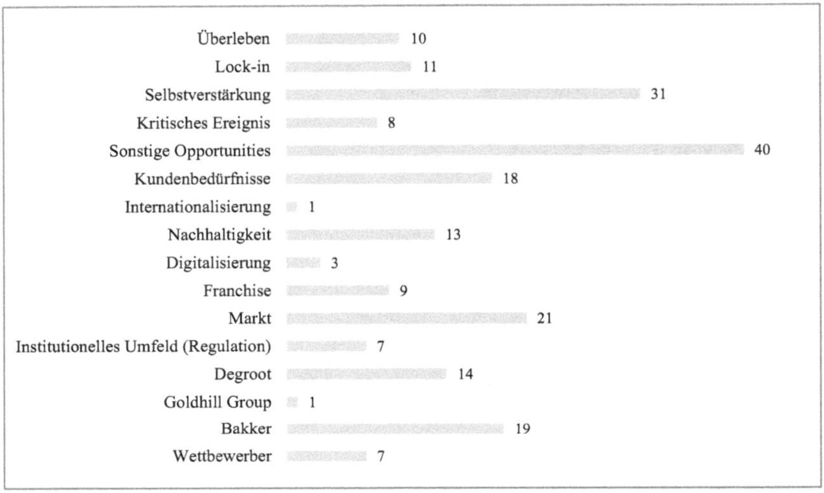

Abbildung 5.30 Coderelationen von Komplementarität auf Basis von Segmentüberschneidungen. (Quelle: Eigene Darstellung)

Die Eigentümer-Subkategorien zeigen unterschiedliche Zusammenhänge mit der Kategorie Werttreiber Komplementarität. Degroot und Bakker weisen einen starken Zusammenhang, die Goldhill Group einen schwachen Zusammenhang auf. Eigentümer waren in die Auswahl und Bewertung von Aktivitäten involviert und haben, so legen es die Daten nahe, Komplementaritäten in stark unterschiedlichem Ausmaß kapitalisiert. Die Goldhill Group hat mit der Ausgliederung von Unser Meer sogar entgegen dieser Form der Wertgenerierung gehandelt.

> *„Bei [Unser Meer] gab es viele Leute, die man nicht nur privat oder persönlich kannte, sondern mit denen man auch dienstlich zu tun hatte, und auf einmal waren die in einer ganz anderen Firma beschäftigt. Man hatte dann ein anderes Arbeitsverhältnis auch zueinander. Das war so ein einschneidender Wechsel.“* [I-Nr.19, Pos. 68, Leitung Qualitäts- und Nachhaltigkeitsmanagement, Poseidon]

Sechs Jahre zuvor wurde unter Degroot Unser Meer mit einer Eis-TK-Tochter Degroots fusioniert, was das Ergebnis der etablierten komplementären Aktivitäten negativ beeinflusste:

„(…) damals ist die [Van de Tal] GmbH gegründet worden. Das war der [SunshineICE]bereich, die haben also das Eis spazieren gefahren (…). Da war es so, dass sie dann entweder den [Unser Meer]-Niederlassungsleiter behalten haben, der ihr Fischgeschäft kannte oder nicht. Mein Niederlassungsleiter war auch eine [Unser Meer]-Niederlassung, die wurde von einem übernommen, der vorher nur [SunshineICE] konnte. So, und wenn ich da eine Reklamation hatte, dann ist der vorbeigekommen und hat eine Kiste Eis vorbeigebracht. (Lachen). Dann sage ich immer, ist toll, wir freuen uns, wenn wir eine Kiste Eis von dir geschenkt kriegen, aber viel lieber wäre uns die Problemlösung, dass unser Frischfisch in der Qualität kommt, wie es sein soll.“ [I-Nr.19, Pos. 68, Leitung Qualitäts- und Nachhaltigkeitsmanagement, Poseidon]

Die solchen Entscheidungen zugrundeliegende Strategie und entsprechende Veränderungsbestrebungen in der internen Organisation beschreiben die mehrdimensionale Kategorienrelation zwischen Eigentümer und Sonstige Opprotunities mit Komplementarität.

Das bestehende Geschäftsmodell reagiert nicht nur auf Stimuli. Es bestimmt auch, in welcher Weise diese Reaktion ausfällt. Ob sich das Geschäftsmodell unter anderen Opportunities anders entwickelt hätte, kann diese Analyse nicht nachweisen; dass Unternehmen, welche anders auf dieselben Opportunities reagierten, nicht überlebten, ist hingegen Fakt. Da das Poseidon-Geschäftsmodell seit über 100 Jahren besteht, spielt zudem die *Zeit* eine Rolle in dessen Entwicklung, da es dadurch vielen Stimuli ausgesetzt wurde und die Steuerung über einen großen Zeitraum hinweg Komplementaritäten realisierte. Das aus fortwährender Optimierung entstandene System komplementärer Aktivitäten wurde im Zeitverlauf im Gegensatz zu einzelnen Aktivitäten immer schwieriger zu imitieren, was Poseidon *Wettbewerbsvorteile* und damit sein Überleben absicherte.

Die langjährige Unternehmenshistorie macht das Poseidon-Geschäftsmodell zu einem Sonderfall, da sich das Aktivitätssystem in Reaktion auf den Anpassungsdruck zahlreicher unterschiedlicher sich akkumulierender Opportunities entwickelte. Die Entwicklung zu einer vernetzteren Struktur mit mehr Stakeholderinnen und Stakeholdern formte die poseidonintern gruppierten Aktivitäten zu einem spezialisierten *Subsystem* innerhalb des nunmehr komplexeren Geschäftsmodells. Dies ist an der starken Verbindung der poseidoninternen sehr rohwarennahen Aktivitäten und der im Vergleich schwächeren Verbindung mit anderen Aktivitäten wie Delivery zu erkennen. Durch die Interdependenz der Inhouse-Aktivitäten wirkt im Subsystem das Regime der Komplementarität, da das verfolgte Ziel die Realisierung von Synergien durch die Gruppierung sich ergänzender Aktivitäten darstellt. Das Regime der Komplementarität beeinflusst wiederum, wie in der Tabelle 5.10 dargestellt, die Entwicklung des Subsystems. Dies erklärt auch, warum nichtkomplementäre Aktivitäten mühelos in das Geschäftsmodell integriert werden konnten. Sie unterlagen nicht der Werttreiber-Logik des Subsystems. Es besteht ein mehrdimensionaler Zusammenhang mit den Kategorien Struktur und Steuerung (wo werden von wem Aktivitäten ausgeführt), da das Subsystem auf der Mesoebene des Geschäftsmodells die Aktivitäten beinhaltet, die bei Poseidon inhouse ausgeübt werden und durch Steuerung und Struktur (vertikale Integration) geformt wurden. Der Unterschied zu Mikro- und Makroebene wird durch die Logik deutlich, die auf der Mesoebene herrscht. Auf der Makroebene können nicht-komplementäre Aktivitäten in das Geschäftsmodell integriert werden. Delivery bspw. wird nicht inhouse, sondern von einem Partnerunternehmen ausgeführt und unterliegt entsprechend nicht dem Regime der Komplementarität des Subsystems.

Die Kategorienrelation zur Pfad-Kategorie ergibt sich dadurch, dass *Selbstverstärkung* durch Komplementaritäten zwischen Aktivitäten entstehen konnte. Interdependenzen zwischen Aktivitäten wurden durch Steuerung in der Art orchestriert, dass sie einander unterstützen, dass ein Fit zwischen ihnen realisiert wurde. Je mehr die Steuerung auf Komplementaritäten ausgerichtet war, desto erfolgreicher operierte das Subsystem als Ganzes. Auf diese Weise wurde die Auswahl anhand des Fit verstärkt, was das Subsystem erfolgreicher machte, welches durch die Logik der Wertgenerierung durch Komplementaritäten getrieben war. Dies führte zu *Pfadabhängigkeit*, da jede neue Aktivität zu dem optimierten Subsystem komplementärer Aktivitäten und ihrer Steuerung passen musste, so dass sich der Spielraum für die Integration neuer Aktivitäten zunehmend verkleinerte. Die theoretische/inhaltliche *Nähe des Werttreibers Komplementarität und des Komplementaritätseffekts* als selbstverstärkendem Mechanismus ist nicht zu übersehen. Die Selbstverstärkung als charakteristisches Merkmal von Pfadabhängigkeit spiegelt sich in der Segmentüberschneidung mit dem Werttreiber Komplementarität wider. Diese stark ausgeprägte Kategorienrelation legt nahe, dass die Wertschaffung mittels Werttreiber auf selbstverstärkenden Mechanismen beruhte, was die Grundlage einer pfadabhängigen Entwicklung bildete. Sicherlich führte nicht jedwede Komplementarität zu Selbstverstärkung. Dies geschah durch die Steuerung der komplementären Aktivitäten, durch die es für das Subsystem immer attraktiver wurde, die Wertschöpfung mittels Komplementarität weiter zu kultivieren. Nebeneffekt dieses Zusammenhangs war es, dass Anpassungen des Designs, die von dieser Werttreiber-Logik abwichen, zunehmend erschwert wurden.

5.4.7 Werttreiber Effizienz

Diese Schwierigkeiten in der Design-Anpassung spiegeln sich auch in den Kategorienrelationen des Werttreibers Effizienz wider. Abbildung 5.31 zeigt diesbezüglich bezeichnende Kategorienrelationen.

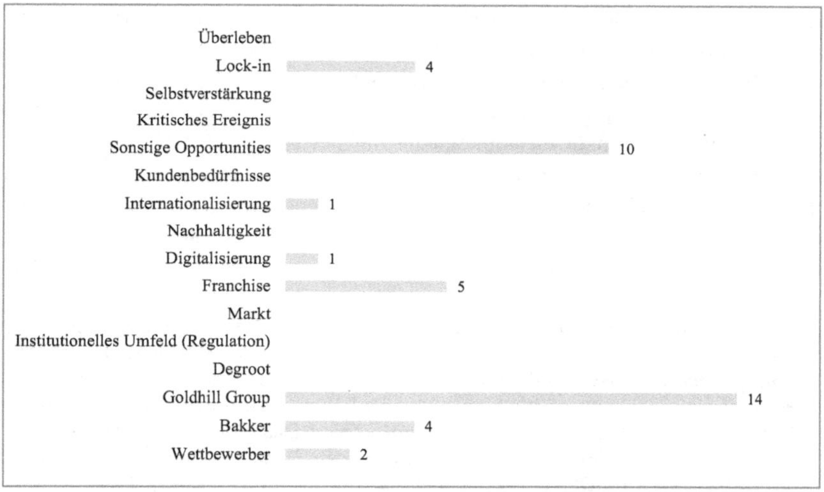

Abbildung 5.31 Coderelationen von Effizienz auf Basis von Segmentüberschneidungen. (Quelle: Eigene Darstellung)

Der über die im Geschäftsmodell dominanten Werttreiber geschaffene Erfolg erschwerte die Wertschaffung mittels des Werttreibers Effizienz, was sich an den Segmentüberschneidungen mit der Pfad-Subkategorie Lock-in zeigt. Denn *die Integration neuer effizienzorientierter Aktivitäten wurde durch das Lock-in des etablierten Designs vereitelt* wie bspw. bei dem Versuch, eine Burger-Kette zu betreiben. Dies unterstreicht erneut die *Relevanz des Innovationsgrades.* Je umfangreicher/tiefgreifender das Design *in Bezug auf einen abweichenden Werttreiber* reorganisiert werden sollte, desto schwieriger gestaltete sich das Vorhaben.

Da *Werttreiber Wertversprechen verkörpern,* ist die Kenntnis der dominanten Werttreiber des Geschäftsmodells existenziell für die Eigentümer. Der Eigentümer Goldhill Group steht im Vergleich zu den anderen Eigentümer-Subkategorien in *auffällig starkem Zusammenhang mit dem Werttreiber Effizienz.*

„Das ist deren Modell. Die kaufen Firmen logischerweise, um sie irgendwann nach drei bis fünf Jahren wieder zu veräußern, so ist ja nun mal das Konzept von so einem Finanzinvestor.“ [I-Nr. 20, Pos. 178, Assistenz der Geschäftsführung, Poseidon]

Goldhill Group agierte im Gegensatz zu den anderen Eigentümern vornehmlich effizienzorientiert. Dies war im Geschäftsmdell Poseidons, in dem andere dominante Werttreiber zu einer pfadabhängigen Entwicklung führten, nicht erfolgreich. Zugegebenermaßen wurde die Strategie der Group, Poseidon schnell an die Börse zu bringen, durch Umwelteinflüsse wie das Platzen der Dotcom-Blase zum Scheitern gebracht. Die Strategie war nicht langfristig darauf ausgelegt, das Geschäftsmodell zu optimieren, sondern den Börsengang vorzubereiten.

Der multidimensionale Zusammenhang mit der Kategorie Sonstige Opportunities, welche die vom Eigentümer verfolgte *Strategie und interne Organisation* repräsentiert, ist unverkennbar, da diese sich maßgeblich *auf die Orchestrierung der Geschäftsmodellelemente auswirken und deren Erfolg von dem Zusammenwirken mit den Werttreibern abhängt.*

*„Der erste große Schritt, der dann getätigt wurde, war der Verkauf des Großhandels [Unser Meer] 1998. Das war ganz einfach gewollt, weil es in die Systemgastronomie-**Strategie** nicht reinpasste. Außerdem wurden von dem Verkaufserlös eben die teuersten Darlehen abgelöst, was natürlich für [Poseidon] einen gewissen Vorteil hatte, weil damit unser Fremdkapitalanteil gesenkt wurde. Und nachdem das vonstattengegangen ist und wir also praktisch nur noch mit unseren Filialen im Markt waren, hat man gesagt, jetzt wollen wir expandieren und den Exit vorbereiten in Form eines Börsengangs, der für 2001 geplant war.“* [I-Nr. 21, Pos. 26, CFO, Poseidon]

Die Strategie betraf z. B. das Element Struktur durch den Verkauf des Großhandels und wirkte mit dem Werttreiber Effizienz zusammen – mit dem *Ziel, Transaktionskosten zu reduzieren* bspw. durch das Systemgastronomiekonzept, das auf zentrale Steuerung, Standardisierung und Multiplikation ausgerichtet ist. Auf die Performance von Aktivitäten, die durch ihre Steuerung auf den Werttreiber Lock-In ausgerichtet waren, wirkte sich die Strategie der Goldhill Group negativ aus.

„Das war überhaupt kein schönes Arbeitsklima. Sie haben immer wieder das Meeting gehabt, und alle waren zufrieden, [Goldhill Group] hat gesagt, ja, alles gut gemacht, aber wir wollen noch mehr Einsparungen oder noch mehr Gewinn, noch mehr Erträge generieren. Im Nachhinein gesehen war das für mich wirklich auch persönlich so das, was man landläufig als Heuschrecke bezeichnet hat (…). Das hat unserer Firma echt geschadet.“ [I-Nr.19, Pos. 70–72, Qualitäts- und Nachhaltigkeitsmanagement, Poseidon]

Das Setzen eines Kostenfokus in einem System, welches nicht darauf ausgerichtet ist, kann wie bei Franchise zu *Dilemmata* führen: Mehr Personal bedeutet, es können mehr Fischsnacks verkauft und damit mehr Umsatz generiert werden. *Personalkostensenkung* senkte demnach nicht nur die Kosten, sondern auch den Umsatz. Wenn nicht nur die Personalkosten gesenkt werden, indem der Franchisenehmende sich z. B. bei Engpässen auch selbst an das Snackfenster stellt, muss an anderer Stelle gespart werden, was eine Abwärtsspirale in Gang setzen kann und dazu führte, dass Franchisebetriebe zum Datenerhebungszeitpunkt schlechter performten als Company-owned Stores. Die Tatsache, dass Franchisebetriebe, die zu Beginn mit ehemaligen Storemanagern und -managerinnen als Franchisenehmende betrieben wurden, sehr gut performten, deutet ferner einen Zusammenhang mit der Steuerung in Form informeller und formeller Regeln an. Abbildung 5.32 zeigt die Kategorienrelationen des Werttreibers Effizienz mit Steuerung und den anderen Geschäftsmodell-Subkategorien.

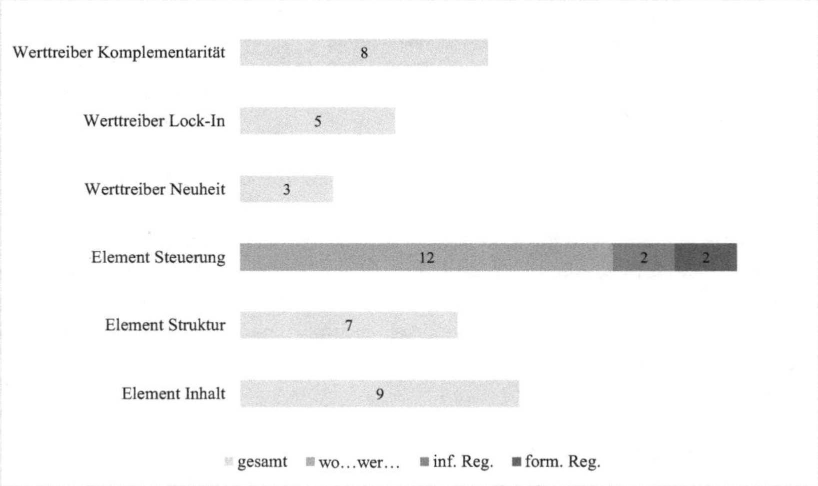

Abbildung 5.32 Coderelationen von Effizienz mit weiteren Geschäftsmodell-Subkategorien auf Basis von Segmentüberschneidungen. (Quelle: Eigene Darstellung)

Der stärkste Zusammenhang besteht mit dem Element Steuerung. Formelle und informelle Regeln weisen ein Viertel dieses Zusammenhangs aus. Interessant ist, dass trotz der oben zitierten drastischen Regeländerungen während der Goldhill Group-Eigentümer-Periode viele Verbindungen von Aktivitäten des

Geschäftsmodells weiter fortbestanden – und das obwohl dies den beteiligten Stakeholderinnen und Stakehodern in diesem Kontext schadete.

Der stärkste Zusammenhang des Werttreibers Effizienz bezieht sich vornehmlich auf die Steuerungsdimension, wer wo Aktivitäten ausführt. Dieser zeigt sich bspw. bei der Neuintegration von Aktivitäten über standardisierte Schnittstellen wie bei Delivery, d. h. *außerhalb des Subsystems komplementärer Aktivitäten war die Realisierung von neuen Effizienzvorteilen weiterhin problemlos möglich.* Die besondere Form der Steuerung mittels einer starken Kultur etc. innerhalb des Poseidon-Geschäftsmodells führte nicht zur Erhöhung der Kontroll- und Koordinationskosten, was die *bereits realisierten Effizienzvorteile unberührt* ließ. Das Vorgehen von Unternehmensberatungen, welche unter der Goldhill Group Kostenoptimierung betrieben, war jedoch inkompatibel mit der etablierten Form der Steuerung.

> *„Und zu den Zeiten von McKinsey, da haben wir wirklich nur gearbeitet. Da fanden teilweise abends um 23:00 Uhr Meetings statt, und man hat trotzdem schon morgens um acht oder um neun Uhr angefangen zu arbeiten. Das war eine unlustige Zeit. (…) Viele konnten dem Druck auch nicht standhalten. Da haben wir damals viel Know-How verloren, sowohl in der Zentrale als auch in den Filialen, die dann gesagt haben, nee, das funktioniert jetzt nicht mehr.* [I-Nr. 19, Pos. 74, Leitung Qualitäts- und Nachhaltigkeitsmanagement, Poseidon]

Diese Inkompatibilität führte u. a. zu Nachteilen für das Subsystem komplementärer Aktivitäten und auch für das gesamte Geschäftsmodell, da der starke Kostenfokus andere Herausforderungen wie bspw. den Mangel an zukunftsträchtigen Standorten, die Überalterung der Klientel und die ausbaufähige Familienorientierung vernachlässigte, woraufhin mehrjährige Umsatzrückgänge folgten. Der Folgeeigentümer, Bakker, wiederum richtete das Geschäftsmodell wieder im Einklang mit den etablierten Werttreibern aus.

> *„Für diese Gastronomie-Geschichte ist der Service das A und O. Und da, glaube ich, dass es wichtig ist, um weiterhin erfolgreich zu sein, dass wir noch mehr daran arbeiten. Wir haben auch umgestellt. Gespräche waren unter dem vorherigen Eigentümer sehr standardisiert. Das ist ja auch ein Thema der Verkaufsgespräche der Systemgastronomie. Im Prinzip war das unsere Ansage, Verkaufsgespräche nicht standardisiert, sondern offen und kundenorientiert zu gestalten.“* [I-Nr. 22, Pos. 34, CEO, zukünftik AR, Poseidon]

Das Element Struktur erzielte auch im Bereich Effizienz Vorteile, z. B. mit *der Organisation durch eine vertikale Struktur,* welche bereits in den Gründungsjahren Poseidons (Periode I) zugrunde gelegt wurde. Zeit- und Kostenvorteile konnten durch die *eigene Fischindustrie* und den damit verbundenen Entfall von Warentransport realisiert werden. Der *Zugang zur Rohware* Fisch war damit abgesichert, was Poseidon im Markt unabhängiger stellte. Außerdem konnte so *Expertise aufgebaut* werden, was einerseits zu *Synergien* zwischen den vertikal verknüpften Aktivitäten führte und zum anderen das *Lock-In der Kundschaft* förderte, weil die Expertise bspw. der Fischhändler:innen deren Suchkosten reduzierte. Der Aufbau einer eigenen *Fischindustrie* reorganisierte überdies Aktivitäten in effizienzverbessernder Weise und die konsequente *Bündelung von Kerngeschäften* (Restaurants, Großhandel und TK-Fischverarbeitung) ermöglichte *Spezialisierungsvorteile.*

Die Kategorienrelation des Werttreibers Effizienz mit dem Element Inhalt zeigt ebenfalls, dass Effizienz zwar *keinen dominanten Werttreiber* im Poseidon-Geschäftsmodell darstellte, dessen Zusammenspiel mit den anderen Werttreibern jedoch *zur Gesamtwertschaffung beitrug.* Systemgastronomie und Franchise wurden in das Design des Geschäftsmodells aufgenommen, da *Systemgastronomie kompatibel mit dem Subsystem* war und *Franchise als trojanische Aktivität* in das Subsystem eingeführt wurde.[39] Andere effizienzorientierte mit den dominanten Werttreibern Komplementarität und Lock-In inkompatible neue Inhalte wurden nicht übernommen. *Zeit* spielte dabei eine Rolle, da Effizienzvorteile aus anfänglich etablierten Aktivitäten geschaffen werden konnten, dies jedoch mittels neuer Aktivitäten im Zuge der *pfadabhängigen Entwicklung* des Subsystems immer schwieriger wurde.

Inhalt und Effizienz stehen weiterhin in einem multidimensionalen Zusammenhang mit dem Werttreiber Neuheit, denn Transaktionskosten konnten durch den *Bau von Fangfabrikschiffen* und die Aufnahme der *Fernfischerei* gesenkt werden, da die Reisezeit durch die Verarbeitung an Bord genutzt und verlängert werden und so das Verhältnis von unproduktiven und produktiven Reisetagen verbessert werden konnte. Die erhöhte Fangmenge, die durch die enorme Vergrößerung der Bruttoregistertonnen erreicht wurde, ermöglichte darüber hinaus das Realisieren von *Skaleneffekten.*

Der im Poseidon-Geschäftsmodell dominante Werttreiber Komplementarität stand mitnichten ausschließlich im Widerspruch zum Werttreiber Effizienz wie bei der Integration von nicht-komplementären Aktivitäten des Freestanderbaus im Stil von Big Smith. Es wurden durchaus Synergien erzielt durch Qualitätssicherung und Standardisierung, auf welche das Konzept der Systemgastronomie ausgerichtet ist, sowie IT-Einsatz durch Reklamationsdatenbanken für schnelleren Austausch mit Lieferanten.

---

[39] Siehe Abschnitt 5.4.1.

Ebenso verhält es sich mit dem Zusammenhang der Werttreiber Effizienz und Lock-In: *Langjährige und vertrauensvolle Zusammenarbeit* verringerte Transaktionskosten, da z. B. Kontrollkosten, Informationsbeschaffungs- und Anbahnungskosten entfielen. Durch *IT- Einsatz* bspw. bei Kassensystemen und Reklamationsdatenbanken konnten Aktivitäten effizienter ausgeführt und koordiniert werden, was zum Lock-In von Partnerinnen und Partnern beitrug. Die branchenführende *Markenstärke* Poseidons, welche die Kundschaft einlockt, reduzierte die Marketingkosten eklatant. Standen Aktivitäten mit Effizienzausrichtung allerdings im Widerspruch zur Lock-In-Werttreiber-Logik, kam es zu Problemen wie monatelangen Tarifverhandlungen ohne Ergebnis.

> *„Wir hatten letztes Jahr Tarifverhandlungen, wo die Arbeitgeberseite gesagt hat, sie müssen deutlich sparen. So, da gibt's von der Eigentümerseite (…) harte Anweisungen, die Personalkosten müssen deutlich runter, und da muss was passieren. Und da haben wir relativ lange verhandelt und kamen zu keinem Ergebnis, ich glaube, vier Monate lang war das (…). Und dann hat die Arbeitgeberseite erklärt, okay, wir kommen hier mit den Forderungen, die wir haben nicht durch (…).“* [I-Nr. 1, Pos. 28, Gewerkschaftsvertretung, Schwerpunkt Systemgastronomie]

Die Werttreiber-Analyse zeigt: *Werttreiber* können zur Wertschaffung wirkmächtig verbunden werden. Sie *können sich jedoch auch gegenseitig abschwächen und behindern.* Zum einen erschwerte die pfadabhängige Entwicklung der Komplementaritätsausrichtung, neue Effizienzvorteile zu realisieren, zum anderen führte der Kostenfokus unter der Goldhill Group zu mehrjährigen Umsatzrückgängen, da dieser den Erfolg des Subsystems komplementärer Aktivitäten unterminierte.

5.5 Kategorie Pfad

Die Kategorie Pfad zeichnet die Entwicklung des Geschäftsmodells in Bezug auf dessen Stabilität und Wandel nach. Zu diesem Zweck wurden in den unterschiedlichen Perioden die konstituierenden Elemente, kritisches Ereignis, Selbstverstärkung und Lock-in, identifiziert, nach welchen die Pfad-Kategorie ausdifferenziert ist.

5.5.1 Kritisches Ereignis

Kritisches Ereignis wurde in gut einem Viertel der Dokumente codiert. Circa ein Viertel (24 %) der codierten Segmente erfassen die *vertikale Integration Poseidons* und die *Diversifikation der Absatzkanäle* als kritisches Ereignis. Die Tatsache, dass die *Konkurrenz damals im Gegensatz nicht vertikal integriert* war, wurde diesbezüglich fast ebenso häufig angesprochen (18 %). Entsprechend besteht ein Zusammenhang mit der Kategorie Wettbewerber und Opportunities. Im Zusammenhang mit der vertikalen Integration wurde auch deren Kombination mit Marketingaktivitäten und der Verkauf im Binnenland genannt. Vertikale Integration und die Diversifikation der Absatzkanäle wurden ebenfalls als Veränderungen des Geschäftsmodells identifiziert und als ursächlich für die Entwicklung der Unternehmenskultur angesehen. Diese Aussagen in den Daten qualifizieren die Einordnung der vertikalen Integration und der Diversifikation als kritisches Ereignis, da sie selbstverstärkende Mechanismen anstießen. Das Ausführen von Marketingaktivitäten machte bspw. nur für das integrierte Unternehmen Poseidon Sinn, nicht aber für die Konkurrenz, welche zwar im Fischfang, jedoch nicht im Fischverkauf tätig war. Auch wurden sie in Zusammenhang mit der sich fortlaufend vollziehenden gesellschaftlichen Entwicklung gebracht, genauso wie die Marktmacht und die Größe von Poseidon. Auf die Frage nach den wichtigsten Eckpfeilern in der Poseidongeschichte führte die aktuelle Geschäftsführung Poseidons aus:

> *„Das ist nicht überraschend, das waren immer die Veränderungen im Geschäftsmodell. Angefangen hat man als (..) Fischereibetrieb, wir haben Fisch gefangen, haben den Fisch verkauft. Irgendwann haben wir die Fischereiflotte abgestoßen und haben nur noch Fisch verkauft, dann ist man in die Gastronomie eingestiegen und dann hat man sich immer stärker zum Gastronomen entwickelt. Und natürlich hat sich darüber auch die Unternehmenskultur entwickelt und verändert, aber das ist ein langer Zeitraum, wir sprechen von 120 Jahren, dass zusätzlich zur unternehmensinternen Entwicklung natürlich in den 120 Jahren eine irrsinnige gesellschaftliche Entwicklung passiert ist. Und das voneinander zu trennen, ist ganz schwierig. (…) Ich glaube, dass das Geschäftsmodell großen Einfluss auf diese Veränderungen gehabt hat, genauso die gesellschaftliche Entwicklung. Beides sicherlich massiv, weil es ist ein ganz anderes Geschäft, ob Seemänner zur See fahren und Fisch fangen oder ob Gastronomen in einem Restaurant stehen und dort Fisch anbieten. Genauso haben die Menschen vor 120 Jahren ganz anders gelebt als sie es heute tun.“* [I-Nr. 23, Pos. 76, CEO, Poseidon]

Das Zitat verdeutlich den Zusammenhang der Subkategorie kritisches Ereignis mit den Kategorien Geschäftsmodell (im Speziellen mit deren Subkategorien Struktur, Inhalt und Werttreiber Komplementarität) und Opportunities.

Die Zugehörigkeit zum Degroot-Konzern wurde ebenfalls, wenn auch weniger häufig, als kritisches Ereignis codiert (12 %), Krieg und der Eintritt in den BDS wurden am seltensten codiert. Letzteres besitzt jedoch Relevanz in Bezug zu den Kategorien Steuerung, Eigentümer und Lock-In.

5.5.2 Selbstverstärkung

Diverse Segmente ließen sich der Subkategorie Selbstverstärkung zuordnen. Diese bezogen sich auf unterschiedliche Themenbereiche, wie bspw. das Zusammenspiel von: Marketing und Verkauf mit Fischfang, spezifischen Top-Management-Aktivitäten mit der Aufnahme von Franchiseaktivitäten, Ähnlichkeit von Eigentümer und Poseidon mit ausgeführten Aktivitäten, Tarifverträgen und Mitbestimmung mit der historischen Struktur des Geschäftsmodells, aber auch des Unternehmensleitsatzes mit der historischen Struktur des Geschäftsmodells sowie einer sich selbstverstärkenden Führungsphilosophie.

Trotz der thematischen Unterschiedlichkeit ließ sich in den mit Selbstverstärkung codierten Segmenten ein wiederkehrendes, vielen Themenbereichen zugrundeliegendes Muster in Form des Bezugs zur *Warenbezugshistorie* erkennen und die Auffälligkeit entdecken, dass diese sich als *Koordinations- und Komplementaritätseffekte* darstellen.

Die Fachpresse beschreibt die innere Energie, welche sich aus dem Bezug zur Rohware Fisch ergibt und auf die Wertschöpfungskette einwirkt, welche wiederum die Nischenposition und damit den Bezug zur Rohware Fisch bedingt, dieserart:

> *„(...) die Kurve ist ja eine Warenbezugs-Historie. Und das ist schon die Stärke der Kette gewesen, also die innere Energie. (...) das hat schon lange nachgewirkt, dieser Hauptbezug zum Produkt Fisch. Ansonsten gibt es das in der Gastronomie selten, dass eine Marke, ein System, so einen warenwirtschaftlichen Hintergrund hat. Das ist eher ein seltener Fall."* [I-Nr. 3, Pos. 27, Herausgeberin der drei führenden Wirtschaftsfachzeitschriften]

Besonderheiten der einstigen Struktur von Poseidon haben sich aufgrund von Selbstverstärkung im Geschäftsmodell manifestiert. Gewerkschaftsvertreter:innen hoben diesbezüglich die bis heute fortgeführten Tarifverträge hervor, die noch aus Schifffahrtszeiten unter Degroot stammen und für die heutige Zeit branchenunübliche Bedingungen umfassen. Entsprechend haben die Beschäftigten bei Poseidon noch viele Vorteile dadurch, dass es einst ein großer Industriekonzern war, welcher immer kleiner und spezialisierter geworden ist. Damit einhergehende gewachsene Mitbestimmungsstrukturen führten zu einer höheren Mitarbeitendenidentifikation, höherer Betriebszugehörigkeit, geringerer Fluktuation und zu einer hohen Mitarbeitendenkompetenz, was Poseidon signifikant von seiner heutigen Konkurrenz in der Systemgastronomie unterscheidet. Die codierten Segmente bezüglich der Tarifverträge und der Mitbestimmung überschneiden sich mit codierten Segmenten der Subkategorien formale Regeln (Struktur) und des Werttreibers Lock-In und beschreiben die Selbstverstärkung dieser Konzepte dahingehend, dass als formale Regeln codierte Tarifverträge die vorliegenden Mitbestimmungsstrukturen prägen, welche zum Mitarbeitenden-Lock-In führen, was die formalen Regeln wiederum legitimiert und konserviert.

Ein ähnlicher, selbstverstärkender Zusammenhang der Warenwirtschaftshistorie besteht bezüglich informeller Regeln. Obwohl das einstige Ganze heute aus wenigen Teilen (Restaurants und LEH) besteht, werden Aktivitäten heutzutage von dem ganzheitlichen Anspruch an das Thema Fischversorgung geleitet, betont die Geschäftsführung bezüglich des Claims 2015: Wir sind Fisch.

> *„(...) weil wir einen sehr ganzheitlichen Anspruch an das Thema Fischversorgung nach wie vor haben. Das kommt ja auch aus unserer Historie heraus, dass wir gesagt haben, wir versorgen den Konsumenten mit frischem Fisch“.* [I-Nr. 23, Pos. 8, CEO, Poseidon]

Die längst nicht mehr ausgeübten Aktivitäten der Rederei und des Fischfangs etablierten handlungsleitende Emotionen und führten zur Identifikation der Mitarbeitenden mit dem Unternehmen.

> *„Also, es ist nur so, dass das Thema Einzelhandel bei uns aus der Historie heraus mit sehr viel (.) Emotion, Stolz und Wertigkeit versetzt ist. Weil das eben unsere Geschichte ist, unsere DNA ist, das ist das, wo wir herkommen. Und das, was wir erreichen wollten, auch mit der Road-Show und in der Arbeit mit unseren Mitarbeitern.“* [I-Nr. 23, Pos. 18, CEO, Poseidon]

Da Poseidon historisch der Rohware Fisch sehr nahe ist, welche von Natur aus mit viel emotionalen Inhalten besetzt ist, ist es leicht, diesen Stolz der damals etablierten Aktivitäten heute zu leben bzw. auf aktuelle Aktivitäten zu übertragen. Der neue Claim „Wir sind Fisch.“, die neue strategische Ausrichtung 2015 und die dabei fokussierte Markenpositionierung zwischen Tradition, Natürlichkeit und Innovation verdeutlicht dies. Es wird entsprechend angestrebt, die Identifikation, welche ältere Mitarbeitende historisch erwarben, durch spezielle Inhalte in der Ausbildung bei Poseidon auch für neue Mitarbeitende zu generieren. Die Nutzbarmachung des Potentials seiner Mitarbeitenden hängt davon ab, ob

> *„(...) das authentisch aus einer Unternehmens-Historie heraus gelebt werden kann, oder ob ein, und jetzt nicht bös gemeint, aber in den USA aufgebautes Franchise-System, das heute seinen Mitarbeitern über Strukturen verordnet.“* [I-Nr. 23, Pos. 80, CEO, Poseidon]

Gewerkschaftsvertreter:innen räumen ebenfalls ein, dass sich die beschriebenen Dynamiken zusätzlich aus den *Besonderheiten der Rohware Fisch* ergeben können, denn Lohnunterschiede lassen sich ebenfalls auf die deutlich aufwendigere Arbeit bei Poseidon im Vergleich zur Konkurrenz zurückführen. Fisch erfordert spezifische Prozesse und entsprechend kompetentes Personal.

Die Vorteilhaftigkeit der Befolgung formeller Regeln für die Mitarbeitenden in Form tariflicher Vorteile und für den Arbeitgeber in Form qualifizierterer und motivierterer Mitarbeitender, die zur Verstärkung eben dieser Regeln führte, beschreiben einen Koordinationseffekt.

Die zur Konkurrenz konträren informellen Regeln z. B. in der Führungsphilosophie von Poseidon beschreiben ebenfalls einen Koordinationseffekt. Führungskräfte gingen davon aus, dass die Arbeit für ihre Mitarbeitenden einen hohen Stellenwert besitzt und Quelle von Zufriedenheit ist, da ihre Mitarbeitenden leistungsbereit und intrinsisch motiviert sind, was Selbstverwirklichung und -bestimmung als Führungsinstrument impliziert. Seitens der Mitarbeitenden führte dies zu gelebter Motivation und Engagement. Dies wiederum verstärkte die Art des Führungsstils, wie folgendes Zitat beispielhaft verdeutlicht:

> *„Dann kann ich machen was ich will, wenn ich die Truppe hab, dann hab ich sie. Und wenn ICH WIE EIN TIER gearbeitet hab hier in diesem Unternehmen, Tag und Nacht, dann lag das auch daran, dass ich immer mit Vorgesetzten zu tun hatte, die waren so gestrickt, das waren keine Korinthenkacker. Wenn ich dann sagte, ‚und jetzt mach ich noch was [in der Lehre],‘ dann sagte der Chairman zu mir, ‚ja, wenn du da jetzt auch noch was machst, könnte dann ja unter PR laufen.‘“* [I-Nr. 12, Pos. 26, Leitung HR, Poseidon]

Die Selbstverstärkungskategorie weist u. a. an dieser Stelle Überschneidungen mit der Eigentümer-Kategorie auf. Degroot bspw. investierte sehr viel, ließ Poseidon jedoch extrem viel Freiheit in der Umsetzung, wenn auch aus einem etwas anderen zugrundeliegenden Kalkül.

Im Zuge des Eigentümerwechsels von Degroot (Periode II) zu Goldhill Group (Periode III) erfolgte eingangs eine Konzentration auf die Kernkompetenzen Poseidons, was auf die oben beschriebene Selbstverstärkung einzahlte. Als der Eigentümer Franchise einführen wollte, hat dies keiner der CEOs umgesetzt, da sie Nachteile einer Abweichung des bei Poseidon über Jahrzehnte praktizierten regelgeleiteten Verhaltens in Form von Regeln befürchteten:

> *„Bakker sagt, weil keiner in den Konflikt mit den Betriebsräten gegangen ist, weil das Stress bedeutet.“* [I-Nr. 22, Pos. 62, CEO, (zukünftig Aufsichtsrat) Poseidon]

Die zitierte Geschäftsführung hat es letztendlich geschafft, Franchise einzuführen, was einen markanten Widerspruch in den Daten repräsentiert, da sie paradoxerweise *einer durch Selbstverstärkung begründeten Verriegelung mit Selbstverstärkung begegnete.* Sie agierte weitgehend innerhalb der etablierten informellen Regeln, bringt dabei ihre externe Perspektive ein, stülpt Poseidon jedoch keine Blueprintlösung über, sondern vereint das Wissen und die Kompetenz von Poseidon und Eigentümer auf dem gemeinsam beschrittenen Weg, den sie klar und deutlich kommuniziert und bewirbt. Diese Aktivitäten haben ihrer Meinung nach durch kontinuierliche Ausführung das Momentum für die Franchiseeinführung geschaffen.

Selbstverstärkung konnte auch in Form von Komplementaritätseffekten zwischen Marketing und Verkauf in den Daten entdeckt werden. Die erfolgreiche Unternehmenshistorie von Poseidon wird von den Interviewten vornehmlich auf die damalige vertikale Integration des Unternehmens zurückgeführt. Gleichwohl entfaltete diese nur in Kombination mit entsprechenden Marketingaktivitäten ihre selbstverstärkende Wirkung. Durch Namenspatenschaften von Fischdampfern und Städten[40] konnte die Tätigkeit des Unternehmens, Fischfang, mit dem Verkauf im Binnenland in Verbindung gesetzt und ein direkter Draht zur Stadtverwaltung genutzt werden. Die Werkredaktion Poseidons, welche direkten Einblick in diese Aktivitäten in den frühen Degroot-Zeiten hatte, berichtete, dass der Austausch durch die Patenschaft den Fischereibetrieb förderte, über den das Marketing wiederum berichtete. Damit wurde der Verkauf und die Verarbeitung des Fisches beworben und die Marke im Binnenland etabliert,[41] wo daraufhin neu eröffnete Verkaufsläden vom Fischereibetrieb beliefert werden konnten. Die Beschreibungen lassen ein Zusammenspiel mit den oben beschriebenen Themen des qualifizierten Personals und der Rohware Fisch erkennen. Insgesamt deuten die Daten darauf hin, dass die Poseidon-Erfolgsgeschichte auf Selbstverstärkung beruht und dass Selbstverstärkung paradoxerweise dazu beitragen konnte, durch Selbstverstärkung entstandenen Verriegelungen zu begegnen.

[40] Diese beinhalteten Besuche der Stadtoberhäupter zu Schiffstaufen und anderen Events mit lokaler Prominenz.

[41] Damals war Seefisch im Binnenland nicht näher bekannt.

5.5.3 Lock-in

Die Subkategorie Lock-in beschreibt einen eingeschränkten Handlungsspielraum, der in den Daten hauptsächlich bezüglich gescheiterter Projekte erkannt werden konnte. Nach einer Vorstellung der übrigen Daten, in denen ein Lock-in erfasst wurde, sollen zwei Projekte hervorgehoben werden, die über lange Zeit und mit enormem Ressourceneinsatz vorangetrieben wurden und sich dadurch unterscheiden, dass eines der beiden letztendlich doch umgesetzt werden konnte: Burger-Frabrik und Franchising.

Eine ehemalige Unternehmensspartenleitung Poseidons hält einen Lock-in des Unternehmens in der Systemgastronomie aufgrund von Sunk Costs für möglich. Ihrer Meinung nach kann der Wiedereinstieg in den LEH schwierig sein, da Pfadabhängigkeiten aus vergangenen Investitionen in die Restaurantsparte persistierende Entscheidungsprozesse formen, sodass Ressourcen eher der bereits profitablen Vergangenheitsentscheidung (Restaurants) zugeteilt werden.

Seitens der Lieferanten wird von einer Lock-in-Gefahr durch Standarddiffusion in Netzwerken berichtet, welche aus der jahrzehntelangen Errichtung eines komplexen „Spinnennetzes“ [I-Nr. 25, Pos. 131, Bereichsleitung Unternehmenskommunikation, Unser Meer GmbH] an IT-Systemen, zwecks Rückverfolgbarkeit von Fisch, resultiert. Das entsprechende Prozessmanagement erfordert Millioneninvestitionen und das IT-„Spinnennetz“ kann nicht neu aufgesetzt werden, was in Anbetracht zunehmender Rückverfolgbarkeitsansprüche als problematisch angesehen wird.

In Periode III zeigt sich ein Lock-in in Form von Mitarbeitendenabwanderung, Know-How-Verlust und negativen Auswirkungen auf den Unternehmenserfolg. Dies ist auf den Kontrast der etablierten informellen Regeln zu der Art der Zusammenarbeit der Goldhill Group zurückzuführen.

Für die Steuerung-Subkategorie formale Regeln lässt sich ebenfalls ein multidimensionaler Zusammenhang mit der Kategorie Eigentümer erkennen. Poseidon zeichnet sich durch eine gewachsene starke Mitbestimmung, besonders viele Sozialleistungen und lange Betriebszugehörigkeit aus. Diese Besonderheiten ergeben sich aus der Historie Poseidons, das ursprünglich in der Fischindustrie operierte, bevor es sich zum Systemgastronomieunternehmen entwickelte. Die aus diesen Industriezeiten stammenden Tarifverträge führten für Poseidon in Periode IV jedoch zu drastisch höheren Personalkosten im Vergleich zum Wettbewerb. Da Personalkosten allerdings einen der größten Kostenblöcke in der Systemgastronomie darstellen, strebte Bakker deren Senkung an. Der Lock-in komplementärer Aktivitäten, die durch ein Zusammenspiel formaler und informeller Regeln gesteuert werden, zeigt sich im ergebnislosen Verlauf monatelanger Verhandlungen bezüglich der Tarifverträge. Der Eigentümer entschied sich in letzter Instanz für den Eintritt in den BdS, doch auch dies war nicht ohne Übergangsvereinbarungen möglich. Letztendlich sollten bestehende Mitarbeitende zukünftig einen Tariflohn plus ihren Besitzstand erhalten, das heißt ihren Alt-Lohn als festen Betrag, so dass sie immer noch das gleiche Einkommen verzeichnen.

In den Daten kann an unterschiedlichen Stellen ein Lock-in bezüglich der Rohware und der mit ihr in Verbindung stehenden Kompetenzen erfasst werden, da sie informelle Regeln beeinflusst, welche sich wiederum als Identität der Stakeholder:innen manifestieren können und die inhaltlichen Aktivitäten mit Rohwarenbezug stärken:

> *„Unsere Kern-Kompetenz ist natürlich Produkt Fisch, gar keine Frage, das wird immer so sein“.* [I-Nr. 10, Pos. 20, Bezirksleitung, Poseidon]

Weitere Mitarbeitende berichten, dass sich die Umsetzung von Innovationen umso schwieriger gestaltet, je weiter diese von der Rohware und den damit verbundenen Prozessen entfernt sind. Entsprechend wurde bspw. nie eine Fischpizza auf den Markt gebracht, obwohl dies über Jahrzehnte immer wieder angestoßen wurde.

Diese Tatsache betrifft ebenso andere von den Interviewten beschriebenen gescheiterten Projekte:

> *„Es ist ein Vor- und ein Nachteil, dass da so viele sind, die schon so lange in dem Unternehmen sind, die kennen halt schon sehr viel. (seufzt) (..) Man sagt, neue Besen kehren gut, aber die alten kennen die Ecken besser. Und das ist so ein Spruch, der passt auf [Poseidon] sehr gut. Da kommt eine neue Geschäftsführung und will was umsetzen, was sie auch sieht, was bei [Poseidon] fehlt, aber dann weiß mittlerweile ich sogar, das hat schon der vorherige Geschäftsführer ausprobiert, und das hat er schon ausprobiert, das klappt halt so nicht.“* [I-Nr. 1, Pos. 104, Gewerkschaftsvertretung, Schwerpunkt Systemgastronomie]

Dazu zählten das Management ganzer Food Courts und Home Delivery, welches immer wieder getestet wurde und letztendlich erst 2016 über Partner:innen, welche ein eigenes Logistik-Versand-System mitbringen, realisiert werden konnte. Zu weiteren gescheiterten Projekten zählten Geschäftsmodelle im Filialbereich Food wie bspw. ein Nudel-Konzept oder Strandcafés und Internationalisierung. Als Begründung führten Befragte die Inkompatibilität mit dem etablierten Geschäftsmodell und den Koordinationseffekt von Steuerungselementen wie der Unternehmenskultur an.

„(…) das ist eine ganz andere gelebte Kultur, die sie schon von früher hatten und die einfach fortgesetzt wird, und wo auch die Betriebsräte dann eine Geschäftsführung nach der anderen überleben und auch die Mitarbeiter die überleben und die Kultur heute einfach auch fortsetzen. [I-Nr. 1, Pos. 110, Gewerkschaftsvertretung, Schwerpunkt Systemgastronomie]

Wannimmer Aktivitäten trotz großer Bemühungen und zahlreicher Versuche nicht integriert werden konnten, deutete dies auf ein Lock-in hin. Hervorzuheben ist das Projekt der Burger Fabrik, einem Burgerkonzept nach dem Muster von Big Smith, welches trotz massiver Investitionen Degroots nicht erfolgreich umgesetzt werden konnte.

„Wir sind gescheitert, wir Fischleute (…), weil wir eins nicht bedacht haben, wir haben nicht auf Stärken gesetzt, sondern auf Schwächen“. [I-Nr. 12, Pos. 104, Leitung HR, Poseidon]

Die Stärken bezeichnen die auf die Rohware Fisch ausgerichteten komplementären Aktivitäten. Diese waren in der Nische Poseidons und dem Regime spezifischer Werttreiber erfolgreich, außerhalb derer stellten sie jedoch Schwächen dar. Aufgrund der historischen Entwicklung Poseidons vom Fischfang über den Fischverkauf zur Gastronomie befanden sich die Restaurants in Einzelhandelslagen, in denen zuvor der Fischverkauf stattfand. Entsprechend waren auch die Läden anders aufgebaut und ausgestattet als diejenigen der Konkurrenz, welche im Sinne einer Effizienz-value-logic z. B. Plastik- und Pappgeschirr verwendete.

Neben der zentralen inhaltlichen Bedeutung demonstriert dieses Zitat durch die Wortwahl (wir Fischleute) die Kraft der informellen Regeln.

In Periode IV wurde vom Eigentümer Bakker die Franchiseeinführung angestrebt, da aus der *externen Eigentümerperspektive* nicht nachvollzogen werden konnte, warum Poseidon kein Franchising betreibt. Dieser Gedankengang ist sowohl für Befragte der Fachverbände als auch die im Franchisesystem operierende Konkurrenz nachvollziehbar, da Poseidon in der Fisch-Nischenposition ein klares Alleinstellungsmerkmal besitzt, welches multiplizierbar ist und Poseidon sich den Vorteil zunutze machen kann, bereits über ein Filialsystem zu verfügen.

„Wenn die Marke schon funktioniert als Company, wird sie als Franchisebetrieb erst recht funktionieren. Das ist fast immer so, das ist wie ein Gesetz“. [I-Nr. 30, Pos. 72–73, Franchise Development Management, Captain Chicken]

Dieser Logik folgend wollte Bakker Franchise forcieren, allerdings setzten die Geschäftsführungen dies nicht um, da aus deren Perspektive Poseidon nicht franchisierbar war. Aussagen anderer Vertreter der Konkurrenz, in diesem Fall von Big Smith, stehen ebenfalls im Widerspruch zu den oben ausgeführten Meinungen zum Franchise bei Poseidon:

> *„Als es darum ging, Franchising zu forcieren, hat man versucht, auch Leute von anderen Unternehmungen abzuwerben. Das ist ja auch nicht negativ, aber wissen Sie, [Poseidon] ist von der Historie her ein gewachsenes Unternehmen, ein Konsortium von Reedern und Fischern oder Fischhändlern (…). Wenn Sie heute ein solches Konstrukt franchisieren, das heißt, dem Ganzen einen anderen Namen überstülpen, sprich/also ein Unternehmenskonstrukt, ein Vertriebssystem überstülpen, ein Franchise-System, das darauf ausgelegt ist gemeinsame Werbung, zentraler Einkauf, das heißt, es wirkt für die Leute so als würden sie Ihnen was wegnehmen.“* [I-Nr. 27, Pos. 82, Senior Management Franchise, Big Smith]

In Übereinstimmung mit dieser Aussage berichteten leitende Poseidon-Angestellte von Widerständen langjähriger Mitarbeitender bezüglich Franchise. Insofern offenbaren die Daten ein Paradox: Einerseits wird Franchise von Experten und Expertinnen sowie Praktikerinnen und Praktikern als komplementär zu den etablierten Aktivitäten Poseidons und damit als erfolgversprechend und umsetzbar bewertet, andererseits wird argumentiert, dass Franchise aufgrund der Historie Poseidons nicht einführbar sei, was die Erfahrungen im Unternehmen vorerst bestätigten. Daran lässt sich erkennen, dass der Ursprung des Lock-in nicht nur Komplementaritäten sind, sondern auch der Koordinationseffekt der Steuerung dieser Aktivitäten, der im Geschäftsmodell historisch gewachsen ist.

5.6 Kategorie Überleben

Das Überleben von Poseidon wurde von den Interviewten am häufigsten mit der *Vorwärtsintegration* vom Fischfang zum Fischabsatz und *Absatzdiversifizierung* in Fischverkauf und Restaurants in Zusammenhang gebracht. Vorwärtsintegration in Kombination mit Marketing/PR-Aktivitäten, während die Konkurrenz nicht vorwärtsintegriert war, wurde in diesem Zusammenhang ebenfalls erwähnt. Die *Anpassung an Marktveränderungen* insbesondere an *veränderte Kundenbedürfnisse* sind ein häufig genannter Überlebensgrund, der in enger Beziehung zur Integration und Diversifizierung und dem *kontinuierlichen Setzen von Innovationsschritten* steht.

> *„Schwierig ist natürlich die Frage, warum haben andere das nicht geschafft. Ich glaub, dass [Poseidon] es geschafft hat, weil das Unternehmen (..) sich mit den Bedürfnissen der Bevölkerung und des Verbrauchers mit entwickelt hat. (...) Man ist aktuellen Verbrauchertrends in seiner Branche einfach gerecht geworden und hat da auch eine gewisse Funktion als Innovator eingenommen. Als wir mit Quick-Service-Restaurants begonnen haben, war das neu am Markt. Als wir Snack-Fenster eingeführt haben, und Snacks auf die Straße verkauft haben, war das neu am Markt. Als wir dann im Snack auch Fingerfood, Hot-Snack angeboten haben, war das in dieser Breite neu am Markt. Also das war sicher ein ganz wichtiger Grund, dass wir immer wieder Innovationsschritte gesetzt haben, die nachdem dieser Schritt gesetzt wurde, das Geschäft einfach massiv positiv vorangetrieben haben.“* [I-Nr. 23, Pos. 78, CEO, Poseidon]

Diesbezüglich wurde unter anderem die *Innovativität* in der Nematoden-Krise 1987 genannt, als auf den Schiffen Leuchttische installiert wurden. In großer Übereinstimmung mit den Sekundärdaten weisen die Interviewdaten einen starken Zusammenhang von Innovation mit Investition und auch der Eigentümer-Kategorie auf. Entsprechend identifizierten die Befragten neben Innovation *Investition* als relevantes Überlebenskriterium, welches gerade für ältere Unternehmen wichtig ist, um ihre Anschlussfähigkeit an den Markt zu sichern.

> *„(...) auch ein altes, größeres Unternehmen kann modern bleiben, kann durch Innovation und Investition sicherlich interessant bleiben. Andere verpennen es vielleicht und werden nach und nach uninteressanter, insofern ist das kein Zwang, dass man als älteres Unternehmen handlungsunfähig wird.“*[42] [I-Nr. 28, Pos. 144, Franchisemanagement, Brötchen Plantage]

Die Bedeutung *finanzieller Ressourcen* wurde diesbezüglich in unterschiedlicher Weise hervorgehoben: Für Unternehmen in der Systemgastronomie sichern sie das Überleben durch die erforderliche wiederkehrende Investition in Läden. Sie werden durch Regulationen, die massive Investitionen erforderlich machen, unentbehrlich, so dass Investitionsanforderungen auch als eine Markteintrittsbarriere wirken können, und sie wurden durch die Übernahme von finanzstarken Eigentümern in Krisenzeiten zugänglich.

Das *langjährige Bestehen* könnte das Überleben einerseits durch Trägheit gefährden, andererseits ermöglichte es Poseidon, seine Überlebenschancen bezüglich einer Franchiseentscheidung durch sein bestehendes Filialnetz und die einhergehende Etablierung am Markt mit einem bestimmten Image zu fördern. Die Tatsache, dass Poseidon heute eine Nische besetzt, bewerten Interviewte

---

[42] Siehe bspw. Decker/ Günther (2017) zum deutschen Werkzeugmaschinenbau.

u. a. als Besonderheit der Rohware Fisch, welche Poseidon ein Alleinstellungsmerkmal verleiht. Die Nischenposition Poseidons legt darüber hinaus nahe, dass nicht nur das langjährige Bestehen eines Unternehmens, sondern ebenso die von Befragten beschriebene *Historie* überlebensrelevant ist, denn die Daten zeigen, dass sich diese Position aus dem Zusammenspiel von PR und Vorwärtsintegration sowie der Absatzdiversifikation und spezifischen Marktentwicklungen ergeben hat – während die Konkurrenz diese Schritte nicht gegangen ist – sodass Poseidon *keine direkte Konkurrenz* im Seafood-Bereich benennen kann. Folgendes Zitat illustriert diesen Zusammenhang komplementärer Aktivitäten mit dem Überleben der Organisation:

> *„[Poseidon] hatte eine sehr große Flotte und einen ausgesprochenen Sinn für* ***PR-Arbeit****. Es war sicherlich eine glückliche Idee, die Schiffe mit Städtenamen zu versehen, denn diese standen als Paten dieser Schiffe mit ihnen in Verbindung und berichteten immer wieder über sie (…). Das war natürlich ein guter PR-Trick, weil das kostete den Bürgermeister dieser Stadt immer nur eine kleine Reise, die er gerne machte, um ihr Schiff zu taufen (…), aber es brachte der* ***Reederei*** *Berichte über die Aktivitäten und über den Fisch. Und dabei konnte man natürlich transportieren, wie gesund der Fisch ist und dass der so frisch ist und dass der in so guter Qualität gefangen wird, und so weiter. Und das kam dann dem* ***Fischereivertrieb*** *zugute. Die anderen Reedereien dachten da nicht dran, weil die hätten nichts davon gehabt, keine Unterstützung für ihren Fischdampfer. Aber [Poseidon] sah das natürlich so, dass es auch ein [Poseidon]-Restaurant oder ein [Poseidon]-Verkaufs-Geschäft in München etc. haben würde. Diese Berichte waren immer wieder kostenlose Werbung in den Zeitungen und zwar für die* ***Verarbeitung und den Verkauf*** *des Fisches. Sei es als Rohprodukt, sei es im* ***Restaurant****. Das war sicherlich eine clevere Sache und steht im Gegensatz zu den anderen Fisch-Unternehmen, Reedereien, an die sich eigentlich keiner mehr erinnert, (…) von denen spricht heute kein Mensch mehr, die kennt keiner mehr. Aber den Namen [Poseidon] lesen wir in jeder Stadt, ohne dass das Unternehmen inzwischen noch eigene Fischerei-Fahrzeuge betreiben würde.* [I-Nr. 9, Pos. 8, Archivleitung, Deutsches Schifffahrtsmuseum]

Diese Beschreibung eines durch den Werttreiber Komplementarität geschaffenen Komplementaritätseffekts unterstreicht den Zusammenhang von Pfadabhängigkeit und Überleben im positiven Sinne.

Die Übersicht der Forschungsergebnisse erlaubt in der folgenden Diskussion eine Zusammenfassung der wichtigsten Erkenntnisse im Hinblick auf ihren Mehrwert für Theorie und Praxis.

Diskussion 6

In diesem Kapitel werden die Forschungsfragen anhand der Interpretation der zuvor dargestellten Ergebnisse beantwortet. Die Interpretation der Ergebnisse erfolgte unter Rückbezug zur Literatur und auf Basis einer kritischen Reflexion und ist durch die Zusammenfassung zentraler Ergebnisse, die Forschungsbeiträge sowie die Limitationen und Implikationen der Studie strukturiert.

6.1 Zusammenfassung zentraler Ergebnisse

Die Zusammenfassung der Ergebnisse erlaubt im Folgenden eine zielgerichtete Beantwortung der Forschungsfragen. Zu diesem Zweck wird auf die Präsentation von Ergebnissen fokussiert, welche im Widerspruch zur bestehenden Forschung stehen, wichtige Anknüpfungspunkte zu dieser bieten und für das Forschungsfeld der Studie einen relevanten Neuheitsgehalt besitzen.

Opportunities nahmen wesentlichen Einfluss auf die Entwicklung des Poseidon-Geschäftsmodells. Sie fungierten als Stimuli für Design-Veränderungen. Das bestehende Geschäftsmodelldesign beeinflusste wiederum die (Nicht-) Realisierung von Opportunities. Dieser wechselseitige Zusammenhang nahm maßgeblichen Einfluss auf den Erfolg und das Überleben Poseidons, was empirisch u. a. durch das Nicht-Überleben der Konkurrenz in der Fischfangindustrie untermauert wurde. Bestimmte Ereignisse, wie bspw. Fischfangbeschränkungen, wurden sowohl als Opportunities als auch als kritisches Ereignis codiert, was die Rolle der Opportunities für pfadabhängige Entwicklungen unterstreicht. Da Poseidon in seiner Unternehmensgeschichte in unterschiedlichen Branchen operierte, konnte festgestellt werden, dass Opportunities sich hinsichtlich ihrer Relevanz in unterschiedlichen Branchen (z. B. Reederei und Gastronomie) unterschieden und dass sie für Poseidon und deren Wettbewerber:innen in Abhängigkeit der jeweiligen

A. Mallach, *Geschäftsmodelle zwischen Tradition und Innovation*,
https://doi.org/10.1007/978-3-658-51169-2_6

Geschäftsmodell Parameter entweder Chance oder Gefahr darstellen konnten, wie bspw. die Einführung des Mindestlohns veranschaulichen konnte. Die Bedeutung der unterschiedlichen Opportunities für das Poseidon-Geschäftsmodell veränderte sich im Zeitablauf. Digitalisierung bspw. gewann erst seit den 1960er Jahren mit dem EDV-Einsatz an Bedeutung.

Die sonstigen Opportunities, welche die Strategie und interne Organisation beschreiben, wiesen durchgehend einen großen Einfluss auf das Geschäftsmodell auf, insbesondere bezüglich dominanter Design Themen. *Lock-In* und *Komplementaritäten* waren die dominanten Werttreiber des Poseidon-Geschäftsmodells. Entgegen bestehenden Annahmen konnte die Studie zeigen, dass Werttreiber nicht nur wertsteigernd kombiniert wurden, sondern sich auch entgegenwirkten. Empirisch wurde ein starker Zusammenhang von Werttreibern mit *Selbstverstärkung* und mit dem *Lock-in* spezifischer Aktivitätsmuster festgestellt, was sie als Funktionsmechanismen pfadabhängiger Entwicklungen identifiziert.

Komplementäre Aktivitäten mit starkem Bezug zur Rohware Fisch als Grundlage des Kerngeschäfts nahmen eine *pfadabhängige Entwicklung*, die zunehmend intensiv durch informelle Regeln gesteuert wurde. Der im Lock-in eingeschränkte Handlungsspielraum konnte jedoch mittels systemimmanenter Aktivitäten wieder erweitert werden, womit die *Eigentümer:innen* in direktem Zusammenhang standen, welche aufgrund ihres Einflusses auf die sonstigen Opportunities in Form von Strategie und interner Organisation eine entscheidende Rolle bei der Entwicklung des Geschäftsmodells spielten. Dies taten sie jedoch nicht primär durch ihre Eigenschaften oder ihre Ähnlichkeit mit Poseidon, sondern durch die von ihnen ausgeführten Aktivitäten. Aktivitäten, die im Einklang mit der Geschichte Poseidons und seinen Werttreibern standen, führten im Poseidon-Fall zur *Öffnung eines eingelockten Aktivitätsmusters.*

6.2 Beiträge der Arbeit

Diese Studie stellt einen neuen und originellen Beitrag zur theoretisch fundierten empirischen Managementforschung dar.

Die Frage danach, wie Wandel herbeigeführt werden kann, vereint Theorie und Praxis. Entsprechend ist der Beitrag sowohl für den Erkenntnisgewinn in der Managementforschung und in der wirtschaftshistorischen Forschung als auch für die Praxis *wertvoll*, indem demonstriert wird, wie Pfade in Geschäftsmodellen anhand von „Uses of the Past" gesteuert werden können.

Die Integration von Elementen der historischen Forschung in Managementstudien besitzt *Selten*heitswert und ist ein aufkommender Trend, um neue Theorien zu entwickeln. Der analytische Fokus auf Geschäftsmodelle ist diesbezüglich ebenfalls neu.[1]

Der Beitrag ist nicht nur aufgrund des untersuchten Sonderfalls Poseidon und der einzigartigen Datenbasis *schwer zu imitieren*, sondern ebenfalls, da er sich davon unterscheidet, was aus anderen theoretischen Perspektiven heraus erklärt werden kann. Die neuartige Kombination von Theorien ermöglicht einen holistischen Blick auf Interdependenz in komplexen Systemen. Sie kann werttreibend wirken und Wettbewerbsvorteile absichern, Persistenzen bedingen und genutzt werden, um Wandel zu induzieren.

Die Dissertation leistet einen theoretischen, einen methodischen und einen praktischen Beitrag, welche im Folgenden differenziert dargestellt werden.

6.2.1 Theoretischer Beitrag

Die *Theorieerweiterung* verkörpert den theoretischen Beitrag dieser Studie. Sie wird zum einen durch die empirischen Ergebnisse ermöglicht und fußt zum anderen auf der Entwicklung eines innovativen Modells auf Grundlage der theoretischen Integration der Pfadtheorie[2] und des Geschäftsmodellansatzes von Zott und Amit (2010). Abbildung 6.1 zeigt das aus Erkenntnissen der Theorieintegration (grün) und der Empirie (orange) entwickelte Mehrebenen-Prozessmodell eines Aktivitätssystems unter Pfadabhängigkeit.

---

[1] Vgl. Wadhwani et al. (2018), S. 1667.

[2] Vgl. Sydow et al. (2009).

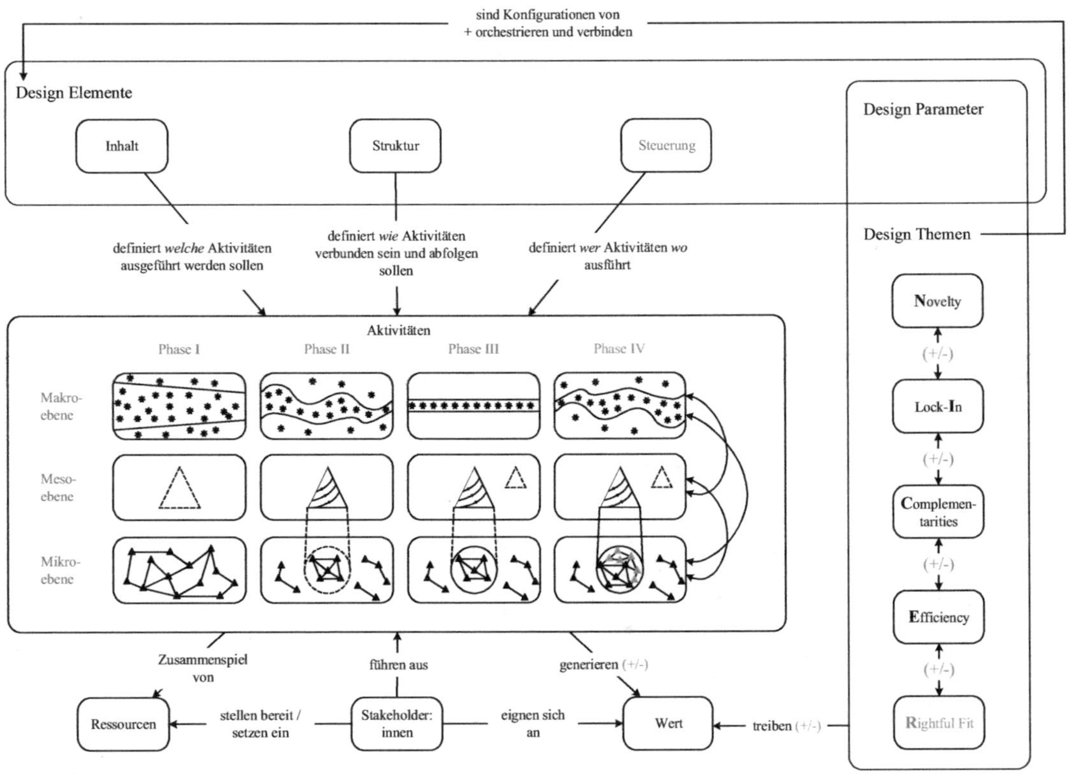

Abbildung 6.1 Mehrebenen-Prozessmodell eines Aktivitätssystems unter Pfadabhängigkeit. (Quelle: Eigene Darstellung)

Die Theorieintegration erweiterte den Geschäftsmodellansatz durch die Einführung der Mesoebene, die Integration der Phasen I – III der Pfadtheorie und die erweiterte Konzeptualisierung des Design Elements Steuerung als Regeln. Die Empirie tat dies durch die Phase IV, die Erweiterung der Werttreiber von NICE zu NICER[3], mittels der Integration des Rightfull Fit, sowie durch die Anpassung von Zusammenhängen der Werttreiber und Aktivitäten mit dem Wert des Geschäftsmodells.

Das Mehrebenen-Prozessmodell veranschaulicht die drei wesentlichen theoretischen Beiträge dieser Arbeit, welche im Folgenden dargestellt werden:

(1) Dynamisierung des Geschäftsmodellansatzes
(2) Erweiterung der Pfadtheorie durch Pfadbruch mittels „Uses of the Past"
(3) Integration der Umwelt und der dualen Rolle der Werttreiber

Durch ein ganzheitliches Verständnis der Interdependenz der Aktivitäten innerhalb des Geschäftsmodells konnte das Modell durch eine Mesoebene erweitert und durch die Integration der Phasen der Pfadkonstitution[4] dynamisiert werden.[5] Die Dynamisierung ermöglicht die Untersuchung von Geschäftsmodellwandel im Zeitablauf und die Erklärung, wie genau sich dieser Wandel vollzieht. Prozessbeschreibungen in der im Literaturüberblick untersuchten Geschäftsmodellliteratur sind hingegen unvollständig, da sie sich nicht auf Pfadabhängigkeit beziehen, welche unterschiedliche Ursprünge und Ergebnisse des Geschäftsmodellwandels implizieren kann.

Die Entwicklung des Geschäftsmodells unterscheidet sich sowohl hinsichtlich der vier Phasen als auch bezüglich der drei unterschiedlichen Ebenen. Die Mehrebenen-Betrachtung zeigt unterschiedliche Dynamiken auf den drei in der Theorieintegration entwickelten Ebenen des Prozessmodells. In diesem Sinne bauen die Erkenntnisse auf bestehender Literatur auf. Kremser und Schreyögg (2016) bspw. konnten zeigen, dass einzelne organisationale Routinen sich in ihrer Dynamik von Routinenclustern unterscheiden.[6] Unterschiedliche Dynamiken auf Makro-, Meso- und Mikroebene des Modells konnten in dieser Studie auf die Interdependenz der Aktivitäten zurückgeführt werden, die durch Werttreiber genutzt und durch eine entsprechende Steuerung orchestriert wurde.

---

[3] **N**ovelty, Lock-**In**, **C**omplementarities, **E**fficiency, **R**ightful Fit.

[4] Vgl. Sydow et al. (2009), S. 692.

[5] Gemäß Chesbrough (2010), Demil und Lecocq (2010) und Sosna et al. (2010) ist eine dynamische Perspektive für die Geschäftsmodellforschung nützlich.

[6] Vgl. Kremser/ Schreyögg (2016), S. 703.

Um sich Spezialisierungsvorteile anzueignen, wurden Aktivitäten geteilt. Diese durch Arbeitsteilung entstandene Interdependenz der Aktivitäten implizierte eine Steuerung der Aktivitäten, die auf ein gemeinsames Ergebnis ausgerichtet sind. Die Definition des Design Elements *Steuerung* wurde in der Theorieintegration von der Definition, wer wo Aktivitäten ausführt, durch die Vorstellung Norths (1990) von Regeln als von Menschen erdachten Beschränkungen menschlicher Interaktion erweitert.[7] Im Aktivitätssystem bilden Arbeitsteilung und Regeln das Fundament der *Interdependenz* von Aktivitäten.[8] Entsprechend können durch sie erworbene Vorbedingungen zur Formung eines Subsystems beitragen, da neue Aktivitäten angepasst werden müssen, um zur bestehenden Struktur des Aktivitätssubsystems zu passen. Daher wurden Aktivitäten nicht mehr nach der ökonomischen Handlungslogik des Optimierungsprinzips bewertet, sondern waren stark von vergangenen Entscheidungen beeinflusst.[9] Das praktizierte Aktivitätsmuster, welches „die internalisierten Erfahrungen der Organisation, die in der jeweils spezifischen Auseinandersetzung mit der Aufgaben-Umwelt gemacht wurden"[10], repräsentiert, nahm eine pfadabhängige Entwicklung. So geschehen durch die *Formierung eines Subsystems* (Mesoebene) durch die Realisierung von Synergien, die durch die Interaktion mehrerer Aktivitäten entstanden, wie bei den Aktivitäten Fischfang, Marketing, Fischverkauf und -verarbeitung.[11] Neue Aktivitäten wie Franchising wurden danach beurteilt, ob sie zu diesem Subsystem passen, d. h. die Synergien weiter verstärken (Akzeptanz), oder ob sie Misfitkosten verursachen (Ablehnung).[12] Durch die Wahl komplementärer Aktivitäten über nicht-komplementäre Aktivitäten aus Kostenoptimierungszwecken wurde der Handlungsspielraum des Systems eingeschränkt (siehe Phase II und III). Empirisch konnte dies durch die (Nicht)-Realisierung unterschiedlicher Redesigns beobachtet werden.[13] Auf der Mikroebene wurde hingegen aufgrund fehlender Aufgabeninterdependenz Handlungsfreiheit bei der Aufgabenerfüllung beobachtet,[14] während das Subsystem interdependenter Aktivitäten auf der Mesoebene einer anderen Logik unterworfen war: Je mehr neue Aktivitäten vom Kern (Fischwirtschaft) abwichen, desto schwieriger gestaltete sich die Umsetzung, und

[7] Vgl. North (1990), S. 3; Zott/ Amit (2010), S. 220 ff.

[8] Vgl. Engeström (1987), S. 78.

[9] Vgl. David (1994), S. 215; Schreyögg (2014), S. 12.

[10] Schreyögg (2014), S. 11.

[11] Vgl. Pierson (2000), S. 251ff.

[12] Vgl. David (1994), S. 214; Schreyögg (2014), S. 7.

[13] Siehe Tabelle 5.10.

[14] Vgl. Baldwin/ Clark (2009), S. 86; Langlois (2002), S. 22; Parnas (1972), S. 1056.

je mehr die Orchestrierung von Aktivitäten von etablierten Werttreibern (Komplementaritäten und Lock-In) abwich, desto schwieriger bzw. unmöglicher wurde die Realisierung des Redesigns.

Das Mehrebenen-Prozessmodell trägt zum Verständnis der *Dualität von Stabilität und Wandel* und zur Erweiterung der Pfadtheorie durch die Erforschung, warum und wie Wandel unter Pfadabhängigkeit herbeigeführt werden kann, bei.[15] Somit stehen die Ergebnisse dieser Studie im Einklang mit dem Duality View Farjouns (2010), der Stabilität und Wandel als grundlegend interdependent, widersprüchlich, aber auch wechselseitig förderlich ansieht. Diese Sichtweise revidiert bestehende Ansichten über Stabilität und Wandel als Dualismus und bot für diese Studie die Möglichkeit, ihre paradoxe Beziehung aufzulösen. Es konnte gezeigt werden, dass Stabilität und Wandel füreinander sowohl Ergebnis als auch Vorbedingung darstellen. Entsprechend konnte Wandel mittels selbstverstärkender Prozesse herbeigeführt werden, welche normalerweise dafür verantwortlich gemacht werden, Stabilität in Form von Pfadabhängigkeit zu schaffen.[16]

Die bedeutende Rolle von Geschichte im Geschäftsmodell wurde von den im Literaturüberblick analysierten Studien übersehen. Im Gegensatz dazu bezieht diese Studie die Geschichte sowohl in methodischer Hinsicht anhand der Verwendung historischer Daten und Methoden (History to Theory) als auch in theoretischer Hinsicht (History in Theory) anhand historischer Ansätze (Uses of the Past) und Konstrukte (rhetorical History) ein. Dies ermöglichte einerseits die Gewinnung innovativer Erkenntnisse in der Geschäftsmodellforschung[17] und markiert andererseits anhand des Geschäftsmodellwandels ein neues Anwendungsfeld für die historische Forschung.

Die in der Literatur zu Pfadabhängigkeit konstatierten implizierten Konsequenzen derselben lauten Pfadauflösung, Pfadmonitoring und Pfadbruch.[18] Pfadbrechung bedeutet die Wiederherstellung eines Entscheidungsspielraums, d. h. das System muss wieder in die Lage versetzt werden, überlegene Alternativen zu erkennen und zu realisieren.[19] In diesem Sinne stellt die in dieser Studie erforschte Pfadsteuerung auch eine Form der Pfadbrechung dar. Eine Theorie der

---

[15] Vgl. Farjoun (2010), Klarner/ Raisch (2013), Sonenshein (2010).

[16] Vgl. Sydow et al. (2009), S. 698 ff.

[17] BMI durch Reinterpretation der Vergangenheit z. B. anhand veränderter Sinnzuschreibungen durch historische Narrative.

[18] Vgl. Schreyögg (2014), S. 12 ff. Siehe Burgelmann (1994) als Bsp. für Pfadauflösung, Schreyögg/ Kliesch-Eberl (2007) als Bsp. für Pfadmonitoring, Stache/ Sydow (2023) als Bsp. für Pfadbruch und Schreyögg et al. (2011) als Bsp. der in der Literatur vorherrschenden Beschreibung von Praxisbeispielen.

[19] Vgl. Schreyögg (2014), S. 13.

Pfadbrechung, die systematisch aufzeigen könnte, wie Pfade gebrochen werden, liegt bisher nicht vor.[20] Stache und Sydow (2023) leisten diesbezüglich einen wertvollen Beitrag, indem sie zeigen, wie ein organisationaler Pfad in der russischen pädiatrischen Krebsversorgung gebrochen werden konnte, indem ein neuer, den etablierten Pfad konterkarierender Pfad konstituiert wurde. Im Einklang mit bestehender Forschung markieren die Autoren einen externen Schock, in diesem Fall eine Konferenz, als Auslöser für Wandel.[21] Die Ergebnisse der vorliegenden Arbeit erweitern die bestehende Literatur zu Pfadabhängigkeit. Sie heben zum einen die systemimmanente Nutzung von Selbstverstärkung mittels Agency und Pluralität (statt externer Schocks) als Auslöser für Pfadbruch hervor. Zum anderen demonstrieren sie, dass ein Pfad nicht verlassen werden muss, um dessen Aktivitätsspielraum zu erweitern.

Das Mehrebenen-Prozessmodell erklärt, wie die Interdependenz von Aktivitäten und Selbstverstärkung durch Werttreiber die Entwicklung eines Geschäftsmodells beeinflussen kann. Es demonstriert die *duale Rolle selbstverstärkender Mechanismen*, welche in der Litaratur zu Pfadabhängigkeit mit Stabilität assoziert werden, auf denen jedoch auch Wandel basieren kann. Die Studie zeigt in Phase IV einen *innovativen Weg des Pfadbruchs* auf, der aus dem Trend, Managementforschung mit historischer Forschung zu kombinieren, entsprungen ist und entsprechend Pluralität und Agency auf allen Design-Ebenen betont. „Uses of the Past“ betont die duale Natur, die als Einschränkung und Ressource von Aktivitäten in Erscheinung trat.[22] Geschichte ist ein zentraler Funktionsmechanismus des untersuchten Geschäftsmodells, in welchem Stakeholder:innen selbst sowohl Geschichte produzierten als auch für Zwecke in der Gegenwart nutzten. Die Einbindung einer zeitlichen Dimension in der Managementforschung wirkt blinden Flecken und Verzerrungen entgegen.[23] Innerhalb der Geschäftsmodellliteratur griffen bspw. Snihur und Zott (2020) den „History-matters“-Gedanken auf, indem sie den Einfluss von Imprinting auf Geschäftsmodellinnovationen untersuchten.[24] Diese Perspektive von History-as-Fact impliziert jedoch Annahmen über die Geschichte, die den Erklärungsgehalt von Wandel und Innovation beeinflussen. Die aufkommende Literatur zu „Uses of the Past“ stellt diese traditionelle Sichtweise der Geschichte als objektiven Zwang für organisatorisches

[20] Vgl. Stache/ Sydow (2023), S. 351.

[21] Vgl. Stache/ Sydow (2023), S. 367; Suddaby/ Foster (2017), S. 34.

[22] Vgl. Abbott (2001).

[23] Vgl. Bansal et la. (2020).

[24] Vgl. Snihur/ Zott (2020).

Handeln in Frage, indem sie die Formung und Gestaltung der Geschichte als handlungsbefähigende Ressource hervorhebt.[25]

Durch das Zusammenführen von historischer Forschung und Managementforschung gelingt es dieser Studie, einen Beitrag in beiden Feldern zu leisten. Die Theorie der Pfadabhängigkeit besitzt als Prozessmodell zwar eine zeitliche Dimension, betrachtet Geschichte jedoch als eine objektive Beschränkung von Aktivitäten.[26] Die Unterscheidung von Vergangenheit als Aneinanderreihung von Ereignissen und Geschichte als deren kollektive Interpretation ermöglichte die Analyse der Nutzung von Geschichte als Ressource zur Integration von Aktivitäten in und für die Gegenwart (Uses oft he Past). Entsprechend performativ wird die Geschichte angesehen, da ihre Interpretation das Erleben der Gegenwart, Zukunftserwartungen, Entscheidungen und Handlungen formt.[27] Die Steuerung von Pfaden in Geschäftsmodellen stellt diesbezüglich einen innovativen Anwendungsbereich dar, für den gezeigt werden konnte, wie und warum „Uses of the Past" für Geschäftsmodellwandel Bedeutung besitzt.

Phase IV des Modells zeigt, dass entgegen der Annahmen der Forschung zu Pfadabhängigkeit selbstverstärkende Mechanismen nicht nur zu Stabilität führen, sondern systemimmanente Selbstverstärkung durch „Uses of the Past" eingesetzt werden kann, um den Handlungsspielraum eines eingeschlossenen Aktivitätsmusters zu erweitern. *Inside View, Reflexion, Kooperation, Kommunikation und Integration* sind die fünf aus der Empirie abgeleiteten Ebenen holistischen Geschäftsmodelldesigns unter Pfadabhängigkeit. Strategic Agency ist essenziell für die Aktivitäten der Ebenen holistischen Geschäftsmodelldesigns, welche rückbezüglich sind und einer kontinuierlichen Ausübung bedürfen. Das historisch gewachsene Subsystem komplementärer Aktivitäten, die sich bis heute stark auf die Rohware Fisch beziehen, wurde im Zeitverlauf immer stärker durch informelle Regeln gesteuert, welche wiederum die Aufnahme neuer Aktivitäten bestimmten. Sollten Aktivitäten in das durch Komplementaritätseffekte pfadabhängige System eingeführt werden, mussten diese mittels der Steuerung des Geschäftsmodells integriert werden. Die Bewertung, ob Aktivitäten in das bestehende System komplementärer Aktivitäten integriert werden sollten, wurde in Abhängigkeit von dem Aufwand getroffen, mit dem die Steuerung bei der Anpassung dieser Aktivitäten an die etablierten Strukturen konfrontiert war. Dieser Zusammenhang konnte mittels „Uses of the Past" ausgenutzt werden, indem Anpassungsaufwand durch Steuerungskonformität minimiert wurde, d. h. der

[25] Vgl. Blagoev et al. (2018), S. 1757; Suddaby/ Foster (2017), S. 34.

[26] Vgl. Sydow et al. (2009).

[27] Vgl. Wadhwani et al. (2018), S. 1666.

interpretative Charakter von Geschichte bot Akteuren Agency, um historisches Wissen zur Realisierung von Integrationszielen in der Gegenwart zu nutzen.[28]

Reflexion folgte dabei auf den Inside View und umfasst ein Kontingenzbewusstsein durch Observation und Reflexion. Scharmer (2022) betont, „Form folgt Bewusstsein“[29], d. h. das System muss dazu gebracht werden, sich selbst zu sehen. Suddaby et al. (2016) beschreiben dies als „historical Consciousness“[30]. Damit ist ein gewisses Maß an Reflexivität gemeint, wie kollektive Annahmen über Geschichte das Verständnis der Gegenwart und entsprechende Vorstellungen von der Zukunft beeinflussen können.[31] Statt einer History-as-Fact-Ansicht, die durch die Konstruktion eines künstlichen Bruchs mit der Vergangenheit überwunden werden müsste, kann Wandel durch eine Neuausrichtung vorgefasster Ansichten über die Vergangenheit erreicht werden. Die Geschichte wird als Ressource genutzt, um Veränderungen zu motivieren und erfolgreich zu gestalten.[32]

Auf der folgenden Ebene der Kooperation wurden statt unilateraler bilaterale Kooperationsansätze genutzt und dadurch die gemeinsame Entwicklung eines für das spezifische Geschäftsmodell kodifizierten Standards erreicht. Die im alten Standard kodifizierte Geschichte wurde durch Erweiterung des Narrativs und strategisches Vergessen an neue Opportunities angepasst.[33] Dies offenbart die Strukturierung rekursiver Beziehungen auf den fünf Ebenen, die auf einem zeitlich-relationalen Verständnis von Handeln basiert.[34] Der neue Tarifvertrag ist z. B. als neuer Standard nicht nur ein Ergebnis der Kooperation unterschiedlicher Akteurinnen und Akteure im Geschäftsmodell, sondern er strukturiert darüber hinaus die Zusammenarbeit der Stakeholder:innen, welche ihn erschafft.[35] Der Fokus liegt klar auf Pluralität und Agency als Auslöser für Wandel. Unterschiedliche Akteure und Akteurinnen interpretieren, bearbeiten, übersetzen und integrieren gemeinsam Aktivitäten.[36]

---

[28] Vgl. Suddaby et al. (2010); Wadhwani et al. (2018), S. 1666.

[29] Scharmer (2022), S. 33.

[30] Suddaby/ Foster (2017), S. 35.

[31] Vgl. Seixas (2004).

[32] Vgl. Suddaby/ Foster (2017), S. 35.

[33] Vgl, Sinha et al. (2020), S. 581 f.

[34] Vgl. Emirbayer/ Mische (1998); Feldman/ Pentland (2003); Fisher/ Aguinis (2017); Smets/ Jarzabkowski (2013).

[35] Vgl. Garud/ Karnøe (2001), S. 20.

[36] Vgl. Carlile (2004); Lawrence/ Phillips (2019); Sahlin/ Wedlin (2008); Zahra et al. (2020).

Pfadbruch ist ein Prozess sozialer Konstruktion, weswegen der Ebene der Kommunikation eine entscheidende Rolle zukommt. Das Narrativ der Geschäftsmodellstory[37] des maritimen Traditionsunternehmens wurde zur Steuerung von Stakeholderinnen und Stakeholdern verwendet, indem deren soziale Realität durch die Reinterpretation von Geschichte verändert wurde. Dabei wurden historische Narrative als wichtiger Bestandteil von Kultur und Identität genutzt, um Sinnzuschreibungen der Akteure und Akteurinnen über Ereignisse und Handlungen zu formen. Analog zur rhetorical History[38] wurde Kommunikation eingesetzt, um Ansichten der Stakeholder:innen über die Zukunft zu beeinflussen und dadurch Wandel zu erleichtern.[39] Entgegen der Kernannahmen klassischer strategischer Managementtheorien geht es bei Zukunftsprognosen primär um die Plausibilität, Kohärenz und Akzeptanz von Aktivitäten, welche die Interpretationen der Zukunft mit der Vergangenheit und Gegenwart verknüpfen.[40] Interessant an diesem Ergebnis ist, dass das Narrativ nicht dahingehend verändert wurde, dass es das Ethos[41] Poseidons tangierte, sondern der Fokus auf der Reinterpretation des Narrativs als Repräsentation der Vergangenheit lag.[42] Diese Taktik machte sich die Tatsache zunutze, dass „the belief in the relevance of history, or the legitimacy of history as a basis for action, is fairly strong".[43]

Das heißt, eine kohärente Zukunft motiviert und eine plausible Vergangenheit legitimiert die Integration von Aktivitäten. Integration beinhaltet die Herstellung von Fit des Geschäftsmodells mit seiner Umwelt, internen Organisation und Strategie. Das Geschäftsmodell ist institutionell eingebettet, daher geht dessen Redesign notwendigerweise mit entsprechendem Wandel in Strategie, Umwelt und interner Organisation einher.[44] Der strategische Wandel erfolgte durch die Übertragung historischer auf neue Identitätsdarstellungen.[45] Durch eine rückwirkende Anreicherung der den vergangenen Ereignissen zugeschriebenen

[37] Vgl. Magretta (2002).

[38] Vgl. Suddaby et al. (2010).

[39] Vgl. Grant/ Marshak (2011); Sasaki et al. (2020); Sonenshein (2010); Suddaby et al. (2023), S. 6.

[40] Vgl. Kaplan/ Orlikowski (2013), S. 990.

[41] Vgl. Müller-Christ (2016), S. 7 f; Schein (2010), S. 21 f.

[42] Vgl. Dalpiaz/ Di Stefano (2018), S. 681 ff.

[43] Cohen/ March (1986), S. 215 zitiert in Kieser (1994), S. 619.

[44] Vgl. Suddaby et al. (2020). S. 543; Teece, (2007), S. 1341.

[45] Vgl. Sasaki et al. (2020), S. 600. Sie nennen diese diskursive Strategie „elaborating".

Bedeutungen wurde Wandel als neue, jedoch kohärente Entwicklung dargestellt.[46] In diesem Sinne wurden alte Werte, bspw. repräsentiert durch den Leitsatz „Zum Ganzen lasst uns tätig sein“, auf die strategische Neuausrichtung zwischen Tradition, Natürlichkeit und Innovation, übertragen. Auf diese Weise wurden Aktivitäten konsolidiert, die entweder traditionell legitimiert sind oder als wesentlich für die Entwicklung der Strategie erachtet wurden (in diesem Fall Franchise/ „Innovation“), indem ihre Implikationen für den aktuellen strategischen Kontext weiter artikuliert wurden.

Die aktive Nutzung der fünf Ebenen holistischen Geschäftsmodelldesigns unter Pfadabhängigkeit ermöglicht den Wandel pfadabhängiger Geschäftsmodelldesigns.

Die Integration von Opportunities und der dualen Rolle von Werttreibern erweitert das bestehende Verständnis von Geschäftsmodellen und deren Entwicklung. Die Opportunities stehen in engem Zusammenhang mit den Eigentümerinnen und Eigentümern, da sie direkten Einfluss auf diese ausüben, indem sie bestimmte Strategien verfolgen, die interne Organisation entsprechend gestalten lassen und strategische Entscheidungen für oder gegen die Reaktion auf Gelegenheiten und Bedrohungen aus der Umwelt treffen. Sie stellen initial selbst eine Opportunity in der Umwelt dar, bevor sie zu Stakeholder:innen des Geschäftsmodells werden. Die Studie demonstriert die Einflusskraft der Eigentümer:innen und damit die Wirkung von Agency der Akteure auf Persistenz und Wandel des Geschäftsmodells. Die analysierte Literatur tangiert diese lediglich vereinzelt als Moderator auf der Mikroebene in Form des CEO und der Diversität des Top-Management-Teams. Auch diese Studie deutet übereinstimmend auf die Wichtigkeit der Eigentümer:innen-Eigenschaften hin. Eigentümer:innen, wie Bakker, die aus derselben Branche kommen und Poseidon aus strategischer Motivation heraus erwarben, um bspw. Synergien zu realisieren, unterscheiden sich von solchen wie Goldhill Group, deren Kauf profitorientierter Natur war. Problematisch ist dabei, dass Käufe von Finanzinvestorinnen und -investoren an Popularität gewinnen und häufiger auftreten,[47] die strategischen Käufer:innen jedoch in dieser Studie als diejenigen identifiziert werden konnten, unter denen Wandel möglich wurde. In diesem Sinne leistet diese Studie einen Beitrag zur Owner- Identity-Literatur. Es wird in mehrfacher Hinsicht eine Erweiterung der untersuchten Geschäftsmodellliteratur vorgenommen, indem Eigentümer:innen-Wechsel als Ursprung

---

[46] Vgl. Dalpiaz/ Di Stefano (2018), S. 681 ff.; Tucker (2008), S. 2.

[47] Vgl. Decker (2008), S. 124; Haacke (2007), S. 60 ff.; Rosenbloom (2005).

von Geschäftsmodellwandel interpretiert werden können und die identifizierten Aktivitäten der Eigentümer:innen und des Top-Managements als Model des Wandelvollzugs dargestellt werden.

Erfolgreiche Geschäftsmodelle weisen einen hohen Fit mit Umwelt, Strategie und interner Organisation auf. Entsprechend wird ein Fit des Geschäftsmodells mit den Opportunities angestrebt. Der *Rightful Fit* ist ein bisher unberücksichtigtes Design Thema des Geschäftsmodells, welches in das Modell integriert wurde. Das Mehrebenen-Prozessmodell präsentiert entsprechend fünf Werttreiber, die unter dem Akronym NICER[48] zusammengefasst sind. Die NICE-Werttreiber von Zott und Amit (2010) wurden durch die Einführung des Rightful Fit erweitert. Rightful Fit betrifft die Opportunities und deren Passung mit dem Geschäftsmodell, welche sowohl Auswirkungen auf die weiteren Werttreiber als auch direkten Einfluss auf den Wert des Geschäftsmodells besitzt. Diese Verbesserung unterscheidet das vorgestellte Modell von den etablierten Modellen, wie bspw. von Zott und Amit (2010) oder Osterwalder und Pigneuer (2010). Da Opportunities als Stimulus für Geschäftsmodellwandel fungieren, trägt die Integration des Fit von Geschäftsmodell mit Opportunities in das Mehrebenen-Prozessmodell zu dessen Dynamisierung und damit dazu bei, die Entwicklung eines Geschäftsmodells im Zeitverlauf darstellen zu können.

Die Funktion eines Geschäftsmodells besteht in der *Total Value Creation.* Entsprechend ist alles für den Organisationserfolg relevant, was sich auf die Wertschaffung für die Stakeholder:innen des Geschäftsmodells auswirkt.[49] Das Mehrebenen-Prozessmodell identifiziert zwei direkte Einflussgrößen des Wertes: die Aktivitäten, welche ihn generieren, und die Werttreiber, die ihn treiben.

Die Interdependenz der Aktivitäten besitzt Einfluss auf den Organisationserfolg, da sich Anpassungs- und Performanceunterschiede von Geschäftsmodellen aus der Art und Anzahl der Aktivitätsbeziehungen ableiten lassen.[50] Positionen, welche auf Systemen komplementärer Aktivitäten beruhen, sind nachhaltiger als solche, die auf einzelnen Aktivitäten fußen.[51] Diese Wettbewerbsvorteile können sich jedoch einerseits durch eine durch Selbstverstärkung induzierte pfadabhängige Entwicklung ins Gegenteil verkehren, andererseits kann ein eingelocktes Aktivitätsmuster durch systemimmanente Selbstverstärkung wieder aufgebrochen

---

[48] **N**ovelty, Lock-**In**, **C**omplementarities, **E**fficiency, **R**ightful Fit.

[49] Für jede:n einzelne:n Stakeholder:in ist ebenfalls die Wertaneignung (Revenue Model) erfolgsrelevant.

[50] Vgl. Ethiraj und Levinthal (2008), S. 940.

[51] Vgl. Porter (1996), S. 48.

werden. Der Einfluss von Selbstverstärkung und Interdependenz der Aktivitäten auf den Organisationserfolg ist demnach gegensätzlicher Natur.

Das Geschäftsmodelldesign ist auf die Total Value Creation ausgerichtet. Die selbstverstärkende Wirkung der Werttreiber kann jedoch Pfadabhängigkeit induzieren und zur Destruktion von Wert führen. Werttreiber können entsprechend zu Wertinhibitoren werden. Entgegen bestehenden Annahmen der Geschäftsmodellforschung besteht ein durch (+/-) dargestellter, ambivalenter Einfluss von Werttreibern auf den Organisationserfolg. Dass Werttreiber sich nicht nur gegenseitig fördern, sondern auch hemmen können (+/-), ist ein weiteres Ergebnis dieser Arbeit, welches im Widerspruch zu Erkenntnissen der untersuchten Geschäftsmodellforschung steht und die Relevanz der dualen Rolle von Werttreibern in der Entwicklung von Geschäftsmodellen unterstreicht.

6.2.2 Methodischer Beitrag

Das Interesse dieser Studie richtet sich darauf, wie und warum Historie eine Rolle spielt. Der methodische Beitrag diesbezüglich resultiert aus der *Verbindung von historischer Forschung mit qualitativer Managementforschung.* Historische Forschung bietet eine einzigartige Langzeitperspektive, aus der Geschäftsmodellwandel untersucht werden kann und die eine interpretative Perspektive auf die Daten ermöglicht.[52] In dieser Studie wurde der historische Fall der Entwicklung des Poseidon-Geschäftsmodells über einen Zeitraum von über 100 Jahren herangezogen, um den Wandel im Kontext unterschiedlicher Opportunities zu untersuchen. Wirtschaftshistoriker:innen erlangten die Erkenntnis, dass dieser historische Kontext die Organisation von Unternehmen und ökonomische Systeme verändert.[53] Entsprechend erforderte die Erforschung von Pfadabhängigkeit im Geschäftsmodell ein Verständnis und eine Berücksichtigung der Kontexte, in welche jenes historisch eingebettet ist, um den komplexen und historisch informierten Beziehungen zwischen Geschäftsmodell und Opportunities Rechnung zu tragen.[54]

[52] Vgl. Yates (2014), S. 278ff.

[53] Vgl. Donzé/ Kurosawa (2013); Findlay/ O'Rourke (2003); Jones (2005); Jones/ Lubinski (2012); Lubinski/ Wadhwani (2020), S. 404.

[54] Vgl. Lubinski/ Wadhwani (2020), S. 416 f.

Die in dieser Studie untersuchten Fragestellungen und das entsprechend gewählte Forschungsdesign der historischen Einzelfallstudie implizierten die Nutzung historischer Daten und Methoden,[55] da Phänomene wie Pfadabhängigkeit sich im Zeitablauf und die Dynamik von Subsystemen sich eher über langjährige Zeitintervalle hinweg entfalten, in welchen historische Kontingenzen eine zentrale Rolle spielen.[56] Die Nutzung historischer Daten und Methoden leistet einen Beitrag zur Entwicklung der Managementforschung, indem sie die Grundlage für die kontextspezifische Erklärung des Phänomens von Pfadabhängigkeit in Geschäftsmodellen und entsprechende Implikationen liefert.

Der methodische Beitrag der Verbindung von historischer Forschung mit qualitativer Managementforschung fußt auf dem einzigartigen Datensatz, historisch-informierten Methoden, der Kombination von „History to Theory" und „History in Theory" mit der Besonderheit, dass erstere letztere fördert,[57] sowie Transparenz und Reflexion. Die historisch informierte Managementforschung erforderte einen Datensatz, der im Laufe der Zeit nachzeichnet, wie Geschäftsmodelle durch Aktivitäten in einem bestimmten, historisch eingebetteten Kontext und durch gegenseitige Interaktion Ergebnisse wie Redesigns, Überleben und nachhaltige Wettbewerbsvorteile erzielten bzw. wie ihnen dies nicht gelang.[58] Die erhobenen historischen Daten ermöglichten die Untersuchung *relativ seltener Phänomene* wie Niedergang (Hochseefischerei) und Entstehung (Systemgastronomie) von Industrien und deren Zusammenspiel mit der Entwicklung von Geschäftsmodellen.

Während historische Forschung dazu meist auf historischen Dokumenten, Zahlen, Bildern oder Artefakten fußt, nutzt qualitative Managementforschung neben Dokumenten, Zahlen und Bildern vornehmlich Interviews und Beobachtungen.[59] Für diese Studie wurden *unterschiedliche Datenarten aus unterschiedlichen Quellen* kombiniert: Dokumente, Archivdaten, Interviews und Artefakte wurden aus unterschiedlichen Archiven, Presse, Messen, Homepages und der durchgeführten Interviewstudie gewonnen. Dieses robuste Datenset erlaubte Reflexivität und

[55] Vgl. Argyres et al. (2020), S. 357, 359 f.; Kipping/ Üsdiken (2014); Rowlinson et al. (2014).

[56] Vgl. Schreyögg (2014), S. 11; Kremser/ Schreyögg (2016), S. 717.

[57] Gemäß Kipping/ Üsdiken (2014), S. 535 f. orientiert sich historisch informierte Forschung an diesen zwei Dimensionen der Verbindung von historischer Forschung mit Managementforschung. D. h. sie nutzt historische Forschungsmethoden, um Theorien kontextspezifisch zu entwickeln und/oder zu testen (History to Theory) und/oder sie bezieht Geschichte in ihre theoretischen Modelle ein (History in Theory).

[58] Vgl. Argyres et al. (2020), S. 355.

[59] Vgl. Yates (2014), S. 279.

eine kritische Auseinandersetzung mit den Datenquellen und insbesondere eine Datentriangulation.[60]

Der Datensatz wurde mit den historisch informierten Methoden der Periodisierung, Kontextualisierung und der iterativen Anwendung von Triangulation, Quellenkritik und dem hermeneutischen Zirkel analysiert, von deren Anwendung die *Tiefe und der Umfang* der Analyse profitierten.[61] Die Zerlegung der Daten in aufeinanderfolgende Perioden erlaubte die Berücksichtigung von Rückkopplungsmechanismen anhand der Untersuchung, wie die Aktivitäten einer Periode zu Veränderungen ihres Kontextes führen, die sich auf die Aktivitätsausübung in nachfolgenden Perioden auswirkten.[62] Dadurch konnte die Rolle selbstverstärkender Mechanismen in Form von Design Themen bei der Entwicklung des Geschäftsmodells dargestellt werden. Die vorgenommene Periodisierung ermöglichte ferner ein Verständnis des Kontextes im Sinne der Opportunities.[63] Dies war grundlegend wichtig für die Interpretation der Daten, die historisch, geographisch und kulturell eingebettet sind, da Wandel durch unterschiedliche Ereignisse in den jeweiligen Perioden induziert wurde. Die Nutzung von *Periodisierung als Werkzeug für Kontextualisierung* steht im Einklang mit der Forschung, welche mit historischen Methoden Beiträge zur Managementforschung und sogar zur Kontextualisierung organisationaler Theorien an sich leistete.[64] Aldrich und Ruef (2006) bspw. identifizierten Periodeneffekte als theoretisch relevant, aber empirisch untererforscht.

Die angewendete *Triangulation* der Datenquellen aus beiden Bereichen bereicherte die zusammengeführten Forschungsbereiche durch die unterschiedlichen Perspektiven. Dies ermöglichte sowohl das Aufdecken von Widersprüchen sowie die Bestätigung von Erkenntnissen in unterschiedlichen Datenquellen und damit die Robustheit der Forschungsergebnisse. Die Triangulation wurde durch *Quellenkritik* komplementiert. Quellen wurden entsprechend auf Unvollständigkeit und Verzerrungen hin untersucht. Historische Dokumente wie bspw. die Kundenzeitschriften, die Anfang des 20. Jahrhunderts entstanden, wurden auch politisch genutzt und Dokumente aus dem (Firmen-) Archiv wurden bereits bearbeitet,

[60] Vgl. Cailluet et al. (2018), S. 1814.

[61] Vgl. Argyres et al. (2020), S. 357 f.

[62] Vgl. Langley (1999), S. 703.

[63] Vgl. Fear (2014), S. 178.

[64] Vgl. Fear (2014); Wadhwani/ Bucheli (2014), S. 16.

geordnet, organisiert, katalogisiert, zur Nutzung bereitgestellt und (von Akteurinnen und Akteuren mit Agenden, welche durch einen sich von der Gegenwart unterscheidenden Kontext bestimmt waren) einer Vorauswahl unterzogen.[65]

Bei der Interpretation der historischen Dokumente spielte eine *hermeneutische Interpretation* eine wichtige Rolle, denn die Dokumente mussten im zeitlichen, sozialen, kulturellen und geografischen Kontext ihrer Entstehung interpretiert werden, um den Wert der Analyse nicht zu kompromittieren.[66] Die Kombination des hermeneutischen Zirkels mit der *großen Zahl an Quellen* erleichterte eine objektivere Interpretation des Geschäftsmodellwandels.[67]

Eine Besonderheit dieser Studie besteht darin, dass der gebildete Datensatz und die auf ihn angewendeten Methoden es ermöglichten, Geschichte und deren Nutzung als integrale Komponente in das Mehrebenen-Prozessmodell zu integrieren. D. h. die Anwendung historisch informierter Methoden erlaubte eine Weiterentwicklung der Managementforschung in der „History-to-Theory"-Dimension,[68] welche wiederum die *Grundlage für eine Weiterentwicklung in der „History-in-Theory"-Dimension* darstellte. Die historischen Daten und Methoden waren maßgeblich für die Analyse des Geschäftsmodellwandels und des damit zusammenhängenden Wandels der Opportunities im Zeitablauf sowie für die Feststellung der Ursachen von Design- und Erfolgsunterschieden von Geschäftsmodellen.[69] Die Konzentration auf die zeitliche Abfolge von Ereignissen und Aktivitäten mittels Periodisierung erleichterte bspw. durch die Berücksichtigung von Rückkopplungseffekten die Entwicklung des Mehrebenen-Prozessmodells und damit die Theorieerweiterung.[70] Die Einordnung von Aktivitäten und Ereignissen in die Kontexte, in denen sie stattfanden, lieferte eine kritische, interpretivistische Erklärung ihrer kausalen Beziehungen und beleuchtete die Determinanten und Prozesse, welche die Entwicklung des Geschäftsmodells prägten. Der historisch informierte Ansatz ermöglicht eine solidere Verankerung der Forschung zu *einer neuen Analyseebene* bei der Erklärung von Pfadabhängigkeit in Geschäftsmodellen in der empirischen Realität:[71] Komplementaritätsgetriebene Subsysteme und deren Steuerung entwickeln sich durch die Erfahrungen,

[65] Vgl. Fellman/ Popp (2013); Lipartito (2014).

[66] Vgl. Kipping et al. (2014).

[67] Vgl. Cailluet et al. (2018), S. 1816.

[68] Vgl. Argyres et al. (2020), S. 358; Kipping/ Üskiden (2014).

[69] Vgl. Kluppel et al. (2018).

[70] Vgl. Argyres et al. (2020), S. 347.

[71] Vgl. Argyris et al. (2020), S. 355; Felin et al. (2015).

die in der Auseinandersetzung mit dem spezifischen Kontext gemacht wurden.[72] Mithin konnte die Interdependenz der Aktivitäten anhand des historisch informierten Vorgehens detailliert untersucht werden. Dies ermöglichte wiederum die Untersuchung der Wirkungszusammenhänge zwischen den Modell-Ebenen und die Entwicklung einer stärker kontextualisierte Kausaltheorie der Wertgenerierung sowie die Unterstützung der Pfadabhängigkeitsanalyse.[73] Somit leisten die angewendeten historischen Methoden einen Beitrag zur Theorieentwicklung und erweitern das Verständnis von Kipping und Üsdiken (2014) über „History to Theory“ und „History in Theory“:[74] Die Dimensionen dieser Dichotomie[75] können sich bedingen und befruchten.

Durch das transparente und reflektierte Vorgehen in dieser Arbeit wurden Möglichkeiten zur Erhöhung der *Güte* veranschaulicht. Ferner trägt es zur Evaluation der Studie sowie ihres Vergleichs und ihrer Synthetisierung mit anderen Studien bei.[76]

6.2.3 Praktischer Beitrag

Über den primär angestrebten theoretischen Beitrag hinaus besitzen die Ergebnisse dieser Studie praktische Relevanz. Die große Nachfrage und Beliebtheit von Tools wie dem Business Model Canvas von Osterwalder und Pigneur (2010) oder des St. Galler Business Model Navigators (2013) unterstreicht die praktische Relevanz von Ansätzen zur Geschäftsmodellanalyse. Der grundlegende Zusammenhang, dass am Anfang eines Geschäftsmodell-Redesigns die Geschäftsmodellanalyse steht, wurde in der Managementpraxis erkannt. Bedauerlicherweise sind diese Kreativ-Baukastenmethoden für die Entwicklung von Geschäftsmodellen nur rudimentär geeignet. Zwar liefert solch eine Dokumentation des Geschäftsmodells eine wertvolle Momentaufnahme, Alternativen, Strategieveränderungen und sonstige Entwicklungen, Interaktionen der Teile und die Umwelt werden jedoch nicht erfasst. Die vorliegende Studie hingegen definiert, wie das bestehende Geschäftsmodell funktioniert, beleuchtete dessen Stärken und Schwächen und deren Einfluss auf den Unternehmenserfolg und stellte eine Grundlage für das Design, die Implementierung und die Evaluation des Geschäftsmodells bereit.

---

[72] Vgl. Schreyögg (2014), S. 11.

[73] Vgl. Argyres et al. (2020), S. 347.

[74] Kipping/ Üsdiken (2014), S. 541.

[75] Vgl. Argyres et al. (2020), S. 349.

[76] Vgl. Braun/ Clarke (2006).

Manager:innen etablierter Unternehmen können dieses iterative Vorgehen anhand folgender Schritte anwenden:

(1) Definition der Funktionsweise des gegenwärtigen Geschäftsmodells
(2) Evaluation von Geschäftsmodell-Stärken, -Schwächen und -Einfluss auf den Organisationserfolg
(3) Redesign und Implementierung des Geschäftsmodells

Bereits David (1985) betonte, dass es oft nicht möglich ist, die Funktionslogik eines Systems nachzuvollziehen, ohne ein Verständnis davon zu besitzen, wie es sich entwickelt hat.[77] Entsprechend bildet das Beschreiben der Funktionsweise des gegenwärtigen Geschäftsmodells die Voraussetzung für alle weiteren Schritte. Dazu werden bspw. Canvases, Narrative des Geschäftsmodells oder auch Activity Maps genutzt. Diese Studie entwickelte ein *Mehrebenen-Prozessmodell eines Aktivitätssystems unter Pfadabhängigkeit*[78] als grafische Repräsentation von Zotts und Amits (2010) theoretischem Modell und inkludiert Umwelt und Geschichte, d. h. es bietet durch eine umfassendere und dynamische Betrachtung eine überlegene Basis für die Analyse und das Re-design des Geschäftsmodells.

Die Evaluation von Geschäftsmodell-Stärken, -Schwächen und -Einfluss auf den Organisationserfolg erfolgte darüber hinaus anhand einer *Werttreiberanalyse*. Das Erfassen von Interdependenzen ermöglicht bzw. erleichtert das folgende Redesign, da Interdependenzen bestimmte Vorgehensweisen implizieren. Vor allem unter den ungünstigen Bedingungen von Pfadabhängigkeit ist diese Kenntnis relevant, da der schlichte Austausch einzelner Aktivitäten in einem System interdependenter Aktivitäten ineffektiv ist,[79] d. h. Handlungsempfehlungen bezüglich Pfadabhängigkeit als Wandelbarriere, welche annähernd nicht existent sind, unterscheiden sich von denen bezüglich Widerständen oder Trägheit und für Startups.

Das Redesign und die Implementierung des Geschäftsmodells erfolgte anhand der *fünf Ebenen holistischen Geschäftsmodelldesigns unter Pfadabhängigkeit*. Diese nutzen die Geschichte für Lösungen in der Gegenwart und sind daher insbesondere für etablierte Unternehmen wie das untersuchte Traditionsunternehmen relevant, um *eingeschränkte Handlungsspielräume wieder zu erweitern*.[80] Die Implikationen der fünf Ebenen für die Praxis lauten wie folgt: Statt Best Practices

---

[77] Vgl. David (1985), S. 332.

[78] Siehe Abbildung 6.1.

[79] Vgl. Blagoev/ Schreyögg (2019).

[80] Vgl. Suddaby et al. (2020), S. 533.

anzuwenden, sollten kollektive Annahmen über die Geschichte des Geschäftsmodells verstanden werden, um diese neu auszurichten und somit Motivation für das Re-design zu schaffen und dieses leichter implementieren zu können. Da Veränderungsprozesse auf das Zusammenwirken multipler handlungsmächtiger Akteure und Akteurinnen angewiesen sind, spielen Kooperationen eine bedeutende Rolle. Im Poseidon-Fall waren dies z. B. die Koopetition im BdS sowie zahlreiche Forschungskooperationen. Bilaterale Kooperationen können Standards, wie z. B. den Poseidon-Tarifvertrag, schaffen, welche Aktivitäten neu organisieren. Da Kooperationsergebnisse durch die Zusammenarbeit unterschiedlicher Akteurinnen und Akteure erzielt werden, ist Kommunikation ein wirkmächtiges Werkzeug zur Beeinflussung der Geschäftsmodellentwicklung. Das Narrativ der Geschäftsmodellstory[81] kann Metaphern wie hier den Mannschaftsgeist nutzen, um Sichtweisen der Stakeholder:innen zu beeinflussen. Poseidon setzte in seiner Kommunikation auf die emotionale Überzeugungskraft der eigenen Geschichte, Vertrauen und Glaubwürdigkeit (wie) sowie der Kohärenz neuer kommunizierter Aktivitäten mit den etablierten Werttreibern (was). Die abschließende Integration neuer Aktivitäten bzw. die Implementierung eines Redesigns fußt auf der Herstellung eines Fit des Geschäftsmodells mit seiner Umwelt, internen Organisation und Strategie, damit das Geschäftsmodell voll funktionsfähig ist und Wert im Kontext der fokalen Unternehmung schaffen kann. Fragen, die sich diesbezüglich stellen, betreffen z. B. die (Wettbewerbs-) Strategie, wichtige Ressourcen, Fähigkeiten und Kompetenzen, Anreizsysteme, Umwelttrends und Stakeholder:innen mit denen Beziehungen geknüpft und organisiert werden müssen.

Für Manager:innen impliziert mithin eine Entscheidung für Wettbewerbsvorteile, welche auf einer erschwerten Imitation auf Grundlage eines komplexen interdependenten Geschäftsmodells fußen, nicht mehr gleichzeitig eine Entscheidung gegen Flexibilität des Geschäftsmodelldesigns. *Pfade können*, wie der untersuchte Fall zeigt, *gesteuert werden*, indem systemimmanente Selbstverstärkung zur Integration von Aktivitäten und somit zum Wandel des Geschäftsmodells genutzt wird.

Aufgrund des Einbezugs der Umwelt zeigt die Studie ferner, dass Umweltveränderungen Industrien formen und sogar zerstören können.[82] Überfischung und Fangregulationen führten zum Niedergang der deutschen Hochseefischerei und hatten aufgrund industrieller Verflechtungen Einfluss auf die Systemgastronomie.

---

[81] Vgl. Magretta (2002).

[82] Ein bekanntes Beispiel sind Skigebiete, welche ohne Schnee kein tragfähiges Geschäftsmodell mehr ermöglichen. Siehe bspw. François et al. (2023), S. 935 f. Industrieverflechtungen zeigt dieses Beispiel mit der Landwirtschaft, welche auf Schmelzwasser der Bergregionen angewiesen ist.

Der untersuchte Fall betont damit die Verbindung von Nachhaltigkeitsforschung und dem Sterben oder Florieren von Industrien, insbesondere wenn diese wie im Poseidon-Fall einen starken Rohwarenbezug aufweisen; denn versiegt die Kernressource des Geschäftsmodells, kann sowohl das Geschäftsmodell als auch die Industrie, in welche dieses eingebettet ist, scheitern. Die Praxis kann daraus die Erkenntnis ziehen, dass die Etablierung eines Nachhaltigkeitsmanagements eine notwendige Erfolgsvoraussetzung darstellt, bei der Entwicklung zu einem integralen Nachhaltigkeitsmanagement jedoch die Kernprozesse in den Fokus genommen werden müssen, um den Ressourcen- und Energieverbrauch deutlich zu reduzieren und die Widersprüchlichkeit von Nachhaltigkeit und Effizienz erkennen, akzeptieren und bewältigen zu können.[83]

Das DSM kann den Datensatz der Studie im Archiv bewahren und die Forschungsergebnisse für Ausstellungen im Bereich Blue Economy (Fischerei und Tourismus) nutzen, da diese sich auf den Forschungsschwerpunkt, die Beziehung zwischen Mensch und Meer, beziehen. Auf diese Weise können die Ergebnisse dazu beitragen, die Menschen darüber zu informieren, wie die aktuelle Nutzung der Meere von historischen Bedingungen abhängt.

6.3 Limitationen und Implikationen für zukünftige Forschung

Wie jede andere Studie weist auch diese Limitationen auf, welche Möglichkeiten für zukűntige Forschung eröffnen. Vornehmlich waren das gewählte Forschungsdesign einer historischen Einzelfallstudie und die Besonderheiten der verfügbaren Daten mit Einschränkungen verbunden.

Die Vorteile der Verwendung *retrospektiver Daten* bei der Erforschung langfristiger Dynamik selbstverstärkender Mechanismen in Geschäftsmodellen überwiegen ihre Limitationen, welche jedoch nicht unerwähnt bleiben sollen. Retrospektive Interviewdaten können durch Rückschaufehler, soziale Erwünschtheit und kognitive Limitationen verzerrt sein.[84]

Da der *Untersuchungszeitraum* über hundert Jahre umfasst, konnten bestimmte Daten nicht in vergleichbarem Umfang mittels Interviews erhoben werden. Dies wirkte sich auf die Zusammensetzung der Wettbewerberkategorie und damit auf die Analyse aus. Die Wettbewerber:innen zur Gründungszeit und der ersten Hälfte des letzten Jahrhunderts überlebten allesamt nicht. Zwar konnte der Archivar des

[83] Vgl. Schallhart (2011); Schaltegger (2024).

[84] Vgl. Fischhoff (2013); Huber/ Power (1985); Nisbett/ Ross (1980).

DSM im Interview damalige Wettbewerber:innen benennen und die Unterschiede zu Poseidon darstellen, Interviews wie mit den heutigen Wettbewerberinnen und Wettbewerbern, welche zudem in einer völlig anderen Branche (Systemgastronomie vs. Fischfang) operieren, konnten jedoch nicht geführt werden. Dieser Effekt wirkt im Zeitablauf zweifellos auf alle Interviewquellen, wodurch diese Studie für zukünftige Forschung eine wertvolle Grundlage darstellt. Die Daten sind einzigartig, da sie bereits zu diesem Zeitpunkt mit denselben Interviewpartnerinnen und -partnern nicht mehr erhebbar sind. Diese Tatsache unterstreicht den Wert der Daten als solche für die Wissenskonservierung und Folgeanalyse weiterer Gesichtspunkte im Leibniz-Institut für Maritime Geschichte.

Diesen Schwächen der verwendeten retrospektiven Daten wurde durch die Integration unterschiedlicher Perspektiven auf Aktivitäten, ihre Interdependenzen und den Wandel des Geschäftsmodells entgegengewirkt. Interviewpartner:innen stammten aus unterschiedlichsten Institutionen wie bspw. Wissenschaft, Gewerkschaft, Verbände, Fachpresse oder Aufsichtsrat, welche in den Interviewdaten vier unterschiedlichen Gruppen[85] zugeordnet wurden. Innerhalb der Poseidon-Gruppe wurden Interviews in unterschiedlichen Abteilungen und Hierarchiestufen mit aktuell beschäftigten und ehemaligen Mitarbeitenden geführt. Zudem erfolgte eine Datentriangulation mittels Sekundärdaten aus unterschiedlichsten Quellen, um Verzerrungen auszugleichen. Zudem implizierte die eingangs formulierte Fragestellung ein theoriegeleitetes Vorgehen, bei welchem die Tragfähigkeit der in der Theorieintegration entwickelten Ideen auf Basis selbsterhobener empirischer Daten aufgezeigt wurde, was den Stellenwert der Nachteile retrospektiver Daten für diese Studie verringert.

Zukünftige Forschung könnte durchaus andere Datenarten heranziehen. Bezüglich präskriptiver Daten stellen Simulationsstudien[86] eine vielversprechende Wahl dar. Diese könnten die in dieser Studie erarbeiteten Modellerweiterungen anhand eines Models auf Grundlage von Kauffman (1993) modellieren. Entsprechend gingen Levinthal (1997) und Rivkin (2000) vor. Rivkin (2000) zeigte, wie eine enge Kopplung zwischen den Elementen einer Strategie einen erfolgreichen Markt vor Nachahmung schützt, und Levinthal (1997) identifizierte eine dunkle Seite der Kopplung: Erfolgreiche Unternehmen mit eng gekoppelten

[85] Experten, Poseidon GmbH, Lieferanten und Ausgründungen der Poseidon GmbH, Wettbewerber.

[86] Obschonka (2014) zeigt bspw. anhand eines agentenbasierten Simulationsmodells, welches auf dem Lernmodell von March (1991) basiert, ob und wie organisationaler Pfadbruch herbeigeführt werden kann.

Systemen weisen eine erschwerte Anpassung angesichts von Umweltveränderungen auf. Die Fusion der Modelle, mit dem Fokus auf die in dieser Studie erarbeiteten Erkenntnisse, stellt eine interessante Erweiterung dar, wenn das Model zeigt, welche Prozesse innerhalb der Subsysteme stattfinden und warum Modularität auch zu Anpassungsproblemen des Gesamtsystems führen kann.

Die historische Einzelfallstudie Poseidon ist in das Feld der Systemgastronomie und den deutschen Kontext eingebettet und umfasst, beginnend mit der Unternehmensgründung 1896, einen spezifischen Zeitraum, was ihre *empirische Generalisierbarkeit einschränkt*. Die bewusste Entscheidung für dieses *Forschungsdesign* ermöglichte jedoch die detaillierte Analyse der Aktivitäten des Geschäftsmodells und dessen Wandel im Zeitverlauf und mithin die angestrebte Theorieerweiterung.[87] Die Erweiterung des Forschungsfeldes (von Reederei und Fischfang zu Handel und Systemgastronomie), in welchem Poseidon eingebettet ist, und der entsprechende Geschäftsmodellwandel, macht den Fall einzigartig. Er bietet die Möglichkeit, Wandel unter unterschiedlichsten – auch pfadabhängigen – Bedingungen zu erforschen. Der spezifische nationale Kontext, der beide Weltkriege und deren drastische Folgen für die systemrelevante Fischindustrie umfasst, hat die Entwicklung des Geschäftsmodells nachhaltig geprägt. Entsprechend fruchtbar erscheint die Erforschung der Rolle sowohl unterschiedlicher institutioneller Kontexte[88] als auch des Machtgefälles bei der Entstehung und dem Umgang mit Pfadabhängigkeit in Geschäftsmodellen mit einem vergleichenden Fallstudiendesign. Geschäftsmodelle unterschiedlicher Länder und Branchen könnten dahingehend verglichen werden, welche Opportunities und welche Werttreiber dominieren und inwiefern sich dies auf mögliche Lösungsstrategien auswirkt. Vorstellbar wäre bspw. eine höhere Effizienzorientierung in Hochtechnologiebranchen aufgrund kürzerer Lernzyklen auf Basis einer direkten Produktion und Auswertung einer Vielzahl messbarer technischer Daten und entsprechend schnelleren Designanpassungen.

Der *theoretische Fokus* der Studie leistet einen Forschungsbeitrag im entsprechenden Feld, schließt jedoch eine Befruchtung oder Kombination mit anderen theoretischen Konzepten in der zukünftigen Forschung nicht aus, im Gegenteil, denn Pfadabhängigkeit kann technologischer, (inter-) organisationaler, institutioneller etc. Natur sein, was vielfältige Anwendungsbereiche eröffnet.[89] Die Ergebnisse der Studie offenbaren die bedeutende Rolle von Opportunities

[87] Vgl. Eisenhardt (2021), S. 156 f.

[88] Dobusch und Schüssler (2014) untersuchten bspw. die Auswirkungen von Urheberrechtsregulationen in der deutschen Musikindustrie auf Geschäftsmodellinnovationen.

[89] Vgl. David (1985); Mallach (2013); North (1990); Stöppler (2021); Sydow et al. (2009).

und der Eigentümer:innen bezüglich der Geschäftsmodellentwicklung. Diese interessanten Aspekte könnten folgend mit theoretischen Perspektiven wie der neuen Institutionentheorie oder Machttheorien eingehender untersucht werden, da Aktivitätssysteme immer in einen institutionellen Kontext eingebettet und ihre Entwicklung zweifellos auch durch Machtunterschiede beeinflusst sind.[90] Realität ist sozial konstruiert und die Prozesse dieser Konstruktion sind von heterogenen Formen der Macht durchzogen.[91] Der Schnittpunkt von sozialer Konstruktion und Agency eröffnet Anknüpfungspunkte zu unterschiedlichen Feldern der Sozialwissenschaften neben der Wirtschaftswissenschaft wie Soziologie, Psychologie, Politikwissenschaften oder Antropologie. Lawrence und Phillips (2019) beschreiben bspw., wie Akteure zielgerichtet in der sozialen Konstruktion von Organisationen mitwirken.[92] Entsprechend lohnenswert ist eine weitere spezifische Analyse der veränderungsprozessformenden Akteure und Akteurinnen und ihrer Aktivitäten. Diese ließe sich z. B. in Verbindung mit der Strukturationstheorie durchführen, welche soziale Praktiken im Sinne wiederkehrender Handlungen in das Zentrum der Betrachtung stellt.[93] Würde dabei ein Fokus auf selbstverstärkende Mechanismen gelegt, die zur Entfaltung ihres Potentials kontinuierlich umgesetzt werden und mit denen Aktivitäten harmonieren müssen, könnte dies das Verständnis von Wandel unter Pfadabhängigkeit erweitern.

Der *analytische Fokus* dieser Studie liegt auf dem Wandel des Geschäftsmodells unter pfadabhängigen Bedingungen und den diesbezüglich relevanten Mechanismen. Ein Subsystem und ein Geschäftsmodell standen im Mittelpunkt der Betrachtung. Der nächste logische Forschungsschritt stellt die Untersuchung des Zusammenspiels von Subsystemen, Geschäftsmodellen und Geschäftsmodellportfolios dar. Wirken auf diesen Ebenen andere Mechanismen und ergeben sich differierende Implikationen? Zukünftige Forschung könnte ihren Fokus dabei auf das Zusammenspiel technologischer und organisationaler Dynamik legen und untersuchen, wie digitale Technologien den Wandel von Geschäftsmodellen beeinflussen. Technologieeinsatz ermöglicht Aktivitätsarchitekturen, die sich durch eine größere Aktivitätsdichte auszeichnen, was die (pfadabhängige) Entwicklung von (Sub)Systemen beeinflusst. Entsprechende Erkenntnisse wären für

---

[90] Gemäß Bothe/ Decker-Lange (2023) führte Globalisierung (Opportunity) in der deutschen Schiffbauindustrie zu ungleichen Machtpositionen unter den Arbeitnehmerinnen und Arbeitnehmern.

[91] Vgl. Berger/ Luckmann (1966); Djelic/ Quack (2007); Valorinta et al. (2011).

[92] Vgl. Lawrence/ Phillips (2019).

[93] Vgl. Giddens (1984).

das Management von Geschäftsmodellen relevant, da dies möglichen Lock-ins entgegenwirken könnte.

Der Poseidon-Fall gibt Einblick in die Steuerung von Pfaden durch den paradoxen Einsatz systemimmanenter Selbstverstärkung und demonstriert mithin die Dualität von Stabilität und Wandel. Die Verbindung von Pfadabhängigkeit in Geschäftsmodellen mit dem Erfolg und dem Überleben von Organisationen unterstreicht den Nutzen der Erforschung dieser dynamischen Stabilität.

Literaturverzeichnis

Abbott, A. (1983). Sequences of social events: Concepts and methods for the analysis of order in social processes. *Historical Methods: A Journal of Quantitative and Interdisciplinary History, 16*(4),129–147.

Abbott, A. (2001). *Time matters: On theory and method.* Chicago: University of Chicago Press.

Abolfathi, N., Fosfuri, A., & Santamaria, S. (2022). Out of the trap: Conversion funnel business model, customer switching costs, and industry profitability. *Strategic Management Journal, 43*(9),1872–1896.

Academy of Management (2024): *2019 Publication Awards.* Abgerufen am 06.12.24 von: https://aom.org/membership/awards-and-recognition/publication-awards/2019-publication-awards

Achtenhagen, L., Melin, L., & Naldi, L. (2013). Dynamics of business models – strategizing, critical capabilities and activities for sustained value creation. *Long Range Planning, 46*(6), 427–442.

Ackermann, R. (2001). *Pfadabhängigkeit, Institutionen und Regelreform.* Tübingen: Mohr Siebeck.

Ackoff, R. L. (2005). Creating the corporate future. Lucus, M. (Hrsg.). *Understanding Business: Environments*, 217–227. London: Routledge.

Afuah, A. (2014). *Business model innovation: concepts, analysis, and cases.* London: Routledge.

Afuah, A., & Tucci, C. L. 2001. *Internet business models and strategies: Text and cases.* New York: McGraw-Hill.

Agrawal, V., Atasu, A., & Ülkü, S. (2021). Leasing, modularity, and the circular economy. *Management Science, 67*(11), 6782–6802.

Ahuja, G., & Novelli, E. (2016). Incumbent responses to an entrant with a new business model: resource co-deployment and resource re-deployment strategies. *Resource Redeployment and CorporateStrategy 35*, 125–153.

Albert, D., Kreutzer, M., & Lechner, C. (2015). Resolving the paradox of interdependency and strategic renewal in activity systems. *Academy of Management Review, 40*(2), 210–234.

A. Mallach, *Geschäftsmodelle zwischen Tradition und Innovation*,
https://doi.org/10.1007/978-3-658-51169-2

Ali, Q., Parveen, S., Yaacob, H., Rani, A. N., & Zaini, Z. (2022). Environmental beliefs and the adoption of circular economy among bank managers: Do gender, age and knowledge act as the moderators?*Journal of Cleaner Production*, *361*, 132276.

Alvesson, M. (2003). Beyond neopositivists, romantics, and localists: A reflexive approach to interviews in organizational research. *Academy of Management Review*, *28*(1), 13–33.

Amit, R., & Schoemaker, P. J. (1993). Strategic assets and organizational rent. *Strategic Management Journal*, *14*(1), 33–46.

Amit, R., & Zott, C. (2001). Value creation in e-business. *Strategic Management Journal*, *22*(6–7), 493–520.

Amit, R., & Zott, C. (2010). Business model innovation: Creating value in times of change. IESE Business School Working Paper No. 870, Abgerufen am 06.12.24 von: https://ssrn.com/abstract=1701660

Amit, R., & Zott, C. (2011). The business model: a growing domain of scholarly inquiry. Markman, G. D., & Phan, P. H. (Hrsg.). *The Competitive Dynamics of Entrepreneurial Market Entry*, 465–511.Cheltenham: Edward Elgar Publishing.

Amit, R., & Zott, C. (2015). Crafting business architecture: The antecedents of business model design. *Strategic Entrepreneurship Journal*, *9*(4), 331–350.

Amit, R., & Zott, C. (2021). *Business model innovation strategy: transformational concepts and tools for entrepreneurial leaders*. Hoboken: John Wiley & Sons, Inc.

Anand, B. N., & Khanna, T. (2000). Do firms learn to create value? The case of alliances. *Strategic Management Journal*, *21*(3), 295–315.

Anderson, P., & Tushman, M. L. (1990). Technological discontinuities and dominant designs: A cyclical model of technological change. *Administrative Science Quarterly*, *35*, 604–633.

Anthias, F. (2002). Where do I belong? Narrating collective identity and translocational positionality. *Ethnicities*, *2*(4), 491–514.

Argote, L. (2012). *Organizational learning: Creating, retaining and transferring knowledge*. Luxemburg: Springer Science & Business Media.

Argyres, N. S., De Massis, A., Foss, N. J., Frattini, F., Jones, G., & Silverman, B. S. (2020). History-informed strategy research: The promise of history and historical research methods in advancing strategy scholarship. *Strategic Management Journal*, *41*(3), 343–368.

Argyris, J., Faust, G., Haase, M., & Friedrich, R. (2017). *Die Erforschung des Chaos: Dynamische Systeme*. Heidelberg: Springer-Verlag.

Arrow, K. J. (2004). Path dependence and competitive equilibrium. Guinnane, T., Whatley, W. C., Whatley, & Sundstrom, W. (Hrsg.). *History matters: Essays on economic growth, technology, and demographic change*, 23–35. Redwood City: Stanford University Press.

Arthur, W. B. (1989). Competing technologies, increasing returns, and lock-in by historical events. *The Economic Journal*, *99*(394), 116–131.

Arthur, W.B. (1994): *Increasing returns and path dependency in the economy*. Ann Arbor: University of Michigan Press.

Arthur, W. B. (1996). Increasing returns and the new world of business. Faulkner, D. (Hrsg.). *Strategy: Critical Perspectives on business and management*, 43–55. London: Routledge

Aspara, J., Lamberg, J. A., Laukia, A., & Tikkanen, H. (2013). Corporate business model transformation and inter-organizational cognition: The case of nokia. *Long Range Planning*, *46*(6), 459–474.

Aversa, P., Haefliger, S., Hueller, F., & Reza, D. G. (2021). Customer complementarity in the digital space: Exploring Amazon's business model diversification. *Long Range Planning, 54*(5), 101985.

Aversa, P., Haefliger, S., & Reza, D. G. (2017). Building a winning business model portfolio. *MIT Sloan Management Review, 58*(4), 49–54.

Aversa, P., Huyghe, A., & Bonadio, G. (2021). First impressions stick: Market entry strategies and category priming in the digital domain. *Journal of Management Studies, 58*(7), 1721–1760.

AWI (2024). Mak-Pak. Abgerufen am 06.12.24 von: https://www.awi.de/forschung/besondere-gruppen/aquakultur/marine-aquakultur/forschung/mak-pak.html

Baden-Fuller, C., & Haefliger, S. (2013). Business models and technological innovation. *Long Range Planning, 46*(6), 419–426.

Baden-Fuller, C., & Mangematin, V. (2013). Business models: A challenging agenda. *Strategic Organization, 11*(4), 418–427.

Baden-Fuller, C., & Morgan, M. S. (2010). Business models as models. *Long Range Planning, 43*(2–3), 156–171.

Baetge, J. (2013). *Betriebswirtschaftliche Systemtheorie: Regelungstheoretische Planungs-Überwachungsmodelle für Produktion, Lagerung und Absatz* (7. Aufl.). Heidelberg Springer-Verlag.

Baldwin, C. Y., & Clark, K. B. (2009). Managing in an age of modularity. Garud, R., Kumaraswamy A., & Langlois, R. N. (Hrsg.). *Managing in the modular age: Architectures, networks, and organizations* (2. Aufl.). 84–93. Hoboken: John Wiley & Sons.

Bansal, T., Crilly, D., Jansen, K., Langley, A., Okhuysen, G., & Shipp, A. (2020). Theorizing time in management and organizations. *Academy of Management Review*, 1–13.

Baptista, P., Geaneotes, A., Ishikawa, E., Jenkins, B., & Masuoka, T. (2011). *Accelerating inclusive business opportunities: business models that make a difference: Acelerando as oportunidades de negócios: inclusivos modelos de negócios que fazem a diferença. World Bank.* Abgerufen am 06.12.24 von: https://coilink.org/20.500.12592/nd22gc

Basile, A., & Faraci, R. (2015). Aligning management model and business model in the management innovation perspective: The role of managerial dynamic capabilities in the organizational change. *Journal of Organizational Change Management, 28*(1), 43–58.

Bassanini, A. P., & Dosi, G. 2001. When and how chance and human will can twist the arms of Clio: An essay on path dependence in a world of irreversibilities. Garud, R., & Karnøe, P. (Hrsg.). *Path dependence and creation*, 41–68. Hillsdale: Lawrence Erlbaum Associates.

Baumann, O., Schmidt, J., & Stieglitz, N. (2019). Effective search in rugged performance landscapes: A review and outlook. *Journal of Management, 45*(1), 285–318.

Baur, N. (2005). *Verlaufsmusteranalyse Methodologische Konsequenzen der Zeitlichkeit sozialen Handelns.* Wiesbaden: VS-Verlag für Sozialwissenschaften.

BdS (2021). *NORDSEE treibt Digitalisierung voran – noch mehr Service für Fisch-Fans: Die NORDSEE App ist jetzt um digitalen Bestellprozess erweitert.* Abgerufen am 06.12.21 von: https://www.bundesverband-systemgastronomie.de/de/bdsnachricht/nordsee-treibt-digitalisierung-voran-noch-mehr-service-fuer-fisch-fans-die-nordsee-app-ist-jetzt-um-digitalen-bestellprozess-erweitert.html

Beckman, C. M., & Burton, M. D. (2008). Founding the future: Path dependence in the evolution of top management teams from founding to IPO. *Organization Science, 19*(1), 3–24.

Bellman, R., Clark, C. E., Malcolm, D. G., Craft, C. J., & Ricciardi, F. M. (1957). On the construction of a multi-stage, multi-person business game. *Operations Research, 5*(4), 469–503.

Berelson, B. (1952). *Content Analysis in Communication Research.* Glencoe: Free Press.

Berger Peter, L., & Luckmann, T. (1966). *The social construction of reality: A treatise in the sociology of knowledge.* Garden City: First Anchor.

Berger, P. L., & Luckmann, T. (1966). *The Social Construction of Reality.* New York: Anchor.

Bertelsmann Stiftung (2024). *Je stärker Unternehmen sich wandeln, desto nachhaltiger werden sie.* Abgerufen am 06.12.24 von: https://www.bertelsmann-stiftung.de/de/themen/aktuelle-meldungen/2024/mai/je-staerker-unternehmen-sich-wandeln-desto-nachhaltiger-werden-sie

Bettez, S. C. (2015). Navigating the complexity of qualitative research in postmodern contexts: Assemblage, critical reflexivity, and communion as guides. *International Journal of Qualitative Studies in Education, 28*(8), 932–954.

Bissinger, M. (2005). *Die Geschichte der Markenmacher: 75 Jahre Unilever in Deutschland.* Hamburg: Hoffmann und Campe.

Björkdahl, J. (2020). Strategies for digitalization in manufacturing firms. *California Management Review, 62*(4), 17–36.

Blackler, F. (1993). Knowledge and the theory of organizations: Organizations as activity systems and the reframing of management. *Journal of Management Studies, 30*(6), 863–884.

Blagoev, B., Felten, S., & Kahn, R. (2018). The career of a catalogue: Organizational memory, materiality and the dual nature of the past at the British museum (1970-Today). *Organization Studies, 39*(12), 1757–1783.

Blagoev, B., & Schreyögg, G. (2019). Why do extreme work hours persist? Temporal uncoupling as a new way of seeing. *Academy of Management Journal, 62*(6), 1818–1847.

Bock, A. J., Opsahl, T., George, G., & Gann, D. M. (2012). The effects of culture and structure on strategic flexibility during business model innovation. *Journal of Management Studies, 49*(2), 279–305.

Bocken, N. M., & Geradts, T. H. (2020). Barriers and drivers to sustainable business model innovation: Organization design and dynamic capabilities. *Long Range Planning, 53*(4), 101950.

Boeker, W. (1989). The development and institutionalization of subunit power in organizations. *Administrative Science Quarterly, 34*(3), 388–410.

Bogers, M., Chesbrough, H., Heaton, S., & Teece, D. J. (2019). Strategic management of open innovation: A dynamic capabilities perspective. *California Management Review, 62*(1), 77–94.

Bohn, C., & Unbehauen, H. (2016). *Identifikation dynamischer Systeme.* Wiesbaden: Springer Fachmedien Wiesbaden.

Bohnsack, R., Pinkse, J., & Kolk, A. (2014). Business models for sustainable technologies: Exploring business model evolution in the case of electric vehicles. *Research Policy, 43*(2), 284–300.

Bothe, K., & Decker-Lange, C. (2023). Globalization from below: Labor inequality in the German shipbuilding industry, 1960–2000. *Enterprise & Society, 24*(4), 1093–1118.

Bouchikhi, H., & Kimberly, J. R. (2003). Escaping the identity trap. *MIT Sloan Management Review, 44*(3), 20–26.

Bourdieu, P., & Wacquant, L. J. (1992). *An Invitation to Reflexive Sociology.* Chicago: University of Chicago Press.

Brandes, W. (1998). *Nordsee: Geschichten über die größte deutsche Fischdampfer-Reederei.* Bremen: Edition Temmen.

Brannen, J. (2017). *Mixing methods: Qualitative and quantitative research.* London: Routledge.

Braun, V., & Clarke, V. (2006). Using thematic analysis in psychology. *Qualitative Research in Psychology, 3*(2), 77–101.

Brennan, R. L., & Prediger, D. J. (1981). Coefficient kappa: Some uses, misuses, and alternatives. *Educational and Psychological Measurement, 41*(3), 687–699.

Brown, A. P. (2010). Qualitative method and compromise in applied social research. *Qualitative Research, 10*(2), 229–248.

Brown, J. D. (2001). *Using surveys in language programs.* Cambridge: Cambridge University Press.

Bruggeman, D. (2002). NASA: A path dependent organization. *Technology in Society, 24*(4), 415–431.

Brunt, L. (2001). Into the community. Atkinson, P., Coffey, A., Delamont, S., Lofland, J., & Lofland, L. *Handbook of ethnography*, 80–91. Thousand Oaks: Sage Publications.

Brusoni, S., & Prencipe, A. (2006). Making design rules: A multidomain perspective. *Organization Science, 17*(2), 179–189.

Bryman, A. (1988). *Quantity and quality in social research.* London: Routledge.

Budler, M., Župič, I., & Trkman, P. (2021). The development of business model research: A bibliometric review. *Journal of Business Research, 135*, 480–495.

Burgelman, R. A. (1983). Corporate entrepreneurship and strategic management: Insights from a process study. *Management Science, 29*(12), 1349–1364.

Burgelman, R. A. (1994). Fading memories: A process theory of strategic business exit in dynamic environments. *Administrative Science Quarterly, 39*(19), 24–56.

Burgelman, R. A., Snihur, Y., & Thomas, L. D. W. (2022). Why multibusiness corporations split: CEO strategizing as the ecosystem evolves. *Journal of Management, 48*(7), 2108–2151.

Cahoon, S., Pateman, H., & Chen, S. L. (2013). Regional port authorities: leading players in innovation networks? *Journal of Transport Geography, 27*, 66–75.

Cailluet, L., Gorge, H., & Özçağlar-Toulouse, N. (2018). 'Do not expect me to stay quiet': Challenges in managing a historical strategic resource. *Organization Studies, 39*(12), 1811–1835.

Caputo, A., Pizzi, S., Pellegrini, M. M., & Dabić, M. (2021). Digitalization and business models: Where are we going? A science map of the field. *Journal of Business Research, 123*, 489–501.

Carlile, P. R. (2004). Transferring, translating, and transforming: An integrative framework for managing knowledge across boundaries. *Organization Science, 15*(5), 555–568.

Casadesus-Masanell, R., & Llanes, G. (2011). Mixed source. *Management Science, 57*(7), 1212–1230.

Casadesus-Masanell, R., & Ricart, J. E. (2010). From strategy to business models and onto tactics. *Long Range Planning, 43*(2–3), 195–215.

Casadesus-Masanell, R., & Zhu, F. (2013). Business model innovation and competitive imitation: The case of sponsor-based business models. *Strategic Management Journal, 34*(4), 464–482.

Cassell, C., & Symon, G. (2015). Qualitative research in organizations and management: Ten years on. *Qualitative Research in Organizations and Management: An International Journal, 10*(4), 1–10.

Chesbrough, H. (2006). *Open business models: How to thrive in the new innovation landscape*. Brighton: Harvard Business Press.

Chesbrough, H. (2007a). Business model innovation: it's not just about technology anymore. *Strategy & Leadership, 35*(6), 12–17.

Chesbrough, H. W. (2007b). Why companies should have open business models. *MIT Sloan Management Review*. 48 (2), 22–28.

Chesbrough, H. (2010). Business model innovation: Opportunities and barriers. *Long Range Planning, 43*(2–3), 354–363.

Chesbrough, H., & Rosenbloom, R. S. (2002). The role of the business model in capturing value from innovation: evidence from Xerox Corporation's technology spin-off companies. *Industrial and Corporate Change, 11*(3), 529–555.

Child, J. (1997). Strategic choice in the analysis of action, structure, organizations and environment: Retrospect and prospect. *Organization Studies, 18*(1), 43–76.

Chouinard, Y. (2016). *Let my people go surfing: The education of a reluctant businessman--Including 10 more years of business unusual*. München: Penguin.

Christensen, T. B., Wells, P., & Cipcigan, L. (2012). Can innovative business models overcome resistance to electric vehicles? Better Place and battery electric cars in Denmark. *Energy policy, 48*, 498–505.

Climent, R. C., & Haftor, D. M. (2021). Value creation through the evolution of business model themes. *Journal of Business Research, 122*, 353–361.

Cloutier, C., & Langley, A. (2020). What makes a process theoretical contribution? *Organization Theory, 1*, 1–32.

Coase, R. H. 1993. The nature of the firm: Influence. Williamson, O. E., & Winter, S. G. (Hrsg.). *The Nature of the Firm*, 61–74. Oxford: Oxford University Press.

Cohen, M. D., & March, J. G. (1986). Leadership and ambiguity. *The American College President*. Boston: Harvard Business School Press.

Corbin, J., & Strauss, A. (1996). Analytic ordering for theoretical purposes. *Qualitative Inquiry, 2*(2), 139–150.

Correani, A., De Massis, A., Frattini, F., Petruzzelli, A. M., & Natalicchio, A. (2020). Implementing a digital strategy: Learning from the experience of three digital transformation projects. *California Management Review, 62*(4), 37–56.

Cowan, R. (1990). Nuclear power reactors: a study in technological lock-in. *The Journal of Economic History, 50*(3), 541–567.

Cozzolino, A., Verona, G., & Rothaermel, F. T. (2018). Unpacking the disruption process: New technology, business models, and incumbent adaptation. *Journal of Management Studies, 55*(7), 1166–1202.

Crouch, C., & Farrell, H. (2004). Breaking the path of institutional development? Alternatives to the new determinism. *Rationality and Society, 16*(1), 5–43.

Cuc, J. E. (2019). Trends of business model research: A bibliometric analysis. *Journal of Business Models, 7*(5), 1–24.

Cunliffe, A. L. (2011). Crafting qualitative research: Morgan and Smircich 30 years on. *Organizational Research Methods, 14*(4), 647–673.

Dalpiaz, E., & Di Stefano, G. (2018). A universe of stories: Mobilizing narrative practices during transformative change. *Strategic Management Journal, 39*(3), 664–696.

Davenport, T. H. (2005). The coming commoditization of processes. *Harvard Business Review, 83*(6), 100–108.

David, P. A. (1985). Clio and the economics of QWERTY. *The American Economic Review, 75*(2), 332–337.

David, P. A. (1986). Understanding the economics of QWERTY: The necessity of history. Parker, W. N. (Hrsg.). *Economic history and the modern economist*, 30–49. Oxford: Blackwell Publishing.

David, P. A. (1994). Why are institutions the 'carriers of history'?: Path dependence and the evolution of conventions, organizations and institutions. *Structural Change and Economic Dynamics, 5*(2), 205–220.

David, P. A. (2007). Path dependence: a foundational concept for historical social science. *Cliometrica, 1*(2), 91–114.

Davidson, C. (2009). Transcription: Imperatives for qualitative research. *International Journal of Qualitative Methods, 8*(2), 35–52.

De Jong, M., & van Dijk, M. (2015). Disrupting beliefs: A new approach to business-model innovation. *McKinsey Quarterly, 3*(3), 1–10.

Dean, J., Furness, P., Verrier, D., Lennon, H., Bennett, C., & Spencer, S. (2018). Desert island data: An investigation into researcher positionality. *Qualitative Research, 18*(3), 273–289.

Decker, C. (2008) *Legitimacy needs as drivers of business exit*. Wiesbaden: Springer Gabler.

Decker, C., & Günther, C. (2017). The impact of family ownership on innovation: Evidence from the German machine tool industry. *Small Business Economics, 48*(1), 199–212.

Deeg, R. (2001). Institutional change and the uses and limits of path dependence: The case of German Finance. *MPIfG Discussion Paper, 1*(6). Abgerufen am 06.12.24 von: https://ssrn.com/abstract=1013345

DEHOGA (2019). System Gastronomie in Deutschland 2019 (18. Aufl.). Abgerufen am 06.12.24 von: https://www.dehoga-bundesverband.de/fileadmin/Startseite/06_Presse/Publikationen/System Gastro2019_US.pdf

Demil, B., & Lecocq, X. (2010). Business model evolution: In search of dynamic consistency. *Long Range Planning, 43*(2–3), 227–246.

Demil, B., Lecocq, X., Ricart, J. E., & Zott, C. (2015). Introduction to the SEJ special issue on business models: Business models within the domain of strategic entrepreneurship. *Strategic Entrepreneurship Journal, 9*(1), 1–11.

Denzin, N. K. (2017). *The research act: A theoretical introduction to sociological methods*. London: Routledge.

Dijkstra, H., van Beukering, P., & Brouwer, R. (2022). Marine plastic entrepreneurship; Exploring drivers, barriers and value creation in the blue economy. Sustainable *Technology and Entrepreneurship, 1*(3), 100018.

DiMaggio, P. J. (1991). Introduction. Powell, W., W., & DiMaggio, P., J., *The New Institutionalism in Organizational Analysis*. Chicago: University of Chicago Press.

Dobrev, S. D. (2001). Revisiting organizational legitimation: Cognitive diffusion and sociopolitical factors in the evolution of Bulgarian newspaper enterprises, 1846–1992. *Organization studies, 22*(3), 419–444.

Dobusch, L., & Quack, S. (2011). Interorganisationale Netzwerke und digitale Gemeinschaften: Von Beiträgen zu Beteiligung? Conrad, P., Sydow, J. (Hrsg.). *Organisation und Umwelt: Managementforschung 21*, 171–213.

Dobusch, L., & Schüßler, E. (2013). Theorizing path dependence: A review of positive feedback mechanisms in technology markets, regional clusters, and organizations. *Industrial and Corporate Change, 22*(3), 617–647.

Dobusch, L., & Schüßler, E. (2014). Copyright reform and business model innovation: Regulatory propaganda at German music industry conferences. *Technological Forecasting and Social Change, 83*, 24–39.

Doganova, L., & Eyquem-Renault, M. (2009). What do business models do? Narratives, calculation and market exploration. *Research Policy, 38*(10), 1559–1570.

Dohrmann, S., Raith, M., & Siebold, N. (2015). Monetizing social value creation–a business model approach. *Entrepreneurship Research Journal, 5*(2), 127–154.

Donthu, N., Kumar, S., Mukherjee, D., Pandey, N., & Lim, W. M. (2021). How to conduct a bibliometric analysis: An overview and guidelines. *Journal of Business Research, 133*, 285–296.

Donzé, P. Y., & Kurosawa, T. (2013). Nestlé coping with Japanese nationalism: Political risk and the strategy of a foreign multinational enterprise in Japan, 1913–45. *Business History, 55*(8), 1318–1338.

Doz, Y. L. (1998). *Alliance advantage: The art of creating value through partnering*. Boston: Harvard Business School Press.

Döring, N., & Bortz, J. (2016). *Forschungsmethoden und Evaluation in den Sozial- und Humanwissenschaften* (5. Aufl.). Heidelberg: Springer.

Doz, Y. L., & Kosonen, M. (2010). Embedding strategic agility: A leadership agenda for accelerating business model renewal. *Long Range Planning, 43*(2–3), 370–382.

Drazin, R., & Van de Ven, A. H. (1985). Alternative forms of fit in contingency theory. *Administrative Science Quarterly*, 514–539.

Dresing, T., & Pehl, T. (2018). *Praxisbuch Transkription. Regelsysteme, Software und praktische Anleitungen für qualitative ForscherInnen*, (8. Aufl.). Abgerufen am 06.12.24 von: https://www.audiotranskription.de/wp-content/uploads/2020/11/Praxisbuch_08_01_web.pdf

Dyer, J. H., & Nobeoka, K. (2000). Creating and managing a high-performance knowledge-sharing network: the Toyota case. *Strategic Management Journal, 21*(3), 345–367.

Dyer, J. H., & Singh, H. (1998). The relational view: Cooperative strategy and sources of interorganizational competitive advantage. *Academy of Management Review, 23*(4), 660–679.

Eden, L. (2004). *Whole world on fire: Organizations, knowledge, and nuclear weapons devastation*. Ithaca: Cornell University Press.

Eisenhardt, K. M. (1989). Building theories from case study research. *Academy of Management Review, 14*(4), 532–550.

Eisenhardt, K. M. (2021). What is the Eisenhardt Method, really? *Strategic Organization, 19*(1), 147–160.

Eisenhardt, K. M., Graebner, M. E., & Sonenshein, S. (2016). Grand challenges and inductive methods: Rigor without rigor mortis. *Academy of Management Journal, 59*(4), 1113–1123.

Elo, S., Kääriäinen, M., Kanste, O., Pölkki, T., Utriainen, K., & Kyngäs, H. (2014). Qualitative content analysis: A focus on trustworthiness. *SAGE Open, 4*(1), 1–10.

Emirbayer, M., & Mische, A. (1998). What is agency? *American Journal of Sociology, 103*(4), 962–1023.

Engeström, Y. (1987). *Learning by Expanding: An activity-theoretical approach to developmental research.* Helsinki: Orienta-Konsultit.

Ethiraj, S. K., & Levinthal, D. (2004). Modularity and innovation in complex systems. *Management Science, 50*(2), 159–173.

Ethiraj, S. K., Levinthal, D., & Roy, R. R. (2008). The dual role of modularity: Innovation and imitation. *Management Science, 54*(5), 939–955.

Falagas, M. E., Pitsouni, E. I., Malietzis, G. A., & Pappas, G. (2008). Comparison of PubMed, Scopus, web of science, and Google scholar: strengths and weaknesses. *The FASEB Journal, 22*(2), 338–342.

Farjoun, M. (2010). Beyond dualism: Stability and change as a duality. *Academy of Management Review, 35*(2), 202–225.

Farjoun, M., & Fiss, P. C. (2022). Thriving on contradiction: Toward a dialectical alternative to fit-based models in strategy (and beyond). *Strategic Management Journal, 43*(2), 340–369.

FAZ (2006). *Mohammad Yunus und die Grameen-Bank erhalten Friedensnobelpreis.* Abgerufen am 06.12.24 von: https://www.faz.net/aktuell/politik/ausland/bangladesch-mohammad-yunus-und-die-grameen-bank-erhalten-friedensnobelpreis-1384538.html

Fear, J. (2014). Mining the Past: Historicizing organizational learning and change. Bucheli, M., & Wadhwani, R. D. (Hrsg.). *Organizations in time: History, theory, methods*, 169–191. Oxford: Oxford University Press.

Feldman, M. S., & Pentland, B. T. (2003). Reconceptualizing organizational routines as a source of flexibility and change. *Administrative Science Quarterly, 48*(1), 94–118.

Felin, T., Foss, N. J., & Ployhart, R. E. (2015). The microfoundations movement in strategy and organization theory. *Academy of Management Annals, 9*(1), 575–632.

Fellman, S., & Popp, A. (2013). Lost in the archive: the business historian in distress. Czarniawska, B., Löfgren, O. (Hrsg.). *Coping with Excess*, 216–243. Cheltenham: Edward Elgar Publishing.

Fielt, E. (2013). Conceptualising business models: Definitions, frameworks and classifications. *Journal of Business Models, 1*(1), 85–105.

Findlay, R., & O'Rourke, K. H. (2003). Commodity market integration, 1500–2000. Bordo, M. D., Taylor, A. M., Williamson, J. G. (Hrsg.). *Globalization in historical*, 13–64. Chicago: University of Chicago Press.

Fischhoff, B. (2013). *Judgment and Decision Making*, London: Routledge.

Fisher, G., & Aguinis, H. (2017). Using theory elaboration to make theoretical advancements. *Organizational Research Methods, 20*(3), 438–464.

Flick, U. (1991). Stationen des qualitativen Forschungsprozesses. Flick, U., Kardorff, E. v., Keupp, H., Rosenstiel, L. v., Wolff, S. (Hrsg.). *Handbuch Qualitative Sozialforschung: Grundlagen, Konzepte, Methoden und Anwendung*, S. 148–176. München: Psychologie Verlags Union, 1991.

Flick, U. (2007a). *Qualitative Sozialforschung: Eine Einführung*. 4. *Aufl.*, Hamburg: Rowohlt.

Flick, U. (2007b). Zur Qualität qualitativer Forschung: Diskurse und Ansätze. Kuckartz, U., Grunenberg, H., Dresing, T. (Hrsg.). *Qualitative Datenanalyse: computergestützt. Methodische Hintergründe und Beispiele aus der Forschungspraxis* (2. Aufl.), 188–209. Wiesbaden: Springer VS.

Flick, U. (2009). *Sozialforschung: Methoden und Anwendungen: Ein Überblick für die BA-Studiengänge*. Hamburg: Rowohlt.

Flick, U. (2011). *Methoden-Triangulation in der qualitativen Forschung. Triangulation: Eine Einführung* (3. Aufl.), 27–50. Wiesbaden: Springer VS.

foodservice (2020). *Überraschung – [Poseidon] hängt alle ab*. Abgerufen am 06.12.24 von: https://www.food-service.de/maerkte/news/markenbekanntheit-ueberraschung--nordsee-haengt-alle-ab-46105

Forrester, D. I. (2014). The spatial and temporal dynamics of species interactions in mixed-species forests: from pattern to process. *Forest Ecology and Management*, *312*, 282–292.

Foss, N. J., & Saebi, T. (2017). Fifteen years of research on business model innovation: How far have we come, and where should we go? *Journal of Management*, *43*(1), 200–227.

François, H., Samacoïts, R., Bird, D. N., Köberl, J., Prettenthaler, F., & Morin, S. (2023). Climate change exacerbates snow-water-energy challenges for European ski tourism. *Nature Climate Change*, *13*(9), 935–942.

Frishammar, J., & Parida, V. (2021). The four fatal mistakes holding back circular business models. *MIT Sloan Management Review*, *62*(3), 68–72.

Früh, W. (2004). *Inhaltsanalyse: Theorie und Praxis* (5. Aufl.). Konstanz: UVK.

Gadamer, H.-G. (1972): *Wahrheit und Methode. Grundzüge einer philosophischen Hermeneutik*. Tübingen: J.C.B. Mohr Verlag.

Garud, R., & Karnøe, P. (2001). Path creation as a process of mindful deviation. Garud, R., & Karnøe, P. (Hrsg.). *Path dependence and creation*, 1–14. Hove: Psychology Press.

Garud, R., Kumaraswamy, A., & Karnøe, P. (2010). Path dependence or path creation? *Journal of Management Studies*, *47*(4), 760–774.

Garud, R., Kumaraswamy, A., & Langlois, R. (2009). *Managing in the modular age: architectures, networks, and organizations* (2. Aufl.). Hoboken: John Wiley & Sons.

Garud, R., Kumaraswamy, A., Roberts, A., & Xu, L. (2022). Liminal movement by digital platform-based sharing economy ventures: The case of Uber Technologies. *Strategic Management Journal*, *43*(3), 447–475.

Gassmann, O., Frankenberger, K., & Choudury, M. (2020). *Geschäftsmodelle entwickeln: 55 innovative Konzepte mit dem St. Galler business model navigator*. München: Carl Hanser Verlag.

Gaudine, A. P., & Saks, A. M. (2001). Effects of an absenteeism feedback intervention on employee absence behavior. *Journal of Organizational Behavior*, *22*(1), 15–29.

Gavetti, G., & Rivkin, J. W. (2007). On the origin of strategy: Action and cognition over time. *Organization Science*, *18*(3), 420–439.

Gehman, J., Glaser, V. L., Eisenhardt, K. M., Gioia, D., Langley, A., & Corley, K. G. (2018). Finding theory–method fit: A comparison of three qualitative approaches to theory building. *Journal of Management Inquiry*, *27*(3), 284–300.

Geissdoerfer, M., Vladimirova, D., & Evans, S. (2018). Sustainable business model innovation: A review. *Journal of Cleaner Production*, *198*, 401–416.

Gerring, J. (2007). Is there a (viable) crucial-case method? *Comparative Political Studies, 40*(3), 231–253.

Ghemawat, P. (1991). *Flexibility and commitment: The dynamics of strategy.* New York: Free Press.

Giddens, A. (1984). *The constitution of society: Outline of the theory of structuration.* Berkeley: University of California Press.

Giesenbauer, B. (2021). *Universität 4.0: Komplexität bewältigen und nachhaltige Entwicklung ermöglichen. Entwicklungskorridore systemischer Transformation.* Abgerufen am 06.12.24 von: https://doi.org/10.26092/elib/1092

Ginsberg, A., & Venkatraman, N. (1992). Investing in new information technology: The role of competitive posture and issue diagnosis. *Strategic Management Journal, 13*(S1), 37–53.

Giorgi, S., Lavagna, M., Wang, K., Osmani, M., Liu, G., & Campioli, A. (2022). Drivers and barriers towards circular economy in the building sector: Stakeholder interviews and analysis of five European countries policies and practices. *Journal of Cleaner Production, 336*, 130395.

Glaser, B. G., & Strauss, A. L. (2017). *The discovery of grounded theory: Strategies for qualitative research* (4. Aufl.). London: Routledge.

Goh, K. T., & Pentland, B. T. (2019). From actions to paths to patterning: Toward a dynamic theory of patterning in routines. *Academy of Management Journal, 62*(6), 1901–1929.

Golder, P. N. (2000). Historical method in marketing research with new evidence on long-term market share stability. *Journal of Marketing Research, 37*(2), 156–172.

Govindarajan, V., & Trimble, C. (2011). The CEO's role in business model reinvention. *Harvard Business Review, 89*(1–2), 108–14.

Grandori, A. (2001). Neither hierarchy nor identity: knowledge-governance mechanisms and the theory of the firm. *Journal of Management and Governance, 5*(3), 381–399.

Grant, D., & Marshak, R. J. (2011). Toward a discourse-centered understanding of organizational change. *The Journal of Applied Behavioral Science, 47*(2), 204–235.

Grodal, S., & O'Mahony, S. (2017). How does a grand challenge become displaced? Explaining the duality of field mobilization. *Academy of Management Journal, 60*(5), 1801–1827.

Grodal, S., Anteby, M., & Holm, A. L. (2021). Achieving rigor in qualitative analysis: The role of active categorization in theory building. *Academy of Management Review, 46*(3), 591–612.

Grunenberg, H. (2001). *Die Qualität qualitativer Forschung: Eine Metaanalyse erziehungs- und sozialwissenschaftlicher Forschungsarbeiten.* Abgerufen am 06.12.24 von: https://www.maxqda.com/de/download/grunenberg.pdf

Guest, G., MacQueen, K., & Namey, E. (2012). *Applied Thematic Analysis.* Thousand Oaks: Sage Publications.

Gulati, R., Nohria, N., & Zaheer, A. (2000). Strategic networks. *Strategic Management Journal, 21*(3), 203–215.

Guler, I. (2007). Throwing good money after bad? Political and institutional influences on sequential decision making in the venture capital industry. *Administrative Science Quarterly, 52*(2), 248–285.

Haacke, B. (2007). Heimliche Herrscher. *Wirtschaftswoche, 27,* 60–70.

Hajiheydari, N., Talafidaryani, M., Khabiri, S., & Salehi, M. (2019). Business model analytics: Technically review business model research domain. *Foresight*, *21*(6), 654–679.

Hallen, B. L., Davis, J. P., & Murray, A. (2020). Entrepreneurial network evolution: Explicating the structural localism and agentic network change distinction. *Academy of Management Annals*, *14*(2), 1067–1102.

Hannan, M. T., & Freeman, J. (1984). Structural inertia and organizational change. *American Sociological Review*, *49*. 149–164.

Ho, M. H. C. (2022). Evolutionary network of business model studies and applications in emerging economies. *The Singapore Economic Review*, *67*(03), 1005–1028.

Hoekzema, J. (2020). Bridging the gap between ecologies and clusters: Towards an integrative framework of routine interdependence. *European Management Review*, *17*(2), 559–571.

Hollingsworth, J. R. (2006). A path-dependent perspective on institutional and organizational factors shaping major scientific discoveries. Hage, J., Meeus, M. (Hrsg.). *Innovation, Science, and Institutional Change*, 423–442. Oxford: Oxford University Press.

Holm, P. (1995). The dynamics of institutionalization: Transformation processes in Norwegian fisheries. *Administrative science quarterly*, *40*(3), 398–422.

Holsti, O.R. (1969). *Content Analysis for the Social Sciences and Humanities*. Boston: Addison-Wesley Publishing.

Holtmann, J. P. (2008). *Pfadabhängigkeit strategischer Entscheidungen*. Wiesbaden: Springer Fachmedien.

Hopf, C. (1991). Qualitative Interviews in der Sozialforschung. Ein Überblick. Flick, U., Kardorff, E. v., Keupp, H., Rosenstiel, L. v., & Wolff, S. (Hrsg.). *Handbuch Qualitative Sozialforschung*, 177–182. München: Psychologie Verlags Union.

Hopf, C., & Schmidt, (1993). *Zum Verhältnis von innerfamilialen sozialen Erfahrungen, Persönlichkeitsentwicklung und politischen Orientierungen: Dokumentation und Erörterung des methodischen Vorgehens in einer Studie zu diesem Thema*. Abgerufen am 06.12.24 von: https://nbn-resolving.org/urn:nbn:de:0168-ssoar-456148

Huber, G. P., & Power, D. J. (1985). Retrospective reports of strategic-level managers: Guidelines for increasing their accuracy. *Strategic Management Journal*, *6*(2), 171–180.

IBM Corporation (2008). *The Enterprise of the Future: Telecom industry edition*. Abgerufen am 06.12.24 von: https://robertoigarza.files.wordpress.com/2008/09/rep-the-enterprise-of-the-future-telecom-industry-ibm-2009.pdf&ved=2ahUKEwjbvaDAgqeKAxX62QI HHROsIhMQFnoECA4QAQ&usg=AOvVaw1PsWMODudBmqQNR03KtK78

Ireland, R. D., Hitt, M. A., Camp, S. M., & Sexton, D. L. (2001). Integrating entrepreneurship and strategic management actions to create firm wealth. *Academy of Management Perspectives*, *15*(1), 49–63.

Jactel, H., Gritti, E. S., Drössler, L., Forrester, D. I., Mason, W. L., Morin, X., Pretzsch, H., & Castagneyrol, B. (2018). Positive biodiversity–productivity relationships in forests: Climate matters. *Biology Letters*, *14*(4).

Jeremy Hawthorne (1994). *Grundbegriffe moderner Literaturtheorie: Ein Handbuch*. Tübingen: Francke Verlag.

Jiang, F., Zheng, X., Fan, D., Zhang, P., & Li, S. (2021). The sharing economy and business model design: A configurational approach. *Journal of Management Studies*, *58*(4), 949–976.

Johnson, M. (2008). Reinventing your business model. *Harvard Business Review: HBR's Must-Reads on Strategy*, 57–68.

Johnson, M. W., & Suskewicz, J. (2009). How to jump-start the clean economy. *Harvard Business Review*, *87*(11), 52–60.

Johnson, V. (2007). What is organizational imprinting? Cultural entrepreneurship in the founding of the Paris Opera. *American Journal of Sociology*, *113*(1), 97–127.

Jones, G. (2005). *Multinationals and global capitalism from the nineteenth to the twenty-first century.* Oxford: Oxford University Press.

Jones, G. M. (1960). Educators, electrons, and business models: A problem in synthesis. *Accounting Review*, *35*(4), 619–626.

Jones, G., & Lubinski, C. (2012). Managing political risk in global business: Beiersdorf 1914–1990. *Enterprise & Society*, *13*(1), 85–119.

Kahneman, D., Lovallo, D., & Sibony, O. (2011). Before you make that big decision. *Harvard Business Review, 5*, 51–60.

Kaplan, S., & Orlikowski, W. J. (2013). Temporal work in strategy making. *Organization Science*, *24*(4), 965–995.

Karr, A. (1888). *Les guêpes* (Vol. 5). Paris: Calmann Lévy.

Katz, M. L., & Shapiro, C. (1985). Network externalities, competition, and compatibility. *The American Economic Review*, *75*(3), 424–440.

Khandwalla, P. N. (1973). Viable and effective organizational designs of firms. *Academy of Management Journal, 16*(3), 481–495.

Khoury, T. A., Pleggenkuhle-Miles, E. G., & Walter, J. (2019). Experiential learning, bargaining power, and exclusivity in technology licensing. *Journal of Management*, *45*(3), 1193–1224.

Kieser, A. (1994). Why organization theory needs historical analyses – and how this should be performed. *Organization Science, 5*, 608–620.

Kiesler, S., & Sproull, L. (1982). Managerial response to changing environments: Perspectives on problem sensing from social cognition. *Administrative Science Quarterly, 27*(4), 548–570.

Kim, S. K., & Min, S. (2015). Business model innovation performance: When does adding a new business model benefit an incumbent? *Strategic Entrepreneurship Journal*, *9*(1), 34–57.

Kipping, M., & Üsdiken, B. (2014). History in organization and management theory: More than meets the eye. *Academy of Management Annals*, *8*(1), 535–588.

Kipping, M., Wadhwani, R. D., & Bucheli, M. (2014). Analyzing and interpreting historical sources: A basic methodology. Bucheli, M., & Wadhwani, R. D. (Hrsg.). *Organizations in time: History, theory, methods*, 305–329. Oxford: Oxford University Press.

Kirk, J., & Miller, M. L. (1986). *Reliability and Validity in Quantitative Research.* Thousand Oaks: Sage Publications.

Kirzner, I. M. (1997). Entrepreneurial discovery and the competitive market process: An Austrian approach. *Journal of Economic Literature, 35*(1), 60–85

Kiwit, D. (1996). Path-dependence in technological and institutional change – some criticisms and suggestions. *Journal des Economistes et des Etudes Humaines*, *7*(1), 69–94.

Klafki, W. (2001). Hermeneutische Verfahren in der Erziehungswissenschaft (1971). Rittelmeyer, M., & Parmentier, M. (Hrsg.). *Einführung in die pädagogische Hermeneutik*, 125–148. Darmstadt: Wissenschaftliche Buchgesellschaft.

Klang, D., Wallnöfer, M., & Hacklin, F. (2014). The business model paradox: A systematic review and exploration of antecedents. *International Journal of Management Reviews, 16*(4), 454–478.

Klarner, P., & Raisch, S. (2013). Move to the beat: Rhythms of change and firm performance. *Academy of Management Journal, 56*(1), 160–184.

Klüppel, L. M., Pierce, L., & Snyder, J. A. (2018). Perspective—The deep historical roots of organization and strategy: traumatic shocks, culture, and institutions. *Organization Science, 29*(4), 702–721.

Koch, J. (2008). Strategic paths and media management: A path dependency analysis of the German newspaper branch of high quality journalism. *Schmalenbach Business Review, 60*, 50–73.

Koch, J. (2011). Inscribed strategies: Exploring the organizational nature of strategic lock-in. *Organization Studies, 32*(3), 337–363.

Kogut, B. (2000). The network as knowledge: Generative rules and the emergence of structure. *Strategic Management Journal, 21*(3), 405–425.

Kremser, W., & Schreyögg, G. (2016). The dynamics of interrelated routines: Introducing the cluster level. *Organization Science, 27*(3), 698–721.

Krippendorff, K. (1980). *Content analysis: An introduction to its methodology*. Thousand Oaks: Sage Publications.

Krippendorff, K. (2004). *Content Analysis: An introduction to its methodology* (2. Aufl.). Thousand Oaks: Sage Publications.

Kuckartz, U. (1999). *Computergestützte Analyse qualitativer Daten*. Opladen: Westdeutscher Verlag.

Kuckartz, U. (2016). *Qualitative Inhaltsanalyse. Methoden, Praxis, Computerunterstützung* (3. Aufl.). Weinheim: Beltz Juventa.

Kuckartz, U., & Rädiker, S. (2020). *Fokussierte Interviewanalyse mit MAXQDA: Schritt für Schritt*. Wiesbaden: Springer VS.

Kvale, S. (1995): Validierung: Von der Beobachtung zu Kommunikation und Handeln. Fluck, U., Kardorff, E. v., Keupp, H., Rosenstiel, L. v., & Wolff, S. (Hrsg.). *Handbuch Qualitativer Sozialforschung* (2. Aufl.), 427–431. Weinheim: Psychologie Verlags Union.

Lamnek, S. (2010). *Qualitative Sozialforschung* (5. Aufl.). Weinheim: Beltz.

Landis, J. R., & Koch, G. G. (1977). The Measurement of observer agreement for categorical data. *Biometrics, 33*(1):159–74.

Langley, A. (1999). Strategies for theorizing from process data. *Academy of Management review, 24*(4), 691–710.

Langlois, R. N. (2002). Modularity in technology and organization. *Journal of Economic Behavior & Organization, 49*(1), 19–37.

Lawrence, P. R., & Lorsch, J. W. (1967). Differentiation and integration in complex organizations. *Administrative Science Quarterly, 12*(1), 1–47.

Lawrence, T. B., & Phillips, N. (2019). *Constructing organizational life: How social-symbolic work shapes selves, organizations, and institutions*. Oxford: Oxford University Press.

Lebensmittelzeitung (2015). *Nordsee drängt in den LEH*. Abgerufen am 06.12.24 von: https://www.lebensmittelzeitung.net/industrie/nachrichten/Nordsee-draengt-in-den-LEH-112003

Leblebici, H. (2012). The evolution of alternative business models and the legitimization of universal credit card industry: Exploring the contested terrain where history and strategy meet. *History and Strategy, 29*, 117–151.

Lee, G. K., & Cole, R. E. (2003). From a firm-based to a community-based model of knowledge creation: The case of the Linux kernel development. *Organization Science, 14*(6), 633–649.

Lee, J., Krishnan, V., & Shin, H. (2020). Business models for technology-intensive supply chains. *Management Science, 66*(5), 2120–2139.

Leonard-Barton, D. (1995). *Wellsprings of knowledge.* Boston: Harvard Business School Press.

Levinthal, D. A. (1997). Adaptation on rugged landscapes. *Management Science, 43*(7), 934–950.

Liebowitz, S. J., & Margolis, S. E. (1995). Path dependence, lock-in, and history. *The Journal of Law, Economics, and Organization, 11*(1), 205–226.

Lincoln, Y. S., & Guba, E. (1985). *Naturalistic Inquiry.* Thousand Oaks: Sage Publications.

Lipartito, K. (2014). Historical sources and data. Bucheli, M., & Wadhwani, R. D. (Hrsg.). *Organizations in time: History, theory, methods*, 284–304. Oxford: Oxford University Press.

London, T., & Hart, S. L. (2004). Reinventing strategies for emerging markets: beyond the transnational model. *Journal of International Business Studies, 35*, 350–370.

Loon, M., Otaye-Ebede, L., & Stewart, J. (2020). Thriving in the new normal: The HR microfoundations of capabilities for business model innovation. An integrated literature review. *Journal of Management Studies, 57*(3), 698–726.

Lu, H., & Hodge, W. A. (2019). Toward multi-dimensional and developmental notion of researcher positionality. *Qualitative Research Journal, 19*(3), 225–235.

Lubinski, C., & Wadhwani, R. D. (2020). Geopolitical jockeying: Economic nationalism and multinational strategy in historical perspective. *Strategic Management Journal, 41*(3), 400–421.

Lüdeke-Freund, F. (2020). Sustainable entrepreneurship, innovation, and business models: Integrative framework and propositions for future research. *Business Strategy and the Environment, 29*(2), 665–681.

Lüdeke-Freund, F., Froese T., Kunzlmann, J., Putzhammer, F., & Hofmann, F. (2024). *Wertschöpfung für das 21. Jahr hundert – Geschäftsmodelle in der Transformation.* Gütersloh: Bertelsmann Stiftung & ESCP Business School Berlin.

Luhmann, N. (1987). Die Autopoiesis des Bewußtseins. *Selbstthematisierung und Selbstzeugnis: Bekenntnis und Geständnis*, 25–94. Frankfurt am Main: Suhrkamp.

Magretta, J. (2002). *Why business models matter.* Brighton: Harvard Business School Publishing Corporation.

Mahoney, J. (2000). Path dependence in historical sociology. *Theory and Society, 29*(4), 507–548.

Mallach, R. J. (2012). *Pfadabhängigkeit in Geschäftsbeziehungen.* Wiesbaden: Springer Gabler.

March, J. G. (1991). Exploration and exploitation in organizational learning. *Organization Science, 2*(1), 71–87.

March, J. G. (1994). *A primer on decision making: How decisions happen.* New York: Free Press.

March, J. G. (2006). Rationality, foolishness, and adaptive intelligence. *Strategic Management Journal*, *27*(3), 201–214.

Marie-Laure, D., & Sigrid, Q. (2007). Overcoming path dependency: path generation in open systems. *Theory and Society*, *36*(2), 161–186.

Markides, C. (2006). Disruptive innovation: In need of better theory. *Journal of Product Innovation Management*, *23*(1), 19–25.

Marquis, C., & Tilcsik, A. (2013). Imprinting: Toward a multilevel theory. *The Academy of Management Annals*, *7*(1), 195–245.

Martell, S., & Froese, R. (2013). A simple method for estimating MSY from catch and resilience. *Fish and Fisheries, 14*(4), 504–514.

Massa, L., & Tucci, C. L. (2013). Business model innovation. Dodgson, M., Gann, D., Phillips, N. *The Oxford handbook of innovation management*, 420–441 Oxford: Oxford University Press.

Massa, L., Tucci, C. L., & Afuah, A. (2017). A critical assessment of business model research. *Academy of Management annals*, *11*(1), 73–104.

Maucuer, R., & Renaud, A. (2019). Business model research: A bibliometric analysis of origins and trends. *M@ n@ gement*, *22*(2), 176–215.

MAXQDA (2020). *MAXQDA 2020 Manual.* Abgerufen am 06.12.24 von: https://www.maxqda.com/de/download/manuals/MAX2020-Online-Manual-Complete-DE.pdf

MAXQDA (2024). *Warum MAXQDA.* Abgerufen am 06.12.24 von: https://www.maxqda.com/de/software-inhaltsanalyse?gad_source=1

Mayring, P. (2002). *Einführung in die qualitative Sozialforschung: Eine Anleitung zu qualitativem Denken.* Weinheim: Beltz.

Mayring, P. (2015). *Qualitative Inhaltsanalyse: Grundlagen und Techniken.* Weinheim: Beltz Pädagogik.

Mayring, P., Gläser-Zikuda, M., & Ziegelbauer, S. (2005). Auswertung von Videoaufnahmen mit Hilfe der Qualitativen Inhaltsanalyse – ein Beispiel aus der Unterrichtsforschung. *MedienPädagogik, 9*(17), 1–17.

McGrath, R. G. (2010). Business models: A discovery driven approach. *Long Range Planning*, *43*(2–3), 247–261.

McGregor, D. (1960). *The human side of enterprise.* New York: McGraw-Hill.

McKim, C. (2023). Meaningful member-checking: a structured approach to member-checking. *American Journal of Qualitative Research*, *7*(2), 41–52.

Menger, C. (1883). *Untersuchungen über die Methode der Socialwissenschaften: und der Politischen Oekonomie insbesondere.* Leipzig: Duncker & Humblot.

Menter, M., Göcke, L., & Zeeb, C. (2024). The organizational impact of business model innovation: assessing the person-organization fit. *Journal of Management Studies*, *61*(3), 926–967.

Mey, G. (2000). Erzählungen in qualitativen Interviews: Konzepte, Probleme, soziale Konstruktion. *Sozialer Sinn, 1*(1), 135–152.

Michelini, L., & Fiorentino, D. (2012). New business models for creating shared value. *Social Responsibility Journal*, *8*(4), 561–577.

Milgrom, P., & Roberts, J. (1990). The economics of modern manufacturing: Technology, strategy, and organization. *The American Economic Review*, 511–528.

Milgrom, P., & Roberts, J. (1995). Complementarities and fit strategy, structure, and organizational change in manufacturing. *Journal of Accounting and Economics, 19*(2–3), 179–208.

Miller, D. (1981). Toward a new contingency approach: The search for organizational gestalts. *Journal of Management Studies, 18*(1), 1–26.

Miller, D. (1993). The architecture of simplicity. *Academy of Management Review, 18*(1), 116–138.

Miller, D. (1996). Configurations revisited. *Strategic Management Journal, 17*(7), 505–512.

Miller, D., & Friesen, P. H. (1982). The longitudinal analysis of organizations: A methodological perspective. *Management Science, 28*(9), 1013–1034.

Miller, K., McAdam, M., Spieth, P., & Brady, M. (2021). Business models big and small: Review of conceptualisations and constructs and future directions for SME business model research. *Journal of Business Research, 131*, 619–626.

Milner IV, H. R. (2007). Race, culture, and researcher positionality: Working through dangers seen, unseen, and unforeseen. *Educational Researcher, 36*(7), 388–400.

Mitchell, D., & Coles, C. (2003). The ultimate competitive advantage of continuing business model innovation. *Journal of Business Strategy, 24*(5), 15–21.

Müller-Christ, G. (2016). Wie kann das Neue anders in die Welt kommen? Systemaufstellungen in der universitären Lehre. Weber, G., & Rosselet C. (Hrsg.). *Organisationsaufstellungen-Grundlagen, Settings, Anwendungsfelder, 1*, 285–299.

Müller-Christ, G. (2020). *Nachhaltiges Management* (3. Aufl.). Baden-Baden: Nomos Verlagsgesellschaft.

NAEP[1] (2024) *Interrater-Reliabilität der konstruierten Antwort.* Abgerufen am 06.12.24 von: https://nces-ed-gov.translate.goog/nationsreportcard/tdw/analysis/initial_itemscore.aspx?_x_tr_sl=en&_x_tr_tl=de&_x_tr_hl=de&_x_tr_pto=rq

Narayan, S., Sidhu, J. S., & Volberda, H. W. (2021). From attention to action: The influence of cognitive and ideological diversity in top management teams on business model innovation. *Journal of Management Studies, 58*(8), 2082–2110.

Nisbett R. E., & Ross, L. (1980). *Human Inference: Strategies and Shortcomings of Social Judgment.* Upper Saddle River: Prentice-Hall.

North, D. C. (1990). *Institutions, institutional change and economic performance.* Cambridge: Cambridge University Press.

North, D. C. (1992). *Institutionen, institutioneller Wandel und Wirtschaftsleistung*, 76. Tübingen: Mohr Siebeck.

Obschonka, F. (2014). *Integrating unlocking of organizational paths into an agent-based simulation model.* Abgerufen am 06.12.24 von: https://refubium.fu-berlin.de/handle/fub188/7434

Ortmann, G. (2013). *Formen der Produktion: Organisation und Rekursivität.* Heidelberg: Springer-Verlag.

Osiyevskyy, O., & Dewald, J. (2015). Explorative versus exploitative business model change: the cognitive antecedents of firm-level responses to disruptive innovation. *Strategic Entrepreneurship Journal, 9*(1), 58–78.

Osterwalder, A., & Pigneur, Y. (2010). *Business model generation: a handbook for visionaries, game changers, and challengers*, 1. Chichester: John Wiley & Sons.

[1] National Assessment Of Educational Progress.

Osterwalder, A., & Pigneur, Y. (2011). Aligning profit and purpose through business model innovation. Palazzo, G., & Wentland, M. (Hrsg.). *Responsible management practices for the 21st century*, 61–76. London: Pearson.

Osterwalder, A., Pigneur, Y., & Tucci, C. L. (2005). Clarifying business models: Origins, present, and future of the concept. *Communications of the Association for Information Systems*, *16*(1), 1–25.

Page, S. E. (2006). Path dependence. *Quarterly Journal of Political Science*, *1*(1), 87–115.

Panzar, J. C., & Willig, R. D. (1981). Economies of scope. *The American Economic Review*, *71*(2), 268–272.

Parnas, D. L. (1972). On the criteria to be used in decomposing systems into modules. *Communications of the ACM*, *15*(12), 1053–1058.

Pentland, B. T., Feldman, M. S., Becker, M. C., & Liu, P. (2012). Dynamics of organizational routines: A generative model. *Journal of Management Studies*, *49*(8), 1484–1508.

Peprah, A. A., Giachetti, C., Larsen, M. M., & Rajwani, T. S. (2022). How business models evolve in weak institutional environments: The case of Jumia, the Amazon.com of Africa. *Organization Science*, *33*(1), 431–463.

Pettigrew, A. M., Woodman, R. W., & Cameron, K. S. (2001). Studying organizational change and development: Challenges for future research. *Academy of Management Journal*, *44*(4), 697–713.

Pfeffer, J., & Salancik, G. R. (1978). *The external control*. New York: Harper & Row.

Pierson, P. (2000). Increasing returns, path dependence, and the study of politics. *American Political Science Review*, *94*(2), 251–267.

Pindyck, R. S., & Rubinfeld, D. L. 2005. *Microeconomics* (6. Aufl.). London: Pearson Studium.

Pohle, G., & Chapman, M. (2006). IBM's global CEO report 2006: Business model innovation matters. *Strategy and Leadership*, *34*(5), 34–40.

Porac, J. F., Thomas, H., Wilson, F., Paton, D., & Kanfer, A. (1995). Rivalry and the industry model of Scottish knitwear producers. *Administrative Science Quarterly*, *40*(2), 203–227.

Porter, M. E. (1985). *The Competitive Advantage: Creating and Sustaining Superior Performance*. New York: Free Press.

Porter, M. E. (1996). What Is Strategy? *Harvard Business Review*, *74*, 61–78.

Porter, M. E. (2001). Strategy and the Internet. *Harvard Business Review*, *3*, 62–78.

Porter, M., & Siggelkow, N. (2008). Contextuality within activity systems and sustainability of competitive advantage. *Academy of Management Perspectives*, *22*(2), 34–56.

Poseidon (2024). Menschen bei Nordsee. Abgerufen am 06.12.24 von: https://nordsee.com/de/menschen

Pretzsch, H., Rötzer, T., Matyssek, R., Grams, T. E. E., Häberle, K. H., Pritsch, K., Kerner, R., & Munch, J.-C. (2014). Mixed Norway spruce (Picea abies [L.] Karst) and European beech (Fagus sylvatica [L.]) stands under drought: from reaction pattern to mechanism. Lüttge, U., Guy, R. D., & Cánovas, F. M. (Hrsg.). *Trees*, *28*, 1305–1321.

Probst, G. J. (1987). Selbstorganisation und Entwicklung. *Die Unternehmung*, *41*(4), 242–255.

Puranam, P., & Raveendran, M., & Knudsen, T. (2012). Organization design: The epistemic interdependence perspective. *Academy of Management Review*, *37*(3), 419–440.

Puranam, P., & Raveendran, M. (2013). Interdependence and organization design. Grandori, A. (Hrsg.). *Handbook of economic organization*, 193–209. Cheltenham: Edward Elgar Publishing.

Pürer, H. (2003). *Publizistik- Kommunikationswissenschaft: Ein Handbuch*. Konstanz: UVK.

Reichertz, J. (2015). Die Bedeutung der Subjektivität in der Forschung. *Forum Qualitative Sozialforschung, 16*(3), 1–16.

Reissner, S., & Whittle, A. (2022). Interview-based research in management and organisation studies: making sense of the plurality of methodological practices and presentational styles. *Qualitative Research in Organizations and Management, 17*(1), 61–83.

Remane, G., Hanelt, A., Tesch, J. F., & Kolbe, L. M. (2017). The business model pattern database—a tool for systematic business model innovation. *International Journal of Innovation Management, 21*(01), 1750004.

Renko, M., Yli-Renko, H., & Denoo, L. (2022). Sold, not bought: Market orientation and technology as drivers of acquisitions of private biotechnology ventures. *Journal of Business Venturing, 37*(1), 106022.

Rini, A. D., Handy, S. D., & Hidayah, I. (2021). Blue economy based fisheries and marine business model development. *Jurnal Entrepreneur dan Entrepreneurship, 10*(1), 43–56.

Rivkin, J. W. (2000). Imitation of complex strategies. *Management Science, 46*(6), 824–844.

Rosenbloom, T. A. (2005). Buying and selling in today's market. *Journal of Corporate Accounting & Finance, 16*(2), 27–30.

Ross, J., & Staw, B. M. (1993). Organizational escalation and exit: Lessons from the Shoreham nuclear power plant. *Academy of Management Journal, 36*(4), 701–732.

Roth, F. (2020). Bouncing forward – Wie Erkenntnisse aus der Resilienzforschung in der Corona-Krise helfen können. Abgerufen am 06.12.24 von: https://www.isi.fraunhofer.de/de/blog/2020/resilienz-corona-krise.html

Rousseau, D. M., & Cooke, R. A. (1984). Technology and structure: The concrete, abstract, and activity systems of organizations. *Journal of Management, 10*(3), 345–361.

Rousseau, D. M., & Fried, Y. (2001). Location, location, location: Contextualizing organizational research. *Journal of Organizational Behavior, 22*(1), 1–13.

Rowlinson, M., Hassard, J., & Decker, S. (2014). Research strategies for organizational history: A dialogue between historical theory and organization theory. *Academy of Management Review, 39*(3), 250–274.

Rust, H. (1981). *Methoden und Probleme der Inhaltsanalyse: Eine Einführung*. Tübingen: Narr.

Ryen, E. G., & Babbitt, C. W. (2022). The role of US policy in advancing circular economy solutions for wasted food. *Journal of Cleaner Production, 369*, 133200.

Saebi, T., & Foss, N. J. (2015). Business models for open innovation: Matching heterogeneous open innovation strategies with business model dimensions. *European Management Journal, 33*(3), 201–213.

Saebi, T., Lien, L., & Foss, N. J. (2017). What Drives Business Model Adaptation? The Impact of Opportunities, Threats and Strategic Orientation. *Long Range Planning, 50*(5), 567–581.

Sahlin, K., & Wedlin, L. (2008). Circulating ideas: Imitation, translation and editing. Greenwodd, R., Oliver, C., Sahlin, K., & Suddaby, R. (Hrsg.). *The Sage handbook of organizational institutionalism*, 218–242. Thousand Oaks: Sage Publications.

Samuelsson, M., Söderblom, A., & McKelvie, A. (2021). Path dependence in new ventures' capital structures. *Entrepreneurship Theory and Practice*, *45*(2), 319–349.

Sannino, A., & Engeström, Y. (2018). Cultural-historical activity theory: Founding insights and new challenges. *Cultural-Historical Psychology*, *14*(3) 43–56.

Santos, T. (2023). Blue economy and sustainable development beyond boxes. da Glória Garcia, M., Cortês, A. *Blue planet law: The ecology of our economic and technological world*, 199–211. Berlin: Springer Nature.

Santos, F. M., & Eisenhardt, K. M. (2005). Organizational boundaries and theories of organization. *Organization Science, 16*(5), 491–508.

Sasaki, I., Kotlar, J., Ravasi, D., & Vaara, E. (2020). Dealing with revered past: Historical identity statements and strategic change in Japanese family firms. *Strategic Management Journal*, *41*(3), 590–623.

Schallhart, A. (2011). *Integrale nachhaltigkeitsorientierte Unternehmensentwicklung*. München: GRIN Verlag.

Schaltegger (2024): Führungskräfte, die sich nicht mit Nachhaltigkeit beschäftigen, sind riskantes Personal. Abgerufen am 06.12.24 von: https://www.how-green-works.de/einstieg-nachhaltigkeit/news/interview-fuehrungskraefte-die-sich-nicht-mit-nachhaltigkeit-beschaeftigen-sind-riskantes-personal-238

Schaltegger, S., Lüdeke-Freund, F., & Hansen, E. G. (2012). Business cases for sustainability: the role of business model innovation for corporate sustainability. *International Journal of Innovation and Sustainable Development*, *6*(2), 95–119.

Scharmer, C. O. (2022). *Essentials der Theorie U: Grundprinzipien und Anwendungen.* Heidelberg: Carl-Auer Verlag.

Schein, E. H. (2010). *Organizational culture and leadership* (Vol. 2). Chichester: John Wiley & Sons

Schmidt, C. (2010). Auswertungstechniken für Leitfadeninterviews. Friebertshäuser, B., Langer, A., & Prengel, A. (Hrsg.). *Handbuch Qualitative Forschungsmethoden in der Erziehungswissenschaft* (3. Aufl.), 473–486. Weinheim: Juventa.

Schmidt, R. H., & Spindler, G. (2002). Path dependence, corporate governance and complementarity. *International Finance*, *5*(3), 311–333.

Schmidt, T., & Braun, T. (2015). When cospecialization leads to rigidity: Path dependence in successful strategic networks. *Schmalenbach Business Review*, *67*, 489–515.

Schnotz, W., Ballstädt, S. P. & Mandl, H. (1981). Lernen mit Texten aus handlungstheoretischer Sicht. Mandl, H. (Hrsg.), *Zur Psychologie der Textverarbeitung. Ansätze, Befunde, Probleme*, 537–571. München: Urban & Schwarzenberg.

Schoemaker, P. J. H., Heaton, S., & Teece, D. (2018). Innovation, dynamic capabilities, and leadership. *California Management Review*, *61*(1), 15–42.

Schreier, M. (2012). *Qualitative content analysis in practise.* Thousand Oaks: Sage Publications.

Schreier, M. (2014). Varianten qualitativer Inhaltsanalyse: Ein Wegweiser im Dickicht der Begrifflichkeiten. *Forum Qualitative Sozialforschung, 15(1), 1–27.*

Schreyögg, G. (2013). In der Sackgasse. Organisationale Pfadabhängigkeit und ihre Folgen. *OrganisationsEntwicklung, 1*, 21–28.

Schreyögg, G. (2014). Pfadabhängigkeit und Pfadbruch in Unternehmen. *Schmalenbachs Zeitschrift für betriebswirtschaftliche Forschung*, 66, 1–17.

Schreyögg, G., & Kliesch-Eberl, M. (2007). How dynamic can organizational capabilities be? Towards a dual-process model of capability dynamization. *Strategic Management Journal, 28*(9), 913–933.

Schreyögg, G., & Sydow, J. (2010). Crossroads – organizing for fluidity? Dilemmas of new organizational forms. *Organization Science, 21*(6), 1251–1262.

Schreyögg, G., Sydow, J., & Holtmann, P. (2011). How history matters in organizations: The case of path dependence. *Management & Organizational History, 6*(1), 81–100.

Schreyögg, G., Sydow, J., & Koch, J. (2003). *Organisatorische Pfade – Von der Pfadabhängigkeit zur Pfadkreation*? Managementforschung, 13. Wiesbaden: Gabler-Verlag.

Schumpeter, J. A. (1934). *The theory of economic development: An inquiry into profits, capital, credit, interest, and the business cycle.* Cambridge: Harvard Economic Studies.

ELSEVIER (2023) Your brilliance, connected: Content coverage guide. Abgerufen am 06.12.24 von:https://assets.ctfassets.net/o78em1y1w4i4/EX1iy8VxBeQKf8aN2XzOp/c36f79db25484cb38a5972ad9a5472ec/Scopus_ContentCoverage_Guide_WEB.pdf

Scott, R. 2001. *Organizations and institutions* (2. Aufl.). Thousand Oaks: Sage Publications.

Searle, J. R. (1995). *The construction of social reality.* New York: Free Press.

Seelos, C., & Mair, J. (2007). Profitable business models and market creation in the context of deep poverty: A strategic view. *Academy of Management Perspectives, 21*(4), 49–63.

Seixas, P. (Ed.). (2004). *Theorizing historical consciousness.* Toronto: University of Toronto Press.

Senge, P. M. (2014). *The fifth discipline fieldbook: Strategies and tools for building a learning organization.* New York: Crown Publishing.

Shafer, S. M., Smith, H. J., & Linder, J. C. (2005). The power of business models. *Business Horizons, 48*(3), 199–207.

Shane, S. A. (2003). *A general theory of entrepreneurship: The individual-opportunity nexus.* Cheltenham: Edward Elgar Publishing.

Shane, S., & Venkataraman, S. (2000). The Promise of Entrepreneurship as a Field of Research. *The Academy of Management Review, 25*(1), 217–226.

Siggelkow, N. (2001). Change in the presence of fit: The rise, fall, and the renaissance of Liz Claiborne. *Academy of Management Journal, 44*(4), 838–857.

Siggelkow, N. (2002). Evolution toward fit. *Administrative Science Quarterly, 47*(1), 125–159.

Simon H. A. (1962). The architecture of complexity. *Proceedings American Philosophical Society, 106*(6), 467–482.

Simon, H. A. (1973). Applying information technology to organization design. *Public Administration Review, 33*(3), 268–278.

Simons, Helen. 2009. *Case study research in practice.* Thousand Oaks: Sage Publications.

Sinha, P. N., Jaskiewicz, P., Gibb, J., & Combs, J. G. (2020). Managing history: How new Zealand's gallagher group used rhetorical narratives to reprioritize and modify imprinted strategic guideposts. *Strategic Management Journal, 41*(3), 557–589.

Sjödin, D., Parida, V., & Visnjic, I. (2022). How can large manufacturers digitalize their business models? A framework for orchestrating industrial ecosystems. *California Management Review, 64*(3), 49–77.

Small, M. L. 2009. How many cases do I need?' On science and the logic of case selection in field-based research. *Ethnography, 10*(1): 5–38.

Smets, M., & Jarzabkowski, P. (2013). Reconstructing institutional complexity in practice: A relational model of institutional work and complexity. *Human relations, 66*(10), 1279–1309.

Smith, W. K., Binns, A., & Tushman, M. L. (2010). Complex business models: Managing strategic paradoxes simultaneously. *Long Range Planning, 43*(2–3), 448–461.

Snihur, Y., & Eisenhardt, K. M. (2022). Looking forward, looking back: Strategic organization and the business model concept. *Strategic Organization, 20*(4), 757–770.

Snihur, Y., & Markman, G. (2023). Business model research: past, present, and future. *Journal of Management Studies, 60*(8), 1–14.

Snihur, Y., Thomas, L. D. W., & Burgelman, R. A. (2018). An ecosystem-level process model of business model disruption: The disruptor's gambit. *Journal of Management Studies, 55*(7), 1278–1316.

Snihur, Y., Thomas, L. D. W., & Burgelman, R. A. (2023). Strategically managing the business model portfolio trajectory. *California Management Review, 65*(2), 156–176.

Snihur, Y., & Zott, C. (2020). The genesis and metamorphosis of novelty imprints: How business model innovation emerges in young ventures. *Academy of Management Journal, 63*(2), 554–583.

Snihur, Y., Zott, C., & Amit, R. (2021). Managing the value appropriation dilemma in business model innovation. *Strategy Science, 6*(1), 22–38.

Snyder, H. (2019). Literature review as a research methodology: An overview and guidelines. *Journal of Business Research, 104*, 333–339.

Sonenshein, S. (2010). We'sre changing – Or are we? Untangling the role of progressive, regressive, and stability narratives during strategic change implementation. *Academy of management Journal, 53*(3), 477–512.

Sosna, M., Trevinyo-Rodríguez, R. N., & Velamuri, S. R. (2010). Business model innovation through trial-and-error learning: The naturhouse case. *Long Range Planning, 43*(2–3), 383–407.

Spencer, L., Ritchie, J., Lewis, J. & Dillon, L. (2003). *Quality in qualitative evaluation: A framework for assessing research evidence.* London: Government Chief Social Researcher's Office, The Cabinet Office.

Splendid Research (2020): *Top 10 Fast Food Ketten 2020: Eine repräsentative Umfrage unter 1.514 Deutschen zum Thema Fast-Food-Ketten.* Abgerufen am 06.12.24 von: https://www.splendid-research.com/de/studien/top10-fast-food/

Stache, F., & Sydow, J. (2023). Breaking a path by creating a new one: How organizational change boosts children's cancer care. *Organization Studies, 44*(3), 351–376.

Staw, B. M. (1976). Knee-deep in the big muddy: A study of escalating commitment to a chosen course of action. *Organizational Behavior and Human Performance, 16*(1), 27–44.

Staw, B. M. (1981). The escalation of commitment to a course of action. *Academy of Management Review, 6*(4), 577–587.

Steinke, I. (2007). Qualitätssicherung in der qualitativen Forschung. Kuckarzt, U., Grunenberg, H., & Dresing, T. (Hrsg.). *Qualitative Datenanalyse: Computergestützt. Methodische Hintergründe und Beispiele aus der Forschungspraxis* (2. Aufl.), 176–187. Wiesbaden: Springer VS.

Stieglitz, N., & Heine, K. (2007). Innovations and the role of complementarities in a strategic theory of the firm. *Strategic Management Journal, 28*(1), 1–15.

Stigler, G. J. (1951). The division of labor is limited by the extent of the market. *Journal of political economy*, *59*(3), 185–193.

Stinchcombe, A. 1965. Social structures and organizations. March, J., G. (Hrsg.). *Handbook of organizations*. Chicago: Randy McNally.

Stutz, C., & Sachs, S. (2018). Facing the normative challenges: The potential of reflexive historical research. Business & Society, 57(1), 98–130.

Suddaby, R., & Foster, W. M. (2017). History and Organizational Change. *Journal of Management*, 43(1), 19–38.

Suddaby, R., Coraiola, D., Harvey, C., & Foster, W. (2020). History and the micro-foundations of dynamic capabilities. *Strategic Management Journal*, *41*(3), 530–556.

Suddaby, R., Foster, W. M., & Quinn Trank, C. (2010). Rhetorical history as a source of competitive advantage. Baum, J. A. C., Lampel, J. (Hrsg.). *The globalization of strategy research:* Advances in Management, 27, 147–173. Leeds: Emerald Group Publishing.

Suddaby, R., Israelsen, T., Robert Mitchell, J., & Lim, D. S. (2023). Entrepreneurial visions as rhetorical history: A diegetic narrative model of stakeholder enrollment. *Academy of Management Review*, *48*(2), 220–243.

Svejenova, S., Planellas, M., & Vives, L. (2010). An individual business model in the making: a chef's quest for creative freedom. *Long Range Planning*, *43*(2–3), 408–430.

Sydow, J. (2021). Path dependence and routine dynamics. Feldman, M. S., Pentland, B. T., D'Adderio, L., Dittrich, K., Rerup, C., & Seidl, D. (Hrsg.). *The Cambridge handbook of routine dynamics*, 501–512. Cambridge: Cambridge University Press.

Sydow, J., Schreyögg, G., & Koch, J. (2009). Organizational path dependence: Opening the black box. *Academy of Management Review, 34*(4), 689–709.

Sydow, J., Schreyögg, G., & Koch, J. (2020a). On the theory of organizational path dependence: Clarifications, replies to objections, and extensions. *Academy of Management Review, 45*(4), 717–734.

Sydow, J., Schreyögg, G., & Koch, J. (2020b). *Current interest in the theory of organizational path dependence. A short update on the occasion of the 2019 AMR decade award.* Abgerufen am 06.12.24 von: https://ssrn.com/abstract=3679411

Sydow, J., Windeler, A., Müller-Seitz, G., & Lange, K. (2012). Path constitution analysis: A methodology for understanding path dependence and path creation. *Business Research*, *5*(2), 155–176.

Symon, G., Cassell, C., & Johnson, P. (2018). Evaluative practices in qualitative management research: A critical review. *International Journal of Management Reviews*, *20*(1), 134–154.

Szulanski, G. (1996). Exploring internal stickiness: Impediments to the transfer of best practice within the firm. *Strategic Management Journal*, *17*(S2), 27–43.

Teece, D. J. (2007). Explicating dynamic capabilities: The nature and microfoundations of (sustainable) enterprise performance. *Strategic Management Journal*, *28*(13), 1319–1350.

Teece, D. J. (2010). Business models, business strategy and innovation. *Long Range Planning*, *43*(2–3), 172–194.

Teece, D. J. (2018). Business models and dynamic capabilities. *Long Range Planning*, *51*(1), 40–49.

Teece, D. J., Pisano, G., & Shuen, A. (1997). Dynamic capabilities and strategic management. *Strategic Management Journal*, 18(7), 509–533.

Terhart, E. (1981). Institutionen – Interpretationen – Argumentationen. *Zeitschrift für Pädagogik 27*, 769–793.

Tehart, E. (1995). Kontrolle von Interpretationen. König, E., & Zedler, P. (Hrsg.). *Bilanz qualitativer Forschung: 1. Grundlagen qualitativer Forschung*, 373–397. Weinheim: Deutscher Studien Verlag.

Thompson, J. D. (2017). *Organizations in action: Social science bases of administrative theory*. London: Routledge.

Tidhar, R., & Eisenhardt, K. M. (2020). Get rich or die trying… finding revenue model fit using machine learning and multiple cases. *Strategic Management Journal*, *41*(7), 1245–1273.

Tolbert, P. S., & Zucker, L. G. (1999). The institutionalization of institutional theory. *Studying Organization. Theory & Method*, *1*, 169–184.

Tripsas, M. (2009). Technology, identity, and inertia through the lens of "The Digital Photography Company". *Organization Science*, *20*(2), 441–460.

Tripsas, M., & Gavetti, G. (2017). Capabilities, cognition, and inertia: Evidence from digital imaging. Helfat, C. E. (Hrsg.). *The SMS Blackwell Handbook of Organizational Capabilities*, 393–412.

Tucker, A. (2008). Historiographic revision and revisionism. Kopeček, M. (Hrsg.) *Past in making. historical revisionism in central europe after 1989*, 1–15. Budapest: CEU Press.

Urbinati, A., Chiaroni, D., & Chiesa, V. (2017). Towards a new taxonomy of circular economy business models. *Journal of Cleaner Production*, *168*, 487–498.

Spörl, U. (2004). *Basislexikon Literaturwissenschaft*. Paderborn: Schöningh Verlag.

Vaara, E., & Lamberg, J. A. (2016). Taking historical embeddedness seriously: Three historical approaches to advance strategy process and practice research. *Academy of Management Review*, *41*(4), 633–657.

Valorinta, M., Schildt, H., & Lamberg, J. A. (2011). Path dependence of power relations, path-breaking change and technological adaptation. *Industry and Innovation*, *18*(8), 765–790.

Vergne, J. P., & Durand, R. (2010). The missing link between the theory and empirics of path dependence: Conceptual clarification, testability issue, and methodological implications. *Journal of Management Studies*, *47*(4), 736–759.

Villani, E., Greco, L., & Phillips, N. (2017). Understanding value creation in public-private partnerships: A comparative case study. *Journal of Management Studies*, *54*(6), 876–905.

Volberda, H. W., Khanagha, S., Baden-Fuller, C., Mihalache, O. R., & Birkinshaw, J. (2021). Strategizing in a digital world: Overcoming cognitive barriers, reconfiguring routines and introducing new organizational forms. *Long Range Planning, 54*(5), 102110.

Von Hippel, E., & Katz, R. (2002). Shifting innovation to users via toolkits. *Management Science, 48*(7), 821–833.

Wadhwani, R. D., & Bucheli, M. (2014). The future of the past in management and organization studies. Bucheli, M., & Wadhwani, R. D. (Hrsg.). *Organizations in time: History, theory, methods*, 3–32. Oxford: Oxford University Press.

Wadhwani, R. D., & Jones, G. (2014). Schumpeter's plea: historical approaches to the study of entrepreneurship. Bucheli, M., & Wadhwani, R. D. (Hrsg.). *Organizations in time: History, theory, methods*, 192–216. Oxford: Oxford University Press.

Wadhwani, R. D., Suddaby, R., Mordhorst, M., & Popp, A. (2018). History as organizing: Uses of the past in organization studies. *Organization Studies*, *39*(12), 1663–1683.

Ward, V., House, A., & Hamer, S. (2009). Developing a framework for transferring knowledge into action: a thematic analysis of the literature. *Journal of Health Services Research & Policy, 14*(3), 156–164.

Wasserbaur, R., Sakao, T., & Milios, L. (2022). Interactions of governmental policies and business models for a circular economy: A systematic literature review. *Journal of Cleaner Production, 337*, 130329.

Webster, J., & Watson, R. T. (2002). Analyzing the past to prepare for the future: Writing a literature review. *Management Information Systems Quarterly, 26*(2), XIII-XXIII.

Weick, K. E. (1976). Educational organizations as loosely coupled systems. *Administrative Science Quarterly, 21*(1), 1–19.

Weick, K. E., Sutcliffe, K. M., & Obstfeld, D. (2005). Organizing and the process of sensemaking. *Organization Science, 16*(4), 409–421.

Wenhai, L., Cusack, C., Baker, M., Tao, W., Mingbao, C., Paige, K., Xiaofan, Z., Levin, L., Escobar, E., Amon, D., Yue, Y., Reitz, A., Neves, A. A. S., O'Rourke, E., Mannarini, G., Pearlman, J., Tinker, J., Horsburgh, K. J., Lehodey, P., Pouliquen, S., Dale, T., Peng, Z., & Yufeng, Y (2019). Successful blue economy examples with an emphasis on international perspectives. *Frontiers in Marine Science, 6*, 261.

Wenzel, M., & Koch, J. (2018). From entity to process: toward more process-based theorizing in the field of organizational change. *Journal of Accounting & Organizational Change, 14*(1), 80–98.

Whittington, R., Pettigrew, A., Peck, S., Fenton, E., & Conyon, M. (1999). Change and complementarities in the new competitive landscape: A European panel study, 1992–1996. *Organization Science, 10*(5), 583–600.

Winter, S. G., & Szulanski, G. (2001). Replication as strategy. *Organization science, 12*(6), 730–743.

Wirtschaftsforum (2015). *Auf neuem Kurs*. Abgerufen am 06.12.24 von: https://www.wirtschaftsforum.de/interviews/nordsee-gmbh/auf-neuem-kurs

Wirtz, B. W., Pistoia, A., Ullrich, S., & Göttel, V. (2016). Business models: origin, development and future research perspectives. *Long Range Planning, 49*(1), 36–54.

Witzel, A. (2000). Das problemzentrierte Interview. *Forum Qualitative Sozialforschung, 1*(1), 22.

Wong, G., Greenhalgh, T., Westhorp, G., Buckingham, J., & Pawson, R. (2013). RAMESES publication standards: realist syntheses. *BMC Medicine, 11*, 1–14.

Wood, M. S., Bakker, R. M., & Fisher, G. (2021). Back to the future: A time-calibrated theory of entrepreneurial action. *Academy of management review, 46*(1), 147–171.

World Bank (2017). *What is the blue economy?* Abgerufen am 06.12.24 von https://www.worldbank.org/en/news/infographic/2017/06/06/blue-economy

Yates, J. (2014). Understanding historical methods in organization studies. Bucheli, M., & Wadhwani, R. D. (Hrsg.). *Organizations in time: History, theory, methods*, 265–283. Oxford: Oxford University Press.

Yin, R. K. (2009). Case *study research: Design and methods* (Aufl. 5). Thousand Oaks: Sage Publications.

Yip, A. W. H., & Bocken, N. M. P. (2018). Sustainable business model archetypes for the banking industry. *Journal of Cleaner Production, 174*, 150–169.

Yunus, M., Moingeon, B., & Lehmann-Ortega, L. (2010). Building social business models: Lessons from the grameen experience. *Long Range Planning, 43*(2–3), 308–325.

Zahra, S. A., Neubaum, D. O., & Hayton, J. (2020). What do we know about knowledge integration: Fusing micro-and macro-organizational perspectives. *Academy of Management Annals*, *14*(1), 160–194.

Zeng, J., Yang, Y., & Lee, S. H. (2023). Resource orchestration and scaling-up of platform-based entrepreneurial firms: the logic of dialectic tuning. *Journal of Management Studies*, *60*(3), 605–638.

Zhang, X., Antonialli, F., Bonnardel, S. M., & Bareille, O. (2024). Where business model innovation comes from and where it goes: a bibliometric review. *Creativity and Innovation Management*, *33*(2), 109–126.

Zhao, Y., Von Delft, S., Morgan-Thomas, A., & Buck, T. (2020). The evolution of platform business models: Exploring competitive battles in the world of platforms. *Long Range Planning*, *53*(4), 101892.

Zott, C., & Amit, R. (2007). Business model design and the performance of entrepreneurial firms. *Organization Science*, *18*(2), 181–199.

Zott, C., & Amit, R. (2008). The fit between product market strategy and business model: Implications for firm performance. *Strategic Management Journal*, *29*(1), 1–26.

Zott, C., & Amit, R. (2009). Designing your future business model: An activity system perspective. *IESE Business School Working Paper No. 781*, Abgerufen am 06.12.24 von: https://ssrn.com/abstract=1356511

Zott, C., & Amit, R. (2010). Business model design: An activity system perspective. *Long Range Planning*, *43*(2–3), 216–226.

Zott, C., Amit, R., & Massa, L. (2011). The business model: Recent developments and future research. *Journal of Management*, *37*(4), 1019–1042.

Zott, C., & Amit, R. (2013). The business model: A theoretically anchored robust construct for strategic analysis. *Strategic Organization*, *11*(4), 403–411.

Zott, C., & Amit, R. (2015). Business model innovation: Toward a process perspective. Shalley, C. E., Hitt, M. A., & Zhou, J. (Hrsg.). *The Oxford handbook of creativity, innovation, and entrepreneurship*, 395–406. Oxford: Oxford University Press.

Zott, C., & Amit, R. (2017). Business model innovation: How to create value in a digital world. *NIM Marketing Intelligence Review*, *9*(1), 18–23.

Zott, C. Amit, R. (2021). *The power of new models: creating and capturing value through business model innovation strategy*. Strategic Managment Society: Strategy Imagination Forum. Abgerufen am 06.12.24 von: https://www.strategicmanagement.net/publications-resources/strategic-management-explorer/strategy-imagination-forum-the-power-of-new-models-creating-and-capturing-value-through-business-model-innovation-strategy/

FSC
www.fsc.org
MIX
Papier | Fördert
gute Waldnutzung
FSC® C083411

Kolibri 360 GmbH
Ferdinand-Jühlke-Straße 7
99095 Erfurt, Deutschland
produktsicherheit@kolibri360.de